工商管理优秀教材译丛

管理学系列——

# 旅游与休闲研究方法导论

第 4 版

Research Methods for Leisure & Tourism

Fourth Edition

[澳] A. J. 维尔 (A. J.Veal) 著

甘露 卢天玲 金培 

清华大学出版社

北 京

北京市版权局著作权合同登记号　图字：01-2013-7714



**图书在版编目(CIP)数据**

旅游与休闲研究方法导论：第 4 版 /（澳）A.J.维尔（A. J. VEAL）著；甘露，卢天玲，金培译. —北京：清华大学出版社，2020.5
（工商管理优秀教材译丛. 管理学系列）
书名原文: research methods for leisure & tourism
ISBN 978-7-302-54131-8

Ⅰ. ①旅…　Ⅱ. ①A…　②甘…　③卢…　④金…　Ⅲ. ①休闲旅游一研究方法　Ⅳ. ①F590.71

中国版本图书馆 CIP 数据核字（2019）第 248586 号

**责任编辑：**陆浥晨
**封面设计：**何凤霞
**责任校对：**王荣静
**责任印制：**丛怀宇

**出版发行：**清华大学出版社
　　**网　　址：**http://www.tup.com.cn, http://www.wqbook.com
　　**地　　址：**北京清华大学学研大厦 A 座　　**邮　　编：**100084
　　**社 总 机：**010-62770175　　**邮　　购：**010-62786544
　　**投稿与读者服务：**010-62776969，c-service@tup.tsinghua.edu.cn
　　**质量反馈：**010-62772015，zhiliang@tup.tsinghua.edu.cn
**印 装 者：**三河市君旺印务有限公司
**经　　销：**全国新华书店
**开　　本：**185mm×260mm　　**印张：**25　　**插页：**2　　**字　　数：**579 千字
**版　　次：**2020 年 5 月第 1 版　　**印　　次：**2020 年 5 月第 1 次印刷
**印　　数：**1～2500
**定　　价：**79.00 元

产品编号：055254-01

《休闲与旅游研究方法导论》第一版出版于1992年，接着分别在1997年和2006年出版了第二版和第三版。对于当前的第四版，除了对数据资料进行了普遍更新外，还进行了大量修改，包括以下几方面。

- 将全书分为四个部分：①准备，②数据收集，③数据分析，④交流结果。其中，某些章节分割为两个部分。将数据收集和数据分析分成两个部分并非故意为之，而是基于一些分析方法模式的要求。
- 对三个主题进行了材料扩充，形成三个新的章节。
  - 研究伦理
  - 案例研究方法
  - 实验研究方法
- 在分析调查数据这一章中增加了两节：电子表格（Excel）分析和SPSS。
- 将SPSS统计软件更新到18版，NVivo更新到8版。
- 在本书的网站上提供了一些思考题。

另外，本书还根据本人和其他学者在研究生和本科生教学实践中所发现的问题进行了大量修改。我非常感谢与出版商联系的那些匿名评论者，他们对新版提出了很有助益的评论和建议，我尽可能地回应了大部分的建议和评论。我由衷地感谢悉尼科技大学的同事们，尤其是西蒙·达西博士，他们对此书提供了源源不断的支持。

实验研究方法这一新章节特别值得一提。本书第三版中，对实验研究方法的说明只有一页，提到了这些方法被运用于心理学、运动学、人类活动领域和儿童娱乐行为的研究中。随着对这一领域的更加深入，我意识到这一观点存在诸多局限。在旅游和休闲研究中，虽然只在少量出版物中用到了实验研究方法，但该方法却可以适用于更加普遍的领域。如果采用一种更宽泛的定义，让准实验方法能够包含其中，我们就会发现基于自身或特定的社会目标，许多旨在提高体育运动和文化活动参与度的相关项目在设计时，也采用了实验方法，虽然这些项目常常因不够严格而遭受批评。有一些特殊的研究手段，包括离散选择实验、Q方法、多维标度法、行为研究以及视觉刺激法，本质上都是实验研究方法或具有实验性质。

当计划出版一本教科书的新版时，出版商就会向那些用过老版的教师以及对老版提出匿名评论的专业人士寻求建议。有一个评论认为本书中对数据分析软件的选择会导致学生们购买或使用这些软件，认为这中间或许有着和软件商的特殊约定。我否认这一说法：我只是使用我所熟悉的软件，而且这些软件也是我任教大学中学生所使用的软件。我保证这些软件有用，但我并没有进行相关软件有效性的“消费者试验”，所以我不能对我所用的软件和其他有用的软件进行比较。

关于表达风格：虽然我不完全赞成，但为了可读性还是在本书中大幅削减了公开文献的数量。一般情况下，在案例研究或每章最末的资源部分都提供有各种方法和技巧案例的参考文献。还有，在参考文献中我常常用作者的全名而不仅仅只有姓，是为了让读者能够意识到这些学者是名副其实的人。

读者朋友们可以在 www.pearsoned.co.uk/veal 上查阅到一些有用的在线材料，包括：

- PowerPoint 文件形式的所有图、表和一些点列表的复制。
- 书中用到的统计分析和定性分析的数据复制。
- 一些案例研究的延伸版本。
- 一些第三版有而本书没有的章节内容。
- 上面提到的思考题。
- 勘误表——前版书中发现的错误将在再版中进行更正。
- 根据信息变化而更新的资源网址。

本书的目的是一贯的：既要描述“怎么做”，也要说清楚研究结果如何得出。目的是希望帮助学生和实践中的管理者能够更好地成为他人研究的“消费者”。

A．J．维尔
悉尼科技大学
2010 年 11 月

## 第I部分　准　　备

### 第 1 章　关于研究的 3 个 W（what, why 和 who）........................3

何为研究？........................4
为什么要做研究？........................6
谁来做研究？........................11
谁来提供资金？........................14
研究产出........................14
术语........................17
本章小结........................17
测试题........................18
练习........................18
资源........................18

### 第 2 章　休闲与旅游的研究方法........................20

学科传统........................20
方法、维度、问题、术语........................22
本章小结........................35
测试题........................35
练习........................36
资源........................36

### 第 3 章　开始行动：研究计划和方案........................37

研究项目的设计........................37
研究方案........................65
本章小结........................71
测试题........................71

练习……72
资源……72

第 4 章　研究伦理……73

学术机构的研究伦理监督……74
研究进展中的伦理……74
研究中的伦理问题……76
获取研究信息……85
本章小结……86
测试题……86
练习……86
资源……86

第 5 章　研究方法的类型……88

主要研究方法的类型……88
分支/交叉研究方法类型……93
多元分析……103
选择方法……106
本章小结……107
测试题……109
练习……109
资源……109

第 6 章　回顾文献……112

文献的价值……112
检索：信息的来源……113
获取资料复制……116
编写和维护参考书目……117
回顾文献……117
引用文献……122
引用及参考文献系统……123
引用中的问题……128
本章小结……129
测试题……129
练习……129
资源……129

## 第II部分　数 据 收 集

第 7 章　二手数据来源 ........ 133

休闲与旅游活动的测量 ........ 133
二手数据简介 ........ 136
行政/管理数据 ........ 137
国家休闲参与调查 ........ 138
旅游业调查 ........ 144
经济数据 ........ 146
人口普查 ........ 146
文件资源 ........ 148
机会 ........ 148
本章小结 ........ 149
测试题 ........ 149
资源 ........ 149

第 8 章　观察 ........ 152

适用情形 ........ 153
观察研究的主要步骤 ........ 158
技术应用 ........ 165
只是看看 ........ 167
本章小结 ........ 167
测试题 ........ 167
练习 ........ 167
资源 ........ 168

第 9 章　定性方法：简介和数据收集 ........ 169

优点、作用和局限性 ........ 172
定性研究的程序 ........ 173
定性方法的范围：简介 ........ 174
深度访谈 ........ 175
焦点小组 ........ 179
参与观察 ........ 180
分析文本 ........ 181
传记方法 ........ 182
人类学方法 ........ 183
效度、信度和可信度 ........ 183
本章小结 ........ 184

测试题......184
练习......185
资源......185

第10章　问卷调查：类型、设计和编码......186

家庭问卷调查......190
街头调查......192
电话调查......193
邮寄问卷调查......194
电子调查......198
使用者/现场/游客调查......199
非自主群体调查......202
问卷设计......202
编码......221
基于数据的问卷效度......225
实施问卷调查......227
本章小结......230
测试题......230
练习......230
资源......231

第11章　实验研究......232

实验研究的原则......232
效度问题......233
准实验设计......234
休闲和旅游研究的实验方法......235
本章小结......246
测试题......246
练习......246
资源......246

第12章　案例研究方法......248

定义......248
效度和信度......250
案例研究方法的优点......251
案例研究设计......251
分析......253
案例研究实践......253

本章小结......256
测试题......256
练习......256
资源......256

第 13 章　抽样：定量和定性......258

抽样的观念......258
样本和总体......258
代表性......259
样本规模......262
加权......267
本章小结......269
测试题......269
练习......270
资源......270
附录 13.1　对样本规模和置信区间的建议......270

## 第 III 部分　数 据 分 析

第 14 章　二手数据分析......273

二手数据分析的案例研究......273
本章小结......283
练习......283
资源......283

第 15 章　定性数据分析......284

人工分析方法......287
用计算机软件包进行定性分析——简介......290
NVivo......291
本章小结......301
测试题......301
练习......301
资源......302

第 16 章　调查数据分析......303

调查数据分析和研究类型......303
电子表格分析......305
社会科学统计软件包（SPSS）......308
准备......309

SPSS 统计程序......316
分析过程......332
本章小结......332
测试题......333
练习......333
资源......333
附录 16.1 SPSS 频次分析输出文件......335

**第 17 章 统计分析......340**

统计方法......340
统计检验......344
结论......369
本章小结......369
测试题和练习......370
资源......370
附录 17.1 本章使用的案例数据文件细节——变量细节和数据......371
附录 17.2 统计公式......373

## 第 IV 部分 交 流 结 果

**第 18 章 准备研究报告......377**

研究报告撰写......377
其他媒介......389
本章小结......390
终语......390
测试题和练习......390
资源......391

# 第 I 部分

# PART I

# 准　备

本书第 I 部分包含 6 章。

第 1 章、第 2 章对研究进行了介绍：什么是研究，为什么要做研究以及谁来做研究？另外，针对一般意义的研究和休闲、旅游领域背景中的研究，还介绍了相关的研究方法。

第 3 章从研究计划和建议开始，介绍了一个研究项目设计的所有重要过程，另外，还针对本书其他章节涉及的研究项目设计的各个组成提供了一个框架。

第 4 章介绍的是研究伦理行为，这涉及道德、合法性和研究管理问题。

第 5 章讨论了研究方法的范围，提供了一个社会科学研究方法和技巧所涉及的范围的概述。关于休闲和旅游领域的研究方法，将在其他章节进行更详细的讨论。

第 6 章介绍了一项研究的基础工作——文献综述，即检索和检查那些和手头研究项目相关的已有的或出版或未出版的研究。

第1章

# 关于研究的 3 个 W（what, why 和 who）

对自然、社会和经济环境的信息、知识研究以及理解已经成为当今社会和经济环境中文化和物质发展的基础。这方面一个颇具说服力的例子就是近年来关于全球气候变化预测基础研究的争论。对如何生产并运用信息和知识的了解，以及一个机构对满足需求的研究的指导与组织能力，被认为是各个行业管理者的重要技能，也是现代专业教育的重要组成部分。然而，研究不光是一套脱离实际的技术游戏，它存在并实践于众多的社会、政治和经济领域中。本书试图介绍休闲和旅游领域的研究基本情况，包括相关产业领域、公共政策领域和学术调研与反应领域。其目的是为开展研究提供实践指南，同时使人们了解研究在休闲和旅游产业中政策制定、规划和管理过程中的作用，并培养对已有的理论和应用性研究的理解能力。

本书讨论的重点是休闲与旅游。虽然研究方法被认为具有普适性，但不同的研究领域，包括休闲和旅游，都已经形成了各自的主要研究方法和研究经验。某些学科研究要遵循科学的实验室实验规范，而另一些学科则更多地采用社会调查。另外，虽然大多数的研究原则也具有普适性，但专业书籍，如本书，反映的还是自身主要研究领域内的传统和实践，关注的也是方法应用方面的一些例子，以及应用时出现的一些特殊问题和观点。

休闲与旅游的领域十分广泛，包含大量的个人和集体活动。因此，很难给它下一个全面的定义。例如，就表示休闲的词汇来说，在某些语境中，recreation 被认为与 leisure 同义。然而，在另一些语境中，recreation 被认为与 leisure 有所区别，或者只是 leisure 中有限的一部分，或者干脆和 leisuire 完全不同，还有国家更喜欢用 free time 而不是 leisure。就 tourism（旅游）这个词而言，在某些定义里，tourism 包括商务旅行，然而在另一些定义中又被排除在外；某些定义把一日游包含在 tourism 中，另一些定义中又不包含。至于本书的目的，更多地是包容而非排斥。在本书中，“休闲”包含的活动包括娱乐，玩耍，比赛，参加文体活动（包括观看、收听或参与），使用电子或文字媒体，现场娱乐，业余爱好，社交，餐饮活动，博彩赌博，观光，访问公园、海边和乡村，DIY，艺术和手工活动，户内外活动，商业或非商业活动，或者干脆什么都不做。旅游一般被认为是一种涉及人们离开自己惯常居住地的休闲活动，但是也包括像商务旅行、参加会议和走亲访友这样的活动，只要这些旅游者在商务或个人活动之外参与以旅游为主要动机的休闲活动。另外，由于本书涵盖了休闲和旅游，因此不管一日游是被当作休闲还是旅游，本书都将其包含在内。还有，本书中休闲和旅游不仅仅被视为个人和团体所参与的活动，也被看作为涉及公共部门、非营利和商业机构的服务产业。

这本书关注的重点是怎么做研究，因此，开篇就介绍了研究的 3 个“W”：何为研究（what）？为什么要做研究（why）？谁来做研究（who）？

# 何为研究？

## 研究的定义

何为研究？社会学家诺伯特·伊莱亚斯（Norbert Elias）根据研究的目的下了定义。

我认为研究的目的在所有科学中都是一致的。简单而笼统地说，目的就是让人们知道先前不知道的。它增进人类知识，使其更加确定，更适合实际……这个目的就是……发现（Elias，1986：20）。

发现，使未知成为已知，这可以涵盖一系列活动，比如记者或侦探的工作。然而，伊莱亚斯指出，研究是科学的工具，它的目的是增进人类知识，这一特征将它与一般的调查活动区别开来。

## 科学研究

科学研究要在科学规则和规范的指导下进行。这意味着它的基础是逻辑和推理，证据要经受系统检查。理想情况下，在科学模式中，研究应该能够被相同或不同的研究者重复进行，并能得到相同的结论（虽然这在实际中并不总是那么可行）。科学研究还为某一领域或某一主题的知识积累做出贡献。这种模式的科学研究在物质或自然科学领域，如物理或化学，最为恰当。而在社会科学领域，面对的是作为个体的人，或者是与群体和社会相关联的社会人，因此，纯粹的科学研究必须进行调整或修改，甚至在某些时候应该在很大程度上予以舍弃。

## 社会科学研究

社会科学研究是运用社会科学的方法和传统进行的。社会科学不同于物质或自然科学，因为它处理的是人和他们的社会行为，而人类活动远比非人类现象要难预测得多。人们可以意识到他们正在被研究，因而并不是单纯地被动服从，他们可以对研究结果做出反应，根据研究结果来改变他们的行为。非人类现象的基础行为模式却是不变的，具有普遍性，而世界上不同地方和不同时代的人的行为却不相同。社会不断在改变，因此在不同时间不同地点重复同一项研究很可能不会得到相同的结果。

## 描述性研究、解释性研究和评价性研究

伊莱亚斯首先将“发现”简单地看作“找到结果的过程”，因此，研究也许可以是只描述“什么在那儿”。但是，为了增进人类知识，使其更确定或更恰当，需要的比仅仅是信息或事实积累得要多。要达成这一目标，还应该提供“解释”，即说清楚为什么事物是

其所是，以及它们应该是怎样的。在这本书中，我们还关注研究的第三种功能，也就是"评价"，即评估政策或项目取得了多少成就，有多少价值。研究的三种模式可以对应于三种功能，如表 1-1 所示。某些研究项目可能只会用到一种研究，但更多情况下，在同一研究项目会同时用到两种或两种以上的研究方法。

**表 1-1　研究类型**

| | |
|---|---|
| 描述性研究 | 发现，对结果是什么进行描述 |
| 解释性研究 | 解释某事物是怎样的或为什么是这样的（以及用研究结果来进行预测） |
| 评价性研究 | 对政策或项目进行评价 |

**1. 描述性研究**

描述性研究在休闲和旅游领域运用十分广泛，主要有三个原因：这个领域相对比较新颖，被研究的现象本质上不断变化，以及研究和实践时常分离。

休闲与旅游相对来说是一个新的研究领域，需要对其"疆域"进行描绘。由于很多研究寻求发现、描述或描绘，其内容或者是休闲和旅游领域内的行为模式，或者是尚未被探索的研究领域，或者是那些需要定期更新的信息，因此，它可以被形容为描述性研究。在有些著作中，这种研究形式被形容为"探索性研究"，这也合理。但是由于在其他一些关于研究的分类中，解释性研究和评价性研究也可能被认为是探究性研究，因此这里还是使用"描述性研究"这个词。至于对发现、描述或描绘的东西的解释，通常留待后续研究或其他研究者来进行。

休闲和旅游现象总是在不断变化。例如，随着时间的推移，

- 不同休闲活动的普及程度会发生改变。
- 不同社会群体（如青年或妇女）的休闲偏好会发生改变。
- 不同旅游目的地的受欢迎程度会发生改变。

所以，这一领域内的大量研究都致力追踪和监测不断变化的行为模式。因此，在休闲和旅游领域，来源于诸如政府统计部门这样的机构所收集的二手数据十分重要，这将会在第 7 章谈到。对这些变化模式的全面理解和解释可以用来构建理想化的模型，所以可以预测将来的情况，但这并非完全可行。有鉴于此，休闲和旅游服务的提供者必须意识到社会和市场条件是不断变化的，无论这些变化是否能够得到充分的解释或理解，他们都需要依赖一系列描述性研究来提供最新的信息。

描述性研究很常见，因为它经常会受到委托。比如，一个公司可能会委托进行一个市场调查研究，或者一个地方委员会可能会委托一个研究团队做一项休闲需求研究。但是在市场营销或规划中，研究结果在实际使用时却往往和实践相分离，因为研究团队并没有深度涉入其中，他们只是被简单地要求去做一个描述性研究。

**2. 解释性研究**

解释性研究比描述性研究更深入，力求解释观察到的模式和趋势。例如：

- 某项活动或某个目的地深受欢迎，这需要解释。
- 某个旅游项目违背了当地社区的意愿，但却得到批准：为什么会这样？是如何发生的？

- 艺术受到某些社会团体的赞助，但其他一些团体并未牵涉其中：这种现象如何解释？

这些问题引出了令人头疼的因果关系问题，其目的是要说清楚诸如“A 之所以增长是因为 B 有所下降”这样的关系。发现了“A 增长而 B 下降”是一回事，但是要说清楚“A 增长是因为 B 下降”却常常是一项更艰巨的任务。为了论证存在着因果关系或可能存在因果关系，需要研究者严格地收集、分析和解释数据，也需要通过某些形式的理论框架将被研究的现象与更广泛的社会、经济和政治过程联系起来。因果关系的问题和理论在研究中的作用将在之后的章节中进行更为深入的讨论。

一旦原因清楚了，哪怕只是部分清楚，相关知识就可以用来预测。这在物理学中很普遍：我们知道热能引起金属膨胀（解释），所以我们可以知道，如果我们给一根铁棒加一定量的热，它将会有一定量的膨胀（预测）。生物学和医学也遵循这一过程，只是没那么精确：可以预测对患某种疾病的病人实施某种治疗方法，可能会有特定比例的病人被治愈。这也被用于社会科学，但更不精确。例如，经济学家发现人们对产品与服务（包括休闲与旅游产品及服务）的需求与价格水平密切相关：产品或服务价格下降，那么一般来说销售量会上升。但实际情况并非完全如此，因为还有其他许多影响因素，如质量变化或竞争对手的活动。与非人类现象相比，人类自己做出决策，可预测性要低得多。因此，预测是休闲与旅游领域许多研究的一个重要目的。

**3. 评价性研究**

因为要对政策或项目的效果与有效性进行评判，所以需要评价性研究。例如，某个休闲设施或项目是否符合运行标准，或者某旅游促销项目在经济上是否有效。在私营机构中，尽管可能会采用其他比值，但利润水平是用来评价的主要指标。在公共机构中，设施或服务通常并不用来谋取利润，研究的重点是对社区福利进行评价，在像公园这样的案例中，基本的评价指标是使用水平。评价性研究在诸如教育这样的公共政策领域中得到了广泛运用，但在休闲和旅游领域却没有得到较好的发展（Shadish et al.，1991）。

# 为什么要做研究？

## 概述

为什么要学习做研究？学习研究和研究方法的原因有很多，具体如表 1-2 所示。

**表 1-2 为什么要学习研究**

| |
|---|
| 1. 能看懂研究报告，等等 |
| 2. 开展学术研究项目 |
| 3. 作为以下几个方面的管理工具 |
| • 决策 |
| • 策划 |
| • 管理 |
| • 评估 |

- 首先，有助于理解和评估研究报告以及那些可能在学术或专业领域中看到的学术

文章，也有利于理解这些报告和文章的基础和局限。

- 其次，本书的许多读者都在学术环境中从事研究工作，这种环境下开展研究有自身的目的，即寻求知识的乐趣（例如，写论文）。
- 最后，很多读者是管理人员，他们开展或委托研究是出于职业原因，所以，需要考虑研究在决策、规划和管理过程中的作用。

当然，对很多本书的读者来说，作为本科生或研究生学习的一部分，当前的任务是完成一个与研究相关的项目。当然，本书可以提供帮助，但这只是达到目的的一种手段，而并非目的本身。作为课程的一部分，进行研究项目被当作一个学习过程，其目的是帮助学生成为研究的消费者、参与者和委托人。

## 研究在决策、策划和管理过程中的作用

所有的机构，包括休闲和旅游产业里面的，都通过决策、规划和管理过程来达成他们的目的。这一领域有大量的术语，且语境和使用者不同，术语的含义也不相同。在本书中，

- 政策表示的是一个机构对原则、目的和责任的阐述。
- 规划表示的是具体的策略，通常被写在文件中，被用来在某段时期按某种方式对政策进行实施。
- 管理表示的是实施政策和规划的过程。

虽然公众通常觉得规划和国家、地区和地方政府部门相关，但实际上私营机构也要进行规划。像电影院线、度假村开发者或体育比赛主办者这样的机构都有规划活动，只是与政府机构相比，他们的规划活动没那么具有公共性。私营部门往往只关心自己的活动，但是政府部门却有更多的责任向许多公共和私营部门提供规划框架。休闲与旅游领域中的政策、规划与管理活动如表 1-3 所示。

**表 1-3　政策、规划和管理举例**

| 项目 | 休闲中心 | 旅游发展委员会 | 艺术中心 | 国家公园 |
|---|---|---|---|---|
| 政策 | 最大限度地被各年龄层次的人使用 | 延长旺季 | 鼓励当代作曲家 | 增加非政府收入 |
| 规划 | 老年参观者人数增加50%的两年计划 | 通过促销新节日来增加旅游淡季游客访问量的三年计划 | 委托当代作曲家创作新曲目的三年计划 | 实施有偿使用项目的三年计划 |
| 管理 | 实施老年人每日晨练活动 | 选择市场主题 | 挑选作曲家，进行委托，谱写作品 | 实施有偿使用项目 |

无论政策还是规划，其详细程度、复杂性和规范性并不一致，存在着诸多差异。为了探讨研究在其中的作用，这里提供一个简化了的理想流程图，理性综合模型（rational-comprehensive model），它是众多决策、规划和管理流程当中的一种，是一种传统的理想化模型，具体如图 1-1 所示。另外，虽然许多更加符合实际情况的决策模型不在本书的讨论范围内，但是会在本章的最后列出，供大家进一步阅读。可以这么说，其他的模型是理性综合模型的缩减版，它们往往强调模型当中的某些部分，而弱化、省略另外一些部分。有观点认为，在评估某些决策时不可能全部采用理性综合模型；另有观

点认为，政治利益会对理性的或客观的决策进行干涉；还有观点认为，应该将和社区及利益相关者的协商置于中心地位，而不是仅仅将它们当作支持者。几乎所有的模型都是对理性综合模型的进一步改编或替代，所以对理性综合模型来说，即使没有得到采用，仍然具有广泛的参考意义。

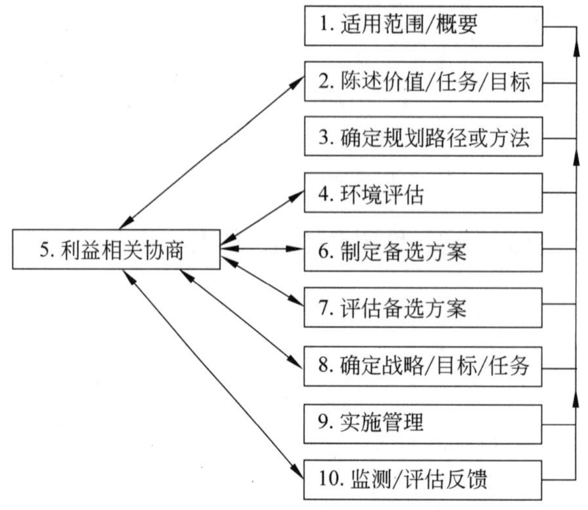


图 1-1 规划/管理的理想化理性综合模型

在绝大多数的这类模型中，研究仍然发挥着作用，有时候其作用有所减弱，但有时候又会增强。图 1-1 那样每个步骤都包含的流程图在实际情况中是很少见的，像下面那样对每个流程都进行分析的研究也很少见。这些步骤可以用来阐述研究在决策、规划和管理过程中的多种作用。表 1-4 给出了两个在休闲和旅游领域中如何运用这一流程的例子。

**表 1-4 规划/管理任务及相关的研究案例**

| 规划/管理流程步骤 | 一个地方社区的青年人的运动参与 | | 一个旅游目的地的可持续旅游 | |
|---|---|---|---|---|
| | 政策/规划/管理 | 相关研究 | 政策/规划/管理 | 相关研究 |
| 1. 适用范围/概要 | 增加年轻人的运动参与 | 已有研究表明目前参与率为 40% | 发展当地可持续旅游战略 | 实地调查表明道路容量达到要求 |
| 2. 陈述价值/任务/目标 | 5 年后参与率增至 60% | — | 在可接受的环境影响指标限制下，制定发展政策使旅游容量 10 年后增加 50% | 研究 10 年中可能增加的旅游需求 |
| 3. 确定规划路径或方法 | 需求导向；该分析见 Veal（2010a 第 7 章） | 如下 | 需求导向、利益相关者导向；该分析见 Veal（2010a：第 7 章） | 如下 |

续表

| 规划/管理流程步骤 | 一个地方社区的青年人的运动参与 | | 一个旅游目的地的可持续旅游 | |
|---|---|---|---|---|
| | 政策/规划/管理 | 相关研究 | 政策/规划/管理 | 相关研究 |
| 4. 评估环境 | 考虑当前的供需情况 | 现有项目和设施得到充分利用 | 评估当前的旅游环境影响和未来可能的旅游环境影响 | 广泛进行实地调查（交通+其他环境问题）+未来旅游需求的可能发展情况 |
| 5. 利益相关者协商 | 与健身俱乐部、学校和年轻人进行讨论 | 调查表明各年龄组均予以支持，确定可行 | 和社区及旅游服务提供机构进行讨论 | 调查+社区和旅游服务提供机构小组会议 |
| 6. 制定备选方案 | 1. 开展公共宣传<br>2. 提供免费活动券<br>3. 建设更多的社区设施<br>4. 对俱乐部/学校提供支持<br>5. 培训领队/教练/老师 | 在已发表数据和调查研究的基础上，回顾其他地区方案的经验 | 1. 修建道路，交通管理项目<br>2. 当地公共交通解决方案<br>3. 其他（如餐饮住宿）设施发展方案 | 类似旅游目的地在生命周期阶段的经验调研 |
| 7. 评估备选方案 | 评估选项 1～5 | 每个备选方案的成本，以调查为依据，预估每个备选方案的成本收益 | 根据备选方案 3 的变化范围来评估备选方案 1 和 2 | 根据餐饮住宿设施发展规模的不同水平来评估备选方案 1 和 2 的成本收益情况 |
| 8. 决定战略/目标/任务 | 采纳选项 3 和 4 | 建议选择备选方案 3 和 4 | 根据评估研究来对备选方案做出选择 | 根据成本效益情况和净环境影响对备选方案进行排名 |
| 9. 实施/管理 | 执行备选方案 3 和 4 | — | 实施公共交通和三星级住宿设施备选方案 | — |
| 10. 监测/评估/反馈 | 根据参与度的增加情况来评估项目是否成功<br>后续项目：增加教练与领队训练的资源投入 | 调查显示参与度在一年后增加了 45%，但是教练和领队存在短缺 | 根据游客数量增长情况和交通拥挤程度来评价项目是否成功<br>制定公共假日交通管理规划 | 每年进行交通状况和旅游规模情况调查，关注公共假日的持续交通高峰拥挤情况 |

（1）适用范围/概要。对某个规划或管理任务来说，“适用范围/概要”设定了规划的范围和目的。流程一开始就要根据研究来设定适用范围。例如，对社区青年人的运动参与的研究也许会导致出台一项政府的政策，其初衷是想要在社区运动参与水平上有所作为。又如，旅游增长对环境影响的研究会促使政府制订一项可持续旅游业发展计划。

（2）陈述价值/任务/目标。如果手头的任务相对较小，那么任务本身也许就已经包含了机构的任务或目标。但是如果任务很重要，比如整个机构的发展战略规划，那么也许就要涉及对任务和目标的专门陈述。对于一个机构的决策层（如董事会或委员会）来说，决定它的任务和目标是个重大任务。下面第（5）步会谈到，当牵涉的利益相关者比较多的时候，就会直接涉及相关的研究。

（3）确定规划路径或方法。对决策和规划，如同研究一样，有一系列不同的方法论和方法可供使用。维尔（2010a：第 7 章）谈到一系列这样的方法和路径，包括：采用规范的固定标准、满足机会、基于资源基础的规划、满足利益相关者的需求/请求、满足尚未满足的需求、提供利益以及增加参与等。在决策和规划过程中，选择什么方法将会决定要开展的研究类型。例如，一个以需求为基础的方法将需要需求的定义，以及收集需求信息的方法；而以资源为基础的规划却需要调查一系列遗产、文化和环境资源，同时还需要对资料进行收集并进行评估。

（4）环境评估。环境评估需要根据手头任务的内容收集相关的信息。这些信息可能与机构内部活动或外部环境相关联，包括当前和潜在的客户、政府和竞争者的活动以及物质资源。这些信息有的能够立刻采用，有的却需要经过整理或认真研究才能使用。

（5）利益相关者协商。利益相关者协商对于大多数机构来说非常重要。对公共部门的规划来说，法律规定很多种规划必须经历这个过程。利益相关者可以包括雇员、客户、游客、一般公共部门的成员，以及董事会、委员会、社区组织和相关机构的成员。研究在这类商议中起的作用很大，特别是利益相关者牵涉大量个人和机构的时候。

（6）制定备选方案。为了发展一个计划或战略，必须考虑选择怎样的政策才有利于实现机构目标，它们的可行性怎么样，它们对目标的实现起了多少作用，以及实现目标的最佳途径。研究在制定政策或规划的备选方案时将会发挥作用，如提供资料的时候，既可以根据问题的范围，也可以根据利益相关者的偏好。

（7）评估备选方案。战略决策涉及从已经制定的备选方案中选择一套来加以实施。这个过程需要研究一套复杂的程序来对已有的备选方案进行评估。代表性的评估方法包括成本效益分析，经济影响分析和环境、社会影响分析（见 Shadish et al.，1991；Veal，2002：第 12、13 章）、重要性—绩效分析（importance-performance analysis，IPA）（Martilla and James，1977；Harper and Balmer，1989）或者联合分析（conjoint analysis）（Claxton，1994）。

（8）确定战略/目标/任务。评估过程很少能产生单一的最佳解决路径或行动方案。例如，选项 A 可能比选项 B 更经济，但是选项 B 却能产生更好的收益。所以，最终决定采取什么战略来实现目标取决于机构的管理层（董事会或委员会）考虑的是政治利益还是个人收益。一个好的战略应该表达清楚这个战略想要实现什么（目标），要有能接受考核的成果和时间安排（任务）。

（9）实施/管理。一项规划或战略的实施要依靠管理。这个环节中研究也能发挥作用。在日常管理中，可以对提高资源有效分配的方法进行调研，还能够通过客户调查的形式对管理过程提供连续的反馈。但是，人们很难在这类研究与监测、评估过程之间建立一个明确的界限。

（10）监测/评估/反馈。对战略实施过程进行监测和评估很显然需要研究。通过反馈步骤，流程实现了内部循环。监测与评估步骤得到的信息可以反馈到规划与管理过程中，从而能够对先前的决策进行部分或全部的修订。监控与评估所得的结果可能是完全成功的，也可能是建议对所采用的决策与计划的细节方面进行一些小改动，还有可能会引发一次根本性的再思考，使一切从头再来。

## 谁来做研究？

本书主要关注的是怎么开展研究，但它也提供一种关于研究过程的理解构架，可以帮助读者成为一个学识渊博且具有评价能力的他人研究的消费者。在阅读研究报告的时候，关注一下为什么要做这个研究，谁做的这个研究，以及谁为这个研究提供资金是非常有益的。谁做的研究？这很重要，因为它会影响到研究的性质，并进而深深地影响到知识主体的构成，而休闲和旅游专业的学生以及管理人员学习和用到的就是这些知识。

很多个人和机构都在进行休闲和旅游研究，如表 1-5 所示。这些研究主体所发挥的作用将在下面进行讨论。

**表 1-5　谁做研究**

| 群　　体 | 动机/目的 |
|---|---|
| 学者 | 工作职责的一部分。增进知识，行业需求，造福社会 |
| 学生 | 以课程作业为中心的学生：通过研究项目进行学习，职业教育的一个部分<br>以研究为中心的学生：增进知识，为研究或学术生涯而进行的训练，获取学术或研究资格 |
| 政府、企业和非营利机构 | 政策分析，绩效监测，决策支持。与“依据事实来制定政策”这一理念有关 |
| 管理者 | 实践总结，绩效监测，决策支持 |
| 专家和顾问 | 接受政府、企业和非营利机构的委托开展研究 |

### 学者

学者是指由学术机构支付薪资的学术职业人员，包括教授、讲师、助教和研究员，在北美称为教职人员（the faculty）。在大多数的学术机构，根据聘用合同的规定，教授和讲师既要开展研究，也要从事教学。一般情况下，学者有大约 1/4 或 1/3 的学术时间要用于研究和写作。他们的职位晋升和工作保障（有时候主要）取决于他们是否发表了令人满意的研究成果。发表有多种形式，这将在下面的“研究产出”部分予以介绍。

一些研究来自学术兴趣，另一些来自目前休闲和旅游服务提供方所面临的问题。很多发表了的学术研究大多集中在各个理论学科之中，如社会学、经济学或心理学，它们可能和休闲或旅游业界关注的问题相一致，也可能不一致。实际上，学术研究者所扮演的那部分角色就是从其他世界中“抽身”出来，提供一种中立或不带有利害关系的分析，这可能带有批判性，也有可能被产业界工作的人员视为没什么用。但是，一些被当成是极端、没什么用或者是完全没什么关系的研究，却被另外一些人视为极具洞察力和建设性。

尽管有一些应用学科特别关注政策、规划和管理过程的方方面面，如计划、管理、营销或财政管理，然而这些领域的学术研究也可能是批判性的，没办法立即对业界产生指导作用，它更容易受到各种关注产业的问题所驱动。一般说来，当学者自己的兴趣正好与机构所关心的问题相一致时，他们的研究就会受到资助，这类研究具有明确的实践导向性质。例如，一个学者可能会对哪些方法可以了解是什么激发人们参与某种户外娱乐活动这一问题感兴趣，而这恰好与户外娱乐机构在发展市场战略方面的研究需要相一致。一些学者专注于一些应用领域，如市场营销或规划策划，所以他们在获取业界来源的研究资金方面常常具有优势。

## 学生

博士生和硕士生是研究的主要贡献者。过去，我们只能在产生某篇论文［北美常常用“学位论文”（dissertations）这个词］的那所大学的图书馆里读到它的纸质版本。后来，从密歇根大学开始，复印服务变得十分盛行，随后是微缩胶片。但是近些年来，电子版本的论文已经随处可见，而大学图书馆通常也订阅了大量的论文数据库（见第 6 章）。

在科学领域，研究生通常以研究组成员的身份，在导师的指导下参与研究。导师可以决定在某个项目中哪个学生研究哪个问题。但在社会科学领域，这种方法较为少见，学生在选择研究问题上有更多的自由。

博士论文是学生研究中最有代表性的一种形式。但是，硕士生乃至本科生完成的研究对知识也产生了有益的贡献。休闲与旅游在获取研究资金上一般没什么优势，所以，即使是由一群本科生所做的对某项休闲活动或某个地区的一个小调查，或者是某个领域的全面文献回顾，对其他人来说都可能是非常有趣的或相当有用的。

## 政府、企业和非营利组织

政府、企业和非营利组织也会开展研究，或者是委托他人进行研究，以便了解政策、监测绩效以及为决策提供依据。一个用来描述政策和研究之间这种关系的词汇是“基于证据的政策”或“循证政策”（evidence-based policy）（Pawson，2006）。很多大型机构都有自己的研究部门，如英国的国家统计办公室（Office of National Statistics）、澳大利亚的旅游研究局（Bureau of Tourism Research）和美国的森林服务实验站（US Forest Service Experiment Stations）。休闲和旅游企业倾向于依靠专家和顾问来开展社会、经济和市场研究。而诸如运动器材制造商这样的设备制造企业，可能会自己开展科学研究来进行产品开发。

这些机构的研究报告是十分重要的知识来源，特别是那些带有应用导向性质的。例如，几乎每个发达国家的一些政府部门都把开展全国范围内的旅游模式及休闲参与水平的调查当作自己的一项职责（Cushman et al., 2005a）。这属于描述性研究，很少有别的机构有资源或兴趣来开展这样的研究。

## 管理者

休闲与旅游领域那些对管理、决策和规划过程有着全面认识的专业人士会将研究看作是自己职责的重要组成部分。管理者可能会发现他们正在各种问题上开展研究，如表 1-6 所示。由于本书的读者大多是管理者或正在进行管理人员培训，所以认识到这一点很重要。

**表 1-6 管理者和研究**

当前消费者
市场研究：潜在消费者/社区
环境评价
机构行为

- 销售
- 有效性
- 员工绩效/动机

竞争者
产品

- 现有的
- 新的

成功的管理依赖于好的资讯。许多信息，如销售数据，作为日常工作内容每天都会得到，无须进行研究。然而，要想创造性地用好这些数据，如确定市场趋势，也许需要大量的研究。有些信息只有通过特定的研究项目才能获取。在休闲和旅游管理的一些领域，甚至一些最基础的信息也要通过研究才能得到。例如，剧院或度假地的管理人员每天都可以从销售额或预订数据中了解设施的使用情况，但对城市公园或海滩的管理人员来说，情况就有所不同。人们要想得到这类设施的使用数据，必须开展专门的数据收集工作。收集这些数据也许并不复杂，有人也许会说这算不上研究，仅仅是信息管理体系的一个部分。但是，在某种意义上，这种工作和发现相关，有时候还存在着解释，而且需要特别的技巧和方法，就本书的看法来说，完全有资格被当作研究。

对大部分管理人员来说，如果想要获取用户或顾客的信息，就需要开展研究或委托他人进行研究。例如，用户或顾客从什么地方来，他们有什么社会经济特征。研究还是一种发现顾客对设施与服务评价的方法。或许有人认为，管理人员自己并不需要学什么研究方法，因为他们可以委托专家或顾问去做。但是，如果管理人员自身对研究过程很熟悉，他们就能够委托专家或顾问进行更好的研究，也能够亲自对研究成果进行评估。实际上，休闲与旅游工作领域没有多少管理人员能够有资金委托他人做自己想要的所有研究，他们常常只能是和同事一起用自己的方法和时间来做些研究。

## 专家和顾问

专家和顾问常常为政府、企业和非营利组织提供研究和咨询服务。有些咨询机构是规模很大的跨国公司，一般会涉及管理和项目发展资讯方面的业务，而且通常设立有专门的休闲或旅游部门，如 Pricewaterhouse Coopers 公司，Erust and Young 公司。但是咨询领域内也有一些规模比较小的专业机构。有的学者会办一个咨询公司来作为副业，因为这样不仅可以研究自己感兴趣的领域，还可以增加收入。那些从休闲或旅游行业退休的雇员，自由开展一些咨询服务活动是一种很普遍的现象。

## 谁来提供资金？

大部分研究都需要资金来支付成本。这些成本包括全职或兼职研究助理的费用，包括研究生的奖学金，包括支付访谈人员或市场调研公司的访谈费用，包括差旅费或设备花费。研究资金的各种来源渠道如表 1-7 所示。

表 1-7　研究资金的来源

| |
|---|
| • 无资金 |
| • 大学内部基金 |
| • 政府资金研究委员会 |
| • 私人信托 |
| • 行业—公共部门，企业或非营利机构 |

- 无资金。一些学者所做的研究除了学者的基本薪金外，只需要很少或不需要特别的资金支持。例如，一些理论性研究和很多以学生为研究对象的研究。
- 大学内部基金。大学倾向于通过它们自己的基金来支持学校教职人员的个人研究，在这里，研究的主要动机就是“增进人类知识”。大多数大学和学院设立有研究基金供它们的教职员工进行申请。
- 政府资金研究委员会。政府经常建立机构来资助科学研究，如英国经济和社会研究委员会、或澳大利亚研究委员会。它们或类似的机构也经常向研究生提供奖学金。
- 私人信托。很多私人信托或基金会也资助研究，如福特基金会和利华休姆信托基金。一般来说，私人信托会受到富裕人士投资基金的捐助，也接受公众的捐款。
- 行业。基金可能来自实践领域。例如，来自政府部门，来自商业公司或是像某个体育组织这样的非营利机构。在这种情况下，研究更具有实践导向。政府部门、商业公司和非营利机构会资助研究来解决一些实际问题，或者是了解一些和它们利益相关的问题。

## 研 究 产 出

休闲和旅游规划及管理的研究成果发表有很多种形式，其中部分如表 1-8 所示，并在下面进行了简要的描述。这些形式并不全是互相排斥的，同一个研究，侧重点不同，成果形式可能也不同。

### 学术期刊论文

将研究在学术期刊发表在学术界被认为是最重要的一种形式，因为要经过同行评审，也要被参考应用。这些期刊接到论文后，会由编辑和该领域内的 2～3 名匿名专家进行审稿。编辑的工作受该领域专家组成的编委会监督，这些专家的名字都列在期刊中。休闲

**表 1-8　研究成果发表形式**

| |
|---|
| 学术期刊论文 |
| 行业期刊文章 |
| 会议论文 |
| 书籍 |
| 政策/规划/管理研究报告 |
| • 形势分析 |
| • 市场情况 |
| • 市场研究 |
| • 市场细分/生活方式/心理特征研究 |
| • 可行性研究 |
| • 休闲/娱乐需求研究 |
| • 旅游战略/营销计划 |
| • 预测研究 |

和旅游领域中的一些主要的参考学术期刊有：

- 《休闲研究学报》（*Journal of Leisure Research*，美国）
- 《休闲科学》（*Leisure Sciences*，美国）
- 《社会与休闲》（*Society and Leisure*，加拿大）
- 《休闲研究年刊》（*Annals of Leisure Research*，澳大利亚）
- 《旅游研究年刊》（*Annals of Tourism Research*，英国）
- 《旅游管理》（*Tourism Management*，英国）
- 《休闲研究》（*Leisure Studies*，英国）
- 《旅行研究学报》（*Journal of Travel Research*，美国）

学术研究和出版很大程度上是一个封闭体系。学者是这些期刊的编辑，为编辑委员会和审稿平台服务。因此，学者们决定着什么研究可以接受并出版。行业人员因而发现出版的学术研究经常与他们的需求没什么关系。这不奇怪，因为大多数研究是为学术领域而不是为实践领域设计的。当休闲和研究领域那些经过训练成为行业工作人员的学生看到这个领域的学术论文时，不会因为发现这些论文不适合直接用于政策、规划和管理实践而感到吃惊。其实，这并不意味着学术和实践没关系，只是学术没必要那么明确地关注就在眼前的实践问题。

## 行业期刊文章

行业期刊文章是行业为其成员出版的期刊，很少发表原创研究，但可能会发表最新的和行业实践相关的一些研究概要。

## 会议论文

一些学术会议会出版会议发表的纸质或在线论文集。有时候这些论文会被同行评议，因而具有和学术期刊相似的地位，但这在休闲和旅游领域很少见。会议上发表的代表性论文，也可能以期刊或书籍的形式出版。

## 书籍

学术书籍可以被分为教科书，如本书，还有专著。专著有可能是一个独立的实践研究项目的成果，也有可能是理论著作，或者二者兼而有之。教科书并不需要发表原创研究，但是可以提供研究的概要和简介。编纂的书籍，一般由大量的作者来写作章节，它可以类似于教科书模式，但如果其中有原创研究，就更接近专著了。

## 政策/规划/管理研究报告

商业机构的研究成果通常比较保密，而政府部门的研究成果一般面向公众开放，而网络已经成为越来越重要的公开途径。这些报告总是可以在诸如体育委员会、旅游委员会、政府部门或地方议会这样的国家机构网站上找到。这些报告有以下一些形式。

- *形势分析*。有些类似于上面讨论过的理性综合模型中的环境评估环节，是对所关注的问题或议题的当前形势的实际情况的汇编，用来协助决策者了解这个问题或议题，以及对当前政策、供应水平和需求等事务进行评估。例如，如果一个地方议会想要就其地方的遗产保护出台一项新政策，那么其形势分析应该包括现存和潜在的遗产和名胜古迹清单，遗产所有权，自然和保护状态，现有的政策、法律和法规，以及目前的使用情况。
- *市场情况*。与形势分析有些类似，但主要是和产品或服务当前或潜在的消费者和供应者相关。如果一个机构想要在市场上开发一个旅游或休闲项目，通常需要对细分市场进行描述。市场有多大？增长前景怎么样？哪些人是消费者？可能有哪些细分市场？效益如何？现在有哪些供应商？这些情况通常需要大量的研究，它们是大量市场研究活动的一个基础。
- *市场研究*。市场研究的范围包罗万象。对一个产品或服务，不仅在推出前要对这个产品或服务的现有和潜在市场进行研究，还要对推出后的绩效进行监测。市场研究旨在判断市场的规模与特点，如目标群体或潜在目标群体的数量、特点和花费，以及现有和潜在顾客的需求和态度。
- *市场细分/生活方式/心理特征研究*。传统的市场研究人员试图将消费者归类为不同的细分市场，其依据是消费者的偏好，包括休闲活动、度假行为，以及年龄、性别、职业和收入等社会人口统计特征。后来，他们不仅根据社会背景和经济特点，还根据消费者的态度、价值和行为来进行市场细分。诸如此类的生活方式细分不仅是以调查为依据的研究项目的一部分，同时也是市场调查公司用以进行大范围市场研究项目的商业化调查体系的一部分。这方面的例子将在第 5 章进行介绍。
- *可行性研究*。提出开发或投资项目，不仅要像市场情况研究那样对当前的消费者特征和需求进行调查，也要调查未来的需求，以及资金可行性和环境影响这些方面。决定是否设立一个新的休闲设施或者开发一个新的旅游产品通常要以可行性研究为基础（Kelsey and Gray, 1986）。
- *休闲/娱乐需求研究*。这是休闲规划中很普遍的一类研究，属于综合性的研究，往往由地方议会来实施，用来分析休闲设施和服务的供应和使用水平，休闲活动的参与情况，以及关注自身休闲偏好的人的观点和意愿。在一些研究案例中，需求研究也包括有休闲或娱乐规划，为未来设施或服务的提供提出建议。在另外一些研究案例中，规划是一个独立章节。有观点认为，所谓的休闲需求研究根本不是真正的需求研究，因为没有调查人们需求什么，而是调查他们想要什么，喜欢做什么或者未来可能做什么（Veal，2009）。

- 旅游战略/营销计划。和休闲娱乐需求研究差不多，但和需求关注本地人口不同，旅游战略和营销计划关注的是停留在目的地的非当地人口的需求。这类研究通常考虑的是目的地的住宿、交通、现有和潜在的吸引力以及环境承载力是否能够满足预计的游客规模。
- 预测研究。这是很多规划的重要前提。例如，预测未来十年某种休闲活动或某类旅游住宿的需求。预测本质上以研究为基础，涉及预测未来人口的增长和变化所带来的可能影响，以及兴趣、收入水平和技术变化所产生的影响。休闲与旅游预测已经成为一个自成体系的研究领域。

## 术　　语

和其他研究及实践领域一样，研究方法也有自己专门的术语，有些被大家所熟知，有些则不是。大部分的术语和表述将会在后面的合适章节予以介绍，但有些术语在整个研究过程中具有普遍性，这里介绍几个重要的术语。

研究对象或被试（subject）是指用来提供信息的人，或者是一个研究项目中被研究的对象。例如，一项社会研究涉及样本为 200 人的访谈，那么就有 200 个研究对象或被试。有的研究者喜欢用“参与者”（participant）这个词，因为他们认为“被试”暗示着研究者与被研究者之间的一种主观的等级关系。“实例”（case）这个词有时候也会用到，特别是当研究对象不是个人而是机构、国家、目的地或运动项目的时候。

变量（variable）是指因被试不同而导致行为模式或观念的特征所发生的变化。例如，被试不同，其年龄、收入、度假频次或音乐偏爱都会发生变化，这些都是变量。自变量（independent variable）指的是研究项目以外的力量所控制的变量，而因变量（dependent variable）指的是研究范围内的变量，自变量影响因变量。例如，对一个户外娱乐研究来说，天气是自变量，而访问公园的人数却是一个因变量。然而对一个气候研究项目来说，天气则是因变量，它受诸如太阳活动、海洋气温这样的自变量影响。

## 本 章 小 结

本章介绍了什么是研究，对研究进行了定义，并介绍了本书所关注的三种研究类型：描述性研究、解释性研究和评价性研究。关于为什么要做研究，是以决策、规划和管理为案例来说明的，因为本书的读者学习本书大多是为了基于职业需要。研究和决策、规划和管理过程各个阶段的关系，本书以理性综合模型为构架进行了讨论，并且对管理环境中如何开展各种形式的研究给予了关注。谁来做研究？这是一个重要问题，但常被忽视。本章对学者、学生、政府、商业机构、咨询者和管理人员各自在研究中的角色一一进行了分析。最后，介绍了从学术期刊论文到各种管理领域的研究报告在内的各类研究成果的发表形式。

## 测　试　题

1. 研究和新闻有什么不同？
2. 概括描述性研究、解释性研究和评价性研究的不同之处。
3. 本章介绍的决策、规划和管理有哪些不同？
4. 在本章所介绍的关于决策、规划和管理过程的理性综合模型中，有 10 个步骤，请选择 3 个步骤简要谈谈研究在其中可能有什么作用。
5. 本章提到了 12 种研究成果的发表方式，说出其中的 3 种并概述它们的基本特点。
6. 在本章中，提出了 6 种管理者可能会自己或委托他人进行研究的 6 个问题，概述其中的 3 个。
7. 为什么学术研究看上去与行业需求不一致？

## 练　　习

1. 选择一个你比较熟悉的休闲或旅游机构，概述它可能通过研究达成目标的方法。
2. 选择一个休闲或旅游机构，调查它的研究活动。看看它投入的经费在预算中所占的比例是多少？曾经开展过哪些研究？这些研究成果是怎样使用的，是本机构使用还是其他机构使用？
3. 阅读一本休闲或旅游期刊，如《休闲研究》或《旅游研究年刊》，然后仔细思考其中的每一篇文章：为何做这样的研究？这项研究由谁资助？谁或者哪些机构有可能从这项研究中获益？怎么获益？
4. 重复练习 3，但是选用一本休闲或旅游领域之外的期刊，如社会学期刊或物理学期刊。
5. 用练习 3 所提及的期刊，分析每篇文章，判断是描述性研究、解释性研究还是评价性研究？

## 资　　源

- 追踪休闲参与变化：Veal（2006）。
- 规划和决策模型：引论：Parsons（1995:248ff），Veal（2010a：第 7、第 8 章），进一步的讨论参见 Treuren and Lane（2003）。
- 旅游研究方法：定量的地理学方法见 Smith（1995）。Ryan（1995）与本书内容相近；大量的方法论文章见 Dann，Nash and Pearce（1998）和 Pearce and Butler

（1993）；关于旅游研究各方面的信息，见 Ritchie and Goeldner（1994）编纂的综合型论文集。

- 规划研究过程：Kelsey and Gray（1986），Veal（1994）。
- 研究评价：Henderson and Bialeschki（2002），Pollard（1987），Shadish et al.（1991），Veal（2010a：第 12、13 章）。
- 基于证据的政策：Solesbury（2002），Pawson（2006）。
- 市场细分/心理特征/生活方式：Wells（1974），Veal（1993），Chisnall（1991）。
- 可行性研究：Kelsey and Gray（1986）。
- 休闲/娱乐需求研究：Veal（2009，2010b）。
- 旅游战略/市场计划：Middleton et al.（2009：第 10 章）。
- 休闲与旅游预测：见 Archer（1994），Veal（1987，1994，2010a：第 11 章），Kelly（1987），*Henly Centre for Forecasting*（季刊）。
- 术语：Blackshaw and Crawford（2006）。

# 第 2 章 休闲与旅游的研究方法

本章旨在介绍一系列开展休闲和旅游研究的学科以及研究范式，主要讨论的问题如下。

- 学科传统：回顾了一系列学科，包括社会学、经济学、地理学、心理学、社会心理学、历史和哲学，以及这些学科在休闲与旅游研究中所涉及的研究方法。
- 术语：方法（approaches）、维度（dimensions）、问题（issues）。讨论了一系列用来描绘研究方法的二分概念。

## 学科传统

大量公开发表的休闲与旅游研究并非来源于休闲与旅游自身的行业需求，而是出自那些特定学科的学者兴趣。本章将简要介绍对休闲与旅游领域的研究做出显著贡献的学科，它们是：

- 社会学和文化研究，
- 经济学，
- 地理/环境研究，
- 心理学/社会心理学，
- 历史学和人类学，
- 政治科学。

学科描述了它们所关注的事物的某个方面或维度，它们用于解释的理论和用于开展研究的特殊方法。有人认为休闲和旅游研究应该成为一个学科，但也争议说休闲和旅游研究并不符合一个独立学科的标准。在本书中，对休闲和旅游研究的看法是它涉及多学科、跨学科或交叉学科领域。

- *多学科*，指用到了来源于多个学科的研究，如休闲/旅游经济学和社会学。
- *跨学科*，指研究涉及不只一个学科的问题、理论、概念和方法。这方面的内容将在本章后续讨论。
- *交叉学科*，指不纯属于任何具体学科的分支领域的研究，如时间预算研究。

在阅读休闲和旅游研究领域的文献时，应该注意到不是所有的学者都保持着学科融合的概念。例如，当一个学者谈论休闲研究时，实际上他讨论的可能是休闲社会学。

我们应该关注那些比休闲/旅游研究更为悠久的其他领域，它们有时被认为是学科，有时被认为是应用性学科，有时仅被认为是某个研究领域。文化研究就能说明这一问题，它处在社会学和人类学之间，但是，因为它与休闲研究的特殊历史关系，最好还是和社会学放在一起。其他一些研究领域，如管理、市场、策划和教育，虽然这些领域的研究对休闲和旅游行业的从业人员来说很重要，但在本章中并没有专门讨论，因为为了达到研究目的，它们所使用的研究方法都不同程度地和上面列出的 6 个学科相关。

休闲和旅游研究以及 6 个学科之间的关系将在表 2-1 中进行阐释，表中举例描述了每个学科的描述性研究、解释性研究和评价性研究所涉及的问题以及主要的研究方法。本书的网址提供了关于学科贡献和传统更为详细的讨论，相关的参考读物也在“资源”部分中给出。

**表 2-1　学科和研究问题的案例**

| 学　科 | 描　述　性 | 解　释　性 | 评　价　性 |
| --- | --- | --- | --- |
| 社会学 | • 参与某休闲活动的人口比例是多少？不同年龄、性别、种族和社会经济特征的群体的比例又是多少<br>• 过去 10 年，旅游者对某目的地的访问呈现出什么样的规模趋势 | • 为什么中产阶级和受过高等教育的群体对文化设施的使用水平要比其他群体更高<br>• 到访某目的地旅游者数量的上升和下降受什么因素影响 | • 用来推动妇女运动参与的政策在多大程度上是成功的<br>• 提升当地旅游业就业水平的一个培训项目有多成功 |
| 地理学/环境科学 | • 某休闲设施的大多数使用者来自哪个区域<br>• 某海岛游客度假对环境有什么影响 | • 距离和旅游时间在影响某休闲设施的使用上哪个更重要<br>• 不同形式的旅游（背包游、包价游、参观）是如何影响环境的 | • 当地议会在满足所有邻近地区休闲需求方面的有效性有多高<br>• 保护环境免受旅游影响的旅游发展战略成效如何 |
| 经济学 | • 日常开支中用于休闲或旅游商品与服务的比重占多少<br>• 在休闲和旅游产业中的劳动力所占比重是多少 | • 在休闲和旅游中，收入和开支之间的关系是怎样的<br>• 旅行成本和休闲/旅游设施使用水平之间的关系是怎样的 | • 举办奥林匹克运动会的成本和收益是怎样的<br>• 在目的地 X 发展旅游会有怎样的经济影响 |
| 心理学/社会心理学 | • 人们参与休闲活动或外出度假时能获得什么样的满足感<br>• 青少年的压力水平是多少 | • 马斯诺的层次需求理论在多大程度上和休闲/旅游相关<br>• 休闲活动/度假能减压吗？如果可以，能持续多久 | • 一项旨在增加参与者自尊的年轻人运动项目成效如何<br>• 一项旨在提升游客满意度的市场政策效果如何 |
| 历史学/人类学 | • 自 1900 年后，工作和休闲时间的改变是如何平衡的<br>• 什么是历史上的“大游学” | • 自 1950 年以来，市场营销和物质主义对工作和生活的平衡变化产生了什么影响<br>• 过去的 20 年，是什么导致了赌博的增长 | • 过去 30 年，旨在增加体育活动的公共政策有多成功<br>• 过去 30 年，政府在旅游发展中是起到了帮助作用还是阻碍作用 |
| 政治/政策科学 | • 主要政党的休闲或旅游政策是什么<br>• 公共休闲设施交由商业经营管理的比重有多大 | • 过去两届政府轮换时，执政理念的变化是如何影响到休闲或旅游政策的<br>• 在休闲或旅游背景下，权力是如何行使的 | • 直接“融入”政策在提升休闲参与上起到了多大作用<br>• 在休闲或旅游发展方面，公共部门和私营机构联合发挥的作用有多大 |

## 方法、维度、问题、术语

这里我们将讨论一些方法、维度、问题和相关的术语，它们反复出现在研究文献和研究课程中。如果想要理解文献和课程，就要对它们有一个基本理解。如表 2-2 所示，这些术语往往成对出现，如 X 和 Y，经常在著作中呈现为 X 对 Y，但是 X 和 Y 并不总是相互对立的，恰恰相反，它们常常互为补充，所以这里用的是 X 和 Y 这种形式。在本章中，我们不可能详细地分析所有的术语和概念，特别是那些文献中有着多种定义方式的概念。另外，更多的文献来源将在本章“资源”中给出。

**表 2-2　术语**

| 术　　语 | 简 明 定 义 | 相 关 术 语 |
|---|---|---|
| 存在论 | 看待世界的方法 | 范式、哲学 |
| 认识论 | 研究者和研究被试之间的关系 | |
| 方法论 | 收集和分析数据的方法 | 技术 |
| 实证论（实证主义） | 用收集到的客观事实数据来验证假设，如果成功，就建立科学定律 | 科学方法、合理的经验主义、实用主义、客观主义 |
| 后实证论（后实证主义） | 假设建立是否与被认为不可证伪的数据相一致，据此建立可能的事实或定律 | |
| 解释学 | 人们提供自己关于某种情况/行为的说明或解释 | 现象学、现象描述学、符号互动、相互主观性、人种学、主观主义 |
| 批判性 | 研究受到批判社会现实的信仰或价值的影响 | 立场 |
| 建构主义 | 人们构建他们对事实的观点，而研究者试图去发现它们 | 社会构建主义 |
| 描述性 | 描述是什么 | 探索性研究 |
| 解释性 | 解释现象之间的关系 | 预测 |
| 评价性 | 根据标准来检测政策/管理的成效 | |
| 定性分析 | 以文字（也包括图像、声音等）材料为媒介来进行研究 | |
| 定量分析 | 以数字为主要媒介来进行研究 | |
| 理论研究 | 以探讨事物/人的一般性行为为研究结果的研究 | 纯理论的 |
| 应用研究 | 用以指导某个决策或管理问题的研究 | 基于证据的 |
| 实验 | 研究者试图控制所有的变量 | 控制性实验 |
| 自然主义的 | 研究被试处于一个“自然”环境中，受研究者的控制很小 | 真实生活环境 |
| 反射性 | 对研究者和研究对象之间关系进行研究的过程 | 主体间性 |
| 实证研究 | 涉及定量数据或定性数据或二者兼有 | |
| 非实证研究 | 只涉及理论和文献 | 理论性的 |
| 归纳 | 通过数据分析得出假设/解释/理论 | 探索性研究 |

续表

| 术　语 | 简 明 定 义 | 相 关 术 语 |
|---|---|---|
| 演绎 | 用收集到的数据去检验预先设立的假设 | 假设——演绎，证实 |
| 原始数据 | 研究者直接从当前研究中获得的数据 | |
| 二手数据 | 用其他人或机构因其他目的而收集到的数据 | |
| 自我报告 | 研究对象对自己活动或行为的陈述 | |
| 观察 | 研究者观察研究对象的活动或行为 | 非在场 |
| 效度 | 研究结果准确反映其研究目标的程度 | |
| 信度 | 重复进行研究获得同一结果的程度 | |
| 可信度 | 可信任的，运用在定性研究中 | |

## 存在论、认识论、方法论

存在论、认识论和方法论经常出现在研究方法的论述中，特别是社会学。

- *存在论*，是指研究者假定的真实属性。在实证论范式（见下面的讨论）中，研究者假定处在研究中的“真实世界”已经被研究者所见。然而在解释学及类似范式中，并未赋予研究者的视角这种特权，这种范式把重点放在了研究对象感知到的不同观点和事实上。
- *认识论*，指的是研究者和研究对象之间的关系。在这里实证论和解释学又一次出现尖锐冲突，实证论致力于采用一种客观的、有距离的立场，而解释学的研究者却更加主观，与研究被试的接触也很深入。
- *方法论*，指的是构建知识和理解的方法。例如，传统实证论用到的方法相当于受控的实验（见下面的讨论），这只可能在少量的休闲和旅游研究中实现。定量和定性方法的区分，如下所述，也提供一些独特的方法论。在理想情况下，研究方法的选择在很大程度上受到存在论和认识论的影响。

## 实证论、后实证论、解释学和批判性方法及范式

实证论、后实证论、解释学和批判性方法指的是社会科学研究的范式，是社会科学看待理论或研究的方式。

- *实证论*，是一个研究的框架，与自然科学家所采用的相类似。研究者从外部去看正在研究的现象，并以研究者收集到的客观数据和观察为基础，通过研究者建立的理论和模型来对行为做出解释。传统的实证论方法用假设——演绎模型，通过演绎过程（下面将会谈及）来检测预先做出的假设。如果成功，那么结果就将被用来建立定律，如牛顿的运动定律。很多学者十分怀疑这种试图将自然科学照搬到社会科学中来的方法，认为以自然科学研究方式的证据为基础来对人类行为的原因和动机做出结论是不合适的。安东尼 • 吉登斯（Anthony Giddens，1974：2）指出 20 世纪 70 年代，“实证论”这个术语在社会科学中被大量滥用。
- *后实证论*。一些学者从传统的实证论方法中发展出后实证论（如 Guba and Lincoln，2006）。作为一种方法论，做出的假设必须和不可证伪（not falsified）的数据相

一致。研究者并不宣称发现了“真理”，而是建立了可能的事实或规则，其有效期直到研究者找到新的理论或规则来代替为止，而这些新的理论或规则要能够为数据提供更为全面或更综合的解释。

- *解释学方法*。该研究方法依赖于人们提供对自己的情况或行为做出解释。这些解释性研究者试图进入被试的思想，从他们的角度来看世界。这自然会导致数据收集过程中具有较大的弹性和主观性，而对数据的分析则以定性分析和归纳为主。这类方法有很多种路径，其名称可以参见表2-2中“相关术语”一栏，这些术语将在第9章进行介绍。
- *批判性方法*。这种研究方法深受某些信仰和价值观体系的影响，从而对社会现状进行批判。在休闲和旅游领域中，最普遍的批判性方法是新马克思主义观点对资本主义体系的批判。另外如各种女权主义观点，对男女之间在经济、社会和政策上的不公平进行批判。研究者还会采取许多别的观点或者是将自己的研究和这些观点联系起来。受这种范式影响的研究有一个术语，叫“预设立场的研究”（standpoint research）（Humberstone，2004），而卡拉·亨德森（Karla Henderson，2009）已经运用了另一个术语“公平的研究”（just research）来表明研究不仅应该具有多样性和包容性，而且还应该致力于这种公平。批判性研究者拒绝运用“客观性”（将在下面讨论）这一概念，但在研究过程和研究报告中却会明确地反映出自己的价值观。他们认为那些声称所谓的客观的研究方法，尤其是实证论方法，是无效的，因为那些研究者对社会现状并不批判，这就表明了他们的价值观，即支持或容忍社会现状。

跟争论定性研究和定量研究哪个方法更好一样，休闲和旅游研究领域也有很多文献在争论对研究来说上面提到的那些方法哪个更好、更适合、更恰当。然而，因为休闲和旅游的研究者经常将理论和实践证据结合起来对休闲和旅游现象下结论，于是问题出现了，与这些方法之间表面上显现的那些差异相比，它们之间最根本的差异是什么？艾伦·李（Allen Lee，1989）用“主观主义”和“客观主义”这样的术语来探讨了这个问题，认为组织研究中的主观主义实证研究类似于传统的科学实验。

20世纪90年代，许多学者呼吁更多的解释性研究和定性研究，认为实证论和定量研究方法已经统治了休闲和旅游研究。然而，很难说清楚20世纪90年代以来公开出版的研究文献中研究方法是否变得越来越多样，特别是北美以外的地区（Veal，1994）。尽管如此，虽然实证论仍然是旅游研究的主流，但解释学研究正变得越来越普及（可参见Phillimore and Goodson，2004b）。

## 描述性研究、解释性研究和评价性研究

第1章已经讨论了描述性研究、解释性研究和评价性研究之间的区别，但在这里仍有必要加以讨论。

- *描述性研究*：目的是尽可能去描述是什么。它的重点不是解释。这里要用到另一个术语“探索性（exploratory）研究”，虽然探索性研究也可以用来进行解释。
- *解释性研究*：利用观察或研究数据来建立一种模式，这种模式要对一种现象由另

一种现象引起进行解释。研究的目的就是弄清这些因果关系。比如，描述性研究得到的结果可能是一个旅游目的地失去了市场份额，而解释性研究将去寻找是由什么原因引起的。例如，原因可能是价格波动或服务质量。

- 评价性研究：目的是评估决策或管理行为有多成功。例如，市场营销活动的效果。

这些问题带出了因果关系问题：原因是 A 还是 B？莱博维塔和哈根多恩（Labovita and Hagendorn，1971：4）指出："对于建立因果关系……至少有 4 种被广泛接受的科学标准。这些标准是相关性（association）、时间优先（time priority）、非假关系（nonspurious relation ships）和合理性（rationale）。"

- 相关性是"因果关系的必要条件"，也就是说 A 和 B 必须以某种方式相关联。例如，当 B 下降时，A 增加。

一般情况下，相关性有两个特征能增加一个变量至少是另一个变量的部分原因的说服力：第一个是程度，即相关性强弱的大小……第二个……是一致性，如果在不同情况下这个关系仍能够保持不变，那么这个关系的因果关系本质就会更加可靠。(Labovitz and Hagendorn, 1971：5）

- 时间优先是指如果 A 是 B 的原因，那么 A 必须发生在 B 之前。
- 非假关系指两个变量之间的关系"不能用第三个变量来解释"（Labovitz and Hagendorn, 1971：9)，这就意味着没有第三个影响因素 C 来对 A 和 B 造成影响。
- 合理性指的是要得出 A 引起 B 这一结论，只有统计数据和其他证据是不够的，不能简单地基于观察到的关系，还应该有一个说得通的、理论性的或符合逻辑的解释来说明它是如何发生的。

这些问题将在第 3 章和本书的第 III 部分再次谈及。

## 定性研究和定量研究

很多休闲和旅游研究都涉及统计信息的收集、分析和呈现。有时信息本身是定量的，如一年中参与各种活动的人数，某度假地的游客人数或某个群体的平均收入；有时信息的特征是定性的，但以定量的形式出现，如询问当事人对各种服务的满意度得分，其中，分数的分值从 1（非常满意）到 5（非常不满意）。

定量研究法涉及大量数据型信息，它依据数据做出结论或检测假设。为了确保结果的可靠性，需要很大的研究样本，然后用计算机对所获数据进行分析。这些数据有的来源于调查问卷，有的来源于观察，有的来源于相关部门，如休闲设施的门票销售数据或移民统计局在机场收集到的来自不同地区的旅游者到达数据。

定量研究一般有 3 种路径。

- 路径 A：假设——演绎。符合上面实证论部分所谈到的假设——演绎模型，要用到统计方法，如卡方检验、t 检验、方差分析、相关分析或回归分析，这些都将在第 17 章中予以讨论。很多定量分析方法的讨论中都隐含着这个模型。
- 路径 B：统计分析。要使用统计方法，但不需要假设——演绎。这类研究一般是描述性研究、探索性研究或演绎性研究。

- 路径 C: 归纳。以数据为基础，但很少甚至不用统计分析。用得最多的统计手段通常是百分比，有时也用均值。这种定量研究路径在英国传统的休闲与旅游研究中非常普遍。例如，英国学术期刊《休闲研究》有一个显著特点，那就是许多论文中出现了大量数据，但很少用到第 17 章提到的统计检验方法。这与美国的代表性期刊《休闲研究学报》形成了鲜明的对比，在《休闲研究学报》中，很大比例的论文用了那些统计分析方法，所以这些大都属于路径 A 或 B。路径 C 比起 B 或 A 没有那么正式，它与定性分析的方法更为接近。

定性研究方法一般不关注数字，而是关注那些口头或书面的文字信息。除了文字，图像和声音也可能会受到关注。与一般的定性研究所涉及的方法相比，某些文献对定性研究方法的界定要宽得多，但有争议的是，这样的界定往往失去了定性研究本应具备的特殊性。例如，邓仁和林肯（Denzin and Lincoln，2006:3）认为定性研究实践“改变着关于世界的认识”，但显然任何方法都可以做到这一点。他们还认为定性研究是一种“自然主义”（见后面的内容）的方法，然而定性研究方法可以用于非自然主义的设施中（如一个实验室），而定量研究也可能用于“自然主义的”情况下（例如，对于休闲或旅游目的地的定量观察）。

定性研究方法一般需要尽可能多地收集关于研究被试的信息，这些被试可能是个人、地区或机构。但受实际情况限制，只能对数量有限的被试展开信息收集和分析。与定量研究方法样本量很大但每个样本所能获得的信息却很有限相比，定性研究方法可以用来获得更为全面的信息，如取得对休闲或旅游行为、态度和个人情况的全面解释和了解。定性研究不能声称其样本数量能够代表大量的人口，因此研究结果并不能够通过统计概括推及更多的人，虽然格里戈里 • 扎瑞柯兹（Gregory Szarycz，2009）和雪莉 • 杜普伊斯（Sherry Dupuis，1999:54）发现一些定性研究常常宣传其结果具有代表性。

收集定性研究信息或数据的方法有观察、非正式深入访谈、参与观察和文本分析。用非定量、人类学的方法对群体进行研究，被称为人类学研究或人类学田野研究。这些方法最先是由人类学家发展的，但被社会学家用于自己的研究工作中。

休闲和旅游领域的定性研究近些年来大量增加。案例研究 2.1 显示定量研究方法在美国学术期刊中仍然占有重要地位，但是理论和定性研究方法在英国期刊《休闲研究》中现在已占有绝对优势。

## 案例研究 2.1

### 休闲学术期刊中的研究方法

每隔一段时间，内容分析就会被用来分析学术期刊论文的学科基础、研究主题以及使用的研究方法。在这里，将简要介绍一些这方面的研究成果。

图 2-1 呈现的结果来自卡拉 • 亨德森（Karla Henderson）对 1992—2002 年美国休闲研究期刊的内容分析，而图 2-2 的数据是来自 1982—2006 年的英国期刊《休闲研究》。所有的学术期刊，包括稿件来源都是国际化的，其大多数作者还是来源于期刊的出版国。

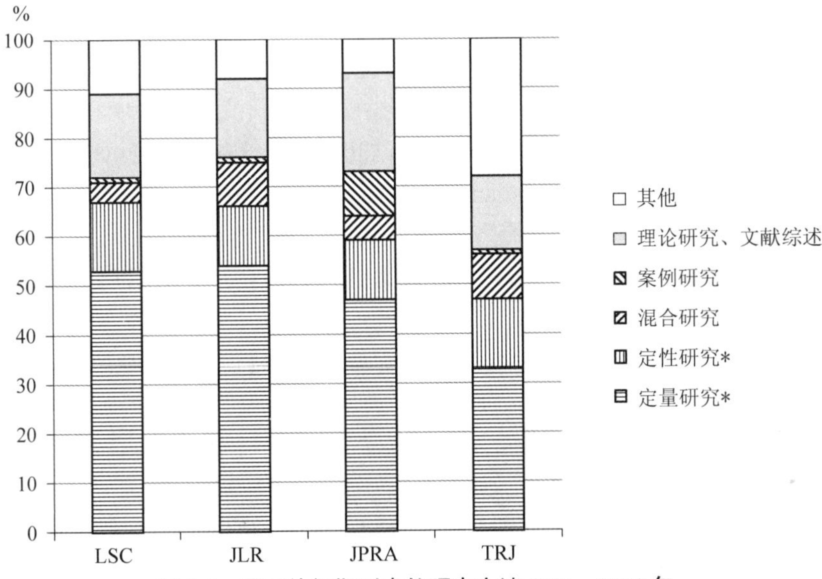


**图 2-1　美国休闲期刊中的研究方法 1992—2002 年**

资料来源：Henderson（2006：5）。

LSC=*Leisure Sciences*（《休闲科学》），JLR=*Jnl of Leisure Reaearch*（《休闲研究学报》），JPRA=*Jnl of Park & Recreation Admin.*（《公园和休闲管理学报》），TRJ=*Therapeytic Recreation Jnl*（《治疗休闲学报》）[+]。

*分类：定量研究=问卷调查；定性研究=访谈（深度、结构化、电话）和群组（焦点小组、专家打分、名义小组）。

[+]在《治疗休闲学报》中，实验方法占统治地位。

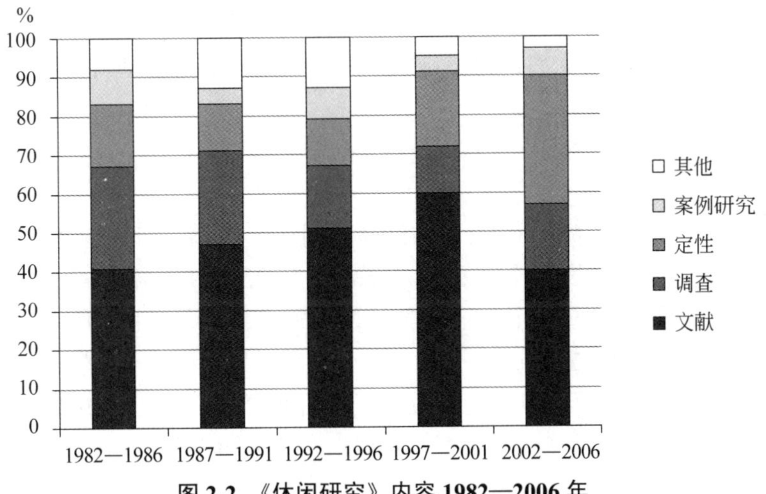


**图 2-2　《休闲研究》内容 1982—2006 年**

资料来源：Veal（2006）。

因此图 2-1 和图 2-2 的内容分别反映了北美和英国的研究传统。其中，北美的实证主义和定量传统，与英国的理论研究和定性研究传统之间显示出明显的差异。《休闲研究》以 5 年为一个阶段，涵盖了 25 年的数据，展示了定性研究方法的趋势；而后者则可以看出在过去的时间运用了大量的实证主义方法。

在休闲和旅游研究中，定性分析和定量分析的差异和各自优点问题是争议最多的。争议是由定性研究的支持者挑起的，他们将自己描绘为一个新方法的先驱，并和“传统的”定量研究支持者形成了对立。然而在争论中，定性研究的支持者和定量研究的支持者都有些偏颇，现在广泛的共识是这两种方法可以互为补充。定性研究方法的先驱艾贡·库巴和伊冯·林肯（Egon Guba and Yvonne Lincoln，1998：195）曾经指出：“我们认为，定性研究和定量研究均适合任何的研究范式。”

定量研究经常要以初步的定性研究为基础，随着计算机用于定性数据的分析，这两种方法的联系更加密切。

定性研究方法将在第 9 章和第 15 章中进行介绍，但是也会出现在第 7、第 8、第 12、第 13 章中。

## 理论研究和应用研究

理论研究的目的是对所研究的某类现象做出结论，它可以运用在整体的这类现象中，而不只是适用于所研究的案例或被试。事实上，有的理论性研究是非实证的（见下面的内容），所以并不涉及直接的案例或被试，而是依赖于现有的研究文献。

然而应用研究就不太具有普遍性，它并不需要创造关于世界的全新的知识，只需将现有的理论知识应用在某个问题中。这些问题主要是来自决策、规划或管理过程中出现的情况。决策、规划和管理研究领域已经形成有自身的理论体系。因为它们和实践领域有关，所以也可以被看作应用学科。因此，在这些领域，就会出现所谓的应用性理论。图 1-1 所示的理性综合模型模式可以用来描述理论研究和应用研究的差异：致力于构建或发展一般意义上的模型被认为是理论研究，而运用模型构架来解决某个机构的实际问题就被认为是应用研究。在有的讨论中，术语“纯研究”（pure）比“理论研究”（theoretical）更常用。

## 反射性

对研究而言，反射性（reflexible）方法涉及对研究者和被研究者之间关系的考虑。这是在本章中唯一没有涉及两个或更多术语的，因为正如夏洛特·戴维斯（Charlotte Davies，1997：3）所指出的，所有研究都涉及某种程度的反射性。例如，在量子物理学中，一些特有的测量行为只能通过由研究者来对正在测量的粒子产生物理干涉才能实现，而这成为研究方法论的焦点。以问卷调查为基础的研究中，研究者和被调查者之间以问和答的方式来建立关系：问题的表述差异和提出方式会影响到被调查者的回答。反射性在定性研究中最为常见，研究者和被试的牵连越多，他们之间的关联性就越高，这方面最突出的例子就是参与观察。因此，反射性研究可能与物理联系相关，也有可能与文化、权力或一系列社会互动的各种形式有关。在社会科学研究中，反射性有时指的是主体间性（Glancy 1993）。

和传统科学模式相接近的方法论，一般来说要让研究者对研究被试的影响最小化，而达到这一目标的方法描述要局限在研究成果的研究方法部分。即使在结论部分研究方法也有可能被修改，尤其是当研究结果不够明确时，所以需要对研究设计进行改进。但与解释学研究范式相关的方法，如参与观察，对研究者和被研究者之间关系的讨论本身就是研究分析和研究过程的重要部分。

## 实证研究和非实证研究

这里用二分法区分出纯实证研究（如果纯实证研究存在的话）和纯理论研究。实证研究涉及数据的收集和分析，这些数据可能是定量的，也可能是定性的；可能是原始数据，也可能是二手数据。研究假设这些观察或信息来自“真实世界”，但实际上很少有研究是完全实证的，它们通常暗含着某种理论或概念框架（见第 3 章）。

实证研究中，研究者很可能会沉迷于数据以及对这些数据的分析，他们把理论弃在一旁，可恰恰是理论让这些数据和数据分析有意义。对这种情况有时可以用一个贬义词“没头脑的经验主义”（mindless empiricism）来形容。同样的，理论研究如果不反映任何“真实世界”的信息，也没有什么参考价值。通常及理想情况下，理论研究和实证研究应该共存，并相互促进。实际上，绝大多数研究中，理论和实证都互为补充。

回顾一下对主要休闲和旅游学术期刊各种类型研究的内容分析（见图 2-1 中的“理论研究/文献综述”部分和图 2-2 中的“文献”部分）。可以发现，实证研究为大量的研究和知识奠定了基础，而非实证研究则用来评述及提炼观点，对实证研究进行总结。类似于本书这样的教材不可避免地要花费大量笔墨来描述实证研究方法，因为它们很清晰，也很具有技术性，可以描述和传授。要强调的是，要产生一篇好的文献综述或一篇有深度的文章，对研究主题的思考要深刻、要有洞察力、要富有启发性，这样的文章比上百篇没有思想的调查报告更有价值。

## 归纳与演绎

研究中，归纳和演绎指的是可以选择用来进行解释的方法。人们已经注意到研究包括发现和解释，发现是那些探讨“是什么”的研究，而解释是那些探讨“怎么样”以及“为什么”的研究。

发现包括描述和收集信息，而解释则试图在描述的基础上理解这些信息。好的研究方法二者兼而有之。描述和解释都可以被看作一个研究循环模式的组成部分，如图 2-3 所示。

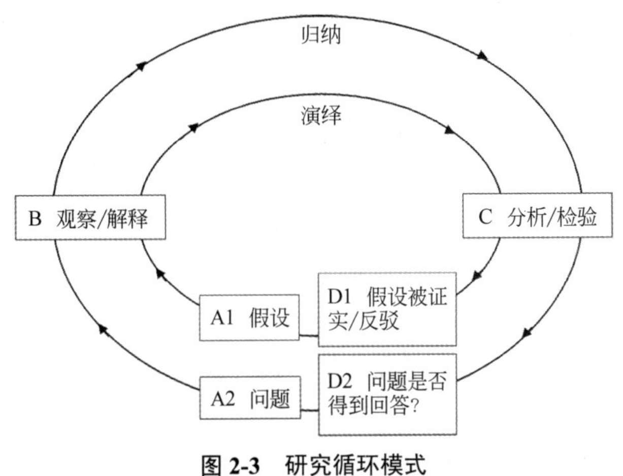


**图 2-3 研究循环模式**

开展研究工作可以有两种方式。

- 演绎：这个过程开始于 A1 点，通过观察/描述（B 点）到达分析/检验（C 点），然后证实或反驳之前提出的假设（D1 点）。这个过程就是演绎，这个过程涉及推理，并以先前的逻辑推理为基础，通过观察或文献研究来对假设进行检验。
- 归纳：这个过程可能开始于一个问题，如 A2 点，也有可能开始于 B 点的观察/描述，然后通过分析（C 点）来看看是否能够回答问题。这个过程就是归纳，解释是对数据进行归纳，数据在先，解释在后。

假设：这一概念来源于演绎过程。假设是关于某事物如何运行或表现的命题，这个命题可能被数据或更加详细和严格的解释论证所支持，也可能不被支持。假设可能来自非正式的观察、研究者的检验者，是现有文献的回顾。第 3 章将会谈到，不是所有的研究都会用到和前面提到的传统实证论或假设——演绎模型相关的假设。

点 D1 也可以包含术语“理论”或“模型”。当涉及建构更多的假设，或建构更多内部相互之间有关联的假设时，就会用到这两个术语。在命题中，理论或模型类似于假设，或者服从于实证验证，即可以用数据来进行检验。一个研究过程可能只涉及单个循环，也可能涉及多个循环，还有可能两种循环都有涉及。理论和模型也可能来自归纳，如提出的是“为什么”这样的问题。

案例研究 2.2 用两种休闲活动谁更普及这一案例来说明归纳与演绎的概念。

## 案例研究 2.2

### 网球与高尔夫球，谁更普及：归纳与演绎方法

网球与高尔夫球相对普及程度可以用归纳或演绎的方法来进行研究和解释。

**A. 归纳**

描述性调查显示，打网球的人多于打高尔夫球的人。然而，如果缺乏更多的信息和分析而只有这条信息的话，我们没有办法解释为什么会这样。如果研究还表明打高尔夫球的费用比打网球的费用要高，我们就可以解释普及程度与价格有关。

然而，从定性信息的调查中我们也许还能知道大多数人认为打网球比打高尔夫球更有趣。这表明对大部分人来说，网球本身的吸引力要大于高尔夫球，它更普及不仅与价格有关，而且还与其自身的吸引力有关。

另外，这项研究还可能显示，在进行研究的社区，网球场比高尔夫球场多。这就意味着，如果高尔夫球场更多的话，高尔夫球也许会更流行。这也就意味着普及程度与设施的可用性有关。

在这个案例中，从数据中可以归纳出一系列可能的解释。非常全面的解释就相当于理论。在这个案例中，如果发展出运动参与模型，那么模型中的参与水平就和参与成本、内在满意度、设施提供情况、活动和设施的吸引力有关。

**B. 演绎**

通过研读文献，并考察关于休闲活动现有的一般理论，提出两个假设。

假设 1：如果 A 运动比 B 运动的费用更高，那么 B 运动比 A 运动更为普及。

假设 2：如果 B 运动可使用的设施比 A 运动更多，那么 B 运动比 A 运动更为普及。

为了检验假设，研究设计收集以下信息。

- 网球和高尔夫球这两项运动的参与水平；
- 两项运动的参与费用；
- 研究区域内两项运动设施的可利用情况。

利用收集的数据检测对两个假设进行检验。数据的收集和结果受到所提出的假设的限制。在这个案例中，归纳方法出现的“内在动机”（运动项目自身的吸引力）没有得到识别。这个研究案例从最初假设开始，是一个演绎过程。

在实践中，一般进行数据收集的时候，头脑中都会有一个非正式的解释模型。否则，研究者如何知道该收集什么样的数据？所以任何研究中都总是会有一些演绎的成分。同时，如果手边没有一些用非正式方式获得的关于研究问题的初始信息，也没办法形成假设和理论，因此研究中也总是会有一些归纳的成分。所以，对大多数研究来说，半是归纳，半是演绎。

有一种看法将定量分析方法和演绎法联系在一起，而将定性分析和归纳法联系在一起，这在定性研究的学者那里尤其突出。事实上，定量分析完全可以，也常常使用归纳。例如：

- 因子分析（factor analysis）。第 17 章将会谈到，因子分析是一种高度定量化的数据分析技术，它试图从大量变量（例如，来自调查问卷）中识别出数量相对有限的有意义的“因子”。该方法可用来作为探索性研究（如归纳）的工具，去发现已有的数据中有些什么因子，也可以作为一个验证性（如演绎）的工具，去证实假设的因子存在。
- 结构方程模型（structural equation modelling，SEM）。第 17 章将会谈及，它也是一种高度定量化的研究技术。雷克斯 • 克兰（Rex Kline）在其书中指出，运用 SEM 进行数据分析需要研究者事先要提供一个可供观察和检验的模型。

要有一个关于研究假设的先验（a priori）说明，总体上，这些假设构成了分析过程中要被评估检验的模型。从这个意义上来说，SEM 应该被看作是实证论的（如演绎）。也就是说，分析一开始就要建立模型，研究的主要问题之一就是回答这个模型是否被数据支持。但是，在 SEM 的具体运用中经常发生的是，数据与模型并不一致，这就意味着研究者要么抛弃假设，要么在数据的基础上修改假设。前者让人沮丧，因此实际中，研究者更倾向于后者，这就意味着分析将更具探究性研究（如归纳）的特点，因为它需要用相同的数据来对修改后的模型进行检验。（Rex Kline，2005：10）

包含有解释的假设或理论无论是在研究一开始就提出来，还是对数据进行探索性分析后才提出，它们代表的都是研究过程中最重要的创新部分。数据的收集和分析有些机械，但是解释至少需要创新，甚至需要灵感。

## 实验性方法与自然主义方法

实验是传统的科学研究方法：科学家最广为人知的一个形象就是身穿白大褂在实验室里做实验。在实验性方法中，科学家想要控制研究项目的环境，改变某个条件，然后测量这一变化产生的效果。实验性方法产生的知识进步来源于，在控制性实验的情况下，A 的变化一定是由 B 的变化引起的，因为除了 A 和 B 外，其他因素都保持不变。因此，实验研究者的目的就是制造出这样的条件，从而能够对上面所说的因果关系进行测量。

社会科学家面对的是人类世界，能够进行实验的范围比面对无生命物体或动物的自然科学家要窄得多。然而在休闲或旅游领域，仍然会进行一些关于和人类相关的实验。例如：

- 改变儿童游乐设施的设计或位置；
- 在不同条件下游戏任务或决策任务的意愿参与者，或者对诸如照片或视频之类的“刺激”的响应；
- 运动/人类运动活动中，被试主体被要求进行某种形式的身体锻炼，然后测量他们的身体和心理反应；
- 管理情况，如价格变化或广告策略与休闲或旅游服务的关系。

但是，休闲或旅游研究者感兴趣的很多领域是无法接受受控实验的。例如，研究者对收入水平对他们行为的影响感兴趣，但研究者不能为了研究收入对休闲或旅游行为的影响而选择一组人来改变他们的收入，几乎无人愿意因研究兴趣放弃经理年薪去过上一年学生水平的生活。再说，不同于科学家用老鼠做实验，要找到两个除工资之外在其他方面完全相同的人也几乎不可能。更重要的是，人们的社会阶层和种族是无法更改的。为了研究这些现象就需要采用非实验方法，即有必要研究人们本身就已经具有的不同之处。

例如，如果想要研究收入对休闲参与模式或旅游行为的影响，就需要收集不同收入水平人群的休闲与旅游行为模式方面的信息。但人们存在各种差异，有的或许与收入相关，有的则不然。例如，两人收入一样，但性格、家庭状况、身体健康等方面却有着显著差别。所以，在比较两组人的行为时，很难判断哪些差异是由收入不同造成的，哪些是由其他不同造成的，故而，其研究结果比起可控制的实验研究来说就没有那么明确。

描述研究者处在正常环境而非实验室有一个术语，就是“自然主义的”(naturalistic)。在一个完全自然主义的研究中，研究者要尽可能地不那么显眼，好让研究主体的正常行为尽量不受干扰。与实验室可以尽可能控制变量的实验不同，自然主义的研究者采用的是整体论或系统论的观点。在这样的观点中，所有相关的变量同时发挥作用，不管这些变量是已知还是未知。正如艾贡・库巴和伊冯・林肯（Egon Guba and Yvonna Lincoln，1998:8）所指出的，在自然主义研究中：首先，研究者对被调查人不能施加任何影响；其次，被调查人事先不能对研究结果施加任何影响。

一些观察方法力图实现这一点。不同形式的访谈也许会干扰被试正常或自然的行为。回答问题可以被看作一种松散的受控实验，但是如果是在被试家里、休闲场所或度假目的地开展访谈，就更加“自然主义”。与之相比，市场研究公司办公室的焦点小组会议就更接近于“实验—自然”连续谱带中“实验”的那一端。对一些自然主义的研究来说，研究者和被试可能需要非常广泛的互动，目的是理解被试在正常或自然环境下的行为。

实验方法将在第 11 章中谈及。调查和定性研究方法将在第 7 章至第 10 章中讨论，它们可以看作自然主义的方法，但自然的程度有所不同。

## 客观性和主观性

正如第 1 章所说的，前面讨论的实验方法，从传统立场来看，在自然科学研究模式中的研究者是一个客观的观察者。设计实验是为了证实或反驳假设。如果从实验中获得的数据与假设一致，那么假设就会被当作能够反映真实世界的观点而被接受，直到这个假设与新出现的证据不一致，然后它就会被拒绝或修改。在实践中很难做到绝对的客观，因为是研究者自己而不是成千上万其他人中的任意一个来选择研究主题。有人认为其中包含有价值判断：在某种程度上，研究者选择的主题比其他人的更重要。如果某项研究受到基金会或政府部门的资助，那么他的申请书上需要标明研究具有“社会效益”。再来看社会科学领域，会发现要维持传统的客观立场会更加困难：很多休闲研究之所以能够进行是因为研究者相信休闲活动对整个社会或某个社会群体来说是有价值的。在旅游研究中有一种信念，即要能够给东道主带来经济利益，又或者，如某些研究中表现出来的，要关注它的负面效应或者是成本收益中的不公平现象。尽管如此，研究者还是应该尽可能做到客观，并诚实地报告他们的实证调查结果，这将在第 4 章中谈到。

## 原始数据和二手数据

在设计研究项目时，必须考虑收集新数据（原始数据，研究者作为第一使用人的数据），或者已有的数据（二手数据，研究者作为后续使用人的数据）是否能满足研究的需要。有时现有的数据来源于已完成的研究或相关研究，有时则来源于非研究性机构，如政府部门。任何研究的一项基础性工作就是在已出版和未出版的相关研究资料中去挖掘信息。已有的研究不仅对最初研究方案的提出是不可避免的，还会为提出研究方案提供感兴趣的想法和切入点。

即使研究主要依赖的是新数据，也有必要利用其他现有的数据，如官方统计数据，或者是休闲与旅游设施或服务的财务记录。这些信息通常被称为二手数据或间接数据。相反，原始数据或直接数据指的是为开展研究而收集的一些新数据。二手数据的问题将在第 7 章和第 14 章加以讨论。

## 自我报告与观察数据

通常情况下，个人休闲与旅游行为或态度方面的数据最好是来源于个人的自我报告，多数情况下这也是唯一来源。因此，许多休闲与旅游研究会问人们他们过去的行为、态度和愿望。其形式通常是正式访谈和问卷调查（第 10 章），或者是非正式的、深入的、半结构化的或非结构化的访谈（第 9 章）。在有的研究中，信息可以从诸如日记、信件或传记这样的来源去进行收集。

这种方法有一些缺陷，主要是研究人员无法知道当事人在回答问题时有多诚实或准确。有时，当事人会有意或无意地歪曲或偏离事实，如隐瞒实际饮酒量而夸大运动量。有时他们很难回忆起过去的情况，如几个月前甚至前一天的娱乐或度假旅行费用。生物医学研究中，需要大量被试/病人准确地汇报诸如症状和行为这样的事情，而研究这类数据收集的方法和实践被看作“自述科学”（Stone et al.，2000）。

对某些类型的信息来说，研究者的收集手段并不是自我报告，而是观察。例如，想了解孩子们是怎样使用运动场地的，或者成年人是如何利用休闲区或公园的，最好的方式是观察而不是问当事人。这样可以观察到活动的形式或拥挤程度，因为有时人们会留下一些他们的行为足迹和证据。例如，博物馆中最受人欢迎的展品前地毯磨损程度最大，游客最多的海滩上随意丢弃的垃圾最多。这些技巧通常被称为观察技术或非干涉技术，这将在第 8 章中讨论。

值得注意的是，观察并不能提供关于动机、态度、愿望或过去行为的直接信息。

## 效度、信度和可信度

研究质量和可信程度依赖于使用的方法，依据的是所运用的方法及其使用的情况。在这种背景下，研究者一般来说要考虑两个维度：效度与信度。

*效度*是指研究中呈现的信息在多大程度上真实地反映了研究者研究的现象。*外部效度*指的是概括性或典型性：针对研究中所使用的样本得出的结果在多大程度上能够代表更多的人口。这有赖于怎样选择样本，这个问题将在第 13 章有所讨论。*内部效度*指的是用以研究的变量、收集的数据，以及研究对所有相关变量的识别和度量情况，能够有多准确地反映被研究现象的特点。其中，和收集数据相关的效度有时也被称为测量效度或工具（如问卷）效度。

休闲与旅游研究在这个领域里困难重重，主要是实证主义研究在很大程度上关注的是人们的行为和态度，为获得相关信息，研究人员主要依靠的是人们在问卷调查和其他形式的调查中所做的报告。这些手段总是受各种情况和问题的影响，使得休闲与旅游研究数据的有效性很难像自然科学中的那样确定。例如，每个月至少一次参加一项活动的人数这样的数据（这是在休闲研究中常用的一种数据），涵盖的参与者类型范围十分宽泛，既可以包括每天运动两小时的人，也可以包括偶尔活动几分钟的人。所以，问题是如何界定参与者，这比较复杂。想要解决这个问题，可以进行更为详细的询问，但大规模进行的话成本会很高，而且这也是对被访者耐心的考验，因而增加了被访者回答不准确或不完善的风险。

*信度*是指后续的重复研究或用不同的样本进行研究得出的结果能够在多大程度上和先前的结果保持一致。可以看出，其来源也是自然科学：如果实验条件受到恰当的控制，一个实验无论在何时何地反复进行，都应得到相同的结果。然而，这种情况在社会科学中很难见到，因为社会科学所面对的是人，而不同的人所处的社会环境各不相同，且一直在变化当中。个人对自己及自身行为的报告也许是准确的，可是与来源于他人的信息汇集在一起时，就表现为一群人的“快照”，其图像会随时变化，因为人员的构成会变化，因为同一人群中的一些个体会改变他们的行为模式。再进一步，甚至同一个国家同一地区的人，在不同地点被问同一个问题，由于社会环境和自然环境不同，所得到的回答也不同。这意味着社会学家，包括休闲和旅游领域的研究者，在做出一般性和理论性的陈述时，如果是实证性研究，那么就要十分小心谨慎。虽然有的方法能够保证研究结果具有一定程度上的普遍性和理性论，但严格地看，任何研究结果只和开展研究时处于

彼时彼地的被试人员有关。

关于信度和效度有大量的文献，尤其是牵涉实验研究和样本规模的（见第 5 章）。其来源见在本章最后的“资源”部分。

可以注意到，将信度和效度当作标准来对研究质量进行评价，出自于实证主义传统。因此，在非实证主义研究方法中就不太合适，特别是在定性研究中。库巴和林肯（Guba and Lincoln，1998）引入了可信度（trustworthiness）和真实性这两个概念来取代效度和信度。可信度有 4 个部分：可靠性（credibility，相当于内部效度）、可迁移性（transferability，相当于外部效度）、可信任性（dependability，相当于信度）和一致性（conformability，相当于客观性）。真实性包括公正和存在论的、教育的、分析和策略上的真实性。因为定性研究没有受控制的过程，因而需要对研究过程进行详细的解释，一项研究过程的详细解释是可取的，正如卡拉 • 亨德森（Karla Henderson，2006：231）所指出的：“关于定性数据的收集和分析，要对其过程和结果进行全面报告，这是非常重要的，不仅可以对研究的可信度进行评价，而且还可以保证研究的可信度。”

## 本 章 小 结

本章简要介绍了休闲与旅游研究的学科背景和传统，同时介绍了一些和社会科学研究相关的一般维度和概念。一开始，简要介绍了一下各个学科对休闲和旅游研究的贡献，这些学科涵盖了社会学、地理学、经济学、心理学/社会心理学、历史和人类学、政治科学。这些回顾表明，对休闲和旅游研究做出贡献的大多数学科目前采用的研究方法多种多样。本章的第二部分涵盖了来自文献且休闲和旅游领域的学者都比较熟悉的一些通用的社会科学概念，它们是：存在论、认识论和方法论，实证主义、后实证主义、解释学和批判性方法，第 1 章谈到的描述性、解释性和评价性研究，定性研究和定量研究方法，理论性研究和应用性研究，实证主义研究和非实证主义研究，归纳和演绎，实验性研究和非实验性研究，原始数据和二手数据，自我报告和观察数据，以及效度和信度。

## 测 试 题

1. 理论性研究与应用性研究之间有什么基本差异？
2. 实证研究和非实证研究之间有什么基本差异？
3. 用于研究的归纳法和演绎法有什么基本差异？
4. 描述性研究和解释性研究有什么基本差异？
5. 对研究来说，实证论方法和解释学方法有什么基本差异？
6. 实验性方法和非实验性方法有什么基本差异？
7. 原始数据和二手数据有什么基本差异？
8. 自我报告和观察数据有什么基本差异？
9. 定性研究和定量研究有什么基本差异？
10. 什么是效度和信度？

## 练　习

1. 阅读一些发表于《休闲研究》或《旅游研究年刊》的论文，将论文按学科领域进行分类。比较每篇文章提出来的主要问题。

2. 用练习1所用到的期刊论文，判断它们是：①实证研究还是非实证研究，②演绎还是归纳，③实证论研究还是解释学研究。

3. 以《休闲研究》或《旅游研究年刊》为素材，从近10年或12年的期刊中每2年选择一期，总结这个时段当中期刊文章在选题和研究方法方面的明显变化。

## 资　源

- 学科：旅游：Tribe（1997），Leiper（2000）。
- 反射性：Davis（1997）；Dupuis（1999），Donne（2006），Howe（2009）；主体间性：Glancy（1993）。
- 定性研究 vs 定量研究：Kelly（1980），Henderson（1990），Borman et al.（1986），Bryman and Bell(2003: 第21、22章)，Godbey and Scott（1990），Kamphorst et al.（1984），Krenz and Sax（1996）和 Veal（1994）。
- 休闲研究中的实验方法：Havitz and Sell（1991）。
- 效度/信度：Burns（1994：206-228），Vaske（2008：66-75），Riddick and Russell（2008：149-153，179-181）。
- 可信度：Lincoln and Guba（1985），Guba and Lincoln（1998）；在旅游研究中的运用：DeCrop（2004），Henderson（2006：225-236）。

第 3 章

# 开始行动：研究计划和方案

本章将探讨的问题如下。

- 研究项目计划的阶段。
- 研究方案的形成和展示。

## 研究项目的设计

一项研究计划或方案必须简要描述在研究项目整体上是如何开展的。因此，计划或方案的准备工作涉及对研究从开始到结束整个过程的分析。所以，本章中有些问题在后面的章节还会详细讨论。

研究过程能有许多不同的模式，但按照本章的讨论目的，将其分为 10 个阶段，具体如图 3-1 所示。研究方法的类型很多，这意味着并不是所有的研究项目都会严格地遵循图中的顺序。特别说明的是，前四个阶段，选题、回顾文献、设计概念框架和确定主要研究问题，很少按照图中的序号顺序依次进行。一般来说，各个阶段之间经常有反复。所以，在图 3-1 中，这些阶段组成了一个圆，意味着在进入第五个阶段之前有很多循环反复。为了说明这个运行在本节末尾会简单介绍两个案例研究，在本书的网站上会进行更为详细的讨论，在那里可以找到更多的例子。下面将对图 3-1 中的 10 个阶段依次进行讨论。

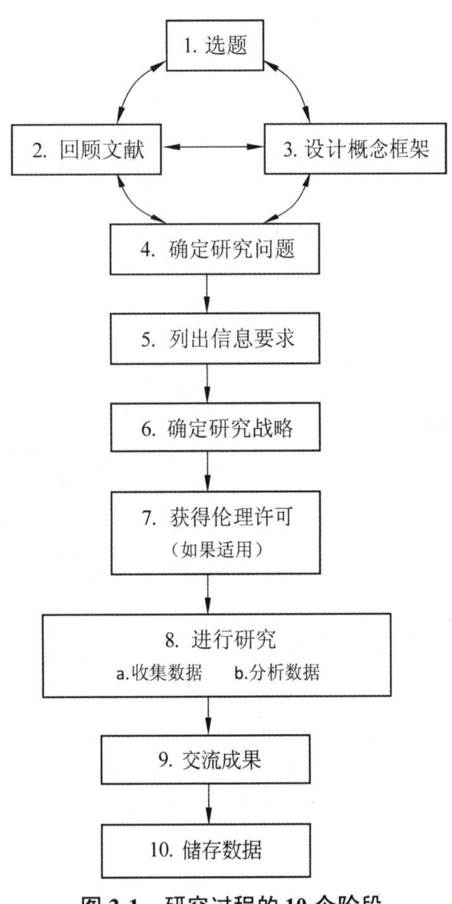

图 3-1　研究过程的 10 个阶段

### 1. 选题

研究问题是如何产生的呢？它们可能有一系列来源，包括：研究者个人兴趣、阅读研究文献、政策或管理问题、社会关注问题、流行或媒体问题、公开的研究议程，以及头脑风暴。研究问题可能需要以上述来源为基础。这些来源产生的研究问题可见表 3-1 中的实例。

表 3-1 不同来源的研究选题的例子

| 选题来源 | 选题举例 |
| --- | --- |
| 个人兴趣（通常和下面的五个来源中的一个或多个相结合） | • 某项运动：参与的趋势、参与动机/满意度<br>• 某种族或年龄群体的休闲可进入性和需求<br>• 某地区的旅游冲突<br>• 某个特殊群体——它的理念、历史和未来 |
| 文献 | • 奇克森特米哈伊（Csikzentmihayi，1990）的“流”（flow）理论适合于 X 运动的参与吗？适用于人们赴 Y 地旅游的情况吗<br>• 与观光度假相比，麦坎内尔（McCannell，1976）的“符号”（sign）说与“阳光、海滩、沙子和性”度假有什么关系<br>• 与旅游目的地选择行为相比，我们关于“外出度假”的休闲行为选择能知道些什么 |
| 政策/管理 | • 为什么访问 X 休闲设施的人减少<br>• 应该由哪一个营销部门来制定 X 体育活动、Y 艺术集会或 Z 旅游目的地的促销策略<br>• X 社区有哪些休闲需求 |
| 社会 | • 游客增长对于当地环境的影响<br>• 单身父母的休闲需求<br>• 运动在第三世界社区的作用 |
| 流行/媒体 | • 消遣性药品有害吗<br>• 现在城市街道比以前更不安全了吗<br>• 哪些人会去“扰乱”聚会，他们从中得到了什么 |
| 出版的研究报告 | • 以下两个例子都包含了大量的潜在的研究选题<br>澳大利亚休闲研究报告（Lynch 和 Brown,1995）<br>旅游研究：20 世纪 90 年代以来政策和管理重点研究（Ritchie,1994） |
| 头脑风暴 | • 举行一场关于关于上面选题的“头脑风暴”——这是探索以上所有潜在选题的一种方法 |
| 机会 | • 政府收集的休闲参与者数据为需求预测研究提供了机会<br>• 运动俱乐部的会员关系或者去某旅游目的地访问提供了进行参与者参与研究的机会 |

## 个人兴趣

个人兴趣能够有很多方式促成研究项目。例如，这个研究者个人可能参与了一些运动或者其他休闲活动，可能是某个以性别、种族或职业为基础的社会团体的成员，可能居住在或者访问过某个旅游目的地所以对这个地方的某个问题有着一些个人认识。把个人兴趣作为研究内容有利有弊。好处是研究者已经掌握有一些关于被研究现象的知识，也更容易获取一些重要的信息，而且研究热情也会比较高。皮尔科·马库拉和吉姆·丹尼森（Pirkko Markula and Jim Denison，2005）认为在发现运动领域有潜在研究价值的选题方面，个人的运动经历是一种很好的方法。很明显，这也可以用在其他的旅游与休闲领域。个人兴趣不利的方面是研究者可能会存在偏见，不能客观地看待问题。另外，对选题太过于熟悉也可能导致研究者想要做的东西太多，结果“只见森林不见树木”。

研究者在撰写研究方案时会提到自己对选题的兴趣，不过这一般不会出现在报告的主体部分而是在序言或前言中。而在诸如学术期刊论文这样的正式研究报告中，研究兴趣一般不会提及。另外，对于一些定性研究或是“观点”研究来说，研究者个人和研究选题的关系可能是方法论的一个重要方面，这在第 2 章已经有所讨论。

个人兴趣也许可以成为研究选题过程中的一个部分，但是仅仅是个人兴趣却并不足以说明为什么要开展研究，确定研究选题还需要从下面讨论的其他选题来源中去寻找其他的选题依据。

### 研究文献

对于学术研究来说，研究文献是最常见的选题来源。从阅读文献中发现可以研究的问题有很多种不同的形式。它可能是随意翻阅文献时就某个问题产生的思想火花，也可能是对文献的批判性阅读或对某一领域文献的集中阅读。大部分发表的研究都有具体的时间和地点，所以即使是一个广为承认的理论也可以进一步接受检验和研究。因此，有可能某个理论或理论命题从未被实证检验过，或者因为各种原因需要进一步实证检验，如表 3-2 所示。

**表 3-2　对来源于文献的理论/命题/观察进行重新分析的原因**

| 原　　因 | 理论/命题/观察 | 案　　例 |
|---|---|---|
| 地理原因 | 也许只在一个国家/地区被检验过 | 用美国的数据建立的理论可能在另一个国家被验证<br>城市居民的行为模式可以在乡村被复制吗 |
| 社会原因 | 可能仅仅建立在一个社会群体的经验之上 | 基于男性经验的理论，可以用于女性吗<br>经过中产阶级检验的理论可以用于工人阶级吗 |
| 时间原因 | 可能已经过时了 | 20 世纪 80 年代建立的青年文化理论在当前还有效吗 |
| 背景原因 | 可能是休闲和旅游研究领域之外的 | 福柯（Foucault，1979）基于医院研究的权力理论适用于旅游研究吗 |
| 方法原因 | 可能只经过一种方法的检验 | 源于定性研究的结论可以通过定量研究来验证吗 |

但是，激发选题的灵感也有可能并非源自理论，而是受文献其他方面的影响。例如，研究者可能对某个特别的研究方法感兴趣，于是致力于去探讨这个方法的适用条件；一个历史解释也有可能激发研究者研究某个区域的历史或一群人的活动。

因此，很明显地，研究者要从文献中去挖掘研究选题，需要用一种特别的、质疑的、探索性的方法去阅读文献：不光要了解文献说了什么，还要了解它没说什么或者它这么说的基础是什么。这个批判性的文献阅读过程将在第 2 阶段进行讨论，第 6 章也会论及。如果对一个研究选题来说，研究文献是其主要源头的话，那么研究过程的前两个阶段，选题和回顾文献，就能有效地结合在一起。

### 政策或管理问题

政策或管理问题主要为休闲或旅游机构所关注，但对政策或管理问题感兴趣的学生或学者也可以选择这些问题来研究。例如，不光政府或者商业机构进行或委托进行旅游预测研究，学者也可以研究；同时，有兴趣的学者和休闲旅游机构都会开展休闲旅游设施使用者调查或项目的成本收益分析。行业发起的研究和学者进行的研究有以下区别。

学术研究经常会公开研究成果，这些成果一般而言很关注现象的普遍意义而不是只适用于研究的设施或项目，其研究方法受到的关注和研究的实质结果一样多。另外，行业发起的研究结果经常不会公开，研究的其他意义也不会得到讨论，至于研究方法，虽然研究中必须谈到，不过却不会引起机构的特别兴趣。

在某些情况下，学者会研究一个或多个行业发起的研究项目，其研究成果既要向发起机构进行汇报，还可以发表学术论文突出某些特征来吸引更广泛的读者。

政府部门发起的研究处在上述两种情况之间：研究结果的指向性很强，却又不用保密。

对政策或管理问题来说，通常是由机构为受资助的研究或咨询项目制定一个研究简章或调查范围说明。研究机构（一般是咨询顾问机构）被邀请去竞标来研究项目。这类程序有它自己的操作和规则，将在后面的“研究简章和投标”部分谈到。

### 社会关注

研究者或社会部门对社会的关注一般来说可以产生大量的研究选题。例如，对社会上被剥夺和被忽视群体的关注可能导致对这个群体休闲需求和成员行为的研究，对环境的关注可以引发关于旅游对敏感区域的环境影响研究。通常，这类问题接近于政策或管理问题，可能发挥的作用有限，其目的更多地是突出问题而不是一定要找到解决办法。

### 流行/媒体

流行现象也会引出研究选题。这些选题旨在研究流行的信念或是观念，尤其这些信念被质疑不够准确或存在争议的时候。所谓流行，通常含义是“正如媒体所描述的那样”。例如，媒体对诸如体育群体暴力或“冷漠的年轻人”现象（Rower，1995:4）或存在巨大争议的休闲和旅游项目的报道就是很多相关研究的动机。

### 公开的研究议程

公共机构、专业团体或独立的学者会不时地发布一些研究议程或研究指南，这些研究议程的基础是对某个研究领域研究需求的评估，通常由某个委员会提出。下面是一些例子。

- 林奇和布朗（Lynch and Brown，1999）：审查并总结英国、澳大利亚和北美休闲/娱乐研究和议程。
- 里奇（Ritchie，1994）和福克纳等（Faulkner et al.，2003）：旅游领域的研究议程。
- 布朗森等（Brownson et al.，2008）：为了推动健身活动而发展出一个研究议程。
- 卡尔森等（Carlsen et al.，2008）：为爱丁堡节事活动而制定的研究议程，为节事提供了一个总体框架。

通常，机构制定研究议程或计划的目的是自己来开展议程中的研究项目。但有时候，其想法是想让这一领域的研究者，包括学生，将议程中的问题作为他们自己的研究。选择这些研究问题的学生心里很清楚，因为他们的选题来自公开的议程清单，那么“那里”至少会有几个人对他们的研究结果感兴趣。

### 头脑风暴

头脑风暴是指一个两人或两人以上的小组为了寻求灵感或解决问题，相互进行讨论并产生一个又一个想法。这通常需要一个白板或一打纸，写下随时想到的点子。对选题来说，它既可以独立地产生想法，也可以用来从上述几个或全部选题来源中提取想法。

### 机遇

有时候研究想法来自机遇：某个数据源可以利用。各种政府部门的调查数据，以及其他基于政策和管理意图收集的数据，还有用于政策相关目的和行政管理目的的内部数据，常常有机会被拿来当作二手数据使用，这将在第 7 章讨论。成为某个机构的成员，到旅游地进行一段旅程，或者一个事件，都有可能为参与观察提供机会。某个组织或个人的成就可以为历史研究提供机遇。在所有这些例子中，考虑到数据的性质和质量，必须用上面提到的一个或几个理论去进行思考，看看用这些数据来进行研究是否合理。

### 选择选题

是什么造就了一个可行的选题？这个问题没有一个简单或单一的答案。一般来说，这不是选题本身好坏的问题，而是如何将研究概念化（研究过程的第 3 阶段）和研究问题如何构建的问题（第 4 阶段）。另一个关键问题是，这个选题是否已经有人研究过了，因此，需要进行研究综述，第 2 阶段将会对此讨论。但是，即便这方面的研究已经有人做过了，也依然会有研究的空间。有时候，最初的研究者在论文的结论部分会指出这一点。甚至，最早的那个研究者还会自己提出这一点。

所以，研究过程的前 4 个阶段，选题、回顾文献、设计概念框架以及确定研究问题，形成了一个反复杂乱的过程，这个过程充满艰辛，富有挑战性且经常让人灰心丧气。但是这个阶段对研究方向很重要，否则，其他的努力都将徒劳无功。

### 研究的目的

研究项目的目的会影响选题以及随后的研究设计。这里将讨论三种目的：基于知识本身的目的、理念/政治目的、政策管理目的。它们的关键特征可见表 3-3。这些研究的

**表 3-3　研究的目的**

| 目的/动机 | | 特　　点 |
|---|---|---|
| 基于知识本身 | | 学术/科学标准，但也会和下面的标准相结合 |
| 理念 | ● 保守的 | ● 保护/接受现状 |
| | ● 革命的，等等 | |
| | 社会民主的 | ● 平等 |
| | 环境主义的 | ● 保护 |
| | ● 激进的，批评的，等等 | |
| | 新自由主义 | ● 保护/扩张市场 |
| | 新马克思主义 | ● 展示阶级斗争/剥削 |
| | 激进女权主义 | ● 展示男性霸权和对妇女的压迫 |
| | 反全球化 | ● 展示全球化市场趋势中不受欢迎的一面 |
| 政策管理 | ● 批评性的 | ● 批评当前的政策/管理，也许反映了上述内容中的一个或多个激进的/批评的立场 |
| | ● 工具性的 | ● 对所研究组织或机构的理念和哲学大体上接受 |

动机和目的通常都不会直白地在研究报告中表述出来，但会含蓄地提到。它们会影响选题和整个研究过程。

为了知识本身的目的。传统研究的目的是增进知识本身，或者是因为研究者普遍认为这是好的。一些研究者在他们的全部或部分研究中，依然抱着这样的目的在诸如大学这样的学术环境中工作，因为学术环境可以让他们追求这一目标。学者在自己的时间里开展没有基金资助的研究就属于这种性质。但是，即使是在这么“纯”的环境中，一些不那么高尚的目的，如为了个人的事业发展，还是掺杂其中，尽管这并不违法。

理念/政治目的。许多学者的研究动机部分乃至全部由理念或政治议题激发。甚至可以这么说，在社会科学的有些领域，所有的研究动机都来自于此。许多社会科学家可以被形容为“改革主义者”，他们渴望一个更加平等或公正的社会，所以即便这不是研究的中心议题，他们的研究还是要和这个目标保持一致的。例如，许多休闲研究关注的是休闲机会是否平等，而许多旅游研究关注的是当地社区遭受的不公平剥削。类似地，在这两个领域，环境保护与可持续发展经常受到或明或暗的关注。

如果一个社会问题研究对这两方面的关注都不明显，那么就意味着其立场是保守主义的，它意味着满足于当前的政治、社会与经济现状。与此形成鲜明对照的是，一些研究者的研究受一个或多个致力于从根本上改变社会的理念所指引，他们被描述为“激进主义者”或“批判主义者”。在政治光谱中，右端的是激进的“新右翼”思想，拥护市场机制，致力于市场扩张，因此被贴了个“新自由主义”的标签。在休闲和旅游研究中，持有这种观点的人相对较少，虽然在一些关注旅游经济发展的研究中暗含有这样的理念。

与之相反，有些研究者，用伊冯·林肯（Yvonna Lincoln，2005：165）的话来说就是“致力于将社会科学用于民主和解放目标的人”。持左翼思想的研究者，如新马克思主义的拥护者，经常明确地表现出他们的政治意图。所以，新马克思主义者约翰·克拉克和查斯·克里切尔声称，“休闲研究和增进自身知识……没什么关系。研究社会秩序的某些问题的目的是……理解这些问题是如何被其他社会结构所塑造的”（Clarke and Critcher，1995）。在著作的后记中，他们讨论了作为怎样才能让“社会主义运动从休闲的积极发展中获益”。而持有激进女权主义思想的研究者，他们总是致力于和男性霸权进行斗争。例如，贝特丝·韦芮对休闲的概念进行发展，提出要将休闲活动场所视为“一种抵制和颠覆男子霸权主义的潜在的场所”（Wearing，1998：xvi）。在旅游领域，菲利普·皮尔斯（Philip Pearce，2005：15）注意到，“一些学者想要看到研究者在社会生活方面产生出更有力量的解放性观点。”

政策管理目的。与政策或管理有关的研究，其目的看上去很明显，就是解决政策或管理问题。但是，研究采用的立场却可能不尽相同，也会被上面介绍的理念所影响。有些研究可以被称之为批判性的，因为它已经不再把公共或私有机构的政策或管理问题作为自己的研究对象，而是采取了一种改革的或左翼的立场，批判私有化或“管理主义”过程，想要揭露某项政策或管理行为所造成的不平等。而那些试图让私有部门运行更有效率、利润更高，而且一般能够接受所研究领域的大部分思想或哲学立场的研究，可以被视为工具性研究。

## 2. 回顾文献

### 简介

回顾现有的研究文献极其重要，为此本书将会用整整一章（第 6 章）来谈这个问题。“回顾文献”这个有些学术意味的术语，指的是选择并阅读自己所感兴趣的选题方面先前已经发表的研究的过程。这个过程有几个作用，已在表 3-4 中列出，并将在第 6 章进行讨论。

**表 3-4　文献在研究中的作用**

- 是研究的全部基础
- 是选题的想法来源
- 是他人已作研究的信息来源
- 是研究方法或研究理念的来源
- 是对研究进行比较的基础
- 是构成研究整体或研究支撑的那部分信息的来源

在许多情况下，研究初期开展的文献工作常常被认为只是预备的或暂时的文献工作。因为，在项目刚开始的时候并不见得有充足的时间来完成所有的文献工作。一部分研究项目本身就需要对文献进行深入的研究。在尽可能地全面调查了相关文献，认为自己已经了解到所有的相关文献之后，就可以开始进入研究过程了。一般来说，对文献的研究会在整个研究过程中持续进行。研究者始终要面对一个风险，那就是在研究即将完成的时候，随时可以遭遇一个以前发表的或刚刚发表的成果完全否定了你的研究，或者抢先发表了一样的成果。但这也是研究让人激动的一部分。实际上，与自然科学的情况不同，休闲和旅游领域这样的风险很小，因为这一领域很少有研究是完全重复的。在自然科学中，加利福尼亚得到的研究结果可能和伦敦的完全一致；而在休闲和旅游研究中，用于加利福尼亚居民的研究过程照搬到伦敦，甚至纽约，结果可能会大不相同，因为休闲和旅游研究中那些不同社会背景中的人群都是独一无二的。

### 进行文献综述

除了关注已发表的研究文献外，还应尽可能地关注尚未发表和正在进行的研究。这个过程大多要靠碰运气。虽然有些机构会对正在研究的项目进行登记，但想要了解正在进行哪些研究，或者是研究虽已完成但尚未发表，常常要靠一些非正式的联系。一旦确定感兴趣的选题，通过文献就可以清楚地知道这类研究的主要中心位于什么地方，然后可以通过直接联系或通过网站、年度报告或新闻简报了解这些中心当前正在进行什么研究。如果这个选题很热门，那么这个过程就尤其重要。然而，在这种情况下，交流渠道通常会很活跃，过程反而更简单。在这方面，来自会议和研讨会的论文对当前的研究来说是比专著或期刊更好的信息来源，因为专著和期刊有很长的发表期，里面的研究通常是在出版前两年或之前完成的。

第 6 章将要谈到，文献综述的结尾应该概述整个研究领域，包括研究的性质、研究方法的优点和不足或差距，还要说明这些结论和手头研究之间的关系。

### 什么学科

学术研究，尤其是本科或研究生项目，要考虑这个项目和什么学科是有益的。有时候，这是显而易见的，因为这个项目和某个学科内容挂钩。例如，市场学。另一些时候，这个项目属于前沿研究，这将涉及一个或更多的学科。如果选题没有明显的学科标签，那么研究生往往无法有效地利用学科理论和框架，也没有机会展示他们学习过程中所获得的知识。例如，一个和高尔夫相关的选题，在图书馆图书目录和数据库中搜索关键词“高尔夫”，毫无疑问会得到大量有用的文献。但如果选题考虑的是高尔夫管理、高尔夫市场、高尔夫运动的社会背景或者高尔夫参与者的动机，那么就可以运用一般化的理论，也可以将这个研究和分属于管理、计划、社会学和心理学等领域其他现象的研究进行比较。因此，研究者要问的一个重要的问题是：这个研究和什么学科相关？从这些学科的文献中可以用到什么理论和理念？

## 3. 设计概念框架

### 认识概念框架

任何研究，发展概念框架都是最重要的，也是最难的。许多研究项目中，最薄弱的就是概念框架。概念框架和研究涉及的概念有关，也和概念之间的假设关系有关。

在这里，概念框架这一术语涉及广泛的研究情形。当采用的框架和计划或市场活动相关时，这个术语就可以用在应用性研究中。这种情况下，很容易在计划和市场研究文献中找到概念框架的理念。当研究的学术指向更强时，“理论框架”这个词则更为合适。迈尔斯和休伯曼在其著作《定性数据分析》中这样描述概念框架。

> 概念框架，或者以图表，或者以叙述的方式，来解释研究的主要内容：关键因素、结构或变量，以及它们之间的假设关系。概念框架可以是初步的，也可以是详尽的；可以是理论化的，也可以是浅显易懂的；可以是描述性的，也可以是因果性的。（Miles and Huberman，1994：18）

不同的研究类型，如描述性研究、解释性研究或评价性研究，常常需要不同类型的概念框架。描述性研究很少需要详尽的概念框架，但是需要对相关概念进行明确的定义。不过，有时候要考虑的概念很多。例如，当描述性研究试图揭示人们的时间利用时，就会想到大量的休闲或旅游活动形式，这就要求对每种活动形式都要分类及相关的编码系统设计（Burton，1971）。又如，在收集各种旅游者花费和活动类型的数据时，也需要分类和编码。对解释性研究和评价性研究来说，二者都需要高度发达的概念框架，概念框架形成了研究要进行的解释或评价工作的基础。

关于概念框架的讨论，一个观点是这个方法与归纳存在着显著的差异。本书第 2 章讨论过归纳，其特征式理论来源于数据，而不是用数据去检验预设的理论。尤其，它看起来和扎根理论以及定性研究中那些非正式的、灵活的方法之间存在着巨大的差别。然而，正如迈尔斯和休伯曼指出的那样，概念框架对定性研究和定量研究一样重要，甚至可能更重要。在定性研究领域，卡拉·亨德森用“工作假设”（working hypothesis）这一术语来说明，由于最初的框架可能不够详细，因此在研究工作开展后要有所变化。

一个进行归纳定性研究的研究者，当研究开始时，脑海中应该有大致的研究问题、概念框架或工作假设。然后，当开始收集数据时，研究者必须……乐意让工作假设变化成为研究过程。（Henderson，2006：79）

事实上，概念框架不见得是一个“紧箍咒”，它也很灵活，富于变化。第 9 章将会谈到，在定性研究中，理论发展和数据的收集与分析常常相互交织在一起，而不是先后次序分明。但是研究者在研究伊始很少完全没有概念框架，通常都会有一些来自文献和其他方面的基本框架。至少，研究者也会关注一些相关的概念，否则，很难知道要问什么问题，要去研究什么东西。有些情况下，研究会开始于文献中看上去不太让人满意的框架，然后其研究目的不是去证实概念框架的有效性，而是去批评这个框架并用一个改善了的框架去替代它，这个改良框架有可能与原框架的差别非常之大。研究开始时的概念框架可以被看作“第一张草图”，当进行到数据收集和研究工作时，会根据研究中发现的问题对“草图”进行修改，这样，不断发展的概念框架就成为研究过程的主要内容。

确认后的概念以及由此构成的框架决定了研究的全过程。在探索研究的概念框架时，研究者问：这儿会发生什么？工作（可能）按什么过程进行？概念框架有时候来源于个人思考或头脑风暴，有时候来源于文献。来自文献的现成的框架有可能的确用得很好，并且在新情况下也不用更改。研究者在一些领域内对文献进行回顾，想要以此来为研究提供基础，就需要能够把理论和理念整合到一个共同的框架，即使其目的是展示两个或多个观点的矛盾和冲突。这样的联系在构建框架时应该得到清楚、完整的解释。

### 发展概念框架

发展概念框架，一般认为需要涉及四个环节，具体如图 3-2 所示。“确定概念”这一环节本应是起点，但实际上很少会这样。一般而言，先考虑关系，然后再确定和定义相关的概念。事实上，这种过程常常是反复的，在两个环节之间不停地往返，或是在不同的环节间循环，直到得到一个满意的解决方法为止。下面就依次讨论这四个环节。

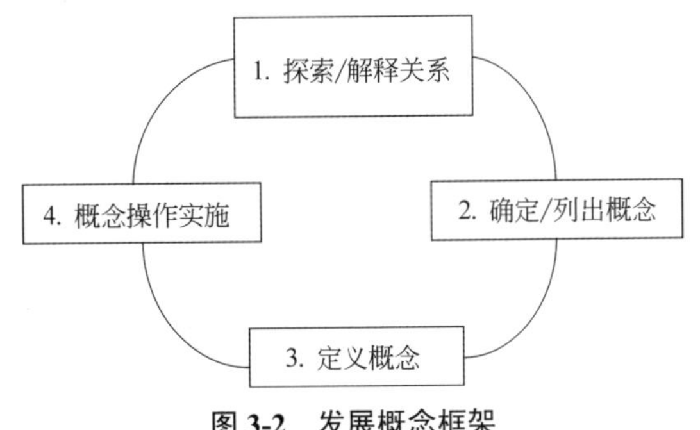


**图 3-2　发展概念框架**

（1）*探索/解释关系*。关系可能表现为权力关系、影响因素、资金流或信息流，或者仅仅是环节的先后顺序。假设的关系对应于理论，但只是暂时的，它是概念框架的基础。解释一个概念框架可能会是一个冗长而复杂的过程，尤其是当它和文献相关时。表 3-5 的例子非常简单。它演示的想法是一个从简单陈述（阶段 A）发展为更加复杂的陈述或一系列陈述（阶段 C）。在这个例子中，陈述用假设的形式来表述，它也可以是问题的形式。例如，收入在多大程度上影响决定？

**表 3-5　探索概念之间的关系：案例**

| 阶段 | 陈述/假设 |
|---|---|
| A | 休闲或旅游活动参与是个人（或家庭）决策过程的结果 |
| B | 一个人是否参与可能取决于事件或环境的差异。例如<br>• 设施的可利用性和可进入性也许好也许坏<br>• 广告和促销的规模和影响不同<br>• 参与成本可能高也可能低<br>• 机会事件，比如碰到一群朋友，可能会激发参与 |
| C | 个人是否参与也取决于他们的个人特征。例如<br>• 年龄<br>• 收入<br>• 性格<br>• 该活动或类似活动的参与经历 |

发展概念框架可以用“概念地图”（concept map）来帮忙，有时候也称之为“思想地图”（mental map）或“关联树”（relevance tree）。虽然有时候概念图看上去简明易懂，但要注意的是概念地图只是一个辅助工具，是完整的叙述性讨论和解释形成了概念框架的核心，概念地图只是对讨论进行说明或总结。

概念地图可以看作视觉“头脑风暴”的一种形式，它可以由个人独立完成，也可以是小组练习的一部分。在白板、纸或活页上写下看上去和主题相关的所有概念，以及它们出现在头脑中的顺序。然后开始对概念分组，说明它们之间的关系。这个过程会涉及对概念和关系进行试错修正。图 3-3 用概念地图的形式对表 3-5 中用文字描述的概念框架进行了描绘。三个概念地图分别对应于表 3-5 中的三个阶段。

概念地图在描绘时通常用方框或圆框来表示概念，用有箭头或不带箭头的直线来表示概念之间的关系。不同类型的概念可能由不同形状的框来表示。这些概念以及它们之间的关系在表 3-5 中加以解释。阶段 A、阶段 B 和阶段 C 中建立的主要关系在图 3-3 中分别予以相应的标注。

（2）确定/列出概念。概念一般代表的是正在研究的现象，是构建研究“大厦”的“砖块”。概念出现于对关系的讨论以及形成概念地图的过程中，在此过程中，概念得以确认、识别和罗列出来。概念可能包括各种类型的个人（如经理、顾客）、群体（如帮派、社区）或机构（如公司、政府），或者与之相关的特征或行为。表 3-6 中的第一栏列出了表 3-5 和图 3-3 中的概念。

（3）定义概念。为了研究目的，概念必须予以明确的定义。可以使用字典里的定义或来自研究文献中的定义，但要有选择性，且要合适。表 3-6 中的第 2 栏为所列的概念进行了定义。在早期研究中只是对概念进行初步定义，随着时间的推移，会愈加详细和复杂。例如，当我们说到“X”，我们必须清楚地说明“X”所代表的意思。

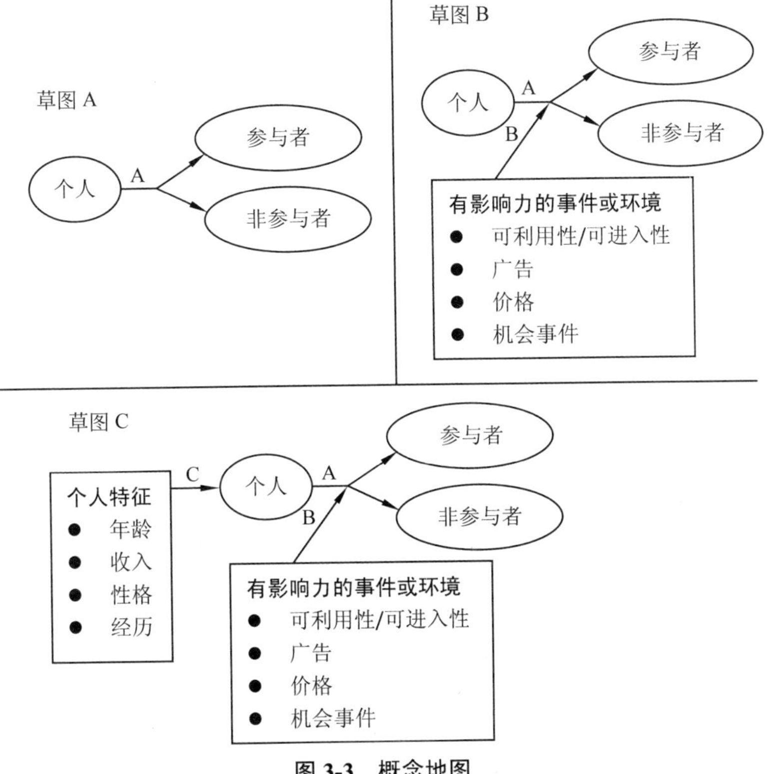


**图 3-3 概念地图**

**表 3-6 概念——定义与操作实施示例**

| 概念* | | 定义 | 操作实施 |
|---|---|---|---|
| 1. 参与者 | a. 休闲 | a. 在闲暇时间里可以参与那些能相对自由选择的活动的人 | a. 在过去一年中至少参加过一次被认定为休闲活动的人 |
| | b. 旅游 | b. 基于休闲目的离家旅行的人** | b. 在过去三个月中为了休闲目的离家至少 40 千米并至少过夜一晚 |
| 2. 有影响力的事件或环境 | a. 可利用性/可进入性 | | |
| | • 休闲设施 | a. 在家庭所在的社区，且可承受的价格范围内受到偏好的设施 | a. 一天行程范围内，且价格符合或低于各种“标准”价格。例如，每人 10 英镑、20 英镑或 30 英镑 |
| | • 旅游机会 | 在可承受的价格范围内前往偏好目的地的度假服务 | 两周之内，花费在各种与家庭收入相关的“标准”花费范围内 |
| | b. 广告与促销 | b. 个人所接触到的休闲/旅游广告与促销 | b. 个人对过去三个月内所接触过的广告与促销的回忆清单 |
| | c.（参与）花费 | c. 休闲/旅游经历的总花费 | c. 上面 2a 与 2b 中提到的活动内容的花费 |
| | d. 机会事件 | d. 影响参与决定的非计划活动 | d. 个人提到的影响参与决定的事件：自身经历、亲朋建议、媒体介绍 |

续表

| 概　　念* | 定　　义 | 操作实施 |
|---|---|---|
| 3. 个人特征 | 个人属性（影响到休闲/旅游决定），比如<br>a. 年龄<br>b. 收入<br>c. 性格<br>d. 过去的休闲/旅游经历 | <br>a. 上个生日时的年龄<br>b. 全家税前年收入<br>c. 迈尔斯—布里格斯（Myers-Briggs）性格分类测试结果<br>d. 休闲：过去 6 个月的休闲活动<br>旅游：在过去 5 年中的旅游活动 |

*出现在图 3-3 草图 C 中的概念。

**旅游的有些定义包括其他的目的，如商务。

括号内的文字说明只适用于本次研究。

（4）概念操作实施。“操作”（operationalisation）这一术语的含义取决于概念的性质是定量的还是定性的。

- 定量的：操作过程指的是“怎样来测量概念”。
- 定性的：操作过程指的是在定性研究时，如在开展深度访谈时，概念要怎样来识别、描述或评估。

操作概念的例子在表 3-6 中第 3 栏给出。列出来的大多数概念是定量的和可测量的，至少带有部分定量特征。但概念 2a，2b 和 2d 具有定性的特点，所以被另外对待。测量的问题将在本书的第 II 部分进行更为全面的讨论，尤其是在第 7 章中。

在某种程度上，操作应该提前思考实践中一个概念的信息应该怎样来收集，它说明了定义在实际情况中应该如何使用。为了操作需要，经常要做出一些灵活而务实的选择。例如，“休闲参与”中的“参与”应该是指“定期参与”呢还是“一年一次”就够了？又如，一个人要离家多远才能算旅游者？40 千米、50 千米还是 25 千米？这些决定可能是任意做出的，也有可能是基于收集数据的需求决定的，因为这些数据可能要和现有的其他数据进行比较。案例研究 3.1 为概念操作的实例。

## 案例研究 3.1

### 概念操作

表 3-7 对帕特里克·韦斯特（Patrick West，1989）关于底特律少数族裔对公园使用的研究中所使用的概念操作的讨论进行了简要介绍。该研究旨在发现底特律的白人和黑人对城市公园和地区公园的使用是否有不同的模式，以及黑人居民对公园的使用是否受到种族亚文化偏好、边缘性（收入和交通的限制）或种族歧视的局限。表 3-7 用表格展示这些信息，但它在原文中用了两页多来描述。

表 3-7　概念操作的实例

| 概　　念 | 定　　义 | 操　　作 |
|---|---|---|
| 城市公园 | 城市内的公园 | 底特律城市边界内的所有公园 |

续表

| 概　念 | 定　义 | 操　作 |
|---|---|---|
| 地区公园 | 城市外的公园 | 位于底特律周边三个县的所有公园 |
| 种族 | 种族身份 | 调查对象对自我身份问题的回答，分为以下几类：非洲裔、拉丁裔、白人、其他种族 |
| 边缘性 | 基于下列因素产生的参与限制：<br>a.有限收入<br>b.交通可达性 | 客观指标：a.年收入，b.是否拥有汽车<br>主观指数：调查对象对公园使用障碍的感知：a.费用；b.交通 |
| 亚文化偏好 | 使用或不使用公园的非限制性偏好 | 对未使用公园或未经常使用公园原因开放式问题的回答进行编码，如“没有兴趣”“宁愿做其他的事情” |
| 种族间限制 | 实际或主观的种族歧视导致在公园里的“不舒服”或“不受欢迎”的感觉 | 在使用或没有使用公园的原因开放性问题的回答以及对在公园经历“其他人的负面反应”这一专门问题的回答进行编码 |

资料来源：West，1989。

## 模型

理论框架也可以被称为模型，尤其是当这个研究的性质是定量研究时。例如，外出度假与一个人的社会和经济背景之间的关系可以用表 3-8 的定量模型来表示。调查并识别出不同收入水平和不同度假频次的各类人群，接着用统计分析方法来校准方程，也就是找到参数 $a$ 与 $b$ 的值，这样，只要已知一个群体的平均收入，那么就可以预测这个群体的度假水平。在表 3-8 中，0.1 和 0.05 这两个假设参数被用来说明这种方法。同时，该例子还介绍了怎样用这样一个方程来估算或预测给定收入水平的人群在当前或未来的度假花费。这里对统计技术不作过深的讨论，但是在第 17 章讨论回归技术时会再次提到。那时，还可以构建更复杂的模型，包括人们的年龄、职业、旅行价格、汇率等。实际上，这个模型可以用来预测未来的旅游需求，也可以预测不同国家和地区的旅游需求。

**表 3-8　作为定量模型的概念框架**

| 概念框架/理论 | 某群体的度假频次与该群体平均收入水平正相关 |
|---|---|
| 概念/变量 | $H$＝ 度假旅行次数（次/年）<br>$N$＝ 平均收入（千英镑） |
| 关系/等式 | $H = a + bN$ |
| 标准方程的例子（$a$ 和 $b$ 值来源于调查问卷分析） | $H = 0.1 + 0.05N$ |
| 用方程进行预测（假设 $N$=30） | $H = 0.1 + 0.05 \times 30 = 0.1 + 1.5 = 1.6$（次/年） |

## 休闲与旅游研究中概念框架的实例

*旅游参与*。图 3-4 展示的是概念框架中的休闲参与决策包括外出度假决策。案例研究 3.2 是这一主题的一个更为详细的概念框架，更多的研究案例在本章的“资源”部分中进行了说明。

## 案例研究 3.2

### 一个度假/休闲设施选择研究的概念框架

克里斯汀·威特和彼得·赖特（Witt and Wright，1992）发表了一篇题为《旅游动机：马斯洛之后的生活》的论文，认为马斯洛著名的“需要层次理论”并不是旅游动机理论的基础。他们回顾了一系列其他的动机理论，并指出这些理论大多数是关注人们需要什么，但是没有考虑这些需要如何得到满足，因此在旅游研究中的实用价值有限。他们提出了使用“期望理论”，这一提法在很大程度上来源于对工作动机的延展。期望理论塑造了个体的期望与关于满足人们需要的行为之间的关联模型。当运用于度假目的地选择时，这个模型涉及某些度假属性（比如温暖的气候、有趣的环境）在满足了个人需要方面的重要性，同时涉及个人对某目的地在多大程度上拥有这些属性来满足他的需要方面的评价。反馈过程说明了每一次度假经历都将有助于增长个体对目的地属性及其与个人需求关系方面的理解和知识。威特和赖特提出了图形化的模型，它不仅为这个研究服务，还为所有关于目的地选择的研究提供了一个普遍性的概念框架。

该模型也可运用于非度假性休闲体验的研究，因此图 3-4 中给出的模型不仅限于度假目的地，也包括度假目的地和休闲设施。

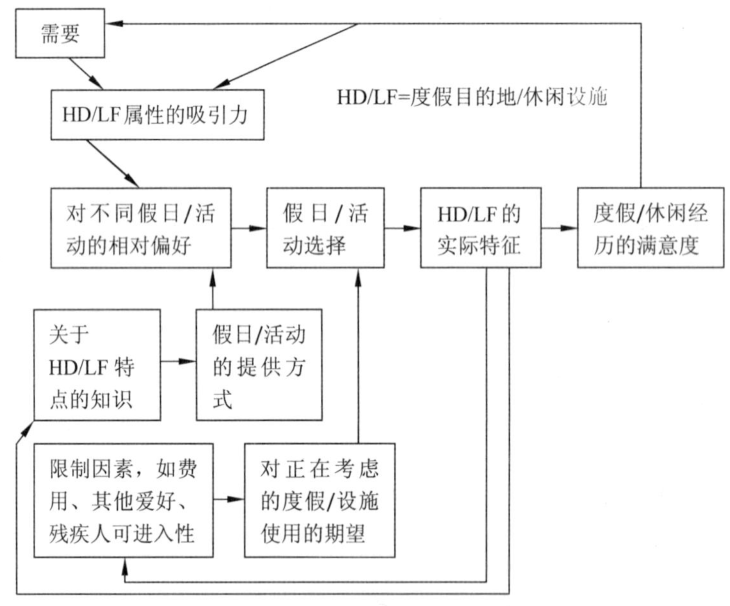


**图 3-4　概念地图：假日/休闲设施的选择**

管理/政策研究。许多情况下，研究是某个管理任务的一部分，它属于第 1 章末尾所讨论的类型，并列在表 1-5 中列出。在这些情况下，研究的概念框架可能是内容更加宽泛的任务的一部分。由于解决的是管理问题或任务，所以研究问题通常一开始就很明确。来自应用性文献的计划、市场研究、管理框架可以被用来当作研究框架的基础。图 3-5 到图 3-7 中给出了三个这样的例子。

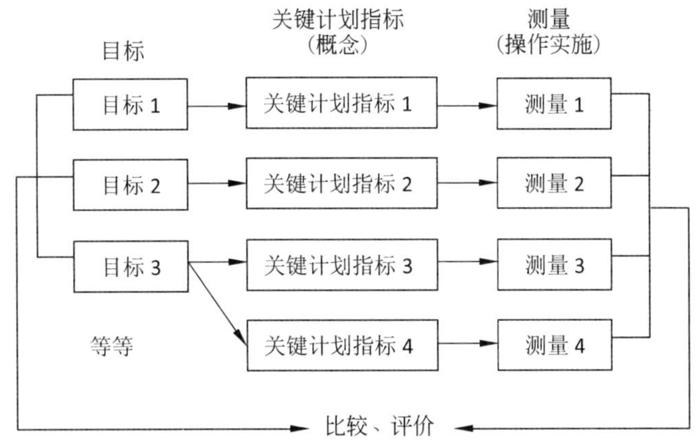


**图 3-5　概念地图：绩效监测**

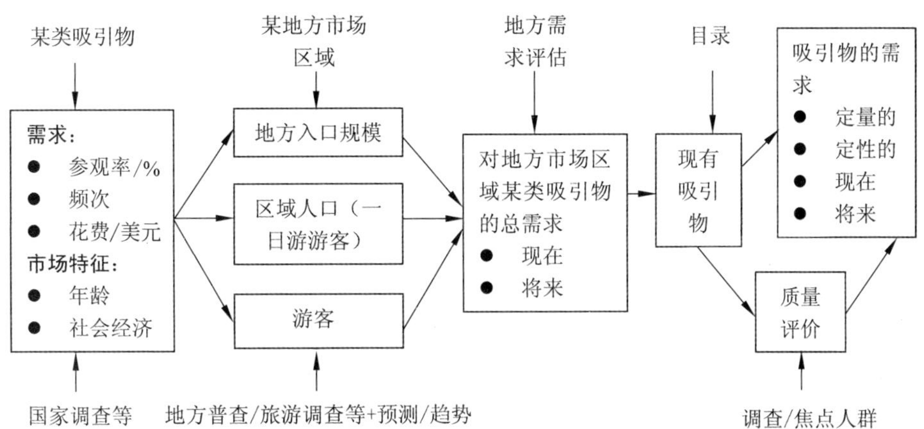


**目标**：为一个潜在的旅游/休闲吸引物提供市场规模和特征评价

**战略**：①利用全国或地区的调查数据，最大限度获取社区对这类吸引物的总体需求水平和类似吸引物的游客市场特征方面的信息；②在当地需求、一日游需求及游客需求的基础上，估算这个吸引物在某市场区域的当前需求情况与未来需求前景；③评估该地方这类吸引物当前供给情况，以及新吸引物可能获得的市场份额；④开展现有供给质量的消费者调查研究，为计划中的新吸引物设计提供指导依据。

**图 3-6　概念框架：市场研究**

图 3-5 展示的是一个可以用于绩效评价的一般性的研究概念地图，关于绩效评价在图 1-1 中管理过程的理性综合模型的第 8 个步骤中给予了说明。一般来说，在达成企业计划或战略目标过程中所取得的进步需要用关键绩效指标（KPIs）来测量，这些指标常常来自一些类型的研究。例如，和增加节事游客访问量这一目标相关的 KPI，需要对节事游客数量进行阶段性的测量。图 3-6 关注的是一个建议修建的新设施或新吸引物的市场研究项目，而图 3-7 关注的是一个基于服务质量评价（SERVQUAL）方法的一个顾客服务质量研究。后者有时类似于重要性——绩效分析方法（见“资源”部分）。

关于概念框架的例子在本节末的案例研究中也有呈现。

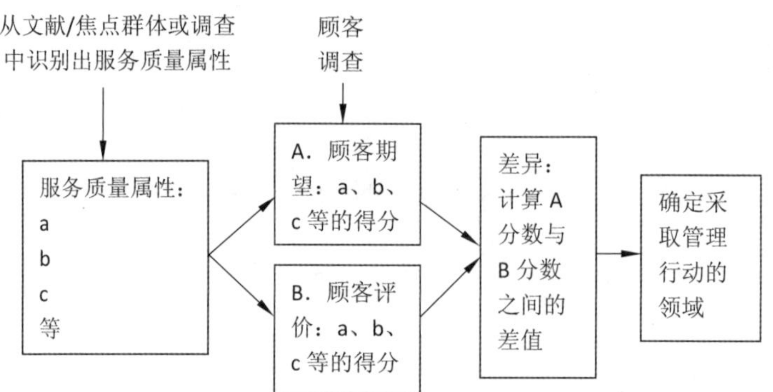


**目标**：评价顾客对某个休闲/旅游设施/服务的满意度。

**策略**：采用 SERVQUAL 方法进行顾客服务质量进行测量（Parasuraman et al.，1985；Howat et al.，2003），将顾客对服务质量的各种属性（要素）的期望，与顾客对服务中这些属性实际表现的评价进行比较。两者之间的差异或差值就为管理者提供了哪些领域需要管理行动方面的信息。

**图 3-7　概念框架：顾客服务质量研究**

## 4. 确定研究问题

### 研究疑问、问题还是假设

研究所关注的可以用疑问（question）、问题（problem）或假设来表述。

- 疑问需要答案。
- 问题需要解决办法。
- 假设用陈述来表达，需要被证实为“真”（和证据一致）或“假”（与证据不一致）。

基于问题的方法和基于假设的方法之间的差异和关系如表 3-9 所示，表中以一个休闲/旅游地的游客人数下降问题作为例子来进行说明。从表中可以看出，该例子呈现为两种模式，模式 A 比较简单，而模式 B 比较复杂，涉及探索一系列以问题形式表示的可能回答以及一系列的假设验证。在每种模式中，左栏为疑问形式，右栏使用假设形式。

假设形式在自然科学中比较常见，而疑问形式更多地出现在社会科学中。第 2 章讨论过，后者经常在描述性研究和归纳中使用，而前者更适用于解释性研究和演绎。本书中大部分用的是研究疑问形式，但在某些形式的统计分析中也会用到假设形式，这在第 17 章会谈到。

### 确定起点

有时候，研究者的选题一开始就非常明确，而且最开始可以表现为某种疑问形式。接下来的文献检索和概念框架过程就是要在已有的知识背景中去分析这个具体问题。表 3-9 就用了一个目的地访问参观人数减少的例子来对此进行说明。

### 决策模型

图 3-4 中的决策模型的概念框架设计是为了探索人们决定访问目的地的影响因素和过程，其目的是要发现如何才能让人去访问，或者怎样才能让现有的访问者再次访问。其文献工作将涉及对类似模型的考察，以及对那些研究影响人们目的地或休闲地选择的各种影响因素的相关文献的考察。

**表 3-9　研究疑问与假设**

| | 研究疑问 | 假设 |
|---|---|---|
| A. 简单模式 | 1. 提出研究疑问：在过去的两年中，为什么目的地 X 的访问人数下降了 | 1. 假设陈述：在过去的两年中，目的地 X 的访问人数下降是因为有更新更有价值的目的地出现 |
| | 2. 进行研究 | 2. 进行研究 |
| | 3. 回答：因为有更新、更有价值的目的地出现 | 3. 结果：与证据一致 |
| B. 复杂模式 | 1. 提出研究疑问：在过去两年中，为什么目的地 X 的访问人数下降了 | 1. 提出假设<br>头脑风暴/文献检索/探所访问人数下降的各种可能原因 |
| | 2. 制定研究策略：头脑风暴/文献检索/探所访问人数下降的各种可能原因，列出可能的原因<br>a. 有更新更有价值的目的地<br>b. 当地居民收入下降<br>c. 游客数量下降<br>d. 设施质量下降<br>e. 价格上升 | 2. 公式/陈述假设：游客数量下降是因为<br>a.有更新更有价值的目的地<br>b.当地居民的可支配收入下降<br>c.游客数量下降<br>d.设施质量下降<br>e.价格上升<br>或上述综合原因 |
| | 3. 进行研究：收集证据/数据来发现可能的原因 | 3. 进行研究：收集证据/数据来检验上述五个假设 |
| | 4. 回答：因为有更新更有价值的目的地出现 | 4. 结果：a.与证据一致，b.与证据不一致，c.与证据不一致，d.与证据不一致，e.与证据不一致 |

## 兴趣领域

有时候，一开始研究主题很模糊，只是一个感兴趣的领域，还没有特定的选题。在这种情况下，文献检索和确定概念框架可以用来聚焦问题，从而决定到底要研究什么。其目标就是形成一个或多个研究要回答得非常具体的疑问。这无疑需要反复。一个疑问看起来很简单，也可以回答，但经过思考、阅读和分析后，常常会形成许多疑问，需要很多概念，结果要么是仅仅一个研究已经完成，要么是基于现有的时间和资料已经无法满足研究需要。这时候，只能选取一小部分来单独研究，这并非意味着要忽视复杂的、全局性的研究。在撰写一个研究项目时，研究者总是要把它置于更宏观的背景下来解释为什么以及如何展开这个研究。

## 研究疑问还是目的

研究通常有一系列实际目的，但不应该将其与研究疑问混为一谈。研究目的也不应该与下面研究战略部分会谈到的研究任务清单相混淆。例如，当说到“这个研究的目的是对一个客户群体进行调查……”的时候就是把目的和手段混淆了。在这种情况下，调查服务于目的，是为了回答疑问，它本身不是目的。当然，研究疑问可以包含在目的中，所以，可以说：“这个研究的目的是要回答为什么游客人数下降了？”

然而，也有一些例外，比如研究建立一个将来有可能得到广泛利用的数据库。这方面的例子很多。例如，大多数国家的统计局会每五年或每十年进行一次人口普查，并将其作为一项公共服务提供给大量研究者，使他们能够将这些数据用于各种各样的研究目的中，所以，“进行人口普查”就是研究目的。但即使是这种情况，大多数可能的用途还是已知的：普查项目要优先考虑那些政策指向的研究疑问，而这些疑问通常和年龄变化趋势、教育需求和健康事物等有关。很少有休闲或旅游领域的研究者会去专门收集这类面向公众开放的数据：一般来说，数据收集不是为了收集数据，而是希望它们哪天可以被用到。

### 原始疑问和次生疑问

大多数情况下，分清原始疑问和次生疑问对研究是有帮助的。次生疑问是回答原始疑问的必须经历的步骤。例如，在图 3-6 中有一些未知的疑问，可能转变成一些次生的研究疑问。图 3-6 中的“市场特征”能够用一个次生疑问来描述：“吸引物当前游客的市场特征是什么？”编写一份有竞争力的地方现有吸引物目录时可以预先假设次生疑问：“当地可以发展什么有竞争力的吸引物？”

## 5. 列出信息要求

研究问题（疑问）和概念框架可以产生出一个需要的信息（数据）列表。有时候，需要的信息或数据非常清晰，信息来源也可能很直接。例如，在图 3-6 的市场研究例子中，每个概念都对数据提出了要求，这种要求决定了信息的性质或测量方式。这在图 3-8 中进行了说明，该例子说明了市场研究的信息需求，同时也指出了信息的可能来源。有些类型的信息可以从多个渠道获得，然而关于决定采取哪个信息来源则是另一个问题，

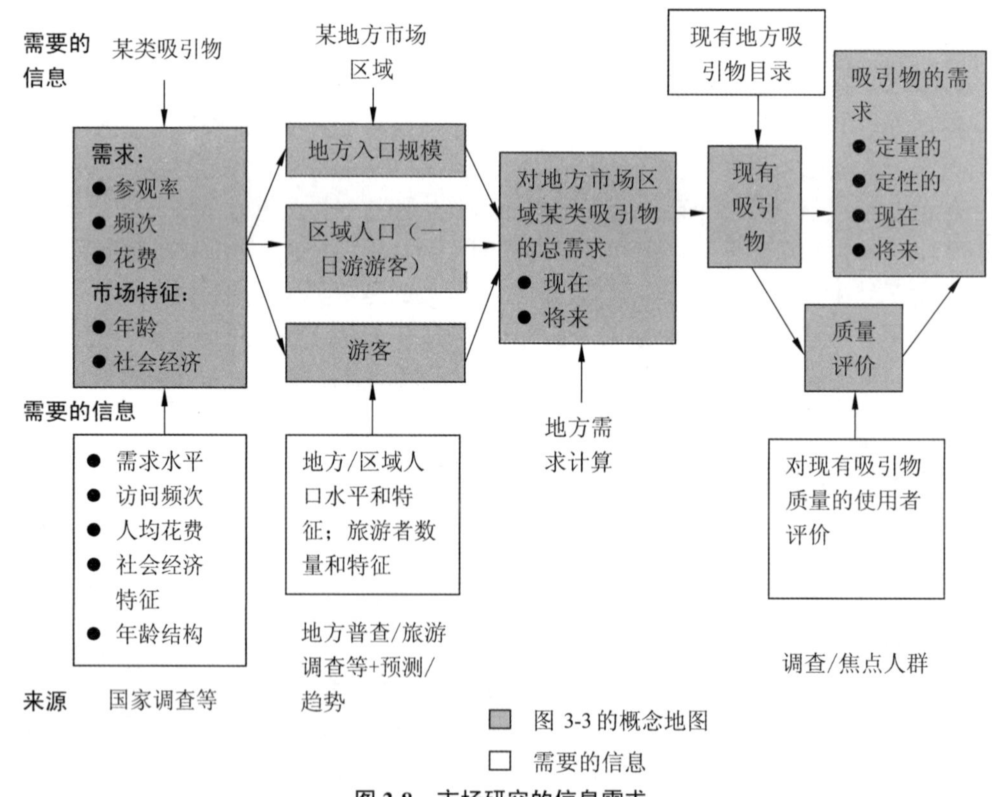


图 3-8　市场研究的信息需求

将会在下面进行讨论。图 3-8 中仅仅对信息需求做了简略的说明。例如，某吸引物的“市场特征”所涉及的远不止年龄和社会经济，这明显和上面讨论的操作性的想法有关。

### 6. 确定研究战略

发展研究战略指的是对研究过程的多个方面做出决定，如表 3-10 所示。

#### a. 项目要素/阶段

研究通常包括一些不同的要素或子研究。例如，收集原始数据和二手数据，或者收集不同地点不同时期的数据。这在图 3-6 中有明确的说明，在这个研究中，第一个子研究是确定市场的性质，第二个是评价地方市场的特征和规模，第三个是估算拟建项目的需求。一个研究可以设计为若干阶段，尤其是当一个部分依赖于另一个部分的结果时。例如，阶段 1 可能涉及某个场所的田野工作，阶段 2 可能涉及同一个场所但更为深入的工作，或者是另一个场所的田野工作。

**表 3-10　研究战略**

| |
|---|
| a．确定研究要素/步骤 |
| b．确定将要使用的信息收集技术 |
| c．确定将要使用的数据分析方法 |
| d．确定预算 |
| e．制定时间表 |

#### b. 信息收集技术

在这个阶段，就要考虑选择什么样的方法或技术来收集信息了。虽然“概念操作”和“确定需要的信息”这些过程已经说明一些信息的来源方式，但在这里需要详加讨论。需要信息列表中的每一条目，都可能有一系列来源。研究者这时候就需要判断使用哪种技术或者可能有什么可用的技术，特别是要考虑到可利用的时间和资源有限的情况。

在这个阶段，进一步阅读文献是有价值的，要特别关注先前的研究者使用过的技术，考虑他们所选择的方法是否有局限性甚至有可能产生误导，能否从过去的错误中汲取教训。

本书的下面几章涵盖了这个阶段最有可能考虑使用的一系列信息收集方法。

- 利用现有信息，包括出版和未出版的研究和二手数据资料（第 6 章、第 7 章）。
- 观察（第 8 章）。
- 定性方法：包括民族志方法、参与观察法、非正式深入访谈、焦点小组访谈（第 9 章）。
- 问卷调查：包括家庭面对面的调查、街头调查、电话调查、用户/现场调查、邮寄问卷调查（第 10 章）。
- 实验方法（第 11 章）。
- 案例研究方法（第 12 章）。

这些技术在这里就不深入讨论了，它们在第 4 章会有所提及，并且在随后的章节中有详细的讨论。

当信息收集过程涉及实地调查时，如进行访谈和观察，就应该考虑田野工作计划；

如果涉及实验，就要考虑实验计划。如果要开展的研究不涉及基本资料收集，那么就不用考虑这些。当涉及广泛的数据收集时，田野调查的组织工作会很复杂，包括招聘和培训研究助理或研究职员，如访谈人员和观察人员；获取调查许可，包括大学中伦理委员会的同意，以及对收据收集过程的组织和分析。

**c. 数据分析方法**

数据分析也许很简单直接，而且有可能和使用的信息收集技术在逻辑上是一致的。特别是当研究带有描述性研究的性质时，更是如此。然而，有时候数据分析很复杂、很特别，需要给予数据分析的时间和技术。研究者必须考虑收集到的数据的类型，怎样才能对数据进行恰当的分析，从而回答研究所提出的疑问。数据收集往往隐含着计划使用的分析方法。例如，案例研究 3.2 涉及度假者与非度假者的比较，这意味着需要对两个群体进行充分的抽样，也意味着需要比较他们的特征、度假模式、休闲参与和感知情况。研究者需要收集定性数据时，如使用深度访谈，必须考虑如何分析访谈结果。不同数据收集技术所适用及可能使用的分析方法，将在下个章节详细讨论。但是，在计划一个研究项目时，研究者不仅要考虑收集数据的时间和资源，还要考虑数据分析所需要的时间和资源。

**d. 预算和时间表**

研究预算和研究时间在某些情况下是固定的。例如，学生一般只能利用他们自己的劳动，并往往需要在特定日期前提交一份报告。研究咨询机构通常有一个预算上限和一个固定的完成日期。另一些情况下，如向一个基金机构申请研究基金，或申请一个室内研究项目，研究申请人需要提交预算估计和时间表。无论是哪种情况下，研究都不容易，因为没有足够的时间和资金来进行理想的研究，所以需要经常做出妥协。

研究战略（策略）和时间表可以用各种图表形式来说明，图 3-9 和表 3-11 就是这样的例子。

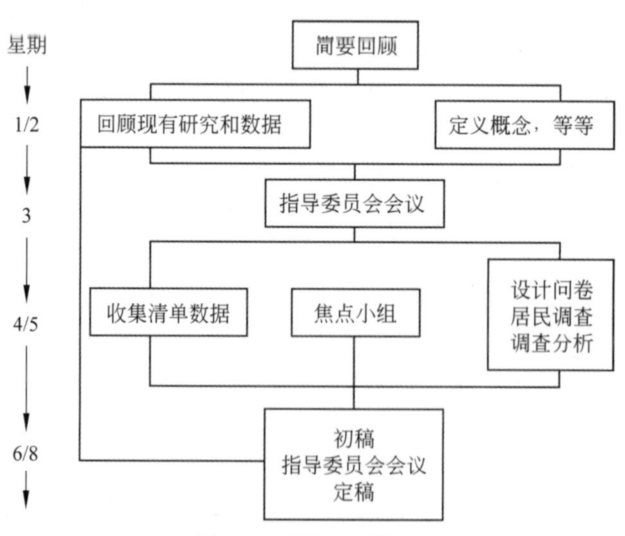


**图 3-9 研究项目图示**

表 3-11　研究项目时间表示例

| 周 | 1 | 2 | 3 | 4 | 5 | 6 | 7 | 8 |
|---|---|---|---|---|---|---|---|---|
| 回顾文献 | | | | | | | | |
| 二手数据分析 | | | | | | | | |
| 进行调查 | | | | | | | | |
| 分析数据 | | | | | | | | |
| 焦点小组会议 | | | | | | | | |
| 会见客户 | — | | | — | | — | | — |
| 撰写报告 | | | | | | | | |

## 7. 获取伦理许可

和人类其他的活动一样，伦理行为对研究也很重要。所有的研究，无论是生物学还是社会科学研究，只要涉及人，在报告成果时都要考虑诸如是否有剽窃、是否诚实这样的问题。这些原则意味着研究伦理的普遍性，它和诚实以及尊重个人权利相关。

诸如市场研究人员这样的专业团体制定了明确的伦理守则，每个成员都必须遵守。绝大多数大学都制定有伦理或道德守则，由伦理或道德委员会来执行。一般来说，大学生和研究生的研究都有一个总体的行为准则，但是涉及人或动物的论文研究提纲和学术资助项目，必须单独向大学伦理委员会提出申请，获批准后才能进行。

研究伦理在第 4 章中将详细介绍。

## 8. 进行研究

第 8 个阶段分为两个部分：数据收集和数据分析。这两个部分没有分出顺序依次介绍，是因为在一些研究方法中，尤其定性研究方法中，它们往往缠绕在一起。另一些情况下，一个独立的研究中有多重数据收集和数据分析任务，其中一些任务要等其他任务有了结果才能定下来。

实际上，研究工作是这本书其他章节的主要内容，因此这里不加详细讨论。然而，需要强调的是，如果本章讨论的准备过程没有得到关注，也很难产生出好的研究。从积极的方面来看，好的准备可以让剩下的研究更容易。没有经验的研究者常常从第 1 阶段选题，迅速跳跃到第 8 阶段，进行研究。这可能导致收集一些用不上的数据，而且研究者可能还会面临窘境：辛辛苦苦收集来一些数据，结果任何框架都不适用。如果遵守上述的过程，那么收集来的每一条数据都有特定的目的，因为要用它来回答某个问题或者验证某个假设。当然，这并不意味着不会发生意外的事情或者出现意外的结果，也不是想要忽视研究的方法。在这个过程中，框架—策略—数据的收集和分析，它们之间的关系本质上是反复的，这是为了确保研究的核心思想结构始终处于研究者掌控之中。

有人可能会认为归纳、扎根理论以及各种形式的定性研究不需要过多的准备，但实际中却不是这样。正如第 9 章所讨论的，在定性研究的设计中的确常有一些灵活的、不断演化的结构，但充分的准备仍然至关重要。

### 9. 交流成果

撰写研究成果的问题在这里就不详细讨论了，因为本书的最后一章还要谈论这个问题。不像那些有经验的研究者，没有经验的研究者会匆匆上马，迅速开始研究，但撰写研究成果的时候却一拖再拖，结果没有足够的时间来完成满意的研究，只能应付了事。图 3-1 列出的研究过程可能也有问题，因为它把撰写研究成果放在研究的末尾。实际上，撰写研究成果在研究开始时就可以进行了，因为早期阶段，如回顾文献和构建概念框架，都可以作为研究进展写进研究报告中。

### 10. 储存数据

问卷调查形式的数据，以及硬介质和电子格式的图像和声音必须在进行研究期间以及成果完成后一段时间得到妥善、安全的储藏。在个人身份数据方面会有一些特殊的伦理和法律问题，这将在第 4 章中讨论。这些问题一般来说都会受到和个人隐私及查阅个人记录权利相关法律的影响，有些数据也会受到信息自由立法方面的影响。

研究机构，如大学，对于硬介质，如调查问卷，以及研究完成后必须存储的数字化数据，有时效方面的规定，一般是五年。确定时效有时是因为成果出版的原因，这是一种很有必要的预防措施，一旦发现出版的成果有误，可以检查最初的数据来源。例如，问卷的编码，将纸质问卷输入计算机可能出现错误。鉴于研究者在时限期满之前有可能会离开机构，所以机构很有必要建立有组织的归档和处理系统。当然，电子储存的简便化意味着这种形式的数据可以无限存储。后期阶段对数据进行再分析以及重复研究以进行比较的现象也经常会出现。对第 5 章所要讨论的追踪研究来说，这是非常重要的，因为最初的研究者和其他人还要利用和分析这些数据。

### 现实世界中的研究过程

研究过程很少按照图 3-1 中所示的那样按顺序进行。10 个阶段的过程是一个理想化的框架，实际上它们缠绕交织在一起。研究项目在计划时间分配和寻找基金资助时，研究大纲一般也写成这种形式。研究过程不可能全是单向的，这个观点通过前四个阶段的循环过程也得到了说明。图 3-10 展示了研究过程中其他阶段的反复，以及研究过程中可能发生的其他一些事件，这些事件导致研究阶段得到修订。在一些归纳性比较强的研究中，数据、研究疑问和概念框架之间的反复是这种方法所固有的，可以在研究建议书中用文字和图表形式来进行说明。正如第 9 章所说，这在定性研究方法中尤其突出。

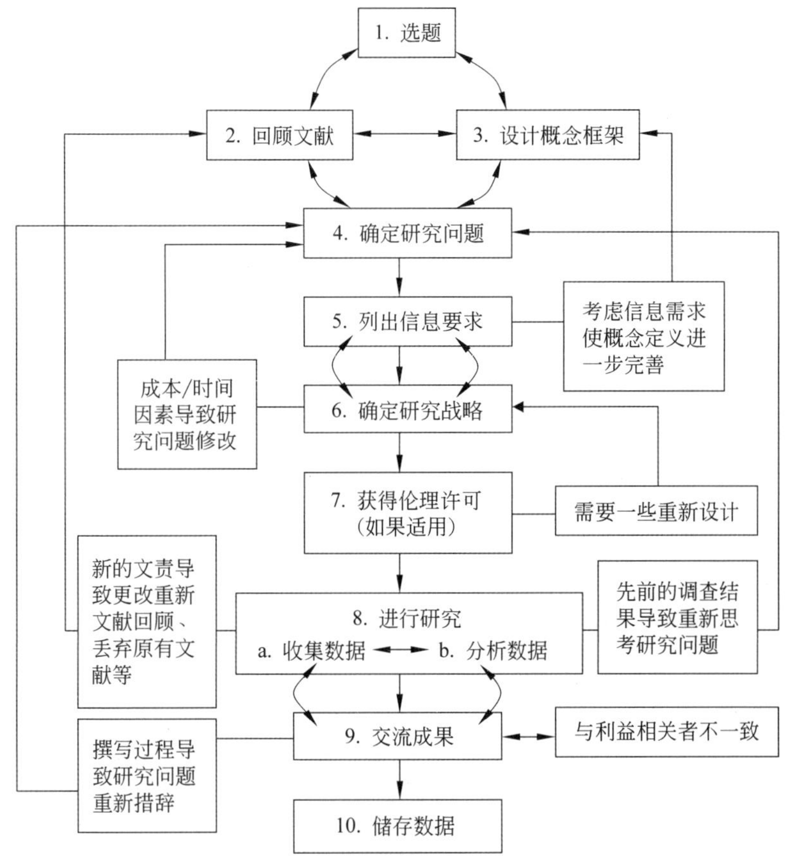


**图 3-10　现实世界中的研究过程**

## 案例研究

关于图 3-1 中研究过程的前六个阶段，这里用两个案例研究来进行说明。在这里，案例研究比较简洁，而本书的网站上对这两个案例研究的说明更为详细。

- 案例研究 3.3 是带有评价性研究特点的描述性研究，它来自一个假设的管理问题，旨在为一个休闲或旅游设施的旅游者数量下降寻求解释。
- 案例研究 3.4 本质上是一个评价性研究，考虑的是当地议会各种休闲服务的目标之间的关系，以及怎样来评估它的绩效。

## 案例研究 3.3

### 设施使用：研究设计过程

（注：这个案例的扩展版在本书网站上有介绍）

这个案例研究依次简要介绍了研究过程中的六个阶段，这可以用于项目申请方案的准备中。为了说明过程，这里列出了相关要点。

**1. 选题**

这里针对的是博物馆管理，但也可以用于其他类型的休闲与旅游设施。当旅游者参观人次增加时，当地社区居民的参观人次几年来却逐渐减少，管理方想要知道其中的原因。

**2. 博物馆参观方面的文献回顾概述**

回顾的文献主要涉及博物馆和休闲/旅游设施管理领域。在博物馆参观者方面有大量的研究文献，因此，研究方案涉及对文献的详细分析。在计划阶段，利用了三个文献来源来为研究提供起点。头两个来源认为人数的下降可能与社区有关，第三个来源认为可能是设施管理中存在问题。

- 伯内特和弗洛（Bennett and Frow，1991）的研究显示美术馆和博物馆的使用者主要来自更高教育程度和更高收入的社会群体。
- 罗杰可（Rojek，2000：22-24）认为，“快餐式休闲”现象是后现代时期的一个特征。
- 顾客服务和服务质量的文献提供如何来研究参观者下降这一问题的想法。SERVQUAL 模型可以用于休闲与旅游领域（Williams，1998; Howat et al.，1996），并将顾客对各方面体验的期望与实际的体验联系了起来。

**3. 概念框架/理论讨论：设施参观模型**

上述三个方面文献资料反映了虽然不同但可能互为补充的休闲设施访问/需求模型。

模型 1：社会阶层等和需求，细分市场。研究区域人口的社会经济特征最近几年有所变化，导致博物馆参观的传统目标群体人数下降。这表示有一个简单的参观者需求变化模型，该模型假定参选者需求水平的变化是由当前和以往细分目标人群需求的变化决定的。

模型 2：时间压缩感知，快餐式休闲。无论细分目标人群的规模有无变化，罗杰可的“快餐式休闲”现象都会产生影响。虽然评估它很困难，但如果人们感觉时间很紧，可能是因为带薪工作时间更长，以及家庭责任需要更多，这也许会影响到他们的休闲行为，并且可以用问卷调查的形式来测量这个变化。

模型 3：服务质量。SERVQUAL 模型将参观者期望看到的方面与他们的实际体验联系起来。它涉及用关键服务维度（KSDs）进行初步识别，认为这些维度对管理和参观者是非常重要的。各关键服务维度的期望与体验之间的差值为必要的管理行动提供了指导。当前的参观者可能是初次到访，也可能是定期访问，后者对参观中质量不良的方面更具宽容性，因此，那些流失的游客可能对研究更有价值。

关于以上讨论的概念框架如图 3-11 所示。

表 3-12 对概念框架中相关概念进行了定义，也说明了应该如何来操作这些概念。

**4. 确定研究问题**

来自概念框架的原始研究问题和次生研究问题在表 3-13 中有所说明。

**5. 列出需要的信息：我们需要了解什么？**

回答每个次生问题需要的信息及其可能的来源在表 3-14 中予以说明。

**6. 确定研究战略：研究市场**

上述过程可以产生出一个包括若干阶段的研究战略，如表 3-15 所示。这个战略的可行性需要进行时间和资源的可利用性评价。

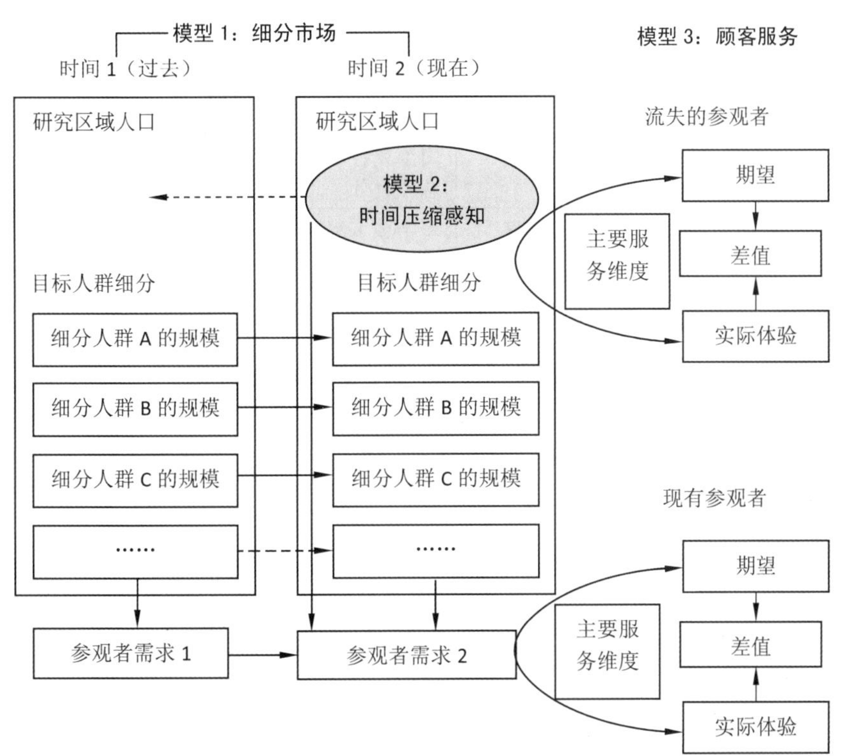


**图 3-11　设施使用研究概念框架**

**表 3-12　设施使用研究：概念、定义和操作**

| 概　　念 | 定　　义 | 操　　作* | 所需信息类型编号** |
|---|---|---|---|
| 研究区域 | 吸引大部分参观者的地理区域范围 | 70%的参观者居住的地方 | a |
| 目标人群细分（TDS） | 居住在研究区域内，最有可能参观博物馆的人口的统计/社会经济学特征 | • A 部分：管理的/专业的群体<br>• B 部分：35～44 岁的群体<br>• 其他：（如 ABS 报告 4114.0 中说明的群体） | b，c |
| 参观者需求 | 当前博物馆参观者数量 | 一年中参观的次数 | c |
| 认知到时间压缩 | 个体对时间紧迫的主观感知 | ABS 方法：个体对是否感到“时间紧迫”问题的回答——总是/经常、有时、很少/从未有过（如 ABS 报告 4153.0） | d，e |
| 关键服务维度（KSD） | 参观者和管理人员认为重要的或以为参观者认为重要的服务方面 | 由参观者和管理者中的焦点小组讨论的关键服务维度的列表 | f |
| 参观者流失 | 参观过博物馆但不会再次参观的人 | 参观者流失=居住在研究范围内 12 个月之前参观过博物馆的人 | h |
| 参观者对 KSD 的期望 | 参观者期望的 KSD 服务水平/体验质量 | 用李克特量表，对每一项 KSD 的重要性和期望打分 | g，h |

续表

| 概　　念 | 定　　义 | 操　　作* | 所需信息类型编号** |
|---|---|---|---|
| 参观者实际体验 | 对 KSD 的满意度 | 用李克特量表，对每一项 KSD 的满意度打分 | g，h |
| 差值 | 有关 KSD 的期望值和实际体验之间的差距 | 每一项 KSD 的期望值和满意度得分的不同 | g，h |

*斜体部分是关键的概念操作方法；
**信息需求：参阅表 3-13。

**表 3-13　设施使用研究：所需信息及可能的来源**

| 项　　目 | 所 需 信 息 | 可能性来源 |
|---|---|---|
| a. 研究区域 | 博物馆参观者来源地信息：抽样 70% | 用户调查（新的调查或可利用的博物馆自己以往的调查） |
| b. 目标人群细分 | 参观博物馆频率较高的人口群体的统计/社会经济特征信息（针对普通博物馆，可能的话，针对本博物馆） | ABS 报告 4114.0 号或者可用的博物馆自己以往的调查 |
| c. 在时间 1 到时间 2 之间的改变：<br>• 研究区域的人口数量<br>• 参观者需求 | 针对时间 1 和时间 2：<br>• 研究区域 TDS 的数量<br>• 在时间 1 到时间 2 之间每年的参观者数量 | • 人口普查<br>• 博物馆自己的数据 |
| d. 研究区域 TDS 和时间压缩 | 研究区域目标人群成员的主观感受信息 | 研究区域 TDS 调查 |
| e. 时间压缩对博物馆参观的影响 | 研究区域目标人群成员参观博物馆的方式 | 研究区域 TDS 调查 |
| f. KSD 列表 | 参观者和管理者对影响博物馆参观各服务要素的重要性感知 | 参观者和管理者群体的焦点小组访谈 |
| g. 当前顾客对 KSDs 的期望和实际体验 | 当前参观者对 KSDs 的期望和实际体验的评价得分 | 用户调查 |
| h. 流失的游客对 KSDs 的期望与实际体验的评价 | 停止参观的游客对主要服务项目的期望和实际体验的评价得分 | 研究区域社会调查 |

**表 3-14　设施使用研究：研究问题**

| 原始问题 | 博物馆的参观率为什么会下降？ |
|---|---|
| 次生问题 | |
| 一般性问题 | a. 从最能吸引游客的角度来说，应该在什么区域修建设施？ |
| 模型 1 | b. 博物馆/本博物馆吸引的参观者有什么细分市场特征？<br>c. 在时间 1 和时间 2 之间，参观需求和居住在研究区的人口细分市场特征之间有什么关系？ |
| 模型 2 | d. 生活在研究区域的目标细分群体是否感觉到“时间紧迫”？<br>e. 如果 d 问题的回答是肯定的，那么这是否会影响到他们参观博物馆？ |
| 模型 3 | f. 博物馆的“关键服务维度”有哪些？<br>g. 当前的参观者对关键服务维度的期望、实际经历以及二者之间的差值如何？<br>h. 流失的参观者对关键服务维度的期望、实际经历以及二者之间的差值如何？ |

表 3-15　设施使用研究：研究战略

| 数据收集方法 | 研究对象 | 目　　的 |
| --- | --- | --- |
| 焦点小组 | 管理者和使用者 | 确定 KSDs |
| 现场问卷调查 | 当前的参观者 | 确定研究区域<br>确立目标细分群体（TDS）<br>模式 3：收集 SERVQUAL 数据 |
| 二手数据：人口普查 | 研究区域人口 | 了解时间 1 和时间 2 研究区 TDS 的规模 |
| 家庭调查 | 研究区域人口 | 模式 2：确立“时间压缩”感知的范围<br>模式 3：从流失的参观者收集 SERVQUAL 数据 |

## 案例研究 3.4

### 对公共娱乐服务的评价：研究设计过程

**1. 选题**

本研究的问题是探讨诸如地方议会这样的机构提供的公共休闲或娱乐服务的绩效评价。

**2. 文献综述**

哈特里和邓恩（Hartry and Dunn，1971）认为公共休闲服务的目标是：

> 休闲服务应该尽可能地为所有公民提供各种充足的和常年的休闲机会。这些机会应该是谁都可以参加的、安全的、外观很有吸引力的以及能够提供快乐经历的。它们应该最大限度地有利于社区居民的身心健康，为经济和社会福利做贡献，而且提供发泄渠道从而减少像犯罪或过失行为这样的反社会行为的发生（Hartry and Dunn，1971：13）。

在提研究方案过程中也会涉及其他文献，但在上面的陈述中可以提炼出以下几个衡量绩效的概念。

- 充足性
- 趣味性
- 便利性
- 不拥挤
- 多样性
- 安全性
- 外观吸引力
- 避免犯罪
- 健康
- 经济福利

**3. 概念框架**

哈特里和邓恩提出的第一个标准就是充足性，充足性可以被解释为通过提供一系列的设备和服务以吸引更多的游客。要达到这一点取决于提供和管理的服务要具有以下特点：体验愉悦、方便、不拥挤、多样、安全以及外观具有吸引力。这些会引发高使用率，即效果 1，应该会进一步产生出社会效益，即犯罪率降低、健康水平提高以及经济福利水平增加，这被称为效果 2。这些关系在概念地图 3-12 中给予了说明。而表 3-16 则提供了一个概念清单及其定义和操作。

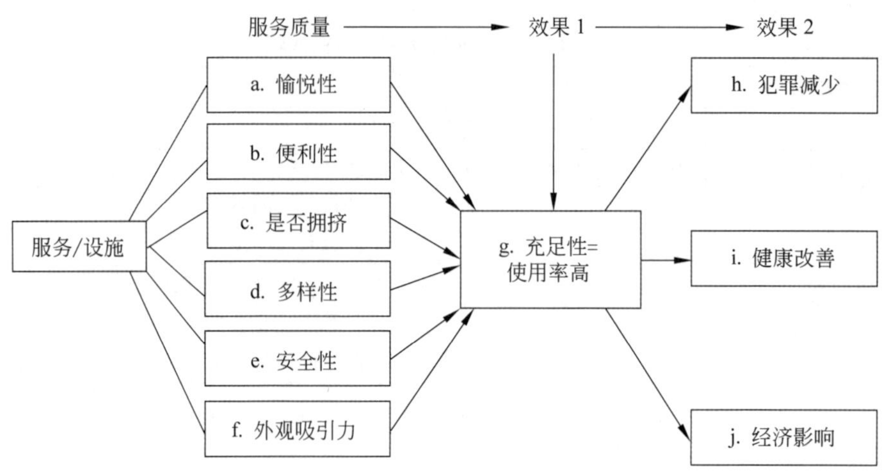


**图 3-12　休闲服务研究：概念地图**

**表 3-16　休闲服务研究：概念的定义和操作**

| 概　　念 | 定　　义 | 操　　作 |
|---|---|---|
| **服务质量** | | |
| a. 愉悦性 | 为使用者/参与者提供快乐 | 使用者满意度 |
| b. 便利性 | 为社区所有人在 *X* 分钟和 *Y* 千米范围内提供的设施 | 居住在离设施 *X* 分钟和 *Y* 千米内的居民 |
| c. 不拥挤 | 使用者认为使用的设施不拥挤 | 拥挤指标（等候时间、空间使用率、用户感受） |
| d. 多样性 | 提供的活动种类范围 | 提供的不同活动数量 |
| e. 安全性 | 无事故的环境 | 事故数量 |
| f. 外观吸引力 | 设施看上去能够吸引使用者和感兴趣的未使用者（如邻近社区） | 设施吸引力指标（使用者和未使用者的感知） |
| **效果 1** | | |
| g. 设施的充足性/使用水平 | 服务能够满足社区需求，向所有人提供便利服务 | 访问水平，参与者或未参与者的数量离设施 *X* 分钟和 *Y* 千米内的居民，拥挤指标（等待时间、空间使用率、用户感受） |
| **效果 2** | | |
| h. 避免犯罪 | 通过提供创造性的能量发泄途径来减少犯罪 | 社区内被报道的犯罪率 |
| i. 卫生 | 设施/服务能够促进健康（如通过体育锻炼） | 疾病测量 |
| j. 经济福利 | 设施/服务有助于提高就业率和收入水平等 | 商业收入、工作、财产价值 |

**4. 研究问题**

主要问题：

机构在多大程度上实现了当初的休闲服务供应目标？

次生问题：

机构在多大程度上实现了下列的休闲服务供应目标：（a）充足的，（b）愉悦的，（c）便捷的，（d）不拥挤的，（e）多样的，（f）安全的，（g）外观有吸引力的，（h）避免犯罪，（i）促进健康，（j）提升经济福利。

**5. 信息需求和研究战略**

表 3-17 总结了从研究问题中产生的信息需求及相应的研究战略。

**表 3-17　休闲服务：信息需求和研究战略**

| 研究问题 | 信息需求 | 研究战略 | |
|---|---|---|---|
| | | 数据来源* | 数据项 |
| 机构在多大程度上实现了下面的目标？ | | | |
| a. 愉悦性 | 使用者满意度 | A 或 B | 使用者满意 |
| b. 便利性 | 社区居民对设施的可达性调查 | C | 对每个居住区进行空间分析：离设施 $X$ 分钟 $Y$ 千米范围内的居民比重% |
| c. 不拥挤 | | D<br>A | 空间使用率<br>使用者对拥挤的感知，等待时间 |
| d. 多样性 | 多样性测量 | D | 提供的活动类型数量 |
| e. 安全性 | 安全性测量 | D | 每个设施或每种类型的设施发生事故的数量 |
| f. 外观吸引力 | 设施吸引力测量 | i　A<br>ii　B | i 使用者和 ii 未使用者感知的设施吸引力指标 |
| g. 使用水平 | 设施使用水平 | i　D<br>ii　B | 对 i 正式的（售票的）的和 ii 非正式的（如公园）设施的每年的访问率 |
| h. 犯罪率 | 犯罪率测定 | C | 在规划起始和结束时各种犯罪类型（暴力、蓄意破坏）的发生水平 |
| i. 社区居民健康 | 社区居民健康状况测定 | C | 在规划起始和结束时各种类型（身体和精神）的健康水平 |
| j. 经济福利 | 经济福利水平测定 | C | 在规划起始和结束时经济福利（就业、商业投资、财产价值等）水平 |

*A. 现场使用者调查，B.家庭/社区调查，C.二手数据（人口普查、社区犯罪统计、社区卫生统计、经济数据），D.管理数据。

# 研 究 方 案

## 简介

这里将讨论两种完全不同的研究方案。

- 自发的方案：这种方案是学生为了寻求对自己选择的关于某个主题的研究或论文的支持而准备的，学者在为自己设计的研究寻求资助的时候也会准备这种方案。
- 回应式方案：这是咨询专家或机构为了回应某些潜在客户的研究简章而准备的方案，有时，在教学环境中，会要求学生为真实或假想的客户机构做研究，也会准备这种方案。

规划和管理人员寻求“内部”资源来进行研究时所制定的方案在某种程度上介于上述两种形式之间。

上面所说的研究方案都是书面文件，有时候可能需要进行口头汇报，有时候不需要。但这些方案必须能够让拥有决定权的人信服，从而开始研究。因此，写研究方案的作者面临一个艰巨的任务，那就是要说服决策者，让其相信：

- 研究有价值；
- 研究方法听上去合理；
- 研究能够产生有价值的、原创性的见解；
- 研究者有研究能力。

在某些情况下，做决定的人是这一领域的专家，但有些情况下，他们可能是外行。因此，一定要确保所有的决策者都能明白这个研究方案。在这种情况下，清晰的表达和简洁就显得尤为重要。

## 自发性研究方案

学术性研究方案，无论是学生还是为寻求资助的学者制定的，不仅需要描述研究什么以及怎么研究，还要说清楚选题的合理性。研究可以是一个本科生项目、一个博士论文研究，也可以是一个需要研究团队花几年时间才能完成的资助研究，对不同层次的研究，其选题及研究方法在规模和复杂性上要适度。

一般来说，学术研究方案必须涵盖本章提到的所有内容。有时候，方案在提交前就已经完成了大量的工作。博士论文研究方案就是这样，其基础准备工作会长达一年。一些有经验的学者也是这样，他们已经在这一领域研究了多年。这种情况下，研究方案中会出现大量的上面讨论过的从第1阶段到第6阶段研究过程的成果。申请的资金只是为了完成研究过程的第7阶段到第9阶段，即剩下的研究工作和撰写研究成果。但是另外一些情况下，研究者除了完成选题其他什么都还没干，于是他们需要资助的方案就需要研究第2阶段到第9阶段。有些方案包含了一些初步的文献回顾，并将文献回顾作为研究的一部分也写入方案。有些方案对要运用的概念框架表述得十分清楚，但另一些方案却可能只提出了一些推测性的观点。因此，需要指出的是可能会有大量的各种不同类型的研究方案。表3-18列出了一个方案内容核对表。案例研究3.5则简要说明了一个成功的自发性研究方案的例子。

**表3-18 研究方案内容核对表：自发的研究方案**

| 条　款 | 图3-1中的阶段 | 章　节 |
|---|---|---|
| 1. 选题背景和评价 | 1 | 第3章 |
| 2. （初步的）文献回顾 | 2 | 第3章 |
| 3. 概念/理论、框架/理论讨论 | 3 | 第3章 |
| 4. 陈述研究问题或假设 | 4 | 第3章 |
| 5. 概述数据/信息需求及研究战略 | 5和6 | 第3章 |

续表

| 条　　款 | 图 3-1 中的阶段 | 章　　节 |
|---|---|---|
| 6. 详细的数据收集方法：是研究战略结构的一部分，但也包括 | 6 | |
| ● 概述一些回顾过的其他文献 | | 第 6 章 |
| ● 简述要用到的一些二手数据来源 | | 第 7 章 |
| ● 概述要进行的研究任务：定量和/或定量分析，包括 | | 第 7～12 章 |
| ● 样本/被试选择方法（第 13 章） | | 第 13 章 |
| ● 判断样本规模 | | 第 13 章 |
| ● 保证质量的措施 | | 第 7～12 章 |
| 7. 考虑伦理问题 | 7 | 第 4 章 |
| 8. 详细的数据分析方法 | 6 | 第 9、11、12、14～17 章 |
| 9. 时间表或工作/任务 | 6e | 第 3 章 |
| 10. 预算申请，包括每个阶段/步骤/任务的费用 | 6 | 第 3 章 |
| 11. 报告/论文章节大纲或对发表数量和类型的说明 | 9 | 第 18 章 |
| 12. 别的资源，研究者水平/经验/以往研究记录（在申请资金时需要） | 6d | 第 3 章 |

## 案例研究 3.5

### 一个成功的自发性研究方案的例子

这是弗洛里等（Frawley et al.，2009）获得悉尼科技大学商学院内部基金项目资助研究的研究申请书概要。研究结果见维尔和弗洛里（Veal and Frawley，2009）。

#### “所有人的运动”（sport for all）和主要的体育赛事

“所有人的运动”简介

“所有人的运动”是一个政治术语，用于描述政府采用的一系列旨在提高社区运动参与积极性的政策去提高这一情况。“所有人的运动”最先是由欧洲议会于 20 世纪 60 年代发起，但现在已获得世界范围内的各国政府和国际奥林匹克委员会（IOC）的认可。

政府用于推动“所有人的运动”的一项措施是支持参加和主办主要的体育赛事，如奥运会和英联邦运动会。这些赛事宣称给大众带来的利益就是激发人们自发参与到运动中去，这个过程被认为是“渗透效应”。

研究问题

该方案研究以下三个问题。

1. “渗透效应”影响的有效性。“渗透效应”是否存在？如果存在，成本效益是否合理？这尚不得而知。关于政策有效性方面目前还没有确切的证据。本方案研究关注的问题就是“渗透效应”是否起了作用。

2. “渗透效应”的成本经济性。举办奥运会的公共支出成本与奖牌的获得数量有关，但是如果“渗透效应”起作用，那么这部分成本与社区运动参与水平提升所带来的社会效益相比就是合算的。

3. 行政支持对“渗透效应”的影响。一些情况下，就是没有体育机构或政府的介入，“渗透效应”也会产生作用。例如，人们的个人运动只需要少量的设施。另一些情况下，如团体运动，要想提高参与就可能依赖于体育机构的支持。

现有研究

东道主举办大型体育赛事，特别是奥运会，会产生什么“后果”，目前文献不多，但正在增多。在赛事对大众体育参与的影响方面，文献十分有限（De Moragas et al.，2003）。这方面的主要文献有。

- Cashman（1999）将大众体育参与作为大型赛事的九项“遗产”之一。
- Hogan 和 Norton（2000）指出与精英体育相比，联邦政府对大众体育的关注度不高。
- 澳大利亚体育委员会在 2001 年的报告中指出，2000 年悉尼奥运会之后尚无清晰的证据表明“渗透效应”得到体现。
- 澳大利亚统计局（Vanden Heuvel and Conolly，2001）的一项分析认为 2000 年悉尼奥运会之后的“渗透效益”影响不容忽视。
- 维尔和弗洛里（Veal and Frawley，2009）进行的一项初步研究描绘了 2000 年之后奥运会运动项目和非奥运会运动项目的情况，其中一些项目的参与水平在 2000 年后有些增加，有些减少，还有些保持稳定。
- 汉森（Hindson et al.，1994）分析了 1992 年巴塞罗那夏季奥运会和阿尔贝维尔的冬季奥运会对新西兰运动参与的影响，结果显示影响甚微。
- 舒斯特（Sust，1995）的一份研究报告指出，1992 年巴塞罗那奥运会前后发展的一些体育项目对儿童的运动参与起到了鼓励作用。

以上研究虽然大部分看上去有根有据，但仍存在不足。

- 关注的是悉尼奥运会后紧接着的一段时间，而没有说明已发现的参与水平变化的可持续状况。
- 研究将所有的体育项目作为一个整体，而没有关注单项奥运会和非奥运会运动项目。
- 没有考虑特定的州、地区和城市的参与水平。
- 在运动俱乐部和体育机构的活动方面研究有限。
- 没有对举办主要体育赛事的成本和运动参与水平增长的潜在收益进行比较。
- 澳大利亚的研究注意力几乎全部落在 2000 年悉尼奥运会上。

本研究方案的设计是为了弥补前四点不足，我们可能会申请额外的资金来解决最后两点。

研究计划（6）

- 这项研究的数据来自休闲和体育代表委员会（SCORS）每年进行的健身、休闲和运动调查（ERASS）。2001 年 5 月和 1999 年、2000 年和 2002 年，澳大利亚统计局体育和健身活动分部（PSPA）以体育运动参与度作为整体对象，调查了从 1998 年到 2003 年，即悉尼奥运会前后，澳大利亚是否存在持续性的"渗透效益"。

- 基于相同的数据来源，我们将对各项奥运会运动项目和非奥运会运动项目的大众参与度进行分析，研究单项运动项目是否也存在"渗透效益"。
- ERASS 和 PSPA 出版的报告包含有各州的数据，但是这些表格中的各州数据被划分成都市区和非都市区数据，却没有首府城市的数据，尤其是举办了 2000 年奥运会的悉尼。由于样本的规模限制了分析的详尽程度，分析将用新南威尔士州和悉尼的数据来判断是否有更有力的证据来表明"渗透效应"在主办州或城市的存在。
- 对第三个研究问题，将选择五项奥运会项目来分析它们的管理机构和俱乐部在 2000 年悉尼奥运会之前、之中和之后的市场推广以及营销活动。对每一项运动项目，将分析其每年的年度报告，同时还会对一些国家官员（一些位于悉尼，一些位于堪培拉）、州体育管理机构和俱乐部管理人员进行深度访谈。

## 回应式方案：研究概要与投标

研究概要是指一个机构希望进行的研究大纲。咨询机构如果想要承接这个研究，就需要提交一份书面的报价书或标书。通常，研究的委托机构准备好研究概要，然后数个咨询机构互相竞争争取合同来做研究。有些时候，咨询机构会被询问，通常是以公告的形式，它们对该研究项目是否有兴趣，要求它们对自身的研究能力、以往的研究记录以及可用人员的资格和经验作一个简要的说明。有时候一些公共机构会对那些认可的、具有某些专长和能力的咨询机构进行，这些咨询机构会被邀请就某研究项目进行投标。根据被登记机构的专长和信息记录，列出一个咨询机构短名单，向它们寄送研究概要并邀请它们提交一份详细的方案。在一些大型研究项目中，可能会对短名单上的候选机构给予一定的财政补贴，以弥补它们准备更加详细的标书的工作过程中所发生的成本。成功的竞标通常并不是只考虑价格（一些时候预算是固定的，并经常在概要中予以说明），而是要考虑提交的方案质量和咨询机构先前的相关成果。

概要常常详略不定。有时候会非常详细，使得咨询机构在方案中没有多少陈述自己见解的余地；有时候又会非常简略，使得咨询机构能够有大量的余地在方案中对方法和路径进行说明。在委托研究方面有经验的委托机构制作的概要非常清晰，让人马上就能着手。然而有些时候则有必要弄清委托方的意图和打算。例如，委托方要求咨询机构进行一项社区休闲需求研究，这时候就很有必要弄清委托方所说的"休闲"含义，是居家休闲，还是外出度假、娱乐、去餐馆还是去夜总会。又如，委托方要求就项目的"有效性"进行评估，那么就必须清楚对该项目来说有没有明确的目标要求或者是绩效评价标准体系，或者是否需要建立一套评价体系并列入研究内容当中。

需要指出的是，如果委托方对要求说明得过于具体也会产生问题。例如，一个机构要求进行"用户调查"或"参观者调查"，这时，如果不了解研究结果的数据究竟要回答什么样的管理或政策问题时，就很难决定调查应该包括哪些内容。这个机构关心的是参观者数量下降？是要想改变它的市场结构？是想了解某个细分市场？还是关注未来的需求形势？这种情况下，委托方管理问题的性质，让投标方自行去考虑是适合的研究方法，这个方法也许包括调查，也许不包括。

有时候，概要中会包含一些“潜台词”，这是研究人员在开始研究之前应该尽量去了解的。例如，研究有时候被当成一种手段，目的是缓和或推迟做出困难的管理决定：某休闲或旅游服务设施面临游客人数减少的问题，原因是设施维护不力，员工对游客的态度不佳。这是一个内行一眼就能看到的问题，但管理层的决定确是进行“市场研究”，寄希望于能够在“外部”解决问题，可事实上问题恰恰是在“内部”，花在研究上的钱应该用来提高设施维护水平，加强员工培训！

当研究与当前的政策需求关系不大，仅仅是可能和未来的需求有关甚至是满足好奇心的时候，委托方的需求看起来就会比较模糊。例如，一位休闲或旅游企业要求进行一个游客调查（也许今年的预算里有一笔闲散资金），可他头脑中没有什么具体的政策或管理问题，这就要求研究人员提出一个具体的假设、潜在的政策问题或未来的管理问题，然后针对这个问题来收集数据。

方案应该包括些什么？第一法则也是“黄金法则”就是要回应概要。咨询机构手里拿到的概要很可能在委托方内部进行了充分的讨论，其中的每个方面都可能对应于机构中某个人或某个部门的核心需求。所以，概要的每个方面在方案中都应该加以考虑。例如，一个概要中列出了四个目标，那么研究者最好在方案中说清楚要怎么实现每一个目标。所以，研究方案必须说明：

- 要做什么？
- 怎么做？
- 什么时候做？
- 花费多少？
- 谁来做？

表 3-19 中列出了一份回应式方案一般应该包括的元素。本书网站上还提供了一个概要和成功的回应式方案的案例。

**表 3-19　研究方案内容核对表：回应式方案**

| 条　款 | 元　素 | 章　节 |
|---|---|---|
| 1. 方案要点的简介，包括咨询机构的一些特殊方法和独特技术和经验 | | |
| 2. 复述概要的要点，解释/定义关键的概念 | | |
| 3. 概念框架/理论讨论 | 3 | 第 3 章 |
| 4. 研究战略：方法/任务 | 6 | 第 3 章 |
| 5. 详细的数据收集方法：是研究战略结构的一部分，但也包括 | 5、6 | |
| • 其他文献的概述 | 2 | 第 6 章 |
| • 概述要用到的任何二手数据来源 | | 第 7 章 |
| • 概述要进行的研究任务：定量和/或定量分析，包括 | | 第 7～12 章 |
| • 样本/被试选择方法 | | 第 13 章 |
| • 判断样本规模 | | 第 13 章 |
| • 保证质量的措施 | | |

续表

| 条　　款 | 元　　素 | 章　　节 |
|---|---|---|
| 6. 任务时间表，包括中期报告/与委托方会谈/呈交草稿和最终报告 | 6 | 第 3 章 |
| 7. 预算：各要素/步骤/任务的费用 | 6 | 第 3 章 |
| 8. 报告的章节概要，合适的情况下详细说明报告的其他形式，如中期报告、工作论文与文章 | 9 | 第 18 章 |
| 9. 可用的资源、员工、曾经做过的研究 | | 第 3 章 |

## 本章小结

本章介绍了研究计划制订以及准备研究方案的过程，包括 10 个阶段。

1. 选题
2. 回顾文献
3. 设计概念框架
4. 确定研究问题
5. 列出信息要求
6. 确定研究战略
7. 获取伦理认可
8. 进行研究
9. 交流成果
10. 储存数据

需要说明，这里尽管使用了“阶段”这个词，并非意味着这些阶段总是完全按照所描述的顺序依次出现的。尤其是第一个阶段，它经常在不同的阶段进行，甚至常常反复地进行。在介绍完研究过程之后，讨论了研究方案的种类。其中有自发的研究方案，这种方案中，研究者自己发起研究，另外一种是回应式方案，这种情况下，研究方案针对委托人提供的研究概要来撰写。

## 测　试　题

1. 本章中提到，研究选题可能有八种不同的来源，是哪八种？
2. 什么是概念？
3. 概念“操作”的含义是什么？
4. 什么是概念框架？
5. 研究疑问与假设之间的区别是什么？
6. 自发性研究方案与回应式方案之间的差别是什么？这两类方案的内容有什么含义？

## 练　　习

1. 在休闲与旅游研究领域的期刊中找三篇文章，指出它们选择研究主题的基础是什么。

2. 从休闲与旅游研究领域的期刊中任选一篇文章：①指出文章用到的主要概念，②画出一张概念地图并说明它们之间的关系。

3. 为一个可能的研究项目画一个概念地图，研究选题是：①美国文化对英国休闲的影响，②西方国家的人口年龄趋势对旅游的影响。

4. 参考案例研究 3.3 的结构和篇幅，自己选择内容来写一个案例研究。

## 资　　源

对于本章来说，最好的阅读材料就是那些成功的项目申请书和中标的回应式研究方案。那些已完成的研究报告，无论是学术的还是非学术的，都提供了大量不同的研究过程中的细节。

- 旅游研究方法：Pizam（1994）和 Ryan（1995）。
- 旅游中的概念：Chadwick（1994）。
- 选择研究选题：Howard and Sharp（1993）的第二章。
- 研究过程阶段：大量一般和专门性的研究方面谈到了在研究过程中的阶段问题。例如：Gratton and Jones（2004：32），Jennings（2001：23-24），Kraus and Allen（1998：108-109），Long（2007：17），Mitra and Lankford（1999：19），Riddick and Russell（2008：14），Saunders et al.（2000：5），Vaske（2008：5）。
- 影响主题/方法选择和微观政策/争论的因素：Punch（1994）。
- 概念地图：Brownson et al.（2008）。
- 概念框架：Miles and Huberman（1994：18-22）。
- 概念框架的例子：休闲 Veal（1995），Brandenburg et al.（1982），Marans and Mohai（1991）；旅游 Echtner and Ritchie（1993），Witt and Wright（1992）。
- 重要—绩效分析：Veal（2010a：第 13 章）。

# 第4章

# 研究伦理

与人类活动的其他领域一样，伦理行为在研究中也十分重要。一些伦理行为，如研究结果中是否存在剽窃或是否诚实，是任何研究都要考虑的。但是，在生物学和社会科学中，涉及人类和动物被试时，也会出现另外一些伦理问题。而且，在那些可能对自然环境造成影响的研究中，伦理问题也越来越多。研究伦理有一些普适性的基本原则：诚信，尊重个人和动物权利，生态系统的完整性。第二次世界大战末期，德国纳粹集中营对囚徒进行了恐怖实验；20世纪60年代至70年代之间，美国也在没有得到实验对象同意的情况下，对他们进行了某种药物实验。这两次事件都被详尽地披露出来，使得研究伦理问题摆到了桌面上（Loue，2002）。这些事件不仅产生了研究行为的伦理问题，而且也提出了研究行为存在伦理问题的研究结果应该如何使用的问题。其结果就是一系列研究伦理准则的建立，包括国际层面的、国家层面的、专业层面的和学术单位层面的，而且还设立了专门的监督机构。

澳大利亚的一个组织联盟在2007年公布的一份负责任的研究行为文件可以看作研究伦理准则的一个案例，包括：

- 诚信和完整性；
- 尊重参与研究的人、动物和环境；
- 对用于研究的公共资源的良好管理；
- 对研究结果进行负责人的交流。（Nhmrc et al.，2007：13）

在这一章节中，我们主要讨论：

- 研究伦理的制度监管；
- 研究过程的伦理；
- 研究中的伦理问题，包括：
    - 研究人员的能力；
    - 研究对象的参与自由；
    - 知情同意；
    - 研究对象的受伤害风险；
    - 分析、解释和报告的诚实/严谨；
    - 作者身份和致谢；
    - 研究信息的获取。

## 学术机构的研究伦理监督

绝大多数大学现在都拥有自己的研究伦理准则，一般由伦理委员会发布。通常，大学生和毕业生的研究被涵盖在一般性的行为准则中，但是学生论文以及受资助或未受资助的学者研究的方案涉及人类或动物研究对象，就必须获得大学伦理委员会的同意。

研究伦理准则不仅在保护作为研究对象的人类和动物的权利方面具有价值，而且它们还发挥着专业组织和机构功能。研究人员如果被认为没有遵守合适的伦理准则，他们或许就会遭到起诉并丧失职业保障。在社区研究中，还要考虑公共关系和常设机构的责任问题。某些做法也许符合伦理，但仍然会有冒犯性，因此，考虑使用这些方法收集到的数据时要权衡可能会产生的敌意。

在大学或者其他研究机构中，涉及人类和动物的研究要获得伦理委员会的批准。尽管通常需要至少两个委员会来分别处理和人及动物有关的事物，但一些大学设立了涵盖整个大学的伦理委员会。某些情况下，委员会是按照学院和专业进行划分的。一般情况下，批准申请涉及填写伦理审批申请表，包括填写研究的合理性、研究方法以及相关研究人员的资格等方面的详细情况。澳大利亚国家健康和医学研究委员会（Australian National Health and Medical Research Council，NHMRC）的国家伦理申请表，可以看作澳大利亚研究机构使用的伦理申请表的一个典型例子，涉及 450 多条信息。

如果伦理委员会是以学院或专业为基础的，那么，委员会成员很可能会熟悉研究人员要用到的研究方法，但是，如果是全校范围的委员会，那么委员会成员可能不熟悉来自有较大差异的学科的同事们要用的研究方法，特别是那些采用新方法的。有人认为采用定性方法进行的研究在认识论上有别于采用实证方法的自然科学。伊冯·林肯（Yvonna Lincoln，2005）探讨过这一问题，指出由于应对生物学研究伦理的失败，美国研究委员“不断地会提高伦理安全”的标准，并将这一标准渗透于社会科学领域，导致“……对那些采用被研究对象自身环境（如高中）和带有定性性质……的定性研究学术方案和学生研究方案（特别是学位论文）一审再审并加以否决”（Lincoln，2005：167）。

## 研究进展中的伦理

研究伦理可从三个维度进行审查：伦理问题的性质，研究过程中存在伦理问题的阶段和组成部分，研究对象是匿名的还是实名的。

就伦理问题的性质来说，大多数的伦理准则和伦理实践的基础是所谓的“黄金法则”，即“你想要他人如何待你，自己就应如此待人”，这涉及所有的人类行为，并且得到了大多数宗教的认可。更明确地说，通常用于在研究伦理原则中的普适性原则包括：

- 研究应有益于社会；
- 研究人员应当符合资格要求而且/或者在监督下进行研究；
- 研究对象参与应是自由的；
- 研究对象应当且只有在知情并同意的基础上参与研究；

- 研究对象应当不遭受伤害；
- 数据必须诚实，且应当被严谨地分析、解释和报告。

研究过程中的不同阶段或不同成分存在的伦理问题如表 4-1 所示。

**表 4-1 研究过程中的伦理**

| 伦理问题 | 设计/组织 | 收集 | 分析/解释 | 项目开展期间的数据存储 | 报告 | 项目结束后的数据存储 |
|---|---|---|---|---|---|---|
| 社会利益 | ● | | | | | |
| 研究人员的能力 | ● | | | | | |
| 研究对象“自由选择”权 | | ● | | | | |
| 研究对象的“知情同意”权 | | ● | | | | |
| 研究对象的受伤害风险——匿名的 | | ● | | | | |
| 研究对象的受伤害风险——实名的 | | ● | ● | ● | ● | ● |
| 分析/解释的诚实/严谨性 | | | ● | | | |
| 报告的诚实/严谨性 | | | | | ● | |

在许多基本的休闲和旅游实证研究中，会遇到数据来源是匿名还是实名（包括可以通过数据信息识别出身份）对象的问题。例如，基于问卷的现场调查和很多观察式研究，数据收集和储存都以匿名的形式进行，研究人员从来不知道被研究对象的名字，因此名字不会以任何方式记录下来。然而，在某些情况下，研究人员知道个体研究对象的名字和联系方式，而且它们可能会被当作研究数据的一部分以硬介质或者电子形式记录下来。

案例研究 4.1 说明了三个维度的关联方式。可以看到，研究对象的实名问题仅仅和研究过程中的结果储存和报告这个阶段有关。这些伦理问题会在下面依次得到讨论。案例研究 4.1 提到了一些在休闲和旅游研究中产生的伦理问题的案例，也会在下面进行讨论。

## 案例研究 4.1

### 休闲和旅游研究中的伦理问题案例

**A. 休闲/旅游调查研究中的欺骗**

在一个关于户外休闲/旅游的著名研究案例中，乔治•默勒（George Moeller）和他的同事（1980a）利用化名伪装成露营者，通过非正式访谈方法来调查露营者对价格的态度。他们发现，其结果与正式的实名访谈收集到的结果差异很大。有理由认为，在面对化名访问人员表达对可能的提价看法时，被访问者会更放松，所以要比表达给“官方”面谈者的那些看法更真实。然而，对这一实践的伦理问题在《休闲研究学报》中引起了巨大的争议（Christensen，1980；Moeller et al.，1980 b；LaPage，1981）。

**B. 参与观察者在户外冒险环境中的身份**

基思•多恩（Keith Donne，2006）在水上户外冒险中心以参与者观察者的身份，对使用该中心的 14 ~ 16 岁的青少年以及在该中心工作的职业指导教练进行调查来开展他的博士论文研究。在研究过程中，他识别出的伦理问题如下。

- 为了能够进入设施与孩子们接触，研究人员需要接受警方的调查以确保他没有犯罪前科。
- 多恩要对他在冒险中心选择扮演的角色进行描述。即使中心的工作人员，主要是指导教练，知道他在进行研究，但对他来说，有必要表明自己的水上运动水平技能是“合适的”，因为他知道“如果表现得太专业，可能会导致自己”对工作人员形成“挑衅”，而“假装不行”又会让自己看上去是个“累赘”。实际上，他擅长航行和帆板冲浪，有指导皮划艇和独木舟的教练资格，还参加过一场高水平的皮划艇激流回旋比赛。他决定伪装成“一名热心的学员，对水上运动有一些基本的理解和能力”。为了能够成功地进行研究，这种轻微程度的欺骗被认为是合理的。
- 起初，多恩认出了两名中心的教练，他过去曾教过他们，而他们也了解多恩的技术水平，但他相信他们不会透漏自己的“热心学员”身份。
- 冒险中心的一名教练不愿意为了研究接受访谈，便向多恩发出独木舟比赛挑战，多恩接受了挑战。但之后他却后悔这么做，因为这使得他陷入了进退两难的境地，他不知道自己是否应该为了确保研究中的合作关系而故意输掉比赛。

**C. 精英运动员自传体研究中暴露出与教练的关系**

罗宾・琼斯等（Robyn Jones et al.，2006）探讨过关于一篇用自传方法研究精英运动员（即研究人员）及其教练之间关系的博士论文案例。由于在论文中表达了他对教练的负面看法，两人之间的关系一度随时间恶化。虽然教练用的是假名，但论文的作者能够清楚地识别出来，因此，对于熟悉运动背景的人来说，教练也能够通过关联被识别出来。一名论文审查者指出了这一问题。因此，对这篇论文，包括学生及其导师，需要描述在最终经过批准的论文版本中如何面对这一问题。

就研究设计和研究行为而言，许多伦理准则在“实验室”中都会遇到。但这里的讨论关注的是和处于自己生活环境（包括休闲和旅游场所）中的人有关的伦理行为。至于结果的报告和数据的存储问题，都适用同样的伦理原则，不管用什么方法。

# 研究中的伦理问题

## 社会利益

对核武器和化学武器的研究曾经引发出这样一种主张，即研究只有能显示出对社会有益才应该受到支持。当然，这类评价是主观的。因此，在“冷战”期间，有观点认为核武器研究能够从根本上守卫和平，只要西方和东欧共产主义阵营双方配备的核武器在先进程度和数量上旗鼓相当，那么哪一方都不会冒险攻击对方，这就是所谓的“相互确保摧毁原则”。在目前休闲和旅游研究中，问题不会这么突出，但是在涉及研究资金的来源时也会产生问题。例如，应该接受来自烟草公司或者对环境有影响的公司的资金资助吗？

### 操纵性民意调查

1995 年美国民意调查委员会发布了以下新闻稿。

……一项发展中的完全不道德的政治竞选技术，通常被称为“操纵性民意调查”，正在伪装成合法的政治性民意测验……“操纵性民意调查”是一种电话营销技巧，用打电话的方式向大量潜在的投票人拉票，同时还灌输给投票人关于候选人错误的和诽谤性的“信息”，并打着发起投票的幌子去看这条“信息”会如何影响投票人的选择偏好。事实上，这样做的意图就是“操纵”投票人远离某位候选人或者偏向其对手。这很明显是带有影射方式的政治电话营销，而且，在很多情况下，这是一条为了影响投票人的明显的错误信息，其意图根本就不是进行研究。

这些电话营销的技巧往往通过两种方式破坏选举过程。首先，它们经常在没有透露信息源的情况下就能伤害候选人。其次，“导向性民意调查”的结果一旦发表，就会制造出带有严重瑕疵和偏见的政治局势。（National Council on Public Polls，1995）

操纵性民意调查一般发生在边缘选区中，在那里，一个成功的电话竞选活动就能对选举结果产生很明显的影响。下面是一个典型的操纵性民意调查形式：“考虑到候选人 X 会将个人所得税增收 50%，而候选人 Y 承诺不会增收个人所得税，这将会怎样影响您的投票意图呢？”类似这样的问题就将关于候选人 X 的错误的或误导的信息根植在了听者脑海中，而这要比调查的结果更有意义。

操纵性民意调查通常发生在政治领域，很少涉及休闲和旅游，但是它突出了“引导性问题”使用的伦理维度，我们会在第 10 章就该问题做进一步讨论。

## 研究人员的能力

研究伦理准则需要那些从事研究的人员具备合适的训练水准、资格和经验，包括对伦理问题的熟悉。

媒体偶尔会公开报道这样一些案件，某些执业医生甚至是外科医师是一些不符合医师资格的人。社区通常对这些人竟然在从事如此重要的工作感到很震惊并起诉他们。由于涉及受伤风险的程度比较大，这些案件代表的仅仅是公众对伦理关注的极端情况。在其他领域，有关专业能力的问题不会那么鲜明，但这一法则仍然适用。例如，在休闲和旅游研究中，如果一个无能的研究者进行研究仅仅是为了锻炼自己或者当成一种体验，那么就会使研究遭受到以下的风险。

- 浪费提供资金机构的资源；
- 浪费研究对象的时间；
- 滥用研究对象的善意；
- 误导研究结果的使用者；
- 损害研究机构的声誉。

## 自由选择

显然，研究对象不应该被强迫去参与研究项目，但是也存在着某些灰色地带。这些灰色成分有些是制度上的，有些则是研究设计和研究性质所固有的。

### 强制性群体

在大学里，学生经常会被用来当研究对象。在某些地方，学生会被要求参与由教学人员实施的一定数量的实验或调查工作，某些情况下他们会因为参与研究而获得学分。毫无疑问，学生可以决定不参加这样的活动，但是如果他们不做，道德压力会强迫他们服从而且他们也害怕会遭到处罚。显然，在大学里允许学生承受这样过分的道德压力是不符合伦理的。

其他的强制性群体包括课堂里的小学生和机构里的成员，因为他们的参与需要获得负责人的同意。同样，虽然他们有权决定是否参与研究，但实际执行起来却很困难，而且其实无论从哪点看，研究对象都是被强迫的。因此，教育主管部门通常会严格控制将小学生作为研究对象的研究数量和类型。在监狱、精神病院和其他类型的医院进行的研究也会引发研究对象是否真的具有选择自由的问题。

### 孩子

涉及孩子的研究会引发特殊的伦理问题。孩子应该在几岁时就给予知情同意权去参与研究？这与父母和看护人的权利与职责有关系吗？如果小于一定年纪的孩子被认为不能以自己的名义获得知情同意权，那么在什么情况下，看护人才适合代表孩子获得知情同意权？存在这样的情况吗，即与成年人相比，涉及相似研究过程的孩子所要承担的身体或精神损害风险会更大？

人们通常认为在对孩子进行研究时，应该给予孩子们特殊的保护，因为他们总是会认为成年人，包括研究人员，有权决定一切。因此，与成年人相比，他们更不可能会行使自己的权利而不进行合作。此外，这不仅涉及人权问题，而且如果孩子们把研究问题看作某种作业测验，或者孩子们觉得有必要用某种特定的方式回答或者表现以使提问者满意的话，这还会影响到研究结果的效度。

无论何种机构，如游乐园或者学校，参与研究，都应有自己的准则，尤其是需要获得家长的许可时，更应如此。

### 官方调查

选择自由原则时常受到政府的破坏。例如，如果不完成人口普查表格或者拒绝与一些其他的官方调查合作，就被认定为是冒犯。这种情况认为，与市民行使拒绝提供信息的权利相比，为了“社会利益”而获得精确完整的资料更重要。

### 观察

有些研究会涉及大量的研究对象。例如，交通流量、行人移动或人群行为的研究，想要选择部分“被试”是不可能的。因为在许多观察研究情形中，如果研究对象知道他们正在被观察，他们可能会更改自己的行为，导致研究无效。这在研究反社会的，甚至是违法的行为时，尤其明显。此外，这种考虑也适用于包括从对体育馆的人际行为到对卖淫、赌博和酗酒的环境研究。

### 参与观察

有关参与自由的问题主要发生在运用参与观察的研究当中。正如第 9 章将讨论的那样，研究者自己也是被研究现象的参与者之一，案例研究 4.1 已给出了这样的实例。这种研究的全部基础可能都依赖于研究者能够被调查群体接受和信任，如果调查对象知道参与者是研究人员，就不会产生接受和信任。如果研究人员“坦白交待”，就有可能给研究带来风险：研究对象可能会纠正自己的行为，从而导致研究无效。研究人员要向交流和研究对象隐瞒自己的身份（实际上是谎报身份）到什么程度才符合伦理呢？当研究人员涉及从事非法和/或者反社会活动的群体时，如吸毒团伙或少年黑帮，什么情况下他们可以说谎效忠？在一些研究方法论中，会采用不同的研究方法，而且希望研究人员与研究对象之间能够在充分知情的情况下进行交流，并且这种交流已变成了分析和报告研究中的一部分。

一旦这种类型的研究获得许可，那么不向研究对象告知知情同意权是可以接受的。报告中的机密性问题，正如下面将讨论的那样，会变得更加重要。

## 知情同意

在实验性研究中，总会存在这样的风险，即对研究对象造成人身伤害（如研究对象可能会过敏、肌肉拉伤，至是心脏病发作），尽管风险可能不大。为了能够让研究对象“知情同意”并参与研究，很显然有必要让研究对象充分了解可能的风险。受伤风险水平可以被作为一种评判标准，而且在任何给定的研究程序中，通常只有研究人员充分知晓有多大的风险。这就产生了一个问题，研究对象在多大程度上是被“充分告知”的？研究对象从来都不可能像研究人员那样充分了解情况，因此必须判断什么是合理的。传统的科学实验室环境中，潜在的研究对象会得到关于研究性质的口头的和书面的解释，他们会被要求签署一份文件以表明同意参与研究。表 4-2 就此提供了一张清单，表明了应该向潜在研究对象提供哪些信息，表 4-3 则提供了一张同意书的范本。在以问卷为基础的单一、匿名的调查中，通常只要口头同意即可，但是如果要记录研究对象的姓名，而且还会涉及长时间或反复面谈或其他类型的活动的话，那么口头同意一般被认为还不够，

**表 4-2　应当告知研究参与者的信息：清单**

1. 实施研究机构的名称
2. 研究的目的
3. 研究的发起/资助机构
4. 参与人员和他们被如何被选择的
5. 参与人员需要做的
   - 参与的性质（访谈、焦点小组等）
   - 每次会见需要的时间
   - 会见的次数
   - 会见的时间
6. 参与者承受的所有风险
7. 参与的自愿性
8. 参与者拒绝回答某些问题的权利或不需任何理由就可在任何阶段退出的权利
9. 数据的隐私性和保密性
10. 数据使用的方式
11. 研究项目管理者的详细联系方式

应当采取书面同意的方式。

**表 4-3　同意书范本**

| | |
|---|---|
| ××××××大学 | |
| **休闲和旅游学院** | |
| **假日历史研究项目** | |
| **同意书** | |
| 我确信我已阅读并理解“假日历史研究项目”中信息表的内容，并乐于回答任何问题。 | ______ |
| 我参与该研究中完全基于自愿，而且我不需给出理由就可以在任何时候终止参与研究。 | ______ |
| 我同意参加信息表中所描述的研究。 | ______ |
| 我同意面谈和讨论环节被记录。 | ______ |
| 我同意面谈或讨论的内容可以被匿名引用在出版物中。 | ______ |
| 姓名：______　　日期：______ | |
| 签名：______ | |
| 研究者姓名：______　　日期：______ | |
| 签名：______ | |

当然，研究人员可能会在遵循过程的时候“走过场”，并且有可能因为提供关于风险水平的误导信息而滥用这个过程，这么做本身就不道德。所以，对这些事件，需要清晰的导则并加以监测。

休闲和旅游研究通常不会发生身体或精神的受伤风险，但这仅仅是被告知信息的一个方面。这也许有一个道德维度，如一些人可能会拒绝参与某公共机构、政治组织或商业机构发起的研究，因此被告知内容就应包括研究的目的和发起方或受惠者的性质。

在某些情况下，研究人员的身份是含糊不清的。例如，学生参与一个项目的研究，该项目是大学课程学习过程的一部分，却也是一个真正的机构委托进行的研究；又如，在某个公司兼职的学生为完成大学作业将他的同事作为研究对象进行研究，或对公司的竞争对手进行研究。很明显，这种情况下如果仅仅把他们视作为学生而被没有让调查对象知道机构将会是研究的受惠人的话，是不符合研究伦理的。

但是，这里也会有一些灰色地带。在一些情况下，如果研究对象详细地知道研究目的，那么研究将是无效的。例如，如果研究对象知道调查的目的就是观察调查对象对不同种族和性别访谈人员的反应的话，他们的回答就会受到影响。一些态度研究中，如对种族或性这样的潜在敏感话题研究，考虑到调查对象如果被告知太多研究事宜的话，那么他们就会警戒起来，回答也将受到影响。这样的欺骗显然会产生伦理问题，必须评价这种温和的欺骗相对于研究的价值来说是否是正当的。

在某些情况下，提供给被调查者详尽的信息并获取他们的书面同意既不可行也没必要。因此，一般来说，休闲或旅游调查：

- 是匿名的；
- 仅仅涉及一次简短的面谈（如3～4分钟）；
- 涉及的是相当无害的、非私人的问题；
- 发生在管理者或官方同意的场所中。

这种情况中，大多数调查对象对研究的详细解释并不感兴趣。绝大多数的成年人熟悉调查过程，他们主要关心的是如果他们参与研究，访谈会不会占用他们太多的时间。如果试着给潜在的调查对象提供研究的详细信息，他们会变得不耐烦，宁愿“别说了，抓紧时间”。通常情况下，如果调查目的方面的问题（如果在访谈过程中出现了）激发了调查对象的兴趣，这些问题就会一直持续在整个面谈过程中。表4-4所示为这种调查状况提供了一套建议指南。

**表4-4 匿名问卷调查的伦理导则**

1. 访谈实施人员应该佩戴一个包括他们的姓名和相关机构（主办/委托机构或者大学）名字的徽章
2. 访谈人员应该了解项目的简要信息，以便于一旦问到的话知道如何回答
3. 如果研究人员要使用调查对象完成的问卷，那么应该在问卷中简要地描述研究目的（通常2～3行即可，调查对象花几秒就可读完），同时还应该留下项目管理人的电话号码给那些想要获取更多信息的调查对象
4. 访谈人接近潜在的调查对象时应先做自我介绍，可用下面这样的话语寻求被调查人的合作：“我们正在对……的使用者做调查，您介意回答几个问题吗？”
5. 项目管理人的电话号码应当随时可以获得，如果调查对象需要，就应该给他
6. 应该为那些感兴趣的调查对象准备有包含更多信息的打印材料
7. 如果调查对象拒绝回答某一问题或者希望在某一时刻终止访谈，不应向他们施加压力

## 研究对象的伤害风险

在数据收集、存储、处理以及发表的过程中，可能有让研究对象受到伤害的风险。为了研究对象、研究人员、研究发起机构乃至整个研究过程的利益，需要消除或者让这样的风险最小化。

### 数据收集过程

因数据收集而造成的伤害风险主要发生在医学或者生物学研究中，实验程序通常会将研究对象的身体健康置于危险境地。例如，在与运动相关的实验和测试当中，研究对象过度劳累，就有可能受伤。假设已经对研究对象进行恰当的筛检和选择，如检查了他们的健康状况，然后再向他们恰当地讲述研究主题、清楚地解释疑问、实施知情同意程序，那么就有可能将类似的风险最小化。

心理学研究也会发生伤害风险，可能会产生压力和悲伤，而在社会心理学研究中，人际关系也可能受到损害，尽管这种风险在休闲/旅游研究中发生的概率很小。在和休闲与旅游相关的绝大多数的社会学研究中，数据收集过程几乎不存在伤害风险。

在数据收集过程中，如果调查对象对数据要如何使用感到担忧，那么他们就会产生

焦虑。这或许牵涉他们自己和他们的隐私，这关系到数据的存储、处理和发表，会在下面讨论到。如果隐私被侵犯，则可能带来各种程度的伤害，轻的尴尬一下，重的则朋友关系、同事关系和上下级关系破裂，甚至身败名裂。有时候调查对象会关注伦理原则，如数据的受益者是某类机构或政府，这就和上面讨论过的“完全告知”问题有关。在这种情况下，潜在的伤害就是对调查对象道德原则的侵犯。以上两种情况都牵涉研究对象拒绝回答问题或者在任何阶段退出研究过程的权利。

### 资料存储和处理

数据的存储和处理不仅涉及硬介质材料，如问卷；也会涉及数字材料，如音像记录、副本和编码的数据文件。硬介质数据通常会随着项目进程和发表而被保存数年，在项目完成后也会被研究机构保存一段时间，通常是五年左右。而数字数据则可能被无限期地保存下去。“处理”这个词也可以用于存储，因为当数据被安全地存储以后，还存在不同阶段虽然从正式意义上来说数据可能被安全地存储了下来，但是存在着在各个阶段（如编码、计算机录入、传输）谁来使用，以及使用者是否知道和坚持保密的问题。

硬介质数据应当用适当的存储形式安全地保护起来，数字数据则应该通过密码来访问。

由于数据储存和处理的方式不同，调查对象受到伤害的风险也不同，调查对象是匿名，还是其姓名和联系方式都被研究人员知晓乃至记录下来，都会影响到伤害风险。此外，还存在一种介于匿名和实名的中间状态，可称之为“部分匿名”。这三种情形在下面依次进行讨论。

（1）匿名的调查对象。即使在匿名情况下，调查对象也会不情愿为“一个完全陌生的人”提供某些类型的信息。遇到这样敏感的情况时，通常采用的方法是强调调查过程的自愿与匿名性质，同时尊重调查对象拒绝提供某些类型信息的权利。

（2）部分匿名。研究的参与者通常不是随机的人口抽样，而是社区或机构组织的成员。虽然社区或机构的名称不会出现在出版物中，正如下面讨论的那样，但是它们可能会被存储到数据中，而且某个人或群体可能会因他们的职位而被识别出来。例如，董事长、秘书、教练、校长和队长。参与者可能会因此而关注数据的安全问题，特别是如果他们透露了自己的信息或是表达了对其他他们想要保密的事情的看法。

很多数字数据是匿名的，因为一般用的是识别码而非名字，但是某个地方会有一张姓名和识别码互相对应的清单，因此，清单的安全和保密性就十分重要。

除了书面信息外，观察研究还会涉及照片和影视资料，如果资料中的人被认出来，即使是在看似最平常的活动中，也有可能涉及侵犯隐私。

（3）可识别身份的研究对象（identified subjects）。隐私在西方社会是一项十分宝贵的权利，这些权利一般被写入法律，在不同的法律权限之间，细节上也有所不同。人们的私事如果被公开或者泄露给第三方，他们就会感觉被冒犯并承受压力。因此，研究人员有义务对任何收集到的可以识别出个人身份的数据予以保密。

表 4-5 总结了那些不可避免地会出现私人可识别数据问题的情况以及这类问题的性质，同时还给出了减少风险的建议。

**表 4-5　可辨识个人身份的数据**

| 研究方法 | 谁被辨识 | 辨认信息 | 为什么会被辨识 | 存储还是发表阶段的问题 | 减少风险的方法 |
|---|---|---|---|---|---|
| 邮寄调查——定量 | 一般公众或机构的抽样成员 | 姓名+地址 | 方法本身存在的问题 | 存储 | 姓名或地址列表清单要与问卷分离存放，在数据收集结束后销毁 |
| 电话调查——定量 | 一般公众或机构的抽样成员 | 电话号码 | 方法本身问题+定性控制 | 存储 | 姓名或地址列表清单要与问卷分离存放，在数据收集结束后销毁 |
| 访谈——定性——个人 | 私人 | 姓名+可能包括电话号码或地址 | 方法本身问题 | 都有 | 使用化名；知晓敏感所在 |
| 访谈——定性——机构人员个体 | 可辨识的公职人员（如市长）或者公司成员 | 姓名、职位、机构/地方/交谈细节 | 方法本身问题 | 都有 | 对个人、地方或机构使用化名，但不总是可行。清楚是否可以公开记录，知晓敏感所在 |
| 访谈——定性——小群体 | 小群体（如村庄、俱乐部或小企业）成员 | 名字（可能包括地址、电话号码，也许不包括姓） | 方法本身问题 | 都有，但主要发生在发表阶段 | 对个人、地方或机构使用化名，但不总是可行的。清楚是否可以公开记录，知晓敏感所在 |
| 人种学研究——各种研究对象和定性方法 | 作为群体成员的个体 | 名字（可能包括地址、电话号码，也许不包括姓） | 方法本身问题 | 但主要发生在发表阶段 | 使用化名，但可能会存在背叛信任的问题。知晓敏感所在 |
| 纵向研究（追踪研究）：a.定量，b.定性 | 间隔几周、几个月或者几年进行交流的同一个研究对象 | 姓名、地址、电话号码 | 方法本身问题 | a.存储；b.都有 | a.将姓名等与数据相分离；<br>b.存储：关于 a 成果发表，使用化名 |

有一些保护个人隐私的常用方法，如将调查对象名单和实际数据分离，以及使用化名等，但下面会谈到，这些方式并不总是能够保证调查对象不受侵犯。有一个很难描述细节的重要原则就是研究人员要知道调查对象的敏感之处在哪儿，在个人方面，抑或是职业方面或文化方面，还是机构方面？

一些研究不可避免地要涉及个人的姓名问题。例如，调查对象人数很少，是和某些知名机构或团体有关的重要人物。对这些人进行访谈时，注意务必要采用一般记者用的方法，核查一下得到的信息是否可以公开发表。因此，在访谈时，尤其是出现敏感问题的时候，聪明的做法就是询问信息提供者他们是否准备好了实名公布这些信息。

在成果报告中，一个显而易见的解决方法是用假名或数字去代表个人、机构、事件、地方和团体。然而，这还不够。用化名一般来说也许可以让身份不为人知，起到保护作用，但对那些“知情人”来说，研究项目中所涉及的地点和人或许都很容易被辨识出来，这就是上文讨论的部分匿名情况。研究人员在和组织严密的团体成员打交道的时候，应当特别留心这类团体在文化和人际关系上的敏感性。这样的问题在那些需要获得调查对象信任和秘密的定性研究中更加突出，背叛这种信任，不信守秘密，无疑是不道德的。

偶尔，作者的“致谢”会不经意地加剧这一问题，如果根据致谢名单可以清楚地识别出某人、某机构或某地点的话。

如果数据需要保密，研究人员必须确保原始数据，如访谈录音、文字整理稿或者调查问卷，是安全的。关于信息自由和隐私的法律条文始终涵盖有个人身份数据的存储和获取，包括允许个人访问他们自己的记录，而且对错误信息有权做出更正。

数据能够用编码或化名进行存储，所以重要的是编码或名字要和数据隔离开，另外安全存放。

邮寄调查是一个介于中间状态的例子。如果返回的问卷上不做任何识别信息，那么就没有办法去识别没有填写问卷的人，因此也就没办法去发送提醒。给每个人都发送提醒要付的代价太大，并且会激怒那些已经回复了的人。一个解决办法是不在问卷上做识别号码，而是将识别号码放在每个寄回来的信封上，并确保号码不会转移到问卷上。一些情况下，第三方，如一个合法的公司，会被用来接收这些问卷并将问卷以匿名的形式交给研究人员。

研究人员和为之提供资助的机构之间也经常会出现保密的问题。特别是，如果资助机构“拥有”这些数据，那么研究人员可能不希望把可以识别出信息人姓名的任何信息传送给资助机构，从而保护信息提供者身份的私密性。

### 数据发表

上面讨论过的与数据存储和处理相关的许多考虑因素也适用于研究结果的发表。任何给予个人或机构的匿名保证都应该被尊重，而且应该采取措施来避免无意中违反保密约定。通常在定量研究的发表阶段，不会在个人方面出现这样的问题，特别是在他们从一开始就匿名的情况下。但是，如果研究对象来自某一特定的地域性社区或者机构中，就有可能发生意想不到的尴尬。一般的读者通常不能辨识出调查对象，或者他们根本就不关心是否能够识别出来。但是，对熟悉研究的学术界或政策群体的人来说，可能对被调查的居民或者机构成员感兴趣，或许能够进行辨识。因此研究人员一定要在伦理层面上为这种识别的可能性做准备，在撰写研究报告时加以考虑。

## 分析、解释和报告的公正性或严谨性

伪造研究结果很明显不符合研究伦理。在自然科学中出现过一些臭名昭著的伪造实验结果的例子。

定量研究中一般会在分析中排除“异常值”。例如，如果一项关于体育休闲的调查发现除两人一周锻炼十次外，其他所有人都是一周锻炼三次或更少。这时，这两个人就会被视为“异常值”，研究人员不会对他们进行分析，因为他们会扭曲平均值。只要在研究报告中说清楚，这么做通常还是被看作符合研究伦理的。这一原则也可以用于定性研究，尽管在这里识别“异常值”是一项复杂得多的任务。

研究人员担心研究的负面发现或者是没有发现。但这一般不会出现在描述性研究或评价性研究中。然而，如果解释性没有发现明显的“解释”，就得面对这种困境了。但是，如果研究设计得很仔细，那么负面发现就会变得很有趣，会很有用途。例如，研究 15

个自变量对变量 $X$ 的影响，结果发现没有任何一个有显著的影响，那么这个结果就很有价值，一定有其他变量在起作用。当然，在定性研究中，一个研究中发现这 15 个变量没起作用，但因为这一结果并不具有一般性，所以并不能排除它们在另一个研究中会起作用。

有些情况下，样本规模过小有可能造成负面发现：本身有影响，但因样本规模小，所以无法确认，也就是统计学上的效果不显著；而使用较大规模的样本，或许会发现影响虽然比较小，但却在统计学上有显著的关系。研究结果的负面发现在以后会用到，如考虑合适的更大的样本，或者是将其置于元分析（详见第 5 章）中加以考虑。这或许看上去只是单纯的实践问题而不是伦理问题，但有观点认为，研究人员有伦理义务报告所有的研究结果，这些结果也有可能对知识的发展产生贡献。

## 作者和致谢

### 作者

有一项明确的伦理原则，就是任何发表的成果都应该向所有参与研究的人恰当地表示感谢。对资金来源、实名调查对象或合作伙伴以及匿名的研究对象可以在脚注、前言或者致谢部分表示感谢。但是，存在共同作者的时候，这在学术研究中很普遍，困难就出现了。这时候，就要判断研究助理，或许是一名研究生，是简单地进行了一些有酬劳的日常工作还是在智力上对研究做出了贡献。

一般来说，在团队研究的情况下，团队领导者或“首要调查员”的名字放在作者名单的首位。但是，如果存在共同领导者，他们的名字可能会按字母顺序排序或者同意在研究的不同发表中轮流置首。

### 剽窃

剽窃，即在没有对他人进行适当致谢或取得恰当允许的情况下就使用其数据或思想，这显然违反学术伦理。同时，著作和知识产权法律中也涵盖了剽窃方面的内容。

# 获取研究信息

近年来，围绕气候研究的争论突出了获取信息的权利问题。我们已经谈到过个人、公共和其他企业机构持有的私人信息的获取权利，这包含在信息自由和隐私方面的立法中。但是，这些立法也包括了公众对受公共机构持有信息的获取权利。例如，在决策过程中，记者有追踪报道的权利。虽然不同管辖范围内的立法各不相同，但有一个共同原则就是公共机构掌控的信息不是秘密，除非发表这些信息会威胁到个人隐私、商业财产权或国家安全，或者由于信息编制的成本过高，造成公共使用的费用也会很高。理论上，这些立法也适用于公共资金资助的数据收集和公共研究机构收集的数据，而且对数据的存储方式和保存时间长度也做出了规定。正如上面提到的，社会科学领域的大部分研究数据在转化为数字形式以后，多半就可能被无限期地存储了。

有观点认为研究数据一旦发表，那么就不会再有人对原始数据感兴趣了，但是，正如蒙特福特（Montford，2010：134，379-383）所说，在自然科学领域，可重复性是有效性评估的关键标准，但是，由于数据体系越来越复杂，编制的成本也越来越高，获取作者原始数据已经是检查和重复某些类型的已发表研究的唯一方法。因此，作为出版条件，一些科学期刊需要公众（通过网站）获取原始数据和计算机编码来对数据进行分析。

## 本章小结

本章讨论了研究实施当中的伦理和法律维度。值得注意的是，在大学和其他研究机构中，开展负责任的和符合伦理的研究要受到实施准则和伦理委员会的监管。在本章中，我们主要考虑了将人作为研究对象的研究中出现的问题。在生物学和自然科学领域，也会考虑到动物，另外，对环境维度的关注也在不断增长。研究过程的所有组分，包括设计、数据收集、数据存储和处理、分析、解释以及发表，都要思考伦理问题。一个研究是否符合伦理，许多问题都需要得到满意的答案：研究可能会对社会有益吗？研究人员有进行研究的能力吗？参与研究的个人是自愿而非被强迫的吗？参与研究的调查对象完全了解研究的目的和性质吗，即他们是否被给予了“知情同意”？对调查对象的受害风险是处于可接受的低水平上吗？对数据的分析和解释以及对结果的报告是诚实而严谨的吗？所有参与研究的人是否都得到适当的感谢或者在作者署名中得到恰当的安排？

## 测试题

1. 研究过程中出现的主要伦理问题有哪些？
2. 什么是知情同意，要确保知情同意需要采取什么措施？
3. 研究中调查对象可能处于非自愿状态的“灰色地带”是什么？
4. 在社会科学研究中，对参与者可能造成伤害的主要问题来源有哪些？
5. 什么是剽窃？

## 练习

1. 在和 15 岁的调查对象就休闲活动进行访谈时，少数访谈对象让你了解到他们非法吸毒并间接地说了是谁提供给他们的。你会告诉他人还是会保密？你的研究报告会匿名提及这一发现吗？

2. 阅读克里斯滕森（Christensen，1980）对默勒等（Moeller et al.，1980a）的批判以及默勒等对此的回应（Moeller et al.，1980b）并就此进行讨论。

## 资源

### 网站

研究伦理准则：

- 市场研究学会（英国）：www.mrs.org.uk/standards/codeconduct.htm。

- 社会研究学会（英国）：www.the-sra.org.uk/documents/pdfs/ethics02.pdf。
- NHMRC/ARC/澳大利亚大学准则：www.nhmrc.gov.au/_files_nhmrc/file/publications/synopses/r39.pdf。
- 悉尼科技大学：对本科生和研究生：www.gsu.uts.edu.au/policies/hrecguide.html。

## 出版物

- 研究伦理和社会科学：Israel and Hay（2006）。
- 研究伦理准则：Saunders et al.（2000：459-462，2007）。
- 研究伦理，伦理委员会和定性研究：Lincon（2005）。
- 休闲/旅游领域中的研究伦理：Fleming and Jordan（2006）；旅游领域：Ryan（2005）。
- 休闲领域的一个案例：Moeller et al.（1980a，1980b） and Christensen（1980）。

# 第5章 研究方法的类型

本章将简要介绍研究方法的各种类型，而且笼统地讨论了它们的应用准则，这些方法和技术将在后续的章节中予以详细论述。本章有四个主要部分。

- 主要方法类型：用于休闲和旅游研究的核心方法类型，包括学术探索、思考、使用研究文献、二手数据、观察、定性方法、问卷调查、实验和案例研究。
- 分支和交叉方法类型：一种或多种主要研究方法类型的分支，是主要方法类型的变体或运用，或者是多种主要方法类型的交叉。
- 多元方法：包括多重分析和案例研究。
- 选择方法：基于特定研究目的而选择相应的研究方法的过程。

选择恰当的研究方法显然是至关重要的。在本书中，我们推崇的原则是每种研究方法都有其适用范围。对研究者来说，重要的是认识到每种特定的研究方法都有其局限，而且在报道研究结果时要考虑到这些局限。在本书中，我们主张采用各尽其能的方式：方法本身无所谓好坏，要考虑的是对当前的研究是否合适。进一步讲，研究方法的好坏不是问题，用得好或不好才是关键。

## 主要研究方法的类型

表5-1列出了方法的主要类型，下面依次进行讨论。

**表5-1　主要研究方法的类型**

| 方　　法 | 简 要 说 明 |
|---|---|
| 学术探索 | 精通某一主题，对其进行深入的、批判性的思考 |
| 思考 | 学术探索的思考部分 |
| 现成的资源：利用文献 | 识别、总结和评价研究文献，所有研究都要包含这个部分。但在某些研究项目中，可以作为唯一的研究方法 |
| 现成的资源：二手数据 | 对另一个机构因其他目的而收集的原始数据进行再利用 |
| 观察 | 安静地，或者用影像设备，直接观察研究对象的行为 |
| 定性研究 | 收集文字（或影像/声音）形式数据的方法类型，与收集数字形式数据的定量法相对 |
| 问卷调查 | 使用一张正式的、打印出来的问题表去收集数据的方法，是休闲与旅游研究中使用的主要定量方法 |
| 实验 | 研究者控制被研究现象的环境，并保持除了要研究的变量之外的所有变量的恒定 |
| 案例研究 | 研究的焦点是一个或几个案例，通常要使用多个数据收集和分析方法 |

## 学术探索

尽管很难对学术探索（scholarship）和一般研究（research）进行区分，但是考虑一下二者的差异还是有益的。学术探索不仅要熟悉选题，还要能对选题进行批判性的和创造性的思考，要对选题进行知识积累。因此，学术探索不仅包括了解文献，还包括综合文献、分析文献和对文献进行批判性的评价。学术探索传统上扮演的是教师的角色，但是，如果学术探索的成果得以发表，那就能够为普通研究做出贡献。

一般研究会产生新知识。传统上它被认为是对新数据的收集和呈现，实证研究就是这样，但显然，这并不是被称为研究的工作必须要具备的条件。学术探索的成果，如新的见解或批评、看待老问题的新方法、或者是发现新的问题和疑问，也可以看作是对知识的贡献。实际上，在某个领域形成一个新的理论框架或范式要比用某个过时的范式来做点实证有意义得多。

## 思考

思考不可替代。对一个主题进行创造性的、全面的思考是一项研究从发展到形成的唯一过程，下面会说到，其中也会涉及对文献的考量。

虽然一项勉强可以接受的研究和一项特殊的或意义重大的研究都会涉及数据的收集，但二者之间有着显著的区别，这种区别通常在于创造性思考的质量。研究者需要在以下几个方面表现出创造性。

- 识别并提出研究的原始问题或疑问；
- 将研究概念化并形成一个研究战略；
- 分析数据；
- 研究成果的解释和呈现。

研究方法的内容能够为机械化的研究过程提供指导，但是创造性的思想必须来自于研究者个人，就像画画一样，画画的基础可以教，但艺术本身却来自于艺术家自己。

## 现成的资源——利用文献

实际上，如果不对文献进行一些有益的借鉴，研究就无法进行。对大多数的研究来说，这种借鉴是最基础的。在一些相对较新的领域，如休闲和旅游，有可能一个研究完全由文献回顾构成。特别是休闲与旅游研究那样的跨学科研究，非常有必要整合从好的文献回顾中发掘出现有知识。

文献回顾对研究项目的形成起着至关重要的作用。它表明了研究主题方面当前有什么样的知识，另外，无论是在实质还是方法上，都是灵感或理念得以产生的源泉或刺激物。

即使文献回顾和感兴趣的主题无关，它仍旧很重要。因为它能够说明某个主题还没有人研究，尤其是这个主题被认为对研究领域具有重要影响的时候，这本身就是一个很有意义的研究发现。关于文献回顾的过程会在第 6 章进行详细讨论。

## 现成的资源——二手数据

显然，如果可用的信息已经可以回答提出的研究问题，那么再去收集新的数据就是浪费。第 7 章将要谈到政府和其他一些机构在日常的决策、管理和评价工作中收集和存储了大量的数据，包括销售额和游客数量、收入和支出、工作人员、事故报告、犯罪报告，以及旅游、休闲参与和健康数据。这类数据被称为二手数据，因为它们的最初用途是管理，研究只是二次利用。即使对手头的研究来说这些数据不够理想，但比起收集新数据，这些数据还是能够更快地为某些问题提供答案，而且成本也更低。

二手数据不必是定量的。例如，历史学家将日记、官方文件或新闻报道作为信息来源，这些来源也可以看作是二手的，因为它们最初并不是为了研究而产生的。但是一些历史学家会将它们描述为一手来源。同样，在政治研究中，像年度报告、机构会议记录这样的文件也可以得以利用。

有些时候，数据收集的目的就是研究而非管理，但它们并没有完全的分析，或者说，它们只是按照某种目的进行了某种方式的分析，又或者根本就没有进行分析。对研究数据进行二次分析，或再分析，潜力巨大，但又被广泛忽略。

## 观察

第 8 章将会讨论观察技术。观察有一个优势，就是不引人注目。实际上，有时观察法也被称为“非干扰性技术”（unobtrusive techniques）（Kellehear，1993）。非干扰性技术涉及在人们不知情的情况下收集他们的行为信息，这在某些情况下会引发伦理问题（见第 4 章）。但这种技术有着显而易见的优势，因为那些调查对象知道研究人员在场的研究方法会导致他们故意改变自己的行为，另外，依赖调查对象自己回顾和描述他们的行为也有缺点，因为他们的描述可能不准确或者有所歪曲。

一些特定情况下，观察可能是唯一能用的技术。例如，在研究违法行为时，人们可能不愿意谈话；又或者在研究婴幼儿的行为（如他们的玩耍模式）时，可能因为孩子太小而没办法进行访谈。

观察能够呈现关于局势的一个视角，这个视角对身处其中的个人来说并不明显。例如，处在休闲或旅游区域十分拥挤地区的那部分人可能没意识到他们可以去那些不拥挤的地区，这种场地利用的不均衡模式只有通过观察才能进行评价。

因此，当研究人员在场这一信息可能导致调查对象的行为发生不可接受的改变，或者行为的聚集方式在身处其中的个体调查对象身上表现的不太明显的时候，观察就是一项非常合适的技术。

## 定性方法

第 2 章说到，定性方法与定量方法是相对的。这两种研究技术的主要区别在于定量研究要用数字，也就是定量；而定性研究是将文字，有时是影像，作为分析单元。在使用定性技术的研究中，收集到的信息一般不会进行统计分析，也不会以统计分析为基础得出结论。

定性技术有一种趋势，就是调查对象（如人、机构、设施、项目、地点）数量不大，但针对每个调查对象会收集大量的详细信息。而定量技术则有大量的调查对象，但每个对象收集的数据相对较少。但应当强调的是，这只是一种趋势。例如，一个定量研究项目可能只涉及 20 人的数据，但每人的数据有 500 条；而一个定性研究项目则有可能涉及 200 人，但每人只采集少量信息。相反，问卷调查中，一些设计用来收集定量数据的问卷会很长，有很多页，需要花费整理者一个小时或更长的时间，但能够从每一个调查对象那里收集数百条数据。这两种方法之间的差别主要在于收集的信息性质以及分析信息的方式。

什么情况下使用定性技术？适合使用定性技术的主要包括下面一个或多个情形。

- 当研究的焦点是意义和态度时（尽管这些也能用定量来研究）；
- 当研究情形需要建立探索性理论而不是理论检验时；
- 当研究者认为应该让研究对象自己来定义概念、术语和问题，而不是研究者自己预先定义好的时候；
- 当研究内容或兴趣是群体成员之间的互动关系时。

如果研究的目的是揭示大规模人口的一般性规律，定性技术就不太适合，尤其是这种规律需要定量描述的时候。

表 5-2 总结了一些定性数据收集方法的类型，它们会在第 9 章得到详细讨论。

**表 5-2　定性数据收集方法**

| 数据收集方法 | 其 他 名 称 | 描　　述 |
|---|---|---|
| 深度访谈 | 非正式访谈、半结构化访谈或非结构化访谈 | 与少量个人进行充分的一对一访谈，访谈可能在多个场合进行，一般用话题清单而不是问卷 |
| 焦点小组 | 群体访谈 | 在主持人带领下和一群人（通常 6～12 人）进行讨论 |
| 观察 | 非干扰性技术 | 用肉眼或者使用照相机或摄像机研究感兴趣的现象 |
| 参与观察 | | 在所研究的现象中，研究人员成为参与者 |
| 传记法 | 自我民族志 (auto-ethnography) | 研究对象被邀请用文字或口头记录的形式提供他们自己对事件等的说明 |
| 文本分析 | 内容分析*、解释学（hermeneutics） | 对已出版或未出版的文本（也可以包括照片、电视、电影、音乐或广播这样的视听材料）的分析和解释 |
| 民族志（ethnography） | 田野研究（在人类学中） | 综合上面的方法对一群人进行研究 |

*也可用于定量。

## 问卷调查

问卷是一份打印的或电子的问题清单。在问卷调查中，同一问卷用于对一个样本群体进行调查。之所以用“问卷调查”这一术语，是因为这种调查可以有两种形式。

- 访谈形式：研究者面对面或通过电话读出问卷上的问题并对回答进行记录。
- 调查对象自填：调查对象自己阅读问题并在问卷或屏幕上进行回答，不牵涉研究人员。

在许多讨论研究方法的文献中，经常选择“问卷”和“访谈”这两种说法。这显然是一种误导，因为访谈也可能要用问卷。更正确的区分方式应该是“问卷”和“非正式的、深入的或非结构化的访谈”。

问卷调查可能是休闲与旅游研究中最普通的方法。其中一部分原因是它的基本构架相对易于理解和掌握，另一部分原因是很多休闲与旅游研究想要得到一般性的、定量化的结论。例如，政府想知道有多少人参加了体育活动，管理者想知道对一项服务不满意的顾客比例有多大，市场营销人员想知道某个细分市场有多少人。所有这些例子都来源于政策或管理的实际情况，这表明调查研究的大多数资源来自休闲和旅游产业的公共或私营部门，学术论文则常常是基于这种特定的实践目的而激发的研究的次生副产品。

定性技术中，研究者在开始收集数据时有很强的探索性，然后再回到选题上去补充信息，然后确定数据、概念和解释。问卷调查则完全不同，需要研究者一开始就确定需要什么样的数据，因为一旦写在问卷上就无法更改。

问卷调查一个更重要的特征是依赖于调查对象对他们行为、态度和意图的自我说明。某些情况下，如研究“越轨”行为，或者研究社会支持的活动（如体育活动）或社会不支持的活动（如吸烟或喝酒），这种方法的有效性就会引发质疑，因为回答的准确性和诚信度都有可能出问题。

当需要关注某个特定人群的定量信息，而且个人关于自身行为或态度的说明能够接受为信息来源的时候，可以使用问卷调查。然而，问卷也可以通过设置开放性问题来同时收集定性和定量数据，这会在第 10 章中进行讨论，虽然不是所有的研究人员都认同这一点（例如，Sherry Dupuis，1999：45）。在澳大利亚最早的一份休闲研究的问卷调查中，作者（Scottand U'Ren，1992：xiii）描述了他们的方法，说基于问卷的访谈持续了三个小时，其中大多数用了一个到一个半小时，在访谈时，“回答逐字被记录下来”。

休闲与旅游领域的问卷调查可以分为六种类型，如表 5-3 所示，更详细的讨论在第 10 和 16 章进行。

表 5-3　问卷调查的类型

| 类　型 | 其他名称 | 描　述 |
|---|---|---|
| 家庭调查 | 社区调查或社会调查 | 根据居住地选择调查对象，在他们家中进行访谈 |
| 街头调查 | 限量调查或拦截调查 | 在街头或商场通过拦截方式选择调查对象 |
| 电话调查 | | 通过电话进行访谈 |
| 在线调查 | 网络调查 | 调查对象在线完成屏幕上的问卷 |
| 邮件调查 | 邮寄调查 | 问卷以信件的方式进行发放和回收 |
| 现场调查或用户调查 | 游客调查、顾客调查、拦截调查 | 对休闲或旅游设施或场所的使用者进行现场调查 |
| 非自主群体调查 | | 对诸如中学班级孩子、俱乐部成员或机构雇员这样的群体成员进行调查 |

## 实验法

实验法是自然科学领域使用的传统方法，指研究人员通过控制环境来研究某些特定变量的影响，通常在实验室中进行。本书第 2 章已经谈到过该方法的原则，更详细的讨论见第 11 章。

### 案例研究

案例研究是对正在研究的现象的个案或例子进行研究，目的是通过研究个例来理解现象。案例可以由个人、群体、机构甚至整个国家组成。案例研究总是涉及多个类型的方法，包括历史/文献研究、使用二手数据、访谈等，如果案例是社区，还会用问卷调查或定性调查。案例研究及其在休闲与旅游研究中的应用将在第 12 章进一步讨论。

## 分支/交叉研究方法类型

我们用不太文雅的术语“分支和交叉”（subsidiary and cross-cutting techniques）来描述那些上面谈到的主要研究方法类型的分支研究技术类型，它们是主要研究方法类型的变形或应用（例如，德尔菲技术要使用问卷调查），或者它们融合了很多主要的研究方法类型（例如，行为研究就要用到一些主要研究方法类型甚至是全部）。表 5-4 列出这些技术，下面将会依次讨论，而且还会说明它们是如何与本书的结构相联系的。尽管这里只是简要说明，没有说如何来实施这些技术，但却指出了这些研究技术的性质和可能的使用范围。在资源部分，将会提供更多指导信息。

**表 5-4　分支、交叉和多元技术/方法**

| 研 究 技 巧 | 简 要 说 明 |
|---|---|
| 优惠效果调查/转变效应研究 | 分析来自“特别优惠”“买一送一”等代金券或广告所产生的回报 |
| 途中/拦截/封锁调查 | 对进入、离开或正在前往某个地方或目的地的游客进行调查 |
| 时间利用调查 | 调查中需要被调查对象完成一份 1～2 天的详细活动日记 |
| 经验取样法（ESM） | 在进行日常活动的时候，研究对象一天会被提醒数次记录下他们的活动及感受 |
| 面板研究 | 招募一个样本人群作为“面板”，他们会在一段时间内参与数次调查 |
| 纵向研究 | 同一研究对象样本在几年之后被重复调查 |
| 媒体读者/观众/听众调查 | 媒体报道中邀请读者/听众参与调查，通常是以在线和电话接入的方式 |
| 行动研究 | 致力于社会结果的研究，往往涉及和客户机构的合作 |
| 历史研究 | 研究过去发生的事件 |
| 内容分析 | 对打印/手写文件或静止/移动影像的定量研究（也可以使用定性方法） |
| 德尔菲技术 | 一组专家对未来事件问题进行回应，理想情况下，其过程会重复几轮并最终达成一致 |
| 投射技术 | 研究对象被要求对假想的场景做出反应 |
| 感知地图法 | 研究对象通过图形来描述一个问题的组成成分，通常要合作进行 |
| 方格法 | 对调查对象关于被研究现象的描述进行总结比较，形成架构，对该架构打分，并对分数进行分析进而形成感知图形 |
| 使用量表 | 形成和使用一系列的“问题”（陈述、特点等）并通过李克特计分来进行应答 |

续表

| 研究技巧 | 简要说明 |
|---|---|
| 心理或生活方式研究 | 这种研究需要收集广泛的态度、价值、社会人口统计特点等方面的数据，对数据进行分类，从而区分出不同的心理/生活方式的群体或细分市场 |
| Q 方法 | 研究对象对卡片上描绘的条目（见上面）进行等级排序的过程 |
| 联合分析 | 通过询问人们对不同特点组合而成的假设产品的偏好来研究人们的选择过程 |
| 定量模型 | 对两个或更多变量之间的关系进行统计学评估的定量方法 |
| 网络分析 | 对参与某项活动的个体或机构之间的联系的研究 |
| 元分析 | 对同一主题的多个研究的分析和总结，往往用相关系数这样的测量指标 |
| **多元方法** | |
| 多重分析 | 对同一现象使用两种或两种以上的方法进行研究，为的是确认结果或提出不同的见解 |
| 社区研究 | 用各种数据对一个机遇地理或其他要素的社区进行全面的研究 |
| 算人数 | 涉及多种研究方法的管理任务，一般在用户/游客数量无法通过售票数量得到的时候采用这种方法 |

### 优惠效果调查/转变效应研究（coupon surveys/conversion studies）

市场营销中，公众对优惠广告的回应也能够用来当作信息。在这里，公众受邀对一个广告写下或电话说出他们对产品的看法。这些数据可以说明他们对优惠产品的感兴趣程度（对比其他产品或优惠前的本产品），也可以说明对产品感兴趣的人群的地理分布情况。然而这会引出另一个问题，即对广告做出回应的人能够在多大程度上转变为顾客。为此，转变效应研究被设计出来去分析究竟有多少感兴趣的广告查询者转变成为顾客（Woodside and Ronkainen，1994）。

### 途中/拦截/封锁调查（en route/intercept/cordon surveys）

旅游领域中，对正在旅行途中的游客调查有时被称为途中调查（Hurst，1994）。这样的调查或许发生在飞机上、机场里或者是在开车旅行的途中（这时需要警察帮忙招手在路侧停车带停车对游客进行调查）。在本书中，这类调查也总是和问卷调查有关，被当作一种特殊情况下的现场调查或使用者调查，这两者将在第 10 章中进行讨论。因为调查对象是在目的地、场所或吸引物或其附近被拦截下来的，所以有时也用“拦截调查”这一术语。如果调查涵盖了目的地、场所或吸引物的所有道路，如果调查对象是在通往目的地、场所或景点的所有道路上被拦截，就会使用“封锁式调查”这一术语。

### 时间利用调查（time-use surveys）

休闲研究有一个长时间的传统，就是调查人们在带薪工作、家务、睡觉和休闲等各类活动之间的时间分配（Szalai，1972；Pentland et al.，1999）。尽管道格拉斯·皮尔斯（Douglas Pearce，1988）曾建议旅游研究使用这种方法并举了几个例子，但其在旅游研究中并未得到广泛应用，因为旅游期间人们离家在外。时间利用或者时间预算研究基本上算是家庭调查的一种特殊案例，第 10 章将会提供一些这种方法的参考资料。

## 经验取样法（experience sampling method，ESM）

经验取样法（ESM）是米哈里•齐克森米哈伊和他的同事于 1977 年在芝加哥大学首次提出的（Csikszentmihalyi and Larson，1977），被认为是时间预算调查或日记法（diary method）的发展。这一技术还有另外的名称，叫生态瞬间评估法（ecological momentary assessment，EMA）（Smyth and Stone，2003）和动态评估法（ambulatory assessment）。

一项 ESM 研究通常要花几天时间。这期间，研究参与者每天要被电子装置提醒八次，早期的提醒设备是寻呼机，后来改为定时发出“嘟嘟”声的手表，最近则用手机。被提醒时，研究参与者要在提醒过后尽可能早的时候，完成一份小问卷。问卷在其整天随身携带的一个小册子上，但近来改为手机短信。收集的信息主要是活动参与方面的：在哪儿？和谁？对活动的态度如何？有什么感受？这个方法的优点是能够实时记录活动及感受，调查对象的环境也很“自然”，不像其他一些方法依赖于脱离了事发环境的事后回忆。虽然从每段时间的参与者体验中收集的信息相对有限，但是将收集到的信息积累起来，再加上前期的常规问卷调查，数量也颇为可观。

米哈里•齐克森米哈伊和拉尔森（1977）的早期研究有一个是分析青少年的日常行为模式，而在运用该方法的最近研究中，有一项是探索成年人的压力水平与工作、休闲模式及家庭交流之间的关系（Schneider et al.，2004）。

ESM 研究方法的特点可以被描述为“idiographic”（个别的，独特的），该词源于希腊单词“idios”，意思是具体到个人（Conner et al.，2009）。这和“nomothetic”[（研究）普遍的，普适的] 研究形成了对比，而后者来源于希腊单词“nomos”，意思是法则、规律，它以对一定数量的个人的研究为基础，寻求建立一种一般性的科学的行为法则或规律。但是，与也带有“idiographic”特征的定性研究不同，ESM 一般而言其本质还是定量的，因为它收集的数据来自重复情形中的个体。

有关这种电子辅助型研究的进一步发展如下。

- 电子激活录音器（EAR）。调查对象身上戴着小型麦克风和录音设备，能够短时间自动激活（例如，每小时自动激活 12 次，每次持续 30 秒）。因此，它能够记录下调查对象经历的环境及其与他人的交谈互动。在心理学研究中，使用这种方法去追踪社交互动情况（Mehl et al.，2001），然而就休闲与旅游领域而言，还没有知名案例。
- 利用全球定位系统的数字追踪设备。

这个方法的细节在本书中没有进一步讨论，但是在资源部分有提供使用这一方法的参考案例。

## 面板研究（panel studies）

面板研究也称为固定样本追踪。市场研究公司经常会为某些调查而维持一个由个人组成的“面板”，即固定的样本群。面板由具有代表性的跨部门的公众组成，他们同意每隔一段时间就应召参加一系列调查。一般要向面板成员提供一些经济报酬，但是这些成本和公司不必再去选择和联系新的调查对象所节省下来的费用相抵消。管理这样的面板也会有一些特殊的问题，面板研究所要用到的调查方法类型，包括电话调查、邮件调查或面对面的访谈等，和那些只和调查对象进行“一次性”交流的方法是一样的（LaPage，1994）。因此，面板研究也可以被看成是家庭问卷调查的一种特殊形式。

### 纵向研究（longitudinal studies）

纵向研究也称追踪研究，是指每隔几年对同一个样本的个体定期进行调查（Young et al.，1991）。当然，这种研究成本很高，因为需要连续数年保持对样本成员的追踪，而且还需要在一开始就建立一个足够大的样本，这样才能抵消随着时间流逝而出现的不可避免的样本损耗。然而，对研究社会变化，以及社会变化和年龄的联合效应方面，这是一种理想的研究方法。虽然纵向研究方法在社会科学领域得到认可，而且一些休闲与旅游活动研究也可能有这种特征，但就专门的休闲与旅游研究来说还没有知名案例。

一些针对社区的研究也可以看作是纵向研究，只要将每隔一段时间收集的数据进行时间上的比较，即使每次访谈的不是同一个人。这种情况下，常量是社区的自然、社会和经济情况，而非个人。唐纳德·盖茨（Donald Getz，1993）探讨了1978年到1992年之间旅游对苏格兰斯佩大峡谷（Spey Vally）变化的影响，就属于这类研究，他对成年人和学生进行了调查。虽然1992年的时候对当时的孩子进行追踪并进行重复访谈很有趣，但对盖茨来说，对处在 1978 年的那些学生的年龄段的孩子进行一番新调查也非常有意义。也有学者（Chang Huh and Christine Vogot，2008）采用类似的方法研究过在一段时间内对沿海旅游业的影响。

### 媒体读者/观众/听众的调查（media reader/viewer/listener surveys）

报纸、杂志、广播和电视等经常会在它们的读者、观众或者听众中发起意见投票方式的调查，这种调查通常在网上进行。地方层面的公众就某一问题的意见可以通过报纸上某种形式的栏目进行调查，读者填写并交回；而广播和电视则经常会就某个热点问题邀请听众或观众“打进电话”来进行民意调查。这些调查结果有娱乐价值，但一般不能认真看待。其原因主要是没有办法确定原始人群（那些碰巧接触到了这些问题的媒体受众），或者无法确认回答者样本是否能够代表整体的人群。大多数情况下不认为他们具有代表性，因为特定媒体的受众一般具有特定的社会经济特征，而且只有那些表达了观点的人才有可能参与调查。当然，这样的调查不应该与那些由媒体发起但由有声望的调查公司（如新闻民调公司和AC尼尔森公司）进行的调查相混淆。

### 行动研究（action research）

研究通常被看作是一个中立的过程，它客观地报告发现了什么。当一个研究者自己想要对某个问题进行调查时，无论是出于个人兴趣，如想要了解一个公司的财富，还是出于社会原因，如保护环境，都必须遵守科学准则。这既是伦理要求，也是因为人们普遍认为经过研究而得出的结论更值得信任。然而，一些类型的研究在设计时却故意让研究者涉入研究问题中，而且想要公然地把引发的变化当作研究过程的一部分，这样的研究就被称之为“行动研究”。通常来说，一个研究是否属于行动研究，可以看这个研究是否代表了或牵涉一个或多个机构或利益相关者的利益。实际上，一些行为研究过程的定义将其看作企业机构内部发生的事件，为了使研究项目得以持续，研究者会依附于这一机构。

图 5-1 的行动研究过程说明研究者既和行动阶段有关，也和研究阶段有关。而且当研究用来协助采取变革措施和评估结果时会产生反馈循环。

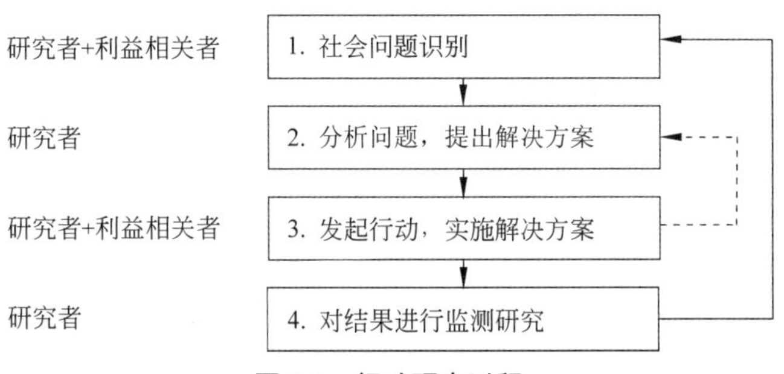


**图 5-1 行动研究过程**

这与机构内部进行的正式研究过程有些类似，第 3 步都是内部资源的分配和实施过程。它也可以看作是准实验（quasi-experimental）过程。行动研究在方法或技术上不受局限。然而，有种趋势将它看作定性研究的一种形式，对此，戴维德 • 格林伍德和莫顿 • 莱文（Davydd Greenwood and Morten Levin）在他们对该问题的介绍性文本中指出：

> ……把行动研究当作为“定性”研究是错误的，然而一大堆传统研究人员和更多的行动研究人员都犯了这个错误……无论何时何地，只要行动研究面对的环境和主题需要，那么行动研究就需要用定性、定量或混合型的研究方法。（Greenwood and Levin，2007：98）

比起社会政策的一些领域，如住房问题或者种族事务，行动研究在休闲和旅游研究中通常用得比较少。休闲领域最早的此类研究是 20 世纪 70 年代英国进行的“休闲和生活质量”研究，涉及四个地方非常广泛的休闲供应项目（Department of Environment，1977）。该研究是政府资助的，项目由当地成立的社区小组发起和监督，由研究课题团队提供支持。这四个地方进行的研究项目都被称为“实验”，这表明了行动研究和实验方法的相似之处，然而项目报告中的一篇发表了的研究论文题目却是《休闲实验的行动研究背景》。

## 历史研究（historical research）

历史理所当然的是一门主要学科，有自己的研究方法。在休闲与旅游研究中，至少有两个领域会使用历史研究：一是传记研究，本书第 9 章将把它作为一种定性研究方法来进行讨论；二是案例研究，下面会对此进行讨论。它可以被看成是一种二手资料分析形式，因为历史学家不可避免地要依赖一个时期当时的文献，这些文献的编纂目的也不是用于历史研究。作为一门学科，历史是人文学科的一部分，然而在休闲与旅游研究领域，当历史被用来对当代现象进行部分解释的时候，明显更趋近于社会科学。与社会科学文献相比，历史研究文献中有一种淡化方法问题的倾向，或者视其为理所当然。虽然历史学说明一般会按照学术方式来进行，有详细的文献来源，但是这些材料是如何使用和分析的却并不总是那么清晰，因此，以历史学为基础的论文鲜有“研究方法”部分（例如，可见《休闲研究》中的两篇近期的论文：Philips，2004；Snape，2004）。本书不再就历史学方法作进一步讨论，但资源部分会提供一些参考资料。

## 内容分析（content analysis）

在某些研究领域，研究的重点是文本。例如，机构年度报告、政治家的演讲或广告方面的内容。对这些发表了的或未发表的文本的分析和解释，采用定量分析的时候常常被称为内容分析法，而带有更多定性性质的被称为解释学（hermeneutics）。这种方法在休闲与旅游研究领域尚没有大范围运用的传统，但是随着后现代主义的发展以及文本的范围越来越宽，已经包含有诸如公司文件、广告材料、网址和信件这样的非常宽泛的文化产品，这种方法也越来越受到关注。案例研究 2.1 中分析了各种研究方法在休闲和旅游研究期刊中的流行情况，可以当成是内容分析的一个范例。本章的资源部分还列出一些定量研究的例子，而第 9 章会对定性方法进行讨论。

## 德尔菲技术（Delphi technique）

德尔菲技术（得名于古希腊的“德尔菲神谕”）是收集和分析一个特定研究领域的未来趋势的信息的过程，这些信息来自一个专家面板。某个领域（例如，休闲和旅游）的专家（面板成员）需要完成一张问卷来说明他们对未来某种发展可能性的观点，然后这些观点被加以整理，再次返给面板成员以作进一步的评论，在结果整理出来之前，这样的过程也许会重复多次。这种技术常被用于商业和技术预测的一些领域，但在休闲与旅游领域应用范围有限。本书不会详尽地讨论这种技术，但在第 10 章和第 16 章的问卷设计和分析中会有一定程度的涉及。最近，多诺霍和尼德哈姆（Donohue and Needham，2009）就此技术进行了一个全面的、高水平的回顾。

## 投射技术（projective techniques）

投射技术也许可以被称为假设（what if）技术，要求调查对象对假设或投射的情况做出回应。例如，研究对象也许被要求回答如果能够自由选择的话将如何花掉一定数额的金钱，或者是如果可行的话会怎样度过多余的闲暇时间，又或者被邀请去对一些特定地点的图片做出回应（Ryan，1995：124）。虽然这种技术很精细也很专业，但在本书中被看作是问卷调查的延伸，以及焦点小组的另一种形式。

## 感知地图（perceptual mapping）

休闲和运动规划及市场营销中的一个问题是公众在多大程度上了解设施和服务的提供情况。这一方面与媒体、市场宣传和人际网络有关，另外也可能与人们对他们居住的社区、城市或地区的空间感知有关。例如，人们可能会很熟悉他们的居住区以及上班或上学的路线，但是对城市的另一边就不熟悉了。这种情况特别适用于没有车的人，尤其是年轻人和老人。邀请研究对象画出一幅对他们城市的感知地图，就能获取到他们感知空间方面的信息。这种方法也可以用在旅游目的地的规划和市场营销中。

### 方格技术（repertory grid）

20 世纪 50 年代，心理学家乔治·凯利（George Kelly）发明了方格技术，在休闲和旅游研究中时常会用到这种方法，它可以被看作是感知绘图的形式化和定量化。研究对象被要求说明被研究现象的一系列特质以及和这些特质相反的特质。例如，友好的/威胁的，冷酷的/热情的，昂贵的/便宜的。得到一定数量的这样的构建（construct）后（一般最多 20 对），将它们录入表 5-5 那样的表格中，然后研究对象被要求说明被研究的事物更符合表格中的哪种特质。例如，在第一个构建中，是更接近“友好的”一端还是更接近“威胁的”一端。得到的信息可以被赋予分值，并在个体或群体水平上进行图表分析，或者是诸如因子分析（见第 17 章）这样的统计分析。

**表 5-5　方格法示例**

| | | | | | | |
|---|---|---|---|---|---|---|
| 友好的 | | | | | | 威胁的 |
| 酷帅的 | | | | | | 土气的 |
| 昂贵的 | | | | | | 便宜的 |
| …… | | | | | | |

### 使用量表（use of scales）

量表是用来测量结构或变量的数字指标，这些结构或变量本质上一般不是定量的。研究对象通常被要求用等级量表对问题做出回答，结合量表得分形成一个用来对现象进行研究的尺度或指数。第 10 章将会讨论问卷中定制量表的制作和使用，但是研究者们普遍使用他人制作的标准量表。使用现成量表的优势在于研究者不用再“自费力气重复工作”，用不着就某个现象再来设计自己的测量方法。广泛使用的量表一般都已经经过大量检验而具有很好的效度，也就是说，它们测量的就是它们想要测量的东西。进一步看，使用通用测量工具对不同研究之间的比较也极为有益。当然，这种方法也有缺点，那就是量表中的效度中的任何缺陷都有可能在许多研究中被复制，而且一个固定量表没办法完全反映出社会经济环境在时间尺度上的差异和变化。

量表的使用非常普及，尤其是在心理学及其相关学科，但是在主流的休闲和旅游研究中，它们的使用并不广泛。下面就是一些量表使用的例子。

- 罗宾·麦基伊根（Robyn McGuiggan，2000）利用性格评估最著名的量表之一，迈尔斯—布里格斯类型指标（Myers-Briggs Type Indicator），研究了性格与休闲活动偏好之间的关系。
- 比尔德和纳吉布（Beard and Lagheb，1980）制定了一张休闲满意度量表（Leisure Satisfacation Scale，LSS），而且瑞恩和格兰登（Ryan and Glendon，1998）将其用于旅游领域中。

- 霍华德·廷斯利（Howard Tinsley）及其助手制定了 PAL 量表（Driver et al.，1991），用来测量休闲活动参与的心理受益。
- 比夫·德莱福（Bev Driver）及其助手制定了娱乐体验偏好（recreation experience preference，REP）量表（同样见 Driver et al.，1991），该表与 PLA 相似，但关注的是户外自然区域设施。
- 体育和健身领域的研究者经常使用那些和身心健康相关的量表，如威尔等（Ware et al.，1994）制定的量表。

尽管在目的地选择和游客满意度研究领域受心理学影响用量表做了大量的研究（Woodside et al.，2000 and Mazanec et al.，2001），但是专门化的标准量表在旅游研究中并不占据优势。

美国营销协会出版过几卷《市场营销量表手册》（Bruner and Hensel，1992），列举了上百种市场营销研究中使用的量表，绝大多数都是一些主流问题，如消费者的动机和态度，然而也有一些涉及特定的设施。表 5-6 就选择了一些与休闲和旅游相关的量表。

在本章的资源部分进一步列举了一些休闲和旅游研究中使用量表的例子。

**表 5-6　与休闲和旅游研究主题相关的量表**

| | |
|---|---|
| **Bruner 和 Hensel（1992）中的量表** | |
| 72. 烹调乐趣 | 261. 体育活动积极性 |
| 74. 一起看电视（父母/孩子） | 262.运动热情 |
| 147. 参与（电视） | 268. 时间管理 |
| 186. 愉悦 | 269～270. 时间压力 |
| 193. 价格问题（航空旅行） | 274.冒险性 |
| 219. 看电视的限制 | 277.志愿服务（益处） |
| 226. 安全（航空旅行） | 278.志愿服务（家庭/工作限制） |
| 227. 满意度（航空旅行） | 279.志愿服务（意愿） |
| **Bruner 等（2001）中的量表** | |
| 2. 感受（音乐） | 323. 感觉寻求 |
| 48. 对谈话活动的态度 | 330～333. 服务评价（航线特色） |
| 154. 对音乐实验的反应 | 345. 服务质量（健康俱乐部） |
| 180. 对音乐的想象性反应 | 368. 购物导向（娱乐） |
| 186. 冲动性购买（音乐） | 403～406. 避免各种媒体广告 |
| 217. 参与（电视足球比赛） | 436. 对广告中性的态度 |
| 239. 重新感受音乐的需求 | 443. 对广告的态度（幽默） |
| 259. 变瘦的压力 | 938. 工作参与 |
| 285. 服务质量（体育场） | 939. 工作/家庭冲突 |
| 307. 满意度（健康俱乐部） | |

## 心理/生活方式研究（psychographic/lifestyle research）

心理研究，这在第 2 章讨论过，收集的数据很宽泛，包括人们的态度和社会人口学特征等方面，通过分析这些数据来确定具有共性的细分群体或细分市场，一般用诸如因子分析和聚类分析这样的统计技术，这将在第 17 章进行讨论。一些商业调查/咨询机构向客户提供他们自己的心理/生活方式分类体系来对调查对象进行细分，这比那些一般以年龄、性别和社会阶层来划分的体系看上去更有具体的应有价值。

- VALS（即价值、态度和生活方式）分类体系兴起于美国，将人们分为九种类型如表 5-7 所示。这一体系被广泛应用于市场研究中，包括旅游研究（例如，Shih，1986）。
- ACORN（一种居民居住区的分类体系）产生于英国，由商业调查公司 CACI 开发，以人口普查区域的社会人口统计学数据为基础（见第 7 章）。因为它不包含态度方面的数据，所以应该归类为生活方式系统而非心理系统。它有五个部分，又进而划分成 17 个小部分，如表 5-7 所示。该体系已经被应用在休闲研究当中，一个明显的例子就是每年的英格兰体育活动人群调查，这将在第 17 章提及。

**表 5-7　心理/生活方式划分案例**

| VALS* | ACORN** | |
|---|---|---|
| 1. 生存型<br>2. 维持型<br>3. 归属型 | 1. 富裕成功者 | A. 富豪高管<br>B. 富裕“灰发族”（老年人）<br>C. 富有家庭 |
| 4. 模仿型<br>5. 成功型<br>6. 自我中心型 | 2. 城市兴旺者 | D. 成功专业人士<br>E. 良好教育的城市群体（年轻的城市专业人才）<br>F. 有抱负的单身青年（主要是城市地区的学生） |
| 7. 经验型<br>8. 社会意识型<br>9. 综合型 | 3. 宽裕安逸者 | G. 白手起家（年轻夫妇）<br>H. 安稳的家庭<br>I. 郊区定居者（住在郊区的老年夫妇）<br>J. 节俭的养老金领取者 |
| | 4. 中等收入者 | K. 亚裔社区<br>L. 后工业化家庭（熟练技能的人）<br>M. 蓝领草根（体力劳动者） |
| | 5. 艰难度日者 | N. 奋斗（低收入）家庭<br>O. 负担沉重的单一家庭（老人或单亲）<br>P. 非常困难的人<br>Q. 大城市中的低收入者 |

*价值、态度和生活方式：商业观察（2009）。

**居民居住区分类：CACI Ltd.（2006）。

## Q 方法（Q methodology）

Q 方法是物理学家和心理学家威廉姆·斯蒂芬森（William Stephenson）于 20 世纪

30 年代为分析人们对现象的主观看法而发明的，一共有五步。

（1）界定“集合”，即研究现象的范围。集合以一系列对态度的陈述组成（见第 10 章），但有时候也会是图片的形式。

（2）设计由刺激项目组成的“Q 样本”或“Q 集”。刺激项目一般是一套卡片，每张卡片上都包含有一个陈述/一张图片。

（3）选择“个人样本”或“P 样本”，即参与研究的个人样本。

（4）Q 归类，调查对象个体对卡片分类并整理成堆，分类的依据是程度频谱，如从非常支持到非常不支持，按李克特量表的方式进行计分（见第 10 章）。研究对象要将卡片排列在事先提供的一个钟形的正态分布曲线模板上（见 17.1a）。

（5）分析和解释，即对数据进行因子分析（见第 17 章）来发现主题。

像“PQ 方法”这样的计算机软件可以用来对数据进行分析。休闲和旅游研究中的应用案例会在本书的资源部分给出，而且第 17 章将会进一步讨论该方法的技术细节。

### 联合分析（conjoint analysis）

联合分析可用来探索人们的决策过程，包括产品选择，如对度假方式、度假目的地、休闲活动或者特定的休闲设施的选择。它尤其关注消费者对产品各种特点的评价，以及这些评价对消费者选择的影响。其中的一种做法是调查人们对一系列具有这种特点的现有商品的实际选择情况，也确实有研究这么做过，但这是一个太复杂、太“凌乱”而且可能成本很高的过程。而且，这类研究会受到可选择的产品及其特点的限制，也没有包括那些因对现有的选择不感兴趣而没有进行选择的人。在联合分析中，研究对象被要求表达对一系列假定的产品的偏好，这些产品具有不同的特点组合。考虑的特点越多，且每个特点表现出的维度或层次越丰富，那么需要考虑的特点组合也就越多。例如，有四个特点，每个特点有四个维度或类型，那么就可能产生 256 种不同的组合。一项研究选择哪些组合，对结果该怎样分析，是一项非常复杂的数学任务，需要用联合分析来进行分析。这种细节已经超出了本书的范围，但在本章的资源部分会给出进一步的阅读材料，而且会在第 11 章“离散选择实验”（DCEs）的开头再一次进行讨论。

### 定量模型（quantitative modelling）

到目前为止我们所讨论的技术主要是以数据收集过程进行区分的，有些时候也会按照数据收集和数据分析这两方面的过程来进行区分。定量模型是以理论和数据分析来进行区分的：使用定量数据，但可能却是通过一种或多种方法（如观察、问卷调查、文件记录、实验）收集来的。在第 3 章，已经对定量模型的理念进行了简要的讨论，指出变量之间关系的假设会通过模型或方程的形式来进行阐述和检验（如图 3-11）。第 17 章会进一步讨论这种方法，并将其与线性回归和多元回归结合起来。

### 网络分析（network analysis）

许多的人类活动是通过网络进行的，网络涉及节点以及节点之间的连接，这些连接包括运输系统、电力供应系统和通信系统。一门科学就是围绕着这一理念发展起来的，被用来优化网络的设计。图 5-2 提供了一个简单的网络，有模拟和数字两种形式，其中的数字表示的是节点之间的流量（如交通流量、资金流量、通信流量）。虽然这里不再对此方法进行深入讨论，但很显然这种情况很适合数学分析，虽然分析会被图表形式限制，还有可能涉及定性方法。从数据收集来看，这一方法涉及对系统中的相关节点（如机构、目的地）的识别，以及测量节点之间的连接程度。这种方法类似于心理疗法和教育研究中“社会测量学”（sociometry）的概念（Oppenheim，2000：254-259；Dayton，2005）。

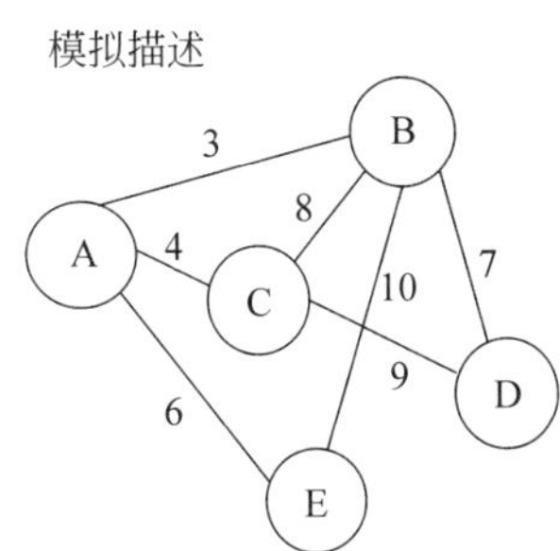


数字描述

| 组号 | A | B | C | D | E |
|---|---|---|---|---|---|
| A | 0 | 3 | 4 | 0 | 6 |
| B | 3 | 0 | 8 | 7 | 10 |
| C | 4 | 8 | 0 | 9 | 0 |
| D | 0 | 7 | 9 | 0 | 0 |
| E | 6 | 10 | 0 | 0 | 0 |

**图 5-2　一个简单网络**

根据交通流、产业结构以及它们之间的互相依赖，旅游很显然会涉及网络，这一领域的研究文献也在不断增长（Scott et al.，2008）。每天的休闲活动也涉及个体和群体之间的网络关系。社交网站现象是网络的最新表现，实际上，在个体或者小群体层面上应用网络分析也被称为社交网络分析。多年来，大量的休闲设施和服务使用者调查都说明了朋友网络的重要性，因为这些研究发现，与广告相比，“口头宣传”对绝大多数人来说是一个意义要大得多的信息来源。社交网络分析在休闲研究中并不普遍，但是帕特里夏 • 斯多特斯基（Patricia Stokowski，1994；Stokowski and Lee，1991）对此进行了详细的探索。

### 元分析（meta-analysis）

结合文献回顾和二手数据分析，对大量相同主题的研究结果进行定量评估，这种技术就是元分析（Glass et al.，1981），它适用于那些研究结果之间可以直接进行比较的研究。例如，对重要的研究结果进行特定变量之间的相关系数和回归系数计算（见第 17 章）。在元分析中，大量同一领域的单个研究项目结果为该领域的进一步探索和分析提供了基础。因为元分析一般会涉及很多研究，这些研究必须在一个共同的基础上才能比较，所以只能检验一些相对比较简单的关系。

还有一种不太正式的针对多个研究的评价方法是共识研究（consensus study），其中，一组研究人员对某个主题累积的研究进行回顾，并力图在知识表述上达成共识。第 6 章会进一步讨论这种方法。

一些休闲和旅游领域中的元分析案例将在本章的资源部分给出。

## 多 元 分 析

许多研究方法都会涉及两个或两个以上方法或技术的使用。这里介绍三种多元分析：多重分析、社区研究和算人数。案例研究方法也是一种多元分析方法，但本书认为它是一种基本的研究方法，所以在第12章单独讨论。

## 多重分析（triangulation）

多重分析也可称为三角定位，源于一种用来固定物体位置的土地调查方法：测量某个物体的位置与另外两个不同位置之间的距离，以该物体所在的位置作为三角形的第三个点。在研究中，多重分析方法会在一个研究中涉及多个研究方法的使用，从而获得对研究问题更为宽泛和全面的理解。其中，多重分析所使用的多个方法相互之间可以取长补短，互为补充。同一个研究中，多重分析往往会既使用定性方法，又使用定量方法。达菲（Duffy，1987：131）识别出研究中使用多重分析的四种不同方式，分别是：

- 用多种方法分析数据；
- 用多种取样策略；
- 同一研究中使用不同的访谈人员、观察人员和分析人员；
- 用多种方法收集数据。

如果要在一个研究中使用多重分析，那么采用哪些方法就依赖于研究人员的灵感和经验。然而，重要的是研究问题要明确、集中，不要被研究方法混淆，要根据和选题的相关性来选择研究方法。尤其地，如果使用了多重分析，那么在报告研究的时候应该简要说明一下才是合理的，要特别说明一个方法可能的缺陷以及这个缺陷是如何通过另一个方法加以克服的。很明显，这与在第2章中讨论到的效度和信度问题相关。

一个研究常常会说使用了多重分析，因为使用了多种数据或分析方法去分析一个问题的不同方面，甚至是用来研究不同的问题。然而，只有当这些不同的数据和方法是用来解决同一个问题的时候，才能称之为真正的多重分析。图5-3是一个用四种数据收集方法来研究两个问题的例子。一个声称使用了多重分析的研究报告就应该比较不同方法得到的结果。无论这多个方法得出的结果相同还是不同，都是接下来要讨论的问题。

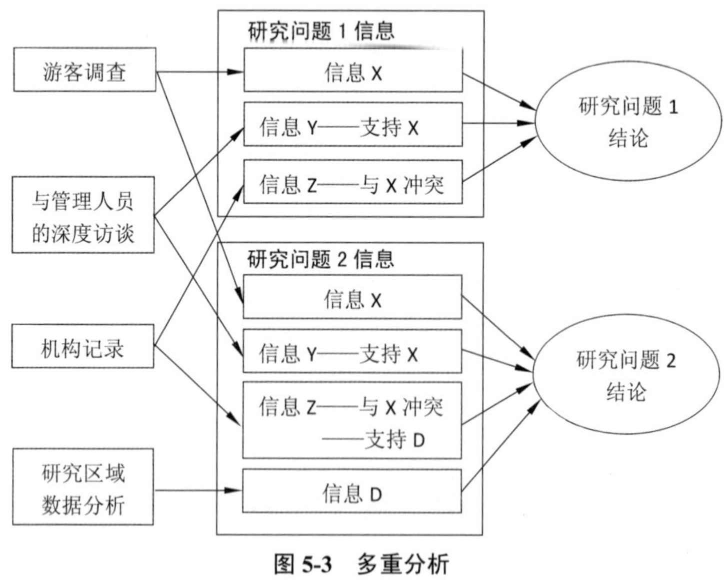


图 5-3 多重分析

## 社区研究（community study as method）

早在1954年，康拉德·罗森博格（Conrad Rosenberg）在一个案例中就提出将社区研究作为一种独特的研究方法，并认为这种方法是一种自然主义的、可比较的方法，其中：

……在构成特定社区的生活的个人其他行为和态度的环境内外，来探索行为和态度的性质、相互联系或驱动机制的问题。（Arensberg，1954：110）

当然，社区研究的核心要求就是存在一个可以识别的社区，而识别通常依靠的是地理特征。

社区研究从一开始就具备了休闲研究的特点。

- 在美国，罗伯特·林德和海伦·林德（Robert and Helen Lynd）于1929年开展了一项最为著名的社区研究——“中镇”（Middletown）[①]。其中包含三个关于休闲使用的章节，而第一个主要的休闲研究是由乔治·兰德伯格（George Lundberg）和他的同事于1934年实施的，题为《休闲：一个郊区研究》，是对纽约郊区威彻斯特县的研究。
- 在英国，20世纪40年代晚期朗特里和拉威尔斯（Rowntree and Lavers）对海威科姆城的研究是英国最早的主要的休闲研究的一部分。
- 在澳大利亚，斯科特和尤列恩（Scott and U’Ren，1962）实施了名为“休闲：一项社会调查”的研究，探讨了墨尔本郊区住宅的居民的休闲参与，是澳大利亚最早的休闲研究之一。

一项最近的社区研究则是德里克·维恩（Derek Wynne）实施的，对伦敦附近住宅区居民的休闲行为和生活方式进行了研究（Wynne，1998；见案例研究12.4）。

旅游领域进行的社区研究都是一些相对较小的东道社区的研究。例如，杰奎琳·沃尔顿（Jacqueline Waldren，1996，1997）对地中海马略卡岛的研究。

实际上，社区研究就是案例研究，因此，第12章探讨的案例研究方法也适用于社区研究。

## 算人数（counting heads）

实际上，在所有的休闲和旅游领域，为了规划和管理，都需要游客的数量信息。这就需要用到俗称的“算人数”，或者在有座位的场所，清点有多少观众。许多情况下，这类研究所需的信息能够通过售票过程自动产生。但是，有时候售票数量无法获得。例如：城市公园、沙滩、某些博物馆和画廊、公共节事和具有非正式入口（如私家车入口）的旅游目的地等。其他情况下，有用的数据要从多个渠道获取，如一个具有多种模式入口的旅游目的地，或者包含免费和收费节事活动的节日。在这些情况下，存在有各种各样的数据收集方法，研究者需要从中选择一个或多个方法。数据的收集方法或来源可以划

---

① 中镇（Middletown），美国印第安纳州的一个小镇，本名“莫西”（Muncie）。因林德夫妇1924年在此进行的社区研究而闻名遐迩。其研究成果《中镇：现代美国文化研究》于1929年发表。中镇研究已成为一种专门学问。

分为管理部门提供、开展调查和直接算人数。因此，在第 II 部分的几个章节中会讨论在一个地点或目的地的数据收集方法，特别是第 7、第 8、第 10 章。算人数的问题将在第 7 章开始讨论，表 7.2 和表 7.3 会提供一些相关信息，而在第 8 章和第 10 章也会交叉引用这一方法。

## 选 择 方 法

选择恰当的研究方法这一过程对一项研究任务来说，是研究项目整个规划和设计过程的一个部分，这在第 3 章已经讨论过。这里列举了一些需要牢记在心的关注事项，具体如表 5-8 所示。

**表 5-8　选择研究方法时的注意事项**

1. 研究问题或假设
2. 前期研究
3. 利用/访问数据
4. 资源
5. 时间
6. 效度、信度和普适性
7. 普适性
8. 伦理
9. 成果的使用/使用者

### 研究问题或假设

很多关于如何研究一个主题的决定都和基本的研究问题或假设密切相关。第 3 章讨论过，研究问题可以以多种形式出现，但通常会为研究者指出某些数据的来源方向。例如，从业人员、顾客或者是机构。某些类型的数据也指出了特定的分析方法类型。

### 前期研究

如果要开展的研究与文献及前期研究很接近，那么前面用过的研究方法很有可能影响到当前研究方法的选择，如复制先前用过的研究方法。目的是对研究结果进行比较，改进先前使用的研究方法，或者故意采用有明显差别的研究方法。

### 数据的利用/访问

某些情况下，数据资源自身就在那里，甚至可以促使研究走向第一步，这种研究称之为“机遇式研究”。例如：

- 一个机构的一套档案能够为历史研究提供研究基础；
- 一份公开发表但只进行了粗浅分析的官方数据可以被更深入地分析；
- 能够访问一个样本人群，如一个公司的职工或客户基础、俱乐部成员或者非正式兴趣小组成员，这被看作是好的不能错过的机会。

其他情况下，研究可能缺乏切入点。例如，伦理或现实问题可能会阻止一些关于儿童的研究，因此有可能不得不从孩子父母那里收集数据。

### 资源

很明显，人力与资金会对研究的类型和规模产生巨大的影响。

### 时间和时间安排

时间和时间安排总是会成为限制性因素。大多数的研究项目都有时间限制。外部事件或日常惯例的时间安排也经常会成为限制因素。例如，利用本年度出勤数据进行的研究必须尽快完成，如果这个研究要用来影响下一年度战略规划的话。又如，对某些事件，如运动会或艺术节，要开展实证研究的话就要受时间安排限制。

### 效度、信度和普适性

在第 2 章我们曾讨论过。

- 效度指的是收集的数据能够在多大程度上如实反映所要研究的现象。
- 信度是指如果在以后的某个时间或用不同的研究对象样本再次重复研究，那么研究结果能在多大程上是相同的。

在第 2 章中还提到这些概念在定性研究中有时可以用“可信度”来替代。

第 2 章讨论过，普适性指的是研究发现的结果能够在多大程度上适用于其他研究对象、研究群体和研究条件。一项研究的结果需要多大程度的普适性，将会影响到研究方法的选择。

### 伦理

伦理问题也会限制研究方法的选择。围绕儿童研究中的伦理问题已经做过一些讨论，第 4 章中有进一步讨论伦理问题的一些案例。

### 成果的使用/使用者

关于研究的使用和使用者，经常被看作是不言而喻的，但是它们在形成研究方面却是非常重要的因素。如果实质性的投资要依赖于研究成果，那么，就需要一个更广泛、更全面的研究而不是那种仅仅为了产生观点而进行的研究。另外，当涉及生与死的问题时。例如，一个关于某种疾病治疗效果的医学研究，研究结果需要非常精确，其程度远远超过一个公司想要了解其顾客社会经济学特征的精确程度。

## 本 章 小 结

本章是对第 3 章的补充，简要论述了一系列休闲与旅游研究者可以运用的研究方法类型。它巩固了第 3 章提到的信息，即理想的研究方法选择应该以是否适合回答提出的研究问题为根本，而不是以研究者对某一特定研究方法的偏好为基础。首先来回顾一下主要的研究方法，它们是：

- 学术探索；
- 思考；
- 利用现有资料，包括文献和二手数据；
- 观察；
- 定性方法；
- 问卷调查；
- 案例研究法；
- 实验法。

前两个方法强调的是，研究不只是利用研究技术，还要熟悉研究领域，要从理论和实践方面思考正在研究的问题。其他的主要研究方法将会在接下来的章节中详细讨论。

本章的中间部分简要地介绍了从属于一个或多个主要研究方法的方法和技术，它们是主要研究方法的变体或应用，或者是几种主要研究方法的交叉。这些方法和技术包括：

- 优惠效果调查/转变效应研究；
- 途中/拦截调查；
- 时间利用调查；
- 经验取样法；
- 面板研究；
- 纵向研究；
- 媒体读者/观众/听众调查；
- 行动研究；
- 历史研究；
- 内容分析；
- 德尔菲技术；
- 投射技术；
- 感知绘图法；
- 方格技术；
- 使用量表；
- 心理/生活方式研究；
- Q 方法；
- 联合分析；
- 定量模型；
- 网络分析；
- 元分析。

接下来的部分是多元方法，讨论了多重分析、社区研究以及“算人数”。

最后，讨论了选择研究方法时应该考虑的因素。

## 测　试　题

1. 什么是学术研究？
2. 给下列研究方法下定义。
   a. 优惠效果调查/转变效应研究；
   b. 途中/拦截调查；
   c. 时间利用调查；
   d. 经验取样法；
   e. 面板研究；
   f. 纵向研究；
   g. 媒体读者/观众/听众调查；
   h. 行动研究；
   i. 历史研究；
   j. 内容分析；
   k. 德尔菲技术；
   l. 投射技术；
   m. 感知绘图法；
   n. 方格技术；
   o. 使用量表；
   p. 心理/生活方式研究；
   q. Q 方法；
   r. 联合分析；
   s. 定量模型；
   t. 网络分析；
   u. 元分析。
3. 什么是多重分析？它为什么会被用于研究中？
4. “算人数”涉及哪些内容？

## 练　　习

有关主要研究方法以及分支/交叉研究方法应用的练习会在后续几章中出现。

## 资　　源

### 网站

- 时间利用：Center for Time Use Research，USA：www.time-use.org；International Association for Time Use Research：www.iatur.org。

- 经验取样法：Society for Ambulatory Assessment：www.ambulatory-assessment.org；software sites：www.experience-sampling.org，http://my-experience.sourceforge.net，www.cfs.purdue.edu/mfri/pages/PMAT/。
- Q 方法：www.qmethod.org/about.php。
- 纵向研究法：UK Longitudinal Studies Centre：www.iser.essex.ac.uk/survey/ulsc，Australian Longitudial Study of Women's Health：www.alswh.org.au。

## 出版物

- 主要研究方法：见第 6～12 章资源部分。
- 行动研究：Reason and Bradbury（2001），McNiff and Whitehead（2002），Greenwood and Levin（2007）；见 White（2004）女性休闲研究的“行动”维度声明。
- 社区研究：Wynne（1986，1998），Waldren（1996，1997）。
- 联合分析：Cosper and Kinsley（1984），Claxton（1994），Jones（1991）。
- 算人数：Gartner and Hunt（1988）；见第 8 章。
- 优惠效果调查/转变效应研究：Woodside and Ronkanen（1994），Perdue and Botkin（1988）。
- 德尔菲技术：一般情况和旅游领域：Donohue and Needham（2009），Green et al.（1990）；休闲领域：Moller and Shafer（1994）。
- 拦截调查：Gartner and Hunt（1998），Hurst（1994）。
- 经验取样法（ESM）：Csikzentmihayli and Larson（1977），Hektner et al.（2006），Mannell and Kleiber（1997：100-105），Schimmack and Diener（2003），Smyth and Stone（2003），Schneider et al.（2004），Connor et al.（2009）。
- 历史研究：Storey（2004），Williams（2003）。
- 纵向研究：在社会科学领域：Young et al.（1991），Getz（1993）；在旅游领域：Huh and Vogt（2008）；一项关于澳大利亚女性健康的纵向研究包括了休闲问题和许多相关出版物。例如：Brown et al.（2009）；在上面列的研究项目网址中可以找到有关纵向研究项目的最新论文列表。
- 意境地图：见感知地图。
- 元分析：一般领域：Shelby and Vaske（2008）；户外休闲经济价值：Shrestha and Loomis（2003）；条件价值评估和文化资源：Noonan（2003）。
- 方法论争论：见 Kelly（1980），Henderson（2006），Rojek（1989），Borman et al.（1986），Krenz and Sax（1986），Bryman and Bell（2003）：465-478-Chapter 21：“打破定量/定性的界限”，Dupuis（1999）。
- 网络分析：Stokowksi（1994），Scott et al.（2008），sociometry Oppenheim（2000：254-255）。
- 面板调查：Lapage（1994），Kasprzyk et al.（1989），Rose（2000）。
- 感知绘图法：Pearce（2005：99-104），Walmsley and Jenkins（1991），Young（1999），Guy et al.（1990）。
- 投射技术：Semeonoff（1976），Oppenheim（2000，Ch.12）。

- 心理/生活方式研究：O'Brien and Ford（1988），Strategic Business Insights（2009），CACL Ltd（2006）。
- Q 方法：原则：McKeown and Thomas（1988）；运用：居住区休闲和老人：Annear et al.（2009）；参观动物园的动机：Sicker and Fraser（2009）。
- 定量模型：Smith（1995：140-143），Frechtling（1996：172-179），Crouch and Louviere（2001），Hanley et al.（2003）。
- 方格法：Kelly（1955）；休闲或旅游领域：Botteril（1989），Stockdale（1984），Potter and Coshall（1988）。
- 量表：
  - 户外娱乐：Beard and Ragheb（1980），Driver et al.（1991）。
  - 旅游：Ryan and Glendon（1998），Hung and Petric（2010）。
  - 身心健康：Ware et al.（1994），Brown et al.（2001）。
  - 休闲/旅游和迈尔斯——布里格斯性格量表：McGuiggan（2000，2001），Allen（1982）。
  - 感知休闲控制量表和感知休闲能力量表：Witt and Ellis（1987）。
  - 生活满意指数：Neugarten et al.（1961）。
  - 心理控制量表：Levenson（1974）。
  - 休闲厌倦量表：Iso-Ahola and Weissinger（1990）。
  - 市场：Bruner and Hensel（1992）。
- 文本分析：Prior（2003）；电视体育报道：Billings and Tyler Eastman（2002）；运动：Rowe（2004）；公司广告：Carty（1997）——见案例研究 12.3；目的地形象：Litvin and Mouri（2009）。
- 时间预算研究：Szalai（1972），Pentland 等（1999），Zuzanek and Veal（1998）；旅游领域：Pearce（1988）；孩子的身体锻炼研究：Ridley et al.（2006）。
- 多重研究：Bryman and Bell（2003：482-484），旅游领域：Hartman（1988），Oppermann（2000）。

## 第6章

# 回顾文献

回顾先前的研究，了解和研究主题相关的已有文本，也就是文献，对任何研究项目来说都至关重要，而本章的目的就是说明这种重要性。另外，本章还对休闲与旅游研究相关的文献的一般来源进行了说明，探讨了编制书目以及标注参考书目的技术，并分析了基于研究目的的回顾文献过程。

回顾关于某个主题的现有研究或文献是研究过程中至关重要的一步。休闲和旅游研究是一个相对来说比较新的学术研究领域，其特点是范围宽泛，且涉及多个学科。然而，这个领域的研究尚不充分，所以没办法忽视他人完成的研究成果。第3章和第5章中曾简单讨论过，文献在研究中具有以下功能。

- 是研究的整体基础；
- 研究选题的想法来源；
- 他人已经完成的研究的信息来源；
- 方法和理论想法的来源；
- 你和其他人的研究进行比较的来源；
- 整个或支撑研究的信息来源，如研究区域的统计数据。

学术研究的目的本质上是增加人类的知识。在大多数社会中，知识本身通常的表现形式是书面的，也就是文献。而要增进知识就必须熟悉现有的知识，并且要准确地说明那些打算进行的或已经完成的研究是怎样和已有的知识产生关联的。那些咨询或政策性质的研究，其基础目的并不是要增进知识，而是利用研究去协助解决政策、规划和管理问题，但是，熟悉该领域中现有的知识仍然是十分有必要的。另外，为了实施某个项目而重新设计合适的方法显然是一种对时间和有价值的资源的浪费，而且，如果已有的研究工作能够提供可用以尝试或检验的方法，可在进行研究时却置文献于不顾而使用了不当的方法，那么也是一种浪费。

识别出相关的文献通常是一项必要任务，它包括：从已发表或未发表的研究工作中去仔细检索信息，获取并阅读相关资料的复制文件，将有用的信息条目列成清单以形成参考文献，评估和总结与手头上的研究方案或研究报告有显著相关的主要文献内容。

## 文献的价值

本章的重点在于讨论和计划研究项目相关的文献回顾，但是文献工作本身就是一个很有用的研究过程。有观点认为当代的电子检索方法已经使文献的编辑和出版过时了，但事实并非如此。虽然电子数据库在不断发展，但是仍不完善，尤其是在以下情况下。

- 更老的出版资料；

- “易消失”的资料，如没有在主流刊物上发表的会议论文、报告以及工作报告等；
- 论文集中的章节；
- 在摘要和关键词中没有提及的相关内容。

更重要的是，电子数据库不会对资料进行评估：它们很少区分哪些是内容充实的研究论文，哪些是没什么创新、没什么分量的解说性文章。进一步，不是所有的数据库都提供全文，因此，电子系统只能根据文章的标题、关键词和摘要来识别资料。此外，数据库通常不会表明具体的研究内容，如有关“休闲活动”的报告不会说明是否会包括诸如高尔夫这样的具体活动数据，有关“度假方式”的报告也不会说明是否会提到像背包这样的具体度假形式。因此，针对一个具体主题编纂文献过程中仍然有大量非常有用的工作，可以节省其他研究人员为收集资料而浪费大量的时间和麻烦。

## 检索：信息的来源

研究人员可以从哪里寻找某个主题已经发表研究的信息？以下是一些信息来源。

- 图书馆目录；
- 专业索引和数据库；
- 网络检索；
- 谷歌学术；
- 公开发表的参考文献；
- 一般的休闲或旅游书籍；
- 参考目录；
- 休闲和旅游领域之外的其他资料。

### 图书馆目录

现代图书馆都有计算机化的目录，人们可以在图书馆通过终端设备获取目录，也可以在遥远的地方通过互联网获取目录。这些在线的目录包括的信息有：

- 图书馆自己的馆藏资源；
- 在线资源，包括电子书、杂志在线版本，以及诸如国家政府统计局这样的数据库网址；
- 有时候，可以访问其他大学和公共图书馆的目录。

许多在线资源，如借阅权，只有通过注册成为图书馆会员，如学生或学术职员，才能使用。

可以根据出版物的标题或者图书馆分配的关键词进行检索。这在文献编制的开始非常有用。但这仅仅是开始，尤其对某个特定领域的研究人员而言。

如果搜索词是诸如休闲、旅游、运动或者艺术这样的单词，那么计算机化的目录会生成大量的参考信息，有可能达到上千条甚至更多，根本无法管理。但是，如果使用更具体的词语，如女高尔夫球员或者亚洲背包客，那么目录生成的信息就会很少，有时候甚至没有信息。无论生成的参考信息是多还是少，肯定会有一部分是“普及”信息，如怎么打高尔夫球、高尔夫球员的传记或者背包客欧洲经济住宿指南等。有些研究人员对这些资源有兴趣，但如果研究人员的兴趣点是高尔夫活动的参与水平、高尔夫运动员的社会经济学特征或者背包客人数的发展趋势，那么这些资源的可用性就很小。

图书馆目录通常不会表明一份关于运动或者休闲或者旅游的一般性报告是否会包含某个特别的休闲活动或旅游类型方面的资源的参考信息。而且，一个主题的目录也自然不会为其他主题的研究提供合适的方法方面的出版物。这样的资源只能通过对原始文本进行实际阅读或至少是要了解才能够被识别出来。

图书馆实际馆藏目录不包括期刊中的个别文章、书籍中的个别章节，或者会议论文集中的个别文章。但是图书馆在线目录整合了某些专业机构，如 EBSCO、Informaworld 和 Ingenta 等网络资源的进口，同时也能获得期刊出版商提供的在线服务。

## 专业索引和数据库

专业索引和数据库都是一些在线资源，通常可以通过订购了这些资源的图书馆进行访问。以下是一些在休闲和旅游领域方面的专业索引和数据库。

- 目前应用最广泛的、建设最好的休闲和旅游出版物索引和电子数据库是“休闲旅游数据库”（leisure and tourism database），由英国机构 CAB 国际出版，其前身是季刊《休闲、娱乐和旅游摘要》，但是现在能够通过订阅了的图书馆在线获取。它包含了 6 000 多家期刊和其他出版物的 100 000 多条摘要，这些摘要中包含了书籍及其章节的细节。其中的基本形式是出版物的细节和摘要，但是一些可以获取全文。
- SPORTDiscus 包含了 1985 年以来的约 500 家运动和运动医学期刊，是这一领域最为全面的文献资源和全文获取渠道。
- ISI 知识网（the ISI web of knowledge，其前身是社会科学引文索引，social sciences citation index）收录了数千种社会科学期刊，是最全面的论文数据库。除此之外，作者在论文中参考和引用过的文献也会被列举出来，所以，还可以进一步检索作者引用过的论文。遗憾的是，很多休闲和旅游期刊没有被包含在这个数据库中，但是索引中包含了大量的旅游和休闲资源。

使用这种类型的数据库的优点是它们能够保证一定水平的可靠性，因为其中只要是那些经过了同行评议的资源。

## 网络检索

计算机用户已经习惯于用谷歌这样的搜索引擎直接上网搜索。这种搜索在找机构网址的时候很有效，但是同上文所说的那些专业资源渠道相比，这种搜索在寻找已经发表的资源方面就愚钝多了。而且，在使用这些网络材料时，要特别地谨慎。本章的资源部分会列举一些主要的专业网站地址。

## 谷歌学术

谷歌学术网站存储的是和作者相关的文献信息。它不包括完整的作者文献列表，只是那些被其他作者参考过或引用过的文献条目。因此，它和与上文提到的 ISI 知识网有些类似。例如，输入知名的休闲和旅游作者约翰 • L. 康普顿（John L.Crompton）的名字，就会出现按被引用次数排列的一个长的康普顿发表文献的清单。清单中的第一篇文章是他发表在《旅游研究年刊》上关于“快乐度假动机”方面的论文，截至 2010 年 3 月被引用了 661 次。点击文章题目会出现文章的细节信息，而点击引用次数就会出现引用过这篇论文的 661 个出版物列表。因此，在查找某个主题（这里是“快乐度假动机”）的其他论文时，这种方式很有效。另外，这个数据库也可以通过关键词来搜索。

### 出版书籍的参考书目

对有价值的参考书目来说，一个特定主题的参考文献已经做好了。图书馆通常有一个专门的参考书目区域，这个区域部分值得好好浏览，特别是在研究选题是交叉学科的情况下。尽管多年来许多参考书目是以硬介质的形式出版的（见本章资源部分的案例），但最近的趋势是将它们在线出版。

### 一般的休闲和旅游出版物

研究人员应该了解包含有特定活动信息或休闲旅游方面的出版物。例如，第 7 章将要谈到的国民休闲参与及旅游调查就包含有多达百种的休闲活动，不同类型的旅游流，以及诸如游客年龄、收入这样的背景信息。因此，它们是许多感兴趣的主题的基础统计信息的来源。

休闲或旅游的一般入门书籍在感兴趣的主题方面会提供一些信息，或者能够通过索引和参考文献为研究人员提供其他的信息来源。除此之外，大多数的专业百科全书会包含参考文献，一些专业百科全书有：

- 休闲和户外百科全书（Jenkins and Pigram，2003）；
- 旅游百科全书（Weaver，2000）；
- 旅游百科全书（Jafari，2000）；
- 健身、运动和健康百科全书（Brukner et al.，2003）；
- 世界体育百科全书：从古到今（Levinson and Christensen，1996）；
- 圣詹姆斯流行文化百科全书（Pendergast and Pendergast，1999）。

利用目录或者索引来对这样的文本进行搜索是一个碰运气的过程，但是经常能够得到一些其他方式得不到的线索。我们甚至能够通过浏览诸如《休闲研究》或《旅游研究年刊》等核心期刊的目录来找到一些一般无法找到的相关资源。

### 文献列表

最重要的是，最初识别出的参考书籍和论文中的参考文献列表极其重要，常常可以指引有用的资源或文献来源。研究人员应该在阅读任何东西时都要警惕可能会出现的和主题相关的文献来源。有时，关键的文献条目会意外出现。研究人员应该成为“嗅探犬”，去“嗅出”与感兴趣主题相关的任何东西。在真实世界的研究环境中，应该查找尽可能多的文献，这个过程往往要花费几个月甚至几年。虽然努力查找文献主要在研究项目的初期，但它也是一项持续性的工作，贯穿了整个研究过程。

### 休闲和旅游领域之外的文献

发散思维也有助于文献的查找。最有用的信息并不总是在最显眼的位置。一些评论家指出很多研究人员不去查阅与休闲和旅游无直接相关的其他资源。然而，休闲和旅游是一个跨学科领域而非一门独立的学科，它们没有一套属于自身的研究方法和理论，大多数方法和理论都来自休闲和旅游领域之外。例如，如果研究需要测量态度，那么就要关注特定的心理学文献；如果研究包括休闲与旅游市场研究，那么一般的市场期刊就是有用的资源；如果研究涉及老年人的休闲活动，那么就应参考老年医学方面的期刊。

### 未发表的研究

如果可能，不光要查找那些已经发表的研究，即文献，也应该尝试着查找那些没有发表过的和正在进行中的。这个过程有些碰运气。了解正在进行或已完成但尚未发表的研究通常依赖于非正式的社会网络，虽然一些机构对正在进行的研究项目注了册。一旦识别出感兴趣的选题，那么通过文献可以很清楚地看到这个主题的研究中心位于什么地方，而且可以通过直接联系或从那些研究中心的网站、年度报告或新闻中清楚地知道它们当前在研究什么。如果选题很“流行”，那么这一步就尤其重要。然而，这种情况下，交流网络通常会很活跃，所以这个过程就比较容易。某种意义上，就当前的研究来说，学术会议和研讨会上的论文通常是比专著和期刊更好的信息来源，因为后者有一段较长时间的出版期，其中的研究报告反映的是一般是两年或更久之前的研究工作。

## 获取资料复制

如果资料不能从某个图书馆直接获取，那么通常可以通过馆际互借服务得到。通过一个不同图书馆间互借书籍和研究报告的系统。如果是期刊文章，图书馆通常会提供数字复制服务。理论上，一个国家出版的任何资料都能够通过这一系统取得，因为该系统与诸如位于英国约克郡西部波士顿斯帕的英国图书馆出借部和澳大利亚的国家图书馆这样的国家版权图书馆相联，在这里，所有出版资料的复制都要经过法律认可。各个图书馆的馆际互借操作都有所不同，但是在大学图书馆中，通常只有研究生可以使用这一服务，而本科生只有通过大学教职员工才能获取这一服务。

对在大都市区域工作的研究人员来说，另一个显而易见的资料来源是专业图书馆，尤其是政府机构的图书馆。例如，在伦敦，英格兰体育局（Sport England）和英国旅游者协会（the English Tourist Board）图书馆就是休闲和旅游研究者的主要资料来源。在大都市和其他一些地区，各市政图书馆之间也会有一些合作安排，不同的图书馆有自己侧重服务的专门领域，因此，了解哪些市政图书馆专门服务于休闲和旅游领域是很有用的。

上面说过，在订阅了适当文献服务的图书馆，通过网络资源获取期刊全文越来越方便。这意味着整篇文章的复制都可以下载和打印，而不只是参考文献。

## 编写和维护参考书目

识别出有用的资料以后该做什么？首先应该对看上去相关的每份资料进行记录。强烈建议研究人员制定一份包含每一份用过的文献条目的文件。这不仅对当前的研究项目有用，而且可以在将来进行参考，往往需要花费几年的时间才能建立起个人的参考书目。这些记录可以写在卡片上，但最好是利用文字处理程序或数据库程序在计算机中来记录，这样也能储存关键词。这么做最吸引人的就是，在未来需要编写另一个主题的参考书目时，可以在计算机上将指定的条目从你的私人参考书目里复制到另一份新文件里。用这种方式，研究人员只需要键入一条参考文献一次！一些专业软件，如 Endnote 和 Pro-Cite，能将参考资料以一种标准格式储存起来，并且可以按照不同的研究报告类型和不同学术期刊的专门要求将参考书目自动转换成适当的格式。

确定一份参考文献后，把它的全部细节复制出来只需要花费几秒钟的时间。建议研究者手头上随时准备好一些空白卡片、笔记本或者计算机来记录参考文献的细节，如果这么做，以后就不会再费时费力地查找参考资料的细节。研究者不仅要准确地记录细节，还应该在卡片上或者数据库中标注资料的获取渠道。例如，图书馆目录参考，或者图书馆中没有该条目，或者已经有复印件或电子复制件。

## 回 顾 文 献

研究者对某个主题的文献回顾是受益最多的事情之一，同时也是最令人头疼的研究任务之一。它需要很多技巧，还需要良好的个人特质，如耐心、坚持、洞察力和发散思维能力。

### 文献回顾的类型

文献回顾在研究中有诸多作用，这在上面已经提到过，这就导致可以用以下多种方法来对文献进行回顾。

- 覆盖；
- 覆盖/评价/共识研究；
- 探索；
- 工具；
- 内容分析和解释。

#### 覆盖

使用覆盖来回顾文献，目的是识别出关于某个特定主题的所有书面资料。编撰这样一份参考文献本身就是一个了不起的成就，独立于任何一个与之有关的研究项目。在未来，它还可以成为其他研究的资料来源。尽管对所有资料进行分类（例如，书籍、论文、政府报告）或按出版时间进行编排被看作是文献回顾过程的开始，但如果不加以评论，这样的文献回顾就不算真正的文献回顾。一些情况下，这样的文献回顾只是列出了文献的细节，另一些情况下还包含了内容的摘要。但无论哪种情况，它们都被看作“注解性的”文献回顾。在本章的资源部分，列出了一些覆盖式的文献综述案例。

### 覆盖/评价/共识研究

覆盖/评估方法比覆盖方法又向前迈进了一步，要根据覆盖面、对知识的贡献以及对主题的理解来对文献做出评价。当政府或其他机构指派的一个研究人员面板采用这种方法时，就称其为“共识研究”。近年来，这类研究最著名的例子就是联合国政府间气候变化专门委员会对数千种科学出版物的研究结果进行了评价，得出对气候变化及其原因的看法（UNIPCC，2007）。另外，世界休闲组织在 2006 年用中等规模的专家平板开展了这样的研究（Jackson，2006）。下面列举了一些由个人或者小规模专家面板进行共识研究的例子。

- 卡兰顿等（Calantone et al.，1987）对旅游预测文献的回顾。
- 马勒等（Maller et al.，2002）为维多利亚公园协会（Parks Victoria）和国际公园战略合作伙伴组织（International Park Strategic Partners Group）进行的研究，内容是评估接触公园自然环境对人类健康带来的好处。
- 对“生活方式”这一概念进行的文献回顾（Veal，1993，2000，见案例研究 6.1）。

## 案例研究 6.1

### 生活方式和休闲文献回顾

20 世纪 80 年代中叶，作者应邀为研究生开设“休闲和生活方式”课程，所以对生活方式的概念进行了文献回顾（见 Veal，1993，2000）。初步浏览文献后，可以看到“生活方式”这一术语广泛应用于休闲与旅游研究中，但是定义总体上不完善，不同的作者有不同的定义，或者根本就没有定义。通过进一步的详细调查发现大约有 400 种文献大量使用了这一术语，而且这一术语在不同的学科和研究领域也有着不同的历史和相关含义。包括：

- 韦伯式的——马克斯・韦伯（Max Weber）提出的早期的社会学模式；
- 亚文化的——与不同的亚文化群体相关的生活方式（如年轻人亚文化群体）；
- 心理学的——在生命最初的几年形成的生活见解；
- 市场研究/心理统计学的——对价值观、态度和社会经济特征的定量分析；
- 空间研究——与居住地类型（如郊区、乡村）相关联的生活方式；
- 休闲类型——休闲方式的类型；
- 社会主义生活方式——20 世纪六七十年代东欧社会主义政体倡导和规划的生活方式。

对整个文献分析后，作者寻求对生活方式这一概念进行一个一般化的定义，这需要考虑多个维度：

- 活动/行为——包括休闲、旅游、消费、工作和家庭活动模式；
- 价值观和态度——政治的、道德的、美学的；
- 个人/群体——“生活方式”是否仅是一种群体现象；
- 群体互动——发展和巩固某种生活方式是否需要采用这种生活方式的个体之间

的互动；

- 一致性——一种生活方式是否需要一些内在的美学和道德上的一致性；
- 可识别的——一种生活方式是否必须能够被他人识别才能存在；
- 选择——与一种可能强加的“生活方式”相比，采纳一种生活方式是否涉及个人部分的选择。

多个学科都出现了“生活方式”这一术语，而这份文献回顾的贡献，则是识别出这一术语的各种独立的使用和概念定义方式，而且还根据其组成成分对概念进行了分析。

覆盖/评价型文献回顾的一个常见变体是文献分析，涉及对一个特定领域或具体期刊的内容和作者身份的近期发展趋势进行定量分析。例如，莱利和诺夫（Riley and Love，2000）对四本旅游期刊的内容进行了分析，他们最初是想分析 20 世纪 70—90 年代定性方法使用比例的变化。伯奇（Burdge，1989）分析了两本休闲研究期刊 20 世纪 70—80 年代的内容，指出文章作者学科背景方面的变化。案例研究 2.1 也是这方面的一个例子。

另一种更为正式的定量分析文献的方法就是元分析，第 5 章讨论过，它涉及对多个同一主题的研究成果的系统的、定量的评价。这种方法适合于可以对多个研究结果进行直接比较的研究，如用相关系数或回归系数的形式来表述主要的研究成果（见第 17 章）。在这种方法中，研究成果自身成为研究主题，而且由于研究项目的数量很多，所以需要像实证研究中选择个体样本那样来从研究项目中选择样本。这种方面的一些例子可参见本章资源部分。

### 探索

探索式回顾的方法目标更集中，就是致力于发现那些能给一个特定研究问题带来启发的现有研究。这是一种非常传统的文献回顾，在学术研究中非常普遍，而且也非常适合第 3 章提到的研究过程模型。把目标集中在一个具体的问题上要比面面俱到更加重要。在为找出形成研究问题的想法或见解而“追问”文献时，就适合使用这种文献回顾方法，而其技巧就是始终关注要研究的问题。进行回顾的人应该对有用的新观点保持一种开放的态度，但一定不要偏离所要研究的问题。

### 工具

案例研究 3.3 中的简单回顾就是工具型回顾的例子。这里研究关注的是管理问题，文献的用处是寻找如何开展研究的想法。这时候，选择文献的标准不是为了说明和主题相关的知识，而是为手头上的研究项目找出有用的研究方法。

### 内容分析和解释

将某些特定的文献或其他的文献资源看作文本，那么内容分析和解释类型的文献回顾就是详细分析这些文本的技术。文本不再只是一份研究报告，它本身就是研究的重点。文本可以是小说、政治演讲或广告内容。内容分析往往是定量的，如某些词语的出现次数。解释往往带有定性性质，这个术语是从对宗教文本的传统分析和解释方法中借来的。在第 9 章的深度访谈部分将会对这种方法的实质进行讨论。

## 批判及创新性阅读

为了研究目的而进行的文献回顾与文献阅读方式有关，它对研究方法方面（这方面的报告总不尽如人意）的关注和对研究实质内容的一样多。也就是说，它既关注研究结论是怎么得出的，也关注结论本身。它要求具有批判性，对所读内容质疑比接受更重要。其任务不仅是要确定什么是已知，还要确定什么是未知。这显然不同于其他目的的阅读，如为了写文章的阅读，它主要考察的是一个具体的实质性的关键问题，并不会考虑文献的研究基础或总体范围这样的问题。

研究者在阅读资料的时候可能会产生很多问题，表 6-1 对此进行了说明。这些问题可能来自单独一条文献，也可能来自所有的文献整体。

**表 6-1　回顾文献时要问到的问题**

| |
|---|
| a. 单独一条文献 |
| • 这项研究的（实证）基础是什么 |
| • 这项研究与同一主题的其他研究文献有什么关系 |
| • 用到的理论框架是什么 |
| • 研究涉及什么地理区域 |
| • 研究涉及哪些社会团体 |
| • 研究什么时候实施的？它在实证方面还有效吗 |
| b. 与研究文献整体相关的 |
| • 目前已有的研究的范畴是什么 |
| • 通常会使用的研究方法和被忽略的研究方法有哪些 |
| • 总的来说，现有的研究告诉了我们什么 |
| • 总的来说，现有的研究没有告诉我们什么 |
| • 文献中的矛盾有哪些？无论是作者意识到的还是没有意识到的 |
| • 现有研究在内容上和方法上有哪些缺陷 |

一条文献的内容应该予以恰当地说明，认识到这一点会很有帮助。一般用到的说明形式有：

- 史密斯相信……认为……其观点是……
- 史密斯主张……
- 史密斯确立了……
- 史密斯注意到……
- 史密斯推测……
- 史密斯提出了一种可能性，即……
- 史密斯的结论是……

作者的观点或信念很重要，如果作者本身就和观点及信念打交道的话，如政治家或牧师。但是，我们一般不希望学术文献只是在陈述信念。学术也许会受到特定的意识形态和宗教信仰的影响。例如，休闲领域的著名理论家约瑟夫 • 皮珀（Josef Pieber），《闲暇：文化的基础》一书的作者，是一位天主教神父。虽然这个身份与他的工作不无关系，但是如果他的工作只是陈述信仰，那么就不会像现在这样对休闲理论的发展产生重要影响。文献回顾应该准确地传达资料的基础，无论它是观点、辩论结果还是实证证据、非正式的观察或推测。因此，概述的文献类型很重要：报纸和流行专业杂志上的文章不会受到学术期刊上论文那样的审核和权衡，休闲或旅游机构、或有政治倾向的机构产生的包括不能总是指望它们能够“讲述事实或全部的事实，或者除了事实啥都不讲”。在文献回顾的时候，这样的资料当然可能会出现，但是它们的地位以及说明和解释方式都要进行谨慎而微妙的处理。

涉及教科书的时候要小心。教科书，比如本书，也许包含有作者的一些原创贡献，但主要还是对这一领域知识状态的简要说明，其中有些知识说明了出处，有些没有。一般来说，一份研究报告，特别是论文，如果可能还是应该参考原创的学术文献而非教科书。

研究者面对大量的文献内容，主要的挑战是找到一些构架来对它们进行分类和分析。在覆盖式的文献回顾中，可以按照年代、地理来源或学科进行分类，对其他类型、主题或问题可能会更重要。这种方法的文献回顾类似于第 3 章中讨论过的研究项目设计中的概念框架。图 6-1 对此用概念地图的方法进行了说明，可能会有所帮助。这样的图表可以在文献回顾之前就设计好，也可以在回顾过程中逐渐完善。

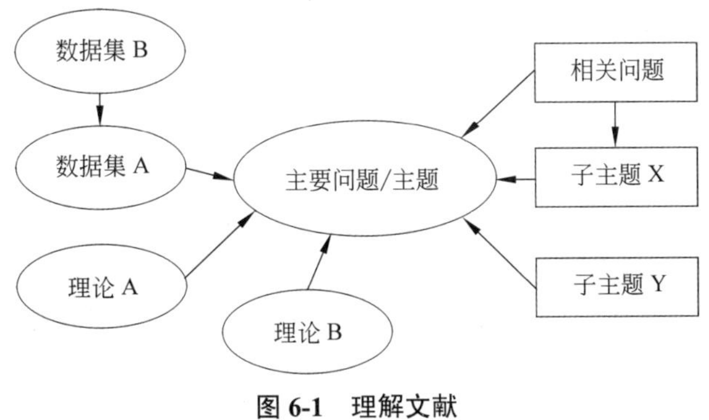


**图 6-1　理解文献**

## 小结

文献回顾应该要有结论，要能说明计划进行的研究项目的意义。在这里，建议按照表 6-1 中第二部分的问题去完成文献回顾。它应该合乎逻辑地对手头的项目进行引导，要使读者明白计划中研究是如何与现有文献体系产生联系的，即计划中的研究是否：用独特的方式增加了知识，填补了知识空缺，更新了已有的知识，更正或否定已有知识的某些方面，或者只是简单地将来源于文献的观点作为观点来源或与其他观点相比较。在回顾了大量类似形式的文献后，用表格化的准元分析来对它们进行总结是很有用的，这些表格的标题如覆盖的地理区域、样本规模、使用的自变量、调查年份等。

# 引 用 文 献

## 引用的目的

引用的目的是什么？首先，引用证明了作者的学术身份，表明某个研究报告与现有的知识体系有关。它不仅对老师评阅学生作业或论文是重要的，而且还是知识发展的一部分。其次，引用能够帮助研究报告的读者核查资料来源，既能证实作者对先前研究的解释，还能追踪感兴趣的领域。

## 记录文献

记录引用文献有很多标准和约定格式，这些约定是由占主导地位的学术机构和出版机构指定的。诸如美国心理协会（the American Psychological Association，1983）和澳大利亚政府出版服务中心（the Australian Government Publishing Service，见 Snooks and Co.，2002）这些机构制定有相关的导则，读者可以从中获取更多的细节。这里使用的格式不符合任何标准，但也被大多数学术领域所接受。在下文，“文本”一词指的是研究报告或论文的主体部分。

下面是推荐的记录文献的一般格式。

- 书籍或研究报告

作者，姓的首字母（年份），*斜体的书名或报告名*，出版地：出版商。

- 期刊（学术期刊/杂志/报纸）中的文章

作者，姓的首字母（年份），文章题目，*斜体的期刊的名称*，卷号（期号），页码范围。

在一些体系中，日期被放在最后，但是如果使用的是下面提到的作者/日期或哈佛系统，日期应该放在作者的姓名之后。

要注意，文献中斜体字记录的部分是图书馆目录中的文献的标题。由于在图书馆目录中找到是期刊的名称，而不是期刊中文章的标题，所以用斜体的部分就是期刊的名称。有时候，文献是书中的一个章节，在目录中能找到的只有书的名称而不是章节的名称，所以书的名称用斜体。

还要注意，书籍的出版商与印刷商是不同的。例如，本书英文版的出版商是金融时报/普伦蒂斯 • 霍尔出版社（或者培生教育出版社），而印刷商则是阿什福德彩色出版社。文献记录无须提到印刷商。另外，还需注意如果是期刊的话，那么也不用记录出版商。

表 6-2 列举了一些参考文献记录的格式案例，用来说明文献的记录原则。

需要特别注意的是，如果要记录的是书的章节，那么要记录的是章节的作者而非书的编者。

网络文献正变得越来越普及。这种媒介的一个问题是随着时间的推移，一些网络资源会消失或者它们的网址（URL）会发生改变，因此读者很难找到它们。对单个出版物，建议是提供索引或“出版物清单”的地址而不是单个出版物又长又复杂的地址。应当遵循的一般原则是网络文献的记录应当包含适用于硬介质（纸质）文献记录的所有细节，再加上网址 URL 和网络刊登日期。来自网络的文章的出版地通常也不是很清楚，但是一般很容易查到。如果通过网络获取的是期刊文章，那么就不必给出网址，除非这本期刊只有电子出版。和网络相关的文献又出版了的指导手册可以使用，如《哥伦比亚在线文献类型指导手册》（*The Columbia Guide to Online Style*，Walker and Taylor，1998）。

**表 6-2　文献记录示例**

| 类　型 | 示　例 |
|---|---|
| 1. 书籍 | Ryan,C.(1991) *Recreational Tourism:A Social Science Perspective*. London: Routledge. |
| 2. 编辑的书籍 | Ritchie, J.R.B and Goeldner,C.R.(eds)(1994) *Travel,Tourism,and Hospitality Research:A Handbook for Managers and Researchers.*2nd edn, New York: John Wiley and Sons. |
| 3. 编辑书籍中的章节 | Gunn,C.A.(1994) A perspective on the purpose and nature of tourism research methods.In J.R.B.Ritchie and C.R.Goeldner(eds) *Travel,Tourism, and Hospitality Research:A Handbook for Managers and Researchers*.2nd edn, New York:John Wiley and Sons,3-12. |
| 4. 公开发表的会议报告（注：在这里，打印的论文在会议举行两年后才得以出版） | Ruskin,H.and Sivan,A(eds)(1995) *Leisure Education:Towards the 21st Century, Proceeding of the International Seminar of the World Leisure and Recreation Commission on Education, Jerusalem, August, 1993.* Provo, Utah: Brigham Young University Press. |
| 5. 公开发表的会议论文 | Veal,A.J.(1995)Leisure studies:frameworks for analysis.In H.Ruskin and A.Sivan(eds)*Leisure Education:Towards the 21st Century,Proceedings of the International Seminar of the World Leisure and Recreation Commission on Education,Jerusalem,August,1993*.Provo,Utah:Brigham Young University Press,124-136. |
| 6. 政府机构授权和出版的政府机构报告 | Sport England(1999)*Best Value Through Sport:Case Studies*.London:Sport England. |
| 7. 期刊论文 | Ravensroft,N.(1993)Public leisure provision and the good citizen.*Leisure Studies*, 12(1),33-44. |
| 8. 署名的报纸文章 | Hornery,A.(1996)Market researchers facing major hurdies. *Sydney Morning Herald*, 11 April,p.26. |
| 9. 无署名的报纸文章 | *Sydney Morning Herald*(1996)Our green future,7 June,p.12. |
| 10. 网络资源 | Veal,A.J.(2003)*Education,Training and Professional Development in Leisure: A Bibliography.*On-line Bibliography 10,Sydney:School of Leisure and Tourism Studies,University of Technology, Sydney, available at: www.business.uts.edu.au/lust/research/bibs.html(accessed Jan 2005). |

一些指导手册指出，报纸文章应该记录的是文章名称而非作者名称或报纸名称。特别要指出的是，一旦采用了一种格式，那么整个报告都应使用这种格式。

## 引用及参考文献系统

有两种常用的参考文献格式系统：一种是“作者/日期”，有时被称为“哈佛”系统；另一种是“脚注”或“尾注”系统。下面依次对这两种系统进行讨论。

## 作者/日期或者哈佛系统

### 基本特征

在作者/日期或者哈佛系统中，参考一条文献要在文本中标出作者的名字和出版年份；在论文或报告的末尾，参考文献要按字母顺序进行排列。因此，报告中的句子看上去可能会是这样的。

20 世纪七八十年代的女性和休闲研究包括蒂姆（Deem，1986）在英国做的研究，贝拉（Blla，1989）在加拿大做的研究，比亚莱斯基和亨德森（Bialeschki and Henderson，1986）在美国做的研究以及安德森（Anderson，1975）在澳大利亚做的研究。

需要注意到的是，在这些引用中没有使用作者的首字母（除非两个作者同姓）。在报告的末尾会提供参考文献列表，这些文献都是按字母顺序排列的，如下所示。

### 参考文献

Anderson,R.(1975)*Leisure: An Inappropriate Concept for Women*?Canberra:AGPS.

Bella,L. (1989)Women and leisure:beyond androcentrism.In E.L.Jackson and T.L.Burton(eds) *Understanding Leisure and Recreation*, State College,PA:Venture,151-180.

Bialeschki,M.D.and Henderson,K.(1986)Leisure in the common world of women *Leisure Studies*,5(3),299-308.

Deem,R.(1986) *All Work and No Play?The Sociology of Women's Leisure*. Milton Keynes:Open University Press.

### 形式变化

形式可以有所变化。例如，上面的那段话的注意力对具体的作者没有太多的关注。

20 世纪七八十年代，在说英语的国家里，对女性和休闲研究感兴趣的人非常多，如英国、加拿大、美国和澳大利亚的作者发表的研究就可以说明这一点（Blla，1989；Bialeschki and Henderson，1986；Deem，1986；Anderson，1975）。

### 细节和引用

当引用的是具体的点而非通常那样的一条文献，那么这个点的页码就应该被标注出来。当这个点来源于书这样的实质性出版物时，就显得尤其重要。例如：

艾奇逊（Aitchison，2003：135-158）把性别问题与休闲管理实践联系起来。

对资料来源进行直接引用时，也应标注出页码。

伊索—艾霍拉（Iso-Ahola）指出：想要作为一个学术领域继续存在下去，那么学者就必须证明他们的调查方法是有效的而非说说而已。（1980：49）

此外，如果引用较长，可以缩进，如下。

伊索—艾霍拉针对休闲领域的科学研究指出：想要作为一个学术领域继续存在下去，

学者就必须证明他们的调查方法是有效的而非说说而已。这在授权获取学术机构内外的资源方面越来越重要（Iso-Ahola，1980：49）。

### 优点与缺点

“作者/日期”是一种学术风格，因此它的缺点是引用在文本中显得有点儿过于直接乃至于突兀。它对一些实践导向的报告不太适合，尤其是读者并非学者的时候。文本堆积了大量这种格式的文献引用时，读起来就会有些困难。这一系统的另外一个缺点是不包括脚注（在每页的底部）和尾注（在每一章节的最后）。但是，有一种观点认为脚注和尾注是多余的：如果有值得说的东西，就直接在文本里说好了。然而，如果认为确实有必要进行注释，那么在“作者/日期”系统之外还要建立一个脚注系统。这当然会有点儿复杂。如果脚注和尾注被认为确有必要，那么最好统一使用下面所讨论的脚注形式。

“作者/日期”系统的优点在于：节省了查找脚注或尾注编号的力气，为读者说明了出版日期，一条文献的细节只用写一次，文章末尾的参考文献按字母顺序整齐地列出，显得很整洁。

## 脚注或尾注系统

### 基本特征

脚注形式就是对文本中引用的文献进行编号，然后在每页底部、或每章末尾、或报告或书的末尾，列出和编号对应的文献。“脚注”这一术语来源于注释总是被印在每页底部的时代，老点儿的书中就能看到。然而，在每页底部印刷脚注后来被认为太复杂，不好排版，而且印刷的时候比较昂贵，所以就被废弃了，取而代之的是在每章末尾或书的末尾提供注释列表，结果现在“尾注”更加普及。讽刺的是，文字处理程序的到来意味着通过计算机能够自动地将脚注放在每页的底部。大多数的文字处理软件都具有这一功能，自动为每页的脚注编号而且自动追踪它们的编号，等等。然而，实践中一般还是坚持把注释聚集起来放在每章或书的末尾。

文本中文献的编码可以是括号（1）或者上标 1。上面提到的那个段落按脚注的形式是：

20 世纪七八十年代对女性和休闲进行的研究有蒂姆[1]在英国做的研究，贝拉[2]在加拿大做的研究，比亚莱斯基和亨德森[3]在美国做的研究以及安德森[4]在澳大利亚做的研究。

在报告末尾排列的注释按照它们在文本中的编号顺序进行排列。

注释

1　Deem, R. (1986) *All Work and No Play? The Sociology of Women's Leisure*. Milton Keynes: Open University Press.

2　Bella, L. (1989) Women and leisure: beyond androcentrism. In E. L. Jackson and T. L. Burton (eds) *Understanding Leisure and Recreation*, State College, PA: Venture, 151-180.

3　Bialeschki, M. D. and Henderson, K. (1986) Leisure in the common world of women *Leisure Studies*, 5(3), 299-308.

4　Anderson, R. (1975) *Leisure*: *An Inappropriate Concept for Women*? Canberra:

AGPS.

与“作者/日期”系统相比，这种格式在文本中不会显得过于突兀。实际上，如果只使用脚注系统，则会显得自然一些，如下。

20 世纪七八十年代，对女性和休闲的研究包括英国、加拿大、美国和澳大利亚[1]研究人员的研究工作。

报告末尾的文献排列如下。

注释

1 英国 Deem, R. (1986) *All Work and No Play? The Sociology of Women's Leisure*. Milton Keynes: Open University Press.

加拿大 Bella, L. (1989) Women and leisure: beyond androcentrism. In E. L. Jackson and T. L. Burton (eds) *Understanding Leisure and Recreation*, State College, PA: Venture, 151-180.

美国 Bialeschki, M. D. and Henderson, K. (1986) Leisure in the common world of women *Leisure Studies*, 5(3), 299-308.

澳大利亚 Anderson, R. (1975) *Leisure: An Inappropriate Concept for Women?* Canberra: AGPS.

## 多次引用

没必要在一份文本中每次都在引用同一文献时写下完整的文献信息。再次引用已经引用过的文献时可使用“op.cit”或“参阅前面的脚注”。例如，上面的那个文本段落后面也许有这样一句话：

蒂姆是英国女性和休闲研究的先驱。[2]

那么脚注可以这么写：

2 Deem,op.cit
或者：2 见脚注 1。

## 细节，引用

引用细节或直接引用的文献应该在脚注中给出而不是写在文本中。因此，上文中对伊索—艾霍拉的直接引用在这里如下。

伊索—艾霍拉指出：“想要作为一个学术领域继续存在下去，学者就必须证明他们的调查方法是有效的而非说说而已。”[4]

那么脚注就是：

4 Iso-Ahola,S.E.(1980)Tools of social psychological inquiry.Chapter 3 of *The Social*

*Pychology of Leisure and Recreation*,Dubuque:Wm.C.Brown,1980：49.

如果后面重新引用这本书里的话，那么就可以用下面的脚注形式：

5　Iso-Ahola,op.cit.167.

### 脚注/尾注系统的优缺点

脚注系统的优点是它不像“作者/日期”系统那样显得太突兀，而且在引用的文献之外，还能提供作者自己的注释。这个系统的缺点是它的参考文献列表不会按字母排序，没有那么整齐。如果读者只是将报告作为一种参考文献来源，那么这种系统就不是很方便。因此，一些作者在参考文献之外还会加上文献目录。这就意味着参考文献还需要写第二次，是额外的工作。与过去相比，现在查找脚注、尾注及其编号并不算是什么缺点，因为可以用文字处理软件来进行处理。

## 两种系统的对比

表 6-3 总结了“作者/日期”和“脚注/尾注”两种系统的特征和优缺点。

**表 6-3　文献系统：特征、优点、缺点**

| 特　征 | 作者/日期系统 | 脚注/尾注系统 |
|---|---|---|
| 文本中引用 | 作者（日期） | 数字，如：[1] |
| 文献格式 | 作者（日期）. 标题. *出版细节* | 1. 作者. *标题.* 出版细节. 日期 |
| 文献排列格式 | 在报告末尾按字母顺序排列 | 按数字顺序排列在<br>• 页脚底部<br>• 章节末尾<br>• 研究报告末尾 |
| 优点 | • 按字母顺序排列文献<br>• 使用方便<br>• 文本中有出版日期 | • 文本通顺<br>• 能够添加其他注释/评论 |
| 缺点 | • 文本不通顺<br>• 不能添加注释 | • 没有计算机用起来很困难<br>• 文献没有字母顺序排列 |

有一种方法结合了这两种系统的优点：在脚注/尾注系统的注释中加上作者/日期系统中的文献格式，并在研究报告的末尾按照字母的顺序列出参考目录。因此，上面那个段落的脚注可以这样标注：

注释

1. Deem,1986.
2. Bella, 1989.
3. Bialeschki and Henderson,1986.
4. Anderson,1975.

然后，像作者/日期系统那样按字母顺序列出参考书目，当研究报告中多处引用同一文献时，使用这种方式很有用。

# 引用中的问题

## 间接引用

有时，你引用的一条文献自己并没有直接读过，但它是你读过的另一个文献中引用的文献。这就被称为二手文献引用。如果你自己没有直接阅读原文，却列出了文献的全部引用信息，这就会产生误导，也不符合伦理而且还有些冒险。这时候，参考文献应该标注为二手来源而不是原文。例如：

克林格（Kerlinger）把研究称为“对自然现象之间关系的假设进行系统的、可控的、实证的和批判性的调查”（引自 Iso-Ahola，1980：48）。

在这个例子中，作者并没有读过克林格的原文，依据的是伊索—艾霍拉对克林格的引用，因此，只列出了伊索—艾霍拉的文献而没有列出克林格的。对间接引用采用这种方法处理才符合伦理，而且也比较安全，因为任何引用上的不准确责任都在于间接引用的来源文献。

对学术研究报告，期刊文章和论文，应尽量避免引用间接文献，要尽量获取并引用原始文献。

## 过度引用

当大量的引用都来自同一来源的时候，就必须认真考虑一下了。如果一篇研究报告每隔几行就引用同一来源的文献，会令人厌烦。避免这一问题的一个方法就是坦率地说明你的文献回顾大部分都以一个来源为基础。例如，你在总结麦坎内尔（MacCannell）的旅游研究工作，与在文本中堆砌大量的对麦坎内尔的正式引用相比，最好在报告中有一个单独的部分来对麦坎内尔的工作进行说明。

麦坎内尔的著作
这部分回顾总结了麦坎内尔（1976）的著作：《旅游者：休闲阶层新论》……

接下来，在具体引用时需要给出正式的文献标注。

## 拉丁文缩写

在引用时会用到大量的拉丁文缩写。例如：

*et al.* 如果一篇著作有两个以上的作者，在引用时，就采用第一作者名字加上 *et al.* 的形式，但在参考文献列表中，应当把所有的作者都列出来。*et al.*全文形式是“*et alia*”，意思是“和其他”，通常用斜体表示。

***op.cit.***代表拉丁文的“*opere citato*”，意思是“在前面所引用的作品中”。

***ibid.*** 在脚注系统中，如果引用和脚注的上一个引用出自于同一条文献，就会用到

这个缩写词“*ibid.*”，它是“*ibidem*”的缩写，意思是“相同”。

## 本章小结

本章概述了回顾文献的过程，其本身是一种研究工具，也是任何研究项目中的基本要素。回顾文献有很多目的，而且可以采用多种形式。它既可以是研究项目的全部基础，也可以是实施研究的想法和方法来源。本章还讨论了搜索相关文献的方法，包括图书馆目录，已经出版的参考书目、索引和电子资源等。回顾文献的过程也得到了讨论，指出了在基于某个研究目的开展文献回顾时应该问些什么类型的问题。最后，本章回顾了引用文献的过程，探讨了“作者/日期”和“脚注/尾注”这两种系统的特征、优点和缺点。

## 测试题

1. 文献回顾在研究中有何潜在用途?
2. 说出三种不同的文献信息来源，说明它们的优点和局限性。
3. 用于论文写作目的的文献回顾与为研究项目提供背景的回顾有什么不同?
4. 与“脚注/尾注”系统相比，“作者/日期”系统有什么优缺点?
5. 什么是间接引用?

## 练习

1. 利用本章列出的文献资源，选择一个主题编写一份覆盖型的参考书目。

2. 选择一个研究主题并且:

a. 用计算机化的图书馆目录以及任何可用的数据库调查文献;

b. 通过图书馆资源，如一般教科书中的参考文献和索引、期刊的目录和论文的参考文献列表，来查找文献;

c. 比较两种来源的文献的特征和范围。

## 资源

### 网站

- CABI 休闲旅游网站：www.leisuretourism.com。
- Sport Discus 全文数据库：www.ebscohost.com/academic/sportdiscus-with-full-text。
- UTS 文献：www.business.uts.edu.au/lst/research/publications/bibliographies。
- 世界旅游组织：www.unwto.org/pub/index.htm。

### 参考书目举例:

- 一个休闲社会学的早期案例：Meyersohn（1958）。

- 关于一般型的旅游：Baretje（1964），Goeldner（1994）。
- 关于旅游与旅行研究：Goeldner and Dicke（1980）。
- 关于海滨度假地的使用：Veal（1997）。
- 关于奥运会：Veal and Toohey（2009）。
- 关于休闲运动与种族：Geary et al.（1996）。
- 关于残障人士与旅游：Darcy（1998）。
- 关于城市公园：Veal（2004）。
- 关于休闲领域的教育、培训与职业发展：Veal（2003）。

**评价式的文献回顾：**

- 关于生活方式的概念：Veal（1993，2000）。
- 关于旅游预测：Calantone et al.（1987）。

**元分析：**

- 概述：Glass et al.（1981）。
- 关于国际旅游需求：Crouch and Shaw（1991）。
- 关于附加价值（支付意愿）与艺术的：Noonan（2003）。
- 关于附加价值（支付意愿）与户外娱乐经济价值：Shrestha and Loomis（2003）。

**类型手册：**

- American Psychological Association（APA）（1983） and www.apastyle.org; AGPS style manual:Snooks and Co.（2002）.
- electronic style manual:Walker and Taylor（1998）；APA guidelines at: www.apastyle.org/elecref.html.

# 第 II 部分

# PART II

# 数 据 收 集

本书的这一部分关注的是数据收集的六种形式以及和各种实证研究都相关的抽样过程。这些章节如下。

第 7 章，二手数据来源，由其他机构基于研究和行政管理目的而收集的数据。

第 8 章，观察，用肉眼或相关技术进行观察收集定量或定性数据。

第 9 章，定性方法收集数据，介绍这种方法的类型。

第 10 章，问卷调查，包括问卷类型、设计和编码。

第 11 章，实验，休闲与旅游研究中的传统模型和准实验模型。

第 12 章，案例研究，一般使用多个数据来源的一个或多个案例研究。

第 13 章，抽样，包括定量与定性，代表性，随机和非随机抽样，样本规模问题。

关于数据分析的具体章节见第 III 部分。

# 第 7 章

# 二手数据来源

在对二手数据来源进行具体讨论之前，应该先考虑休闲和旅游的测量问题。这不仅关系到二手数据，更关系到各种形式的定量方法，如第 8 章要讨论的定量观察，第 10 章中介绍的问卷设计，还有第 11、第 12 章要讨论的实验方法和案例分析。因此，这一章的开始部分可以视作本书第 II 部分中定量部分的介绍。我们考虑了一般意义上的休闲和旅游测量问题，然后讨论了第 5 章中提出的“算人数”问题。

## 休闲与旅游活动的测量

表 7-1 显示了关于测量休闲与旅游活动的五种方式以及它们间的相互关系。

**表 7-1　休闲和旅游活动的测量方式及关系**

| 测　　量 | 定　　义 | 关　　系 | 休 闲 示 例 | 旅 游 示 例 |
|---|---|---|---|---|
| A 参与率 | 一定时间内参与某项活动的特定人口比例 | | 社区 X 6%的成年人一周至少游一次泳 | 国家 X 5%的成年人每年进行一次海外旅行 |
| B 参与人数 | 特定社区一定时间内参与某项活动的人数 | A×人口数量，或<br>C÷访问次数 | 社区 X 有 20 000 人一周至少游一次泳 | 一年内国家 X 有 700 000 居民访问过国家 Y |
| C 参与人次（观看访问） | 特定社区的成员观看或参与某活动的数量或一定时间内某区域人口观看某活动的数量 | B×参与活动的次数 | 社区 X 一年有 120 万人次来到游泳池，其中有 100 万是当地居民 | 国家 X 居民一年有 85 万人次到 Y 国家旅行 |
| D 时间 | 特定社区中个体一定时间内可自由支配的闲暇时间数量或者花费在特定活动上的时间数量 | C×每次游览时间 | 退休人员每天平均有 5 小时的闲暇时间，或者平均每天花费 3 小时看电视 | 参观地区 Z 的游客平均逗留 5.5 夜 |
| E 花费 | 一定时间内每个人或者特定社区花费在休闲或特定休闲产品或服务上的金钱数量 | C×每次游览的费用 | 英国消费者一年消费在休闲上的总额超过 50 亿英镑 | 游客每年在地区 Z 的旅游花费总额是 2 500 万英镑 |

注：①在旅游中，会对旅行（如一个完整的假期）和游览（如假期期间参观某地）进行进一步的区分。
②过夜游客数量在旅游测量中经常被使用。

- 参与率的百分比在休闲政策和规划研究中经常使用，它可以清楚地表明参与人口所占的比例，或者某个社会团体参与的比例。由于公共政策强调的是公平和可达性，因此这一测量就显得特别重要。事实上，旅游中的参与率、一年内外出度假的人口比例，很少被纳入统计。

- 参与人数等于参与率乘以人口数量，如果后者增加，即使参与率降低，参与人数还是会上升的。
- 参与人次等于参与人数乘以参与活动的次数，这是设施管理者最关注的指标，因为它代表着门票的销售量。在旅游情形中，测量分为三种形式。
  - 旅行（旅游者的全部行程，可能包括多个目的地）；
  - 游览（只去往一个目的地）；
  - 过夜游览（在一个目的地过夜）。
- 时间。花费在某项活动上的时间和某些环节有关系，如电子媒体。它在一些政策领域至关重要，如人们花费在锻炼上的时间与久坐不动的时间。
- 花费。每次或全部游览的花费对私有机构来说理所当然地是一个重要的测量指标。它也是一个非常重要的旅游业测量指标，因为从东道国或地区的角度看，旅游业的目的就是获取经济收益。

## 算人数

正如第 5 章所说，休闲与旅游决策、规划和设施管理的一个关键方面就是识别使用水平，即“算人数”，如算听众和观众占了多少座位。表 7-2 显示了休闲参与或游客人数信息的三个不同来源：行政或二手数据来源，问卷调查，还有直接计数。由于游客计数涉及从其他地方进入一个国家或地区的人，他们一般要进行多个旅程和活动，因此统计也就面临着特殊挑战，这些都总结在表 7-3 中。

**表 7-2　算人数：来源和方法——休闲***

| 方　法 | | 使 用 数 据 | 估计数字所需的额外数据 |
|---|---|---|---|
| 管理机构——基于设施 | 1. 门票销售量 | 每个时间段的门票销售量 | — |
| | 2. 预订数据 | 每个时间段的设施预订量 | 组的规模（基于抽样观察） |
| | 3. 季票/年票销售量 | 季票/年票销售量 | 每个时间段每张票的数量（基于调查） |
| | 4. 会员记录/调查 | 如果能够自动记录会员游览次数：游览次数/时间段<br>如果不能：会员调查获得的游览次数/时间段 | 会员人数 |
| | 5. 停车票的销售数据 | 每个时间段的停车票销售量 | 车辆保有率（基于抽样观察） |
| 问卷调查（见第 10 章） | 6. 居民调查 | 参与某种活动、游览特定设施或特定类型的设施的百分比<br>一定时间内的游览频次 | 人口（根据人口普查） |
| | 7. 旅游调查 | 游览特定设施或特定类型设施的百分比，居留期间的游览人数，居留时间 | 游客数（来自国家/地区的旅游机构或当地研究） |
| | 8. 现场游客访问调查 | 通勤者和居民**（此处可能包括游客） | — |

续表

| 方　　法 | | | 使 用 数 据 | 估计数字所需的额外数据 |
|---|---|---|---|---|
| 现场游客计数（见第 8 章） | *自动计数* | 9. 车辆自动计数 | 每个时间段的车辆数 | 车辆保有率（基于抽样观察） |
| | | 10. 行人自动计数 | 每个时间段的人数 | — |
| | | 11. 视频/延时摄像机/空中摄影 | 图像中的人/车/船数——采样次数，单位：人/车/船 • 小时 | 对车辆/船：车辆保有率<br>对全部：平均停留时间（根据调查） |
| | *视觉/手动计数* | 12. 入口或出口人流量 | 每个时间段的游客人数 | — |
| | | 13. 现场计数 | 在现场的人数——采样次数，单位：人 • 小时 | 平均停留时间（根据调查） |

*更详细的讨论见维尔（Veal，2010a）。

**通勤者和居民住在周边的区域并使用当地的设施：通勤者在研究区域工作并使用办公地点的设备，而居民使用的是家周围的当地设施。

**表 7-3　算人数：来源和方法——旅游***

| | 方　　法 | 性　　质 |
|---|---|---|
| 管理机构 | 1. 交通门户入口短时间到达/离开数据 | 所有到达乘客填写到达卡，记录非居民人数 |
| | 2. 公共交通数据 | 在所有游客通过一种或多种公共交通工具到达的情况下（如乘船到海岛目的地），参观人数=售票数量（可能需要核查当地人的数量） |
| 以调查问卷为基础的调查（见第 10 章） | 3. 道路封锁调查：访谈 | a. 在主要的入口道路：通过摄像头/流量计数器记录到车辆总数<br>b. 停靠车辆抽样：记录车辆保有率<br>c. 访谈客源地/目的地的驾车人，记录游客比例 |
| | 4. 道路封锁调查：问卷 | 上述情况，加上自我填写的邮寄问卷 |
| | 5. 国际游客调查 | 在机场对离港游客进行抽样访谈：提供特点、行程等数据，但是调查实际数量要用方法 1 |
| | 6. 国内旅游调查 | 特定期限内国内旅游出行居民的抽样调查（如≥1 晚住宿和≥40 千米）：提供该期间出游人数的比例数据 |
| | 7. 现场游客调查 | 著名旅游景点内的游客抽样访谈。仅调查游客，但是调查游客实际数量要用其他方法 |
| | 8. 现场设施访问调查 | 在某个设施在目的地占主导地位时适合该方法，如主要的国家公园。对所有前往该休闲/旅游吸引物的游客抽样访谈，确定游客的比例。设施的总访问量调查要依赖其他方法 |
| | 9. 住宿设施调查 | 调查酒店经营者以确定某一特定时期的客人人数（可能需要核查探亲访友的住客） |
| 直接计数/观察（见第 8 章） | 10. 道路封锁调查：自动设施 | 用摄像技术计算所有车辆和记录车辆登记的州/县/国：记录非本地车辆的比例 |

*更详细的讨论见维尔（Veal，2010a，第 10 章）。

表 7-2 和表 7-3 显然不仅仅包括二手数据，而是包括了各种来源/方法，其目的是想指出任何一种方法都应该孤立考虑。实际上，许多评估需要将不同来源的数据结合起来。观察和问卷调查方法将在第 8 章和第 10 章讨论，那时会对表 7-2 和表 7-3 作进一步说明。

“算人数”的过程依赖于收集了多少信息，它能做的比数字本身显现出来的要多。它能够用于解释和推测：使用趋势、绩效水平（如每次访问的成本或收入）、市场到达和社会经济影响。这些不同形式的数据分析以及预估游客数量的过程，将在第 14 章讨论。

# 二手数据简介

在本章中，我们考虑已有数据资料的使用，虽然本书其他部分主要讨论的是新数据的收集。这一章将考察已出版的主要统计资料，如普查以及国家休闲与旅游参与调查，但也包括其他的一些资料，如档案和管理数据。

开展研究时，如果可能，显然利用现有的信息更为明智，新的数据收集工作成本高昂且耗费时间，这在第 6 章中讨论文献利用时已经谈到过。在搜索文献过程中，研究者可能会碰到这样一些统计数据或已经公开的其他数据：可以进行其他的分析和解释；或者由于原收集者的兴趣、时间或资金方面的原因，没有对数据进行全面的分析或探索。还有些时候，已有的信息并不是基于研究的目的而收集的，如一个休闲或旅游机构的管理记录，然而这些信息可以为研究提供基础。

- *原始数据*是专门为当前的研究项目收集的新数据，研究者是这些数据的最初使用者。
- *二手数据*已经存在，是出于其他目的收集的，但可以再次用于当前的项目，研究者是二次使用者，对这些数据的进一步分析也称为二次分析。

和文献一样，二手数据可以在研究项目中发挥多种作用，既可能是研究的整个基础，也可能是用于比较重要的或不重要的点。但是，作为一种研究项目中合适的研究方法，使用二手数据应该有助于回答研究问题或测试假设。

一些二手数据利用的形式很“原始”。例如，机构成员数据，这种情况下，原始数据和二手数据间的界限就变得模糊了。另一些情况下，数据都经过了高度加工。例如，国家休闲和旅游调查的结果。但是，这时候数据可能仍然需要根据手头的研究需要进行大量的再加工，同时，还需要用各种方式将不同来源的数据整合起来。还有些时候，已经发表的数据形式不能满足当前研究的需要，还需要对原始数据进行新的分析，如获取调查的计算机文件来进行再次分析。在本章中，我们只谈从哪里收集数据，而数据分析将在第 14 章讨论。

## 使用二手数据的优点和缺点

表 7-4 列出了使用二手数据的一些优点和缺点。

相当多定期收集的休闲和旅游数据都花费了大量的成本，特别是政府机构。然而，这些数据很多时候并不能马上满足政策需求。例如，公布全球旅游人数或体育参与者人数。对一个研究经费有限的部门来说，这似乎不太明智，研究团体浪费了那么多的资源，

表 7-4　利用二手数据的优点与缺点

优点

- 时效性——数据随时可以使用
- 成本——避免了收集新数据的成本
- 经验——可以探索那些收集原始数据反复摸索产生的经验
- 规模——二手数据可能是基于大样本的，比其他方式的样本规模要大
- 新发现——数据的分析推理过程可能会产生新发现，这在最初基于有着其他明确目的的收据收集过程中未必能够发现

缺点

- 设计——二手数据是为其他目的设计的，可能对当前研究来说不够理想
- 分析局限——如无法获取原始数据进行再分析不太可能，那么对当前研究来说，对数据进行进一步分析的机会会受到限制

收集来的数据却没有发挥出可能的研究潜力。这就需要认真考虑可能使用数据的途径，要经常用一种准推理的方式来提一个问题：这些数据能告诉我们什么?

## 二手数据的类型

表 7-5 列出了六个主要的二手数据来源，这里讨论国家休闲和旅游调查似乎不太合适，因为它们都是问卷调查，所以它们应该在第 10 章进行讨论。但在这里讨论的调查都是大规模的，而且一般按年进行，所以带有“官方统计”的特点。主持调查的政府机构可以被看作是原始用户，但它们也可以为这种机构和个人所用，包括产业机构和企业、其他各级政府、咨询机构和学者。本章将讨论表 7-5 中列出的各类二手数据，适当的时候会用英国和澳大利亚的例子作为参考。

表 7-5　二手数据的类型

| |
|---|
| 管理数据 |
| 国家休闲参与调查 |
| 旅游业调查 |
| 经济调查 |
| 人口普查 |
| 文件资源 |
| 机会 |

# 行政/管理数据

## 旅游者到达和离开

政府在机场和国境通过入境卡或离境卡来收集到达和离境数据。收集这些数据是为了“边境保护”，但其副产品却是游客和本国居民出入境的数据。大部分旅游机构都会自己对国际游客进行调查，因为这样的信息更详细，但达到/离开数据更完整，也易于比较，所以为世界旅游组织（WTO）及经济合作与发展组织（OECD）这样的国际组织所采用

（见“资源”部分）。

### 管理数据

大多数的休闲和旅游机构都有为了研究而收集数据的惯例，许多都专门设计了管理信息系统，用来生产机构绩效评估的数据基础。如表 7-6 所示，这些数据以小时、日、周、月、季度或年为基本单位。在收集新数据之前，建议要全面了解这些数据的性质、范围、可用性和潜在的用途。例如，在案例研究 3.1 中，设施管理人员关注的是参观者人数的下降程度。在进行成本高昂的调查之前，应利用已有数据调查人数的减少是否涉及所有的服务，是所有时间都在发生还是仅仅发生在特定的某天、某星期、某季度还是某年？

**表 7-6　管理数据**

| |
|---|
| 游客人数（按各种类型划分） |
| 游客花费/收入（按各种类型划分） |
| 预订和设施利用 |
| 顾客询问 |
| 成员人数及其详细情况 |
| 顾客投诉 |
| 游客/顾客调查结果 |
| 机构的支出（不同条目下） |
| 员工业绩/旷工等 |

许多机构出于管理目的也会收集管理数据，在大多数情况下，在这些机构的年度报告上可以找到有用的信息，有时候是在这些机构的网站上。但一般公布的只是摘要形式的数据，详细信息仍然没有公布。因此，这些信息的收集，如输入一个本地计划，自身也变成了一个研究项目。如果需要国家层面的信息，就算只需要摘要形式，也需要相当大的努力。本章末尾“资源”部分列出了几个由国家收集的数据的例子。

## 国家休闲参与调查

### 国家休闲调查问题

大多数发达国家的政府部门或机构会定期调查休闲参与情况。美国从 20 世纪 60 年代早期就已经实施了这样的调查，特别是在户外休闲方面（Cordell et al.，2005）。其他国家在 20 世纪七八十年代开始进行休闲参与数据收集：由库什曼等（Cushman et al.，2005a）编辑的一卷报告中包含有 15 个国家的数据。每个国家都倾向于采用不同的设计原则，特别是不同的“参与”定义，这在下面会讨论到，所以不同国家的调查结果很难进行比较。

由政府机构负责，国家统计局实施的英国一般家庭调查（GHS）提供了 1973 年以来每 3～5 年的休闲参与信息（Gratton and Veal，2005）。最近出版的 GHS2002 年的调查结果包含有体育及一些艺术/文化活动方面的信息。

每年英格兰体育局都代表政府进行活跃人数调查，自 2007 年以来样本数高达 190 000 人，涵盖了文化及体育活动。大样本调查很有必要，这样地方政府每年可以对上述调查内容进行一个最小样本为 500 人的调查，从而对绩效进行监测。表 7-7 说明了用以调查的数据类型范围，这些数据在英格兰体育局网站上可以在线使用（见本章的资源部分）。

**表 7-7　国家休闲参与情况调查详情**

| 英国：活跃人口调查 | |
|---|---|
| 英格兰体育局调查<br>样本规模：190 000 | 日期：自 2007 年每年一次<br>年龄范围：16 周岁及以上 |
| 参与活动数据分类<br>运动和康体活动：<br>散步——至少 30 分钟（最近 4 周频次，步伐）<br>骑车——相对于散步<br>其他体育活动——相对于散步<br>运动俱乐部成员<br>竞技体育项目参与<br>体育教练<br>运动提供总体满意度<br>做更多运动的可能性：说出一个运动<br>过去一年运动参与的变化：原因 | 社会人口统计数据分类<br>性别<br>年龄<br>种族<br>完成全部教育的年龄<br>最高资历<br>住宿类型<br>家庭中孩子的数量<br>有无车辆<br>残疾情况<br>目前工作条件 |
| 文化<br>去年参观博物馆/画廊<br>去年使用公共图书馆情况<br>去年出席创意、艺术、戏剧或音乐事件的次数<br>去年实际参与创意、艺术、戏剧或音乐事件的频率 | 社会经济情况（十个问题）<br>主要收入来源职业<br>邮编 |
| 澳大利亚：锻炼、休闲和运动调查 | |
| 休闲和运动常务理事会调查<br>样本规模：13 000 | 日期：自 2001 年每年一次<br>年龄范围：15 周岁及以上 |
| 参与活动数据分类<br>前一年至少参与一次的单项体育/健身活动<br>上述活动的：次数；是否由俱乐部等组织；或非正式的<br>上述活动的前两周参与情况：频率、花费时间 | 社会人口统计数据分类<br>性别，年龄，婚姻状况，父母情况，孩子数量，最高受教育水平，工作情况，工作时间<br>是否本地人<br>在家使用语言<br>邮编 |

资料来源：英国，DCMS 网站：www.culture.gov.uk/images/research/Active-People-Survey-questionnaire.pdf.
澳大利亚，休闲和运动常务理事会：锻炼、休闲和运动调查：www.ausport/formation/scors. 更多信息见资源部分。

这样的数据将二手数据的优点和缺点都暴露出来。不太可能只是为了满足纯粹的研究目的每年花费三四百万英镑来进行活跃人数这样的调查，实际上，这项调查满足的是英格兰体育局、社区和地方政府部（DCLG）和文化传媒和体育部（DCMS）的政策需求，它们提出要“拓展部门战略目标，鼓励文化和体育的广泛传播，支持优秀人才”（DCMS，

2009）。这指明了调查设计以及数据分析和出版方式，这将在第 14 章进一步讨论。

除了“活跃人口调查”，英国政府还进行有每年的“参与调查”，详细情况可以在 DCMS 网站上找到。这项调查看上去涵盖范围和“活跃人口调查”一样广，只是样本规模小些，但已经够大了（27 000 人），其数据已经到区一级，但还没到镇。该调查还涵盖了儿童参与。

澳大利亚的国家政府统计机构，澳大利亚统计局（ABS），负责在 20 世纪 90 年代期间的主要体育和休闲参与调查，之后仍时不时地继续调查。另外，它还定期对艺术、儿童休闲参与和体育比赛观看情况进行调查。然而，2001 年以来，全国和州一级层面的运动和休闲数据的主要来源是休闲和运动常务理事会（SCORS，代表了澳大利亚体育委员会和州政府的体育及休闲部门）支持下的每年一度的锻炼、休闲和运动调查（ERASS）。表 7-7 展示了具体的细节。

国家休闲调查研究者了解休闲活动整体参与水平的主要信息来源，在本章末尾会讨论它们和“算人数”方法之间的关系。使用这些重要数据库时会产生许多问题，包括效度和信度问题、样本规模、调查时间、调查对象的年龄范围、包括的活动类型以及调查对象的社会统计学特征等。下面将依次讨论这些问题。

## 效度和信度

所有依赖于调查对象自己报告休闲参与模式的访谈调查都有局限性，国家休闲调查也一样。如何确定结果数据是准确的？第 10 章谈到，我们不能绝对保证，但是，国家休闲调查的一些特点让它作为数据来源具有可靠的信度和价值。

- 国家政府统计机构在工作质量和专业性方面有着很高的声誉。
- 调查的样本规模大。
- 事实上，多年以来各种调查结果一直没有大的变化，这可以视为一种质量保证（Cushman and Veal，1993；Gratton and Tice，1994；Gratton and Veal，2005）。如果报告的参与水平发生了不规则且难以解释的波动，那么就会让人怀疑调查的信度，但这并未发生。

一些评论者对调查的效度进行质疑，有实验表明调查对象经常有夸大参与水平的倾向，至少在某些活动上是这样（Chase and Godbey, 1983；Chase and Harada, 1984）。但是，就像博斯比（Boothby，1987）认为的那样，对某些群体、活动和调查来说，也可能存在低报参与水平的情况。国家调查数据，尤其是那些政府主持的，被当作“官方统计”来给予认可，然而它们所使用的问卷调查这种方法本身所固有的局限也会对它们产生影响，这将在第 10 章讨论。

## 样本规模

一般认为，样本规模越大，调查结果可靠性和准确性就越高。上面所讨论的澳大利亚的调查样本规模达到 13 000 个调查对象，因此只有很小的统计误差（这个术语将在第 13 章中解释）。而英国的调查样本要大得多，有 190 000 人。实际上，如果只是要提供国家层面的数据，样本规模没必要这么大。但它的设计是要为英格兰 350 个地方议会提供数据，大多数的样本只有 500 人，这就有可能产生相当大的统计误差，第 13 章可以看到这种情况。

许多活动在调查中覆盖的参与人口比例小于 1%。但是，即使是 1%的英国成年人口也有近 50 万人，所以小的百分比也能代表大量的人口。这个问题将在第 13 章更详细地讨论，与大样本相比，小样本的局限性可以从下面几个例子来想象。

- 锻炼、休闲和运动调查：国家的样本规模为 13 000 人，1% = 130。
- 活跃人口调查：国家样本规模为 190 000 人，1% = 190。
- 活跃人口调查：一个地方议会区域的子样本为 500 人，1% =5。

## 主要问题——参与的参考时间和时间长度

参与水平实际上取决于使用的“参考时间”，也就是和参与相关的那个时间段。比如最近 24 小时内游过泳的人口比例很小，最近一个月游泳过的比例就要高很多，如果只要是游过泳，不管他什么时候游的，那么比例可能达到百分之百。另外，以身体锻炼活动为例，参与的时间长度在考虑到健康益处的时候是非常重要的。因此，如果一些活动测量只考虑那些达到最低时间长度的人，如一周 30 分钟，那么报告的参与率会大大降低。表 7-8 就对此进行了说明，对一些体育活动进行了比较。

- 一年至少参与一次的人口比例与最近四周参与人数的比例进行比较（2002 年）。
- 最近一个月的参与人数比例和最近一周至少参与 30 分钟以上的人数比例（2008—2009 年）。

**表 7-8　英格兰体育参与水平，2002 年，2008—2009 年**

| 运动* | 2002 年 | | 2008—2009 年 | |
|---|---|---|---|---|
| | 过去一年至少参与一次 | 最近 4 个星期至少参与一次 | 上个月至少参与一次 | 上周参与时间不少于 30 分钟 |
| | 16 周岁及以上人数百分比/% | | 16 周岁及以上人数百分比/%+ | |
| 散步 | 45.9 | 34.9 | — | — |
| 游泳 | 34.8 | 13.8 | 13.2 | 7.6 |
| 骑车 | 19.1 | 9.0 | 9.3 | 4.5 |
| 足球 | 9.1 | 4.9 | 7.4 | 5.1 |
| 竞技** | 1.0 | 0.3 | 6.4 | 4.2 |
| 高尔夫 | 12.1 | 4.8 | 3.5 | 2.1 |
| 羽毛球 | 6.4 | 1.8 | 2.4 | 1.3 |
| 网球 | 1.0 | 1.9 | 2.4 | 1.3 |
| 壁球 | 3.8 | 1.3 | 1.2 | 0.7 |
| 板球 | 2.4 | 0.6 | 1.0 | 0.5 |
| 骑马 | 3.5 | 1.9 | 1.0 | 0.8 |
| 保龄球 | 3.8 | 1.3 | 1.0 | 0.6 |

资料来源：2002：国家统计局一般家庭调查：www.statistics.gov.uk/lib2002/tables/#sport.2008—2009：英格兰体育局. 活跃人口调查 www.sportengland.org/research/active-people_survey/active_people-survey_3.aspx.

*包括 2008—2009 年中最近一个月有 1%参与的活动。

**2002 年的定义是田径，2008—2009 年包括所有慢跑和马拉松等。

+通过各州数据的总和估算国家参与率。

可以看出，每种情况下第二种测量至少减少了一半的参与率，有些时候甚至减少了2/3。

从澳大利亚 ERASS 发表的结果来看，没有对单项活动进行以“一周内”形式的调查，但是 2007—2008 年参加过任何形式的锻炼、休闲和运动活动的人数比例是 83.4%，而一周至少参加三次的人数比例却只有 49.3%。

把一年作为参考时间已经成为一种国际惯例（Cushman et al.，2005b：284）。这么做有一个优点，就是一个调查能够覆盖一年四季的参与者，并且可以包含参与频次最低的人。但是，它也有缺点，由于过了那么长时间，调查对象的回忆可能存在误差。另外，对体育和身体锻炼活动的政策制定者来说，他们感兴趣的是能够以最少的频次和最短的持续时间获得健康收益，所以，以一个星期或两个星期作为时间尺度进行测量正在成为这些部门的另外一种惯例。这种较短的参考时间有好处，就是增加了回忆的准确性，缺点是如果想要掌握季节性变化情况，就得调查一年不同时期的调查对象。

## 年龄范围

参与情况调查还会受年龄覆盖范围的限制。一些调查包括 12 岁的调查对象，另一些仅覆盖那些 18 岁及以上的人。有些还有年龄上限。这里显示的英国和澳大利亚的调查中覆盖的是 16 岁及以上的人。不把 16 岁以下的孩子纳入调查范围的原因有三个。

- 从太小的孩子身上很难获得准确的信息。
- 也许是基于伦理考虑，一些对孩子来说存在伦理限制的问题，成人可以自由选择是否回答（见第 4 章）。
- 难以判断孩子是自己独立参与的休闲活动还是父母约束下的休闲活动。

一些关于儿童的调查数据来自“代理人”调查，关于孩子活动的问题都是家长代为回答，一个例子是澳大利亚统计局对儿童参与文化和休闲活动的调查。与此相对照的是，DCMS 的调查包括对作为子样本的儿童的直接调查，但这仅限 11～15 岁的儿童。

一些活动，如游泳或骑自行车，调查结果受青少年年龄限制的影响较大，因为青少年在这些活动参与人数中占有很大的比例。但另一些活动，如园艺或看歌剧，年龄限制可能微不足道，因为青少年不是这类活动的频繁参与者。当使用的数据来自休闲参与调查时，特别是想要比较不同的调查结果时，时刻关注覆盖的年龄范围是非常重要的。

## 社会特征

除了参与方面的基本信息，国家休闲调查一般还包括宽泛的调查对象背景信息，如性别、职业、年龄、受教育水平、家庭规模或家庭单位、种族或出生国家等。这些信息可以用于从股权或营销的角度分析不同社会群体的参与水平。这些信息还可以预测需求，因为未来社区结构的变化会影响需求的类型，这将在第 14 章讨论。

## 参与水平调查的重要性

尽管有局限，但休闲参与调查仍然是重要的信息来源，不仅是整体参与水平方面的信息，也包括不同社会群体参与差异方面的信息，如青年人和老年人、男人和妇女、不同职业和不同收入间的差异。任何休闲研究人员或专业人士都应该熟悉这种重要的数据来源。

## 国家的时间利用调查

20 世纪 60 年代，随着联合国教科文组织资助开展《多国时间预算比较研究项目》课题的研究，时间利用或时间预算成为国际社会研究的一个焦点（Szalai，1972）。在英国，这类调查早在 20 世纪 30 年代就开始了，当时 BBC 用它们来分析公众对广播媒体的使用模式，而在澳大利亚这类研究则可以追溯到 20 世纪 70 年代。近年来，因为普遍认为人们的时间压力在增加，所以对时间利用调查的兴趣也越来越高。英国 2001 年和 2005 年进行的时间利用调查，对时间利用的趋势进行了分析。英国的时间利用调查是在“和谐的欧洲时间使用调查”赞助下，由英国和其他 14 个欧洲国家共同进行的，数据结果可以在线使用（见本章资源部分）。澳大利亚最近一次调查是由澳大利亚统计局 2006 年进行的。

时间利用调查要求调查对象记录他们的活动 1～2 天，这样它们就可以涵盖时间利用的所有方面，包括休闲，这是休闲研究信息的一个重要来源。与上文讨论的休闲参与调查相比，时间利用调查中的有效参考时间是 1～2 天。这克服了那些要求回忆以往很长一段时间的调查所带来的准确性问题，因而数据更为可靠，但问题是大大降低了调查对象参与任何一项活动的比例。除了大部分人在大多数日子里进行的活动，尤其是看电视和听广播，时间利用调查对研究个人休闲活动来说并不理想，但是可以用来研究时间利用的类型划分，如表 7-9 中所示。

**表 7-9　时间利用：英国和澳大利亚**

| 项　　目 | 英国，2005 年 | 澳大利亚，2006 年 |
|---|---|---|
| | 15 岁以上，每周花费小时数 | |
| 睡觉 | 57.3 | 59.6 |
| 电视/录像/广播/音乐 | 18.3 | 16.3 |
| 其他休闲 | 23.4 | 18.2 |
| 带薪工作 | 19.8 | 24.1 |
| 个人爱好 | 14.7 | 17.1 |
| 家庭工作/照顾孩子 | 22.3 | 22.7 |
| 旅行及其他 | 12.3 | 10.0 |
| 总计 | 168.0 | 168.0 |

资料来源：英国：数据来源于国家统计局. 时间使用调查，2005，数据可用：www.ons.gov.uk.

澳大利亚：数据来源于澳大利亚统计局《澳大利亚人怎样使用时间，2006》，在线资源：www.abs.gov.au/ausstats/abs@.nsf/mf/4153.0.

注：英国和澳大利亚之间的一些差别可能来源于定义的不同，还有一些可能是因为年龄结构不同。

虽然时间利用调查对家庭一日游有足够的代表性，但并不适用于假期期间的活动，因为在家庭调查背景下存在着实际的抽样困难。然而，有一种替代选择，即可以调查度假决策者在他们的目的地的时间预算。道格拉斯 • 皮尔斯（Douglas Pearce）20 多年前讨论过这个想法，该想法受到广泛关注并产生了一定数量的研究案例。

# 旅游业调查

## 国际和国内旅游调查

上面讨论过可以通过入境卡和离境卡来收集每个旅行者的信息，这样收集的信息通常被限制在 10 条以下，包括来源国、交通方式、停留时间、访问目的（度假、商务、拜访亲友等）、性别、年龄、职业以及旅游者停留时间最长的目的地等。对旅游开支、目的地状况和满意度这样的数据会采用调查问卷来收集。通常对访问一个国家的国际旅游者进行一个调查，而对一个国家的国内旅游者进行另一个调查。对国际旅游者的一般情况在他们到达或离开时在机场进行面对面的调查。而对国内旅游来说，既有面对面的家庭调查，也可以通过电话进行调查。对本国居民出境旅游的问卷调查有时候会被添加到国内旅游调查中，有时候却又被看作是国际入境/离境调查的一个子样本。

英国和澳大利亚这类调查的详细信息将在表 7-10 中展示。调查结果的季度或年度总结可以在线利用（见本章资源部分）。

## 样本规模

需要指出的是，表 7-10 中的样本量也很大。因为这些信息：

- 以季度和年度为基础；
- 来自地区或国家子样本（对子样本来说，包括社会人口统计学细分、支出等）；
- 为实际访问人数和访问者过夜的估算提供了基础或基数（见第 13 章）。

## 定义

像休闲调查一样，游客旅行调查数据也要受到旅游者定义和参考时间段影响。大多数关于旅游的定义都要求一个人离开惯常居住地至少一个晚上，而且规定了他们离开的最小距离。这意味着如果一个人从伦敦到绍森德或布莱顿，但却没有过夜，那么就不能归类为旅游者，只能算是一日游游客。然而，很多旅游调查中包括一日游，通常以一个最小旅行距离（例如，最少 40 千米）和最短离家时间（例如，4 小时）作为划分依据，这是因为对很多目的地来说为一日游游客提供餐饮服务是旅游业一个重要的组成部分。

在欧洲，已经不再收集全面的边界过境数据，因为数量过于庞大，而且越境旅行越来越自由，收集难度增加。然而，基于官方目的，政府及其机构仍在收集旅游者的到达和离开数据。所以，通常认为比较“硬”，比较具有权威的旅游流动数据，实际上和休闲参与数据一样“软”（Edwards，1991）。

**表 7-10　国家旅游调查细节**

| | |
|---|---|
| 英国：国际客运调查 | |
| 开展单位 | 国家统计局 |
| 调查频率 | 每年，连续 |
| 覆盖范围 | 英国居民和到英国的国际游客 |
| 样本大小 | 250 000 |
| 方法 | 在主要空港、海港和跨海隧道入口海关处进行面对面的调查 |
| 英国：英国游客调查 | |
| 开展单位 | 旅游委员会 |
| 频率 | 每年，连续 |
| 覆盖范围 | 16 周岁及以上居民 |
| 样本大小 | 100 000 |
| 旅游类型 | 过去四个星期内离家至少一夜的旅游次数 |
| 方法 | 家庭面对面的调查 |
| 澳大利亚：国际游客调查 | |
| 开展单位 | 澳大利亚旅游研究所 |
| 频率 | 每年，连续（季报和年报） |
| 覆盖范围 | 到澳大利亚的国际游客 |
| 样本大小 | 40 000 |
| 方法 | 八个机场离境候机室内的面对面调查 |
| 澳大利亚：全国游客调查 | |
| 开展单位 | 澳大利亚旅游研究所 |
| 频率 | 每年，连续（季报和年报） |
| 覆盖范围 | 澳大利亚居民，15 周岁及以上 |
| 样本大小 | 120 000 |
| 旅游类型 | 过夜：过去四个星期内离家≥40 千米<br>一日游：过去一个星期≥50 千米，≥4 小时<br>海外旅行：过去三个月内的 |
| 方法 | 电话调查 |
| 一般收集的数据 | 国际目的地：国家<br>国内目的地：地区<br>停留时间：过夜天数<br>旅行目的（度假、商务、探亲访友等）<br>支出<br>交通方式<br>住宿类型<br>信息来源<br>休闲活动<br>人口统计资料（年龄、性别等） |

# 经济数据

## 家庭支出

大部分发达国家会定期调查家庭支出。英国每年调查一次，称为支出和食物调查。澳大利亚这样的调查称为家庭支出调查，每五年一次（见本章资源部分）。这些调查遍及全国的家庭，根据大量的分类条目从家庭每周开支中截取出相关信息，其中许多条目涉及休闲和旅游。表 7-11 显示的就是这类调查中与休闲相关的条目。

**表 7-11　家庭开支调查休闲项目**

| | |
|---|---|
| 酒精饮料 | 去电影院、剧院、博物馆等 |
| 烟草 | 餐馆用餐 |
| 视听、摄影、计算机设备 | 电视、视频、互联网等花费 |
| 游戏、玩具、爱好 | 摄影 |
| 计算机软件及游戏 | 赌博 |
| 运动、野营、户外休闲装备 | 报纸、杂志、书籍、书信 |
| 花园设备、植物 | 度假（国内和国外） |
| 宠物、宠物食品 | 交通（休闲按总数 30%计算） |
| 参加运动、报名费、手续费 | |

一些机构或学者，如英国谢菲尔德海兰姆大学体育产业研究中心、美国的理查德 •K. 米勒和同事（Richard K. Miller and associates）有限公司，会通过这些经济数据来源来定期发布休闲开支预测和市场趋势分析报告（详细信息见本章资源部分）。

## 卫星账户

休闲和旅游产业，如旅游、体育、赌博等，包含多个产业部门，如直接提供服务的部门、酒店、运输、当地政府等。在确定经济规模和产业部门影响的国家账户体系中，休闲业并没有独立出来，其经济活动分布在一系列主要产业部门中。但是，如果将这些活动识别出来并把它们的数据进行加总，将成为一个相当庞大的产业。为此，有些国家在一些政府部门、机构和产业部门的要求下设立了特别账户项目，将相关的信息从整个国家账户中剥离出来，并用一种可用的形式汇集在一起。其目的是以年为基础为休闲产业提供经济数据。在这里不讨论这些项目的成果，但在本章的资源部分对此有所说明。澳大利亚从 1999 年到 2000 年建立了旅游卫星账户，而英国的体育和旅游卫星账户还在规划阶段。

# 人口普查

## 现代人口普查

人口普查是一项重要的信息来源，任何有抱负的休闲或旅游管理人员和研究人员都应充分知道它的内容和潜力。英国国家统计局每十年进行一次全面人口普查，最近的一次是 2001 年，之前有 1991 年、1981 年等。由于人口快速增长，澳大利亚统计局每五年开展一次人口普查。在大多数国家，法律要求房屋所有人（以及旅馆业者、医院经营者、寄宿学校校长和监狱长）填写普查形式的“过夜人口调查”，说明这栋房屋里的过夜者（包括访客）人数，以及他们的年龄、性别、职业等。一些人会逃脱这个网络，如一些睡在大街上的人或非法移民，但一般来说这类信息还是被相信为可靠和全面的。

人口普查数据包括多个层次，如从国家层面到计数区域（EDs）（在澳大利亚是收集区，CDs）层面，表 7-12 对此进行了说明。CDs 是包含 250～500 人口的小区域，有专门的人口普查收集官员负责过夜人口调查。通过加总几个 CDs 的数据，休闲设施的经营人员可以获得设施覆盖区的人口统计学特征。每个这样的区域都有大量可用的信息，如表 7-13 所列。

**表 7-12　人口普查数据：区域层次**

| 英　国 | 澳大利亚 |
|---|---|
| 全国 | 全国 |
| 区 | 州 |
| 县、郡 | 邮政区 |
| 地方政府区域 | 地方政府区域 |
| 议会选区 | 州和联邦议会选区 |
| 计数区（EDs） | 收集区（CDs） |

**表 7-13　人口普查数据**

| | |
|---|---|
| **收集调查数据** | 居民人口<br>男/女人数<br>5 岁以上及 20 岁以下单身人口的数量/比例 |
| **人口数量** | • 按宗教信仰划分<br>• 按出生国家划分<br>• 按不同语言划分<br>• 按父母出生国家划分 |
| **家庭数量** | • 按家庭规模划分<br>• 按未成年孩子数量划分<br>• 单亲家庭数量<br>• 拥有各种交通工具的家庭数量 |
| **人数** | • 离开学校的人数，按年龄段划分<br>• 按教育/技术资格划分<br>• 按职业划分<br>• 按工作时间划分<br>• 失业人数<br>• 按居住类型划分 |

### 人口普查数据的利用

可以看到，除了工作时间，没有任何人口统计信息直接关注休闲或旅游，那么，休闲或旅游研究人员为什么要重视人口普查？第 14 章将进一步探讨人口普查的用途，包括：

- 规划设施和开展可行性研究；
- 区域管理/市场研究；
- 设施绩效评价；
- 市场细分。

## 文件资源

作为研究的一种信息来源，文档介于文献和管理数据之间。表 7-14 列出了一些代表性的文件资源，其中大部分对历史研究来说是很重要的，既可以服务于基本的历史研究项目，也可以当作当前研究项目的重要背景。有时候，文件本身就可以成为研究重点。例如，一些关于女性和体育的研究讨论了媒体对女性运动的报道（例如 Rowe and Brown，1994）。文化和媒体研究以及休闲和旅游研究之间的联系也越来越紧密，所以，对包括电视在内的媒体内容的分析也在增加（Critcher，1992；Tomlinson，1990）。第 15 章中将讨论这种数据的分析方法。

**表 7-14　文件资源**

- 委员会/专门委员会/董事会的会议记录
- 机构或个人的通信记录
- 档案（可能包括以上两项内容和其他形式的文件）
- 流行文学，如小说、杂志
- 新闻，特别是那些针对特定主题/特定方面的，如社论、广告或通信专栏
- 宣传小册子和广告材料
- 日记

## 机　　会

第 3 章说过，二手数据常常引发那些称为机会研究的研究项目。这种情况适用于那些政府发起的调查，主要针对那些收集和使用目的非常有限的数据，或者是没有公开而只用于政策决策的数据。这方面的例子如下。

- 用定期收集的运动场意外数据来研究新运动场设备的效果（见案例研究 11.6）。
- 用官方的运动参与数据来检验大型体育赛事的“扩散效应”是否有效（Veal and Frawley，2009）。

# 本 章 小 结

本章关注的是二手数据，即那些他人为其他目的而收集但可以用于当前研究的数据。这种方法经济又节省时间，而且在伦理上也有优势，因为已经有足够的数据，那就不应该浪费资源去收集新数据。本章还介绍了休闲和旅游研究中二手数据的一般来源，即国家休闲参与调查、旅游业调查、消费者支出方面的经济数据、人口普查、管理数据和文件资源等。对这些数据的分析将在第 14 章进行介绍。

# 测 试 题

1. 二手数据分析有哪些优缺点？
2. 用休闲参与调查数据时要考虑哪些问题？
3. 你的国家有哪些与下列有关的调查，名称是什么？
   a. 休闲参与
   b. 国内旅游
   c. 国际旅游
   d. 家庭支出
4. 本章列出了九种管理数据来源，分别是什么？
5. 本章列出了七种类型的文件资源，分别是什么？

注：本章没有练习，但和二手数据利用相关的联系见第 14 章。

# 资 源

## 网站

### 旅游者到达/离开

- 澳大利亚：www.abs.gov.au/ausstats/abs@.nsf/mf/3401.0。

### 国家收集的设施利用数据

- 博物馆和画廊，英国：www.culture.gov.uk/what_we_do/research_and_statistics/3375.asp。
- 博物馆和画廊，澳大利亚：www.abs.gov.au，选择 Topic@a Glance，然后 Culture and Recreation。

### 英国国家休闲/旅游调查

- 体育/文化参与：DCMS 参加调查：www.culture.gov.uk/ what_we_do/research_and_statistics/4828.asp。
- 活跃人口调查：www.sportengland.org/research/active_people_survey.aspx。

- 英国旅游调查（国内）：www.visitbritain.org/insightandstatics/index.aspx。
- 国际乘客调查：www.statistics.gov.uk/ssd/surveys/international_pessenger_survey.asp。
- 住宿和餐饮花费调查：www.statistics.gov.uk，搜索“living costs”。
- 人口普查：www.ons.gov.uk/census/index.html。

**澳大利亚国家调查**

- 锻炼、休闲和运动调查：www.ausport.gov.au/information/scors/ERASS。
- 澳大利亚统计局数据：www.abs.gov.au，选择“topic@a Glance”，然后“Culture and Recreation”。
- 国外旅游者调查与国内旅游者调查：澳大利亚旅游研究中心：www.ret.gov.au/tourism/tra/Pages/default.aspx。
- 艺术参与：澳大利亚艺术委员会：www.australiacouncil.gov.cn/research。
- 家庭开支调查：www.abs.gov.au/ausstats/abs@nsf/mf/6530.0。
- 人口普查：www.abs.gov.au，单击“Census”。

**国际数据**

- 和谐的欧洲时间使用调查：https://www.h2.scb.se/tus/tus/。
- 经济合作与发展组织（OECD）：www.oecd.org，搜索“Tourism”和“Society at a glance”，然后单击第二章“测量 OECD 国家的休闲”。
- 世界旅游组织：www.unwto.org。

**年度产业/消费者支出调查**

- 英国年度休闲/体育产业审查：谢菲尔德海兰姆大学体育产业研究中心：www.shu.ac.uk/research/sirc/publications.html。
- 美国年度休闲产业审查：理查德·K. 米勒和同事有限公司：www.rkma.com。

**体育旅游卫星账户**

- 澳大利亚：www.abs.gov.au/AUSSTATS/abs@nsf/mf/5249.0。
- 英国：体育和旅游账户的规划研究细节：见文化、媒体与体育部网站：www.dcms.gov.uk。

## 出版物

- 英国，地方授权国家收集的设施使用数据：特许公共财务与会计协会（CIPFA）（年度）——来自各个地方委员会的数据，包括公共空间、高尔夫场地、运动场、游泳池、文化设施等的花费、收入和使用水平（有些数据项目是空白）。
- 休闲调查：国际：库什曼等（Cush et al.，2005a）包括 15 个国家和地区的休闲、时间使用和旅游调查数据，15 个国家和地区分别是澳大利亚、加拿大、芬兰、法国、德国、英国、中国香港、以色列、日本、荷兰、新西兰、波兰、俄罗斯、西班牙和美国。
- 澳大利亚休闲调查：Veal（2003，2005）。

- 旅游数据来源：Burkart and Medlik（1981，part III），Edwards（1991），Goeldner（1994）。
- 时间利用调查：Pentland et al.（1999），Gershuny（2000）。
- 旅游卫星账户：ABS（2009），Frechtling（2010）。
- 文件资源：Kellehear（1993）。

# 第8章 观　察

本章的目的在于讨论“看”在研究中的重要性，并介绍一些观察的具体方法。在这一章中，分析了什么情况下适合使用观察法，并概述了在设计和开展一个以观察为基础的研究项目时，应该采取哪些主要步骤。在休闲和旅游研究中，观察是一种容易受到忽视的技术。虽然将观察作为整个项目的基础不太可能，但这一技术在大多数研究战略中都扮演着重要角色，无论是正式的还是非正式的。一般来说，观察是可用于研究的一系列技术之一，特别是“算人数”的时候。

本章位于本书第 II 部分，该部分主要讲述的是数据收集，第 III 部分是对应的数据分析，但本章没有对应的数据分析。这是因为，在定量观察的情况下，数据可以很容易地用简单的电子表格的整理、计算和图形来进行分析。而在定性观察的情形中，现场记录的分析类似于其他现场记录或访谈记录，第 15 章定性数据分析的讨论将涉及此。但是，有一些观测研究的结果演示会包括在一些案例研究中。

有时观测研究被称为“非干涉方法”，因为一般情况下，并不和观察对象发生直接接触，观察对象甚至可能不会意识到正在被观察。然而，“非干涉方法”这一术语有时候也用来指文件来源，如媒体、机构的记录和日记（Kellehear，1993），它们在本书中介绍二手数据和定性方法的章节中加以讨论。在本章，将重点关注如何在休闲和旅游目的地进行直接观察。

本章由三个主要部分组成。

- 概述可能用到观察方法的情形。
- 典型观察研究过程的步骤分析。
- 观察方法的使用。

## 观察研究的类型：定量和定性

观察指的是“看”，表 8-1 列出了观察的一些形式。重要的是，观察研究可以是定量的或定性的，或二者兼而有之，而且还可以和第 9 章讨论的实验法和参与观察有一定重叠。

**表 8-1　观察法的种类**

| | |
|---|---|
| 结构化或系统化的观察 | 观察什么及观察频次等观察过程都要遵循正式的规则。以一定的形式记录结果并进行定量分析。相当于调查式研究中的正式问卷调查 |
| 非结构化/自然主义/定性的观察 | 没有建立正式规则，相对非正式的记录或分析程序。观察人员寻求描述感兴趣的现象并在这一过程中寻求对现象的解释和理解。相当于非正式的深度访谈 |
| 准实验式观察 | 研究人员介入并改变环境来观察会发生什么。例如，改变儿童操场的设计。可以是结构化的，也可以是非结构化的 |
| 参与观察 | 研究人员参与到调查对象的环境中。例如，作为导游或玩伴，而不是独立的、“客观”的研究人员。可以涉及上面的任何一种观察。在第 9 章会进行讨论 |

# 适 用 情 形

一系列适合或必须使用观察的情形在如表 8-2 列出。这些情形在下面依次讨论。

表 8-2　观察的适用情形

| |
|---|
| 儿童玩耍 |
| 非正式休闲/旅游区的使用水平和类型：算人数 |
| 场所利用的空间模式 |
| 访问者特征 |
| 失范行为 |
| 暗访购物 |
| 补充其他研究 |
| 日常生活 |
| 社会行为 |

## 儿童玩耍

某些研究只能通过观察法来进行，一个例子就是儿童玩耍。这类研究要关注的问题有：

- 在不同环境下的玩耍模式；
- 不同年龄的儿童喜欢的玩具类型；
- 男孩的玩耍模式和女孩是否不同；
- 不同文化背景的儿童的玩耍模式是否不同。

这类问题想通过对儿童进行访谈来获取答案是不可能的，尤其是年幼的孩子。显而易见的方法就是在儿童玩耍时进行观察并记录下他们的行为。

## 非正式休闲/旅游区的访问量：算人数

结构化的观察可用来估算非正式休闲区（如海滩、城市公园或旅游景点）的利用水平，这些地方不收门票，因此没有门票销售数据来告诉管理者和策划者利用水平。另外，在这种情况下，对容量和空间使用模式也经常没有什么正式的限制。

然而，由于各种原因，可能需要场所利用水平方面的信息。例如：

- 出于政治或公共关系原因，公共机构可能觉得知道一个公共设施一周或一年内总共服务的访问者人数是有用的，它要证明花纳税人的钱来维护设施是正当的。
- 从管理角度看，将维护一个场所的成本和它能吸引的游客数量联系起来通常是有用的，这是决定不同的场所应该花多少钱的一个权衡因素。
- 一个景区的管理者可能希望比较不同时间的利用水平，从而对各种市场营销和其他管理措施的影响进行评价。
- 对一个多重目标的机构，如地方委员会，往往会根据不同类型设施的利用水平和成本来衡量成绩。而对那些没有门票销售数据可用的设施来说，用观察和计算访客人数来获得一个大概的情况就很有必要。

对有些设施来说，使用者大多开着私家车来，停车的地方要收停车费，因此，停车收入能够为设施的利用水平提供参考。但这里没有计算那些没开车来的人，而且有时候停车场在某些时间内并不对外，或者来的人有季票，这样车辆进入的时候用不着每次都记录。为了计算所有车辆，可以安装自动车辆计数器来记录进入和离开场所的车辆数目，这一点稍后再进行讨论。但是这样得到的是来访车辆的数目，而非人的数量。为了估算人数，有必要进行一段时间的直接观察来对车辆计数进行补充，直接观察的目的是要确定每辆私家车中的平均人数，并估算步行或骑自行车来的人数，这些数据在自动计数装置中没有记录。

下面“观察研究的主要步骤”中将讨论计算使用水平的人工方法。

## 非正式休闲/旅游区：使用的空间/功能模式

观察不仅可以用于收集场所的使用数量，而且可以用于研究人们使用场所的方式。这对于休闲空间和空间容量的设计和布局至关重要。例如，如果人们喜欢拥挤在入口和停车场区域（他们在户外场所经常这样），那么把入口和停车场放在哪里就会影响场所的使用模式。因此，可以把这当作一个管理/设计工具来影响场所的使用模式。

类似地，如果发现人们喜欢“靠边”，如墙边、篱笆边、岸边、树林或灌丛边上，那么可以通过确定这些“边”的性质和位置来影响人们的场所利用模式（Ruddell and Hammitt, 1987）。这对户外自然区域尤其适合，但也同样适用于大型超市这样的建筑区域和博物馆这样的建筑物内部。

对公共建筑和开放空间，设计时很少甚至不去考虑人们实际上要如何使用它们，或者只是假设人们会如何使用却不去验证。现实中经常可以发现人们的行为并不符合设计人员的预期，一些空间门庭冷落而另一些空间却摩肩接踵，或者原本为某些活动设计和配置的空间根本没用。案例研究 8.1 表明，人们在观看展览时的移动方式会影响到对信息的吸收，而移动方式则取决于展品的突出程度和吸引力。这些空间利用方面的信息可以通过观察来发现。

## 案例研究 8.1

### 博物馆参观者行为观察

菲利普·皮尔斯（Philip Pearce，1988：90-113）有本书回顾了一系列和博物馆及游客中心参观者有关的问题，一度认为与左转进入博物馆并按顺时针方向游览相比，参观者应该右转并沿逆时针方向游览。图 8-1 是对位于澳大利亚维多利亚的电讯博物馆所做的研究，根据在各个展品前站立并观看的参观者比例可以看出，两组参观者确实对展品有着不同的关注模式。

进一步分析可以知道，那些右转并沿逆时针方向参观的参观者对展品的整体关注度比较高。但是，有争议认为可能是因为他们立刻就遇到了互动式展品，而那些左转的参观者首先遇到的则是静态的视听类展品。这里用的研究方法显然比较简单，但可能耗时更多，它取决于参观者停留了多久，以及同一时间内有多少组参观者可供研究。但是，管理人员显然对这些数据会产生兴趣，而且他们也能容易地理解和解释这些数据。

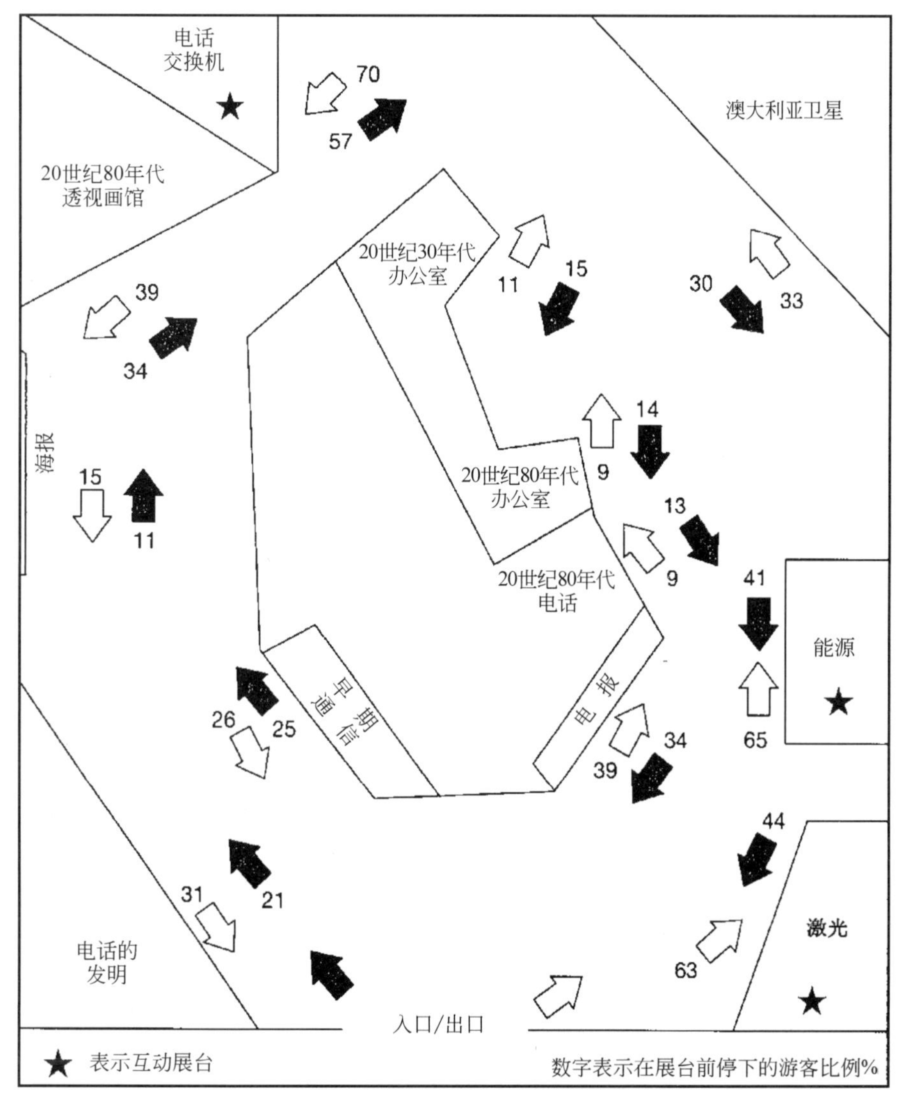


**图 8-1　博物馆参观者的移动模式**

## 使用者特征

现场问卷调查是收集人口统计学数据和群体构成数据的代表性方法，由此可以了解到参观者或使用者的特征。然而，这种情况下的问卷设计一定要简洁，所以会漏掉一些重要的参观者信息，但这却可以通过观察得到。例如，两个音乐厅的观众群可能在年龄、性别和群体规模上都一致，但是它们演奏的音乐类型不同，所以吸引到的人群在流行偏好、生活和行为方式上差异很大。甚至对同一个音乐厅来说，根据平均值和百分比得到的总体特征也可能掩盖了其中包含有一定差异的用户群这一事实。调查问卷得来的使用者特征还有可能丢失使用模式差异方面的信息。例如，一项公园调查表明有 *x*%的带儿童的妈妈或独自前来的老人，但却无法说明他们什么时候来、是否聚会、有无社交。当然，问卷调查也可以得到这些信息，只要问卷中的问题适当、样本也够大、分析足够精准，但问题是这些条件并不总能满足。另外，观察研究有资格成为一种研究方法，原因之一是可以先初步识别出使用者的特征，以便于在问卷中设计合适的问题。

## 失范行为

失范行为的概念存在一定争议，一个人视为异常、“失范”的行为，另一个人则可以接受。有一句话，“在传统道德边缘闲逛”，被用来描述失范所包含的领域（Lynch and Veal, 2006: 317-338），它涵盖的行为如服用消遣性药品、涂鸦、破坏公物、各种性派对、赌博和群体斗殴行为，以及休闲背景中的其他形式的违反规则的行为。对失范行为，观察比调查、访谈更有效。人们不太可能当面说起他们乱丢垃圾、不遵守公园规则或在足球比赛中乱扔啤酒罐。要发现这些东西要靠观察，而且通常是隐蔽性质的。这当然会导致伦理问题，如第 3 章谈到的隐私权。案例研究 8.2 是 20 世纪 80 年代在新南威尔士一场摩托车比赛期间发生的一起警察和赛车迷骚乱事件的部分观察结果，它表明在某些观察研究环境中研究者的安全处在危险当中。

## 案例研究 8.2

### 观 察 骚 乱

昆宁等（Cunneen，1989）在他们的书中呈现了一系列暴力冲突事件的研究结果，包括 20 世纪 80 年代中期发生在澳大利亚新南威尔士巴瑟斯特年度摩托车大奖赛期间的警察与车迷之间的激战。他们用了多种研究方法，包括观察、访谈、历史研究以及对报纸和电视报道的分析，试图理解两个群体之间冲突的起源和性质，以及报道这一事件的媒体在其中的作用，它们对公众和政客创造了想象和解释。媒体报道把车迷描绘成一群横冲直撞的无脑无赖，而详细的调查却表明警察和车迷的相互猜疑由来已久，警察对人群的狂欢行为反应过度并升级。对骚乱没有纯粹的解释，这个事件的意义和解释究竟为何取决于谁来解释，是警察、车迷、媒体，还是政客。图 8-2 给出了对事发地点和冲突双方布局的详细观察结果，很明显，完全用语言来描述这个场景会很困难，所以用视觉方式来表现观察结果显然是一种可行的方法。

## 暗访购物

暗访购物是另外一种很有潜力但却被忽视的观察方法。这种方法是研究人员化身为用户/参观者/消费者去获取一个休闲或旅游服务或产品的用户体验质量方面的信息。暗访购物需要在匿名的基础上来使用设施或服务。研究人员有一个观察内容表，包括清洁度、信息的可用性和透明度、员工绩效等，在使用完设施或服务后要提交报告。这种方法要求研究者用专家的眼光来评价服务质量并记录细节，如一般的顾客不太可能会注意到安全问题。然而，由于研究人员充当顾客从管理的角度上来看带有欺骗成分，因此也会出现伦理和行业关系的问题。

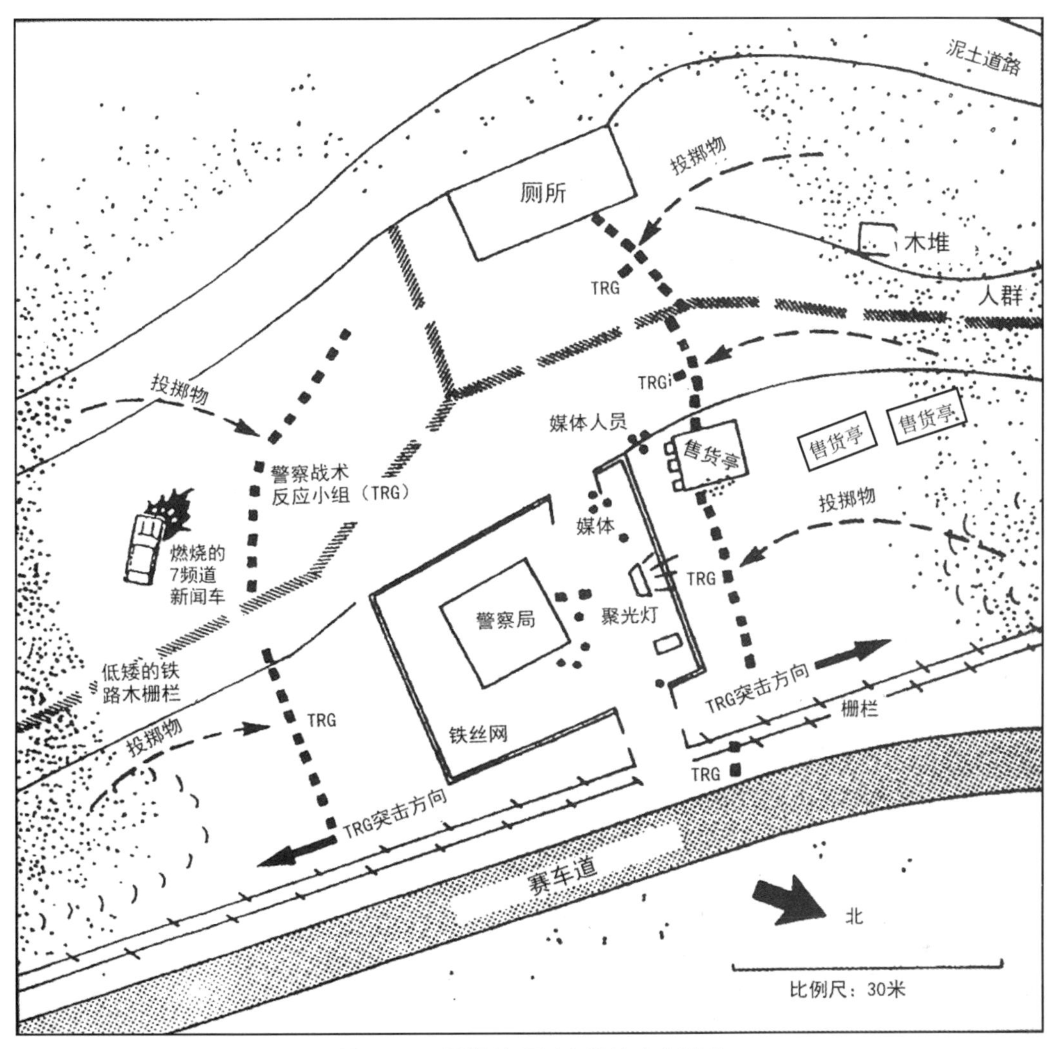


**图 8-2　巴瑟斯特摩托车赛的冲突模式**

## 补充其他研究

观察可为其他研究方法提供基本的定量或定性补充。

### 定量

观察要对使用者进行计数，这对访谈来说是一种必要的补充，用以更正抽样率的偏差。例如，在一个典型的旅游吸引物，如公园或海滩，两个访谈人员按正常工作速度在上午也许可以不慌不忙地访谈到所有人（访谈比 100%），而在午饭时间及之后即使忙得不可开交却只能访谈到很小比例的使用者（如 5%）。这种情况导致最终样本中上午的样本代表性过大，而中午和下午的样本代表性不足。如果两组样本特点不同，那么不同的抽样率会在使用者观点的总体平衡上造成偏差效应。观察每小时的使用者数量可以在分析阶段为中午及下午的使用者增加一个适当的权重提供数据，这个加权的过程会在第 16 章详细讲述。

### 定性

一些研究需要分析特定的场所或场所类型来使研究融入背景或为研究提供“地方色彩”，而非正式的观察则可以为此提供一些补充材料。更具体地，西顿（Seaton，1997）描述了一个项目，访谈者在一个艺术节期间的各个地点进行了访谈，结果认识到调查方法有很大的局限。例如，想要在表演结束时获取足够的对表演的评价反应样本几乎是不可能的，因为观众正忙着离开场地；用一个事先设计好的小型标准化问卷在对多个独立的表演类型进行测量，则无法捕捉不同的体验；而且调查问卷也无法捕捉到对 VIP 特殊待遇的普遍不满情绪。这时候，应该准备一个观察计划，从而为调查数据提供观察人员在以下几个方面的评价：以停车场不同车辆类型、衣着和年龄为基础的观众特征，观众的满意或不满反应，提供的点心的质量和消费者数量，演员亲朋好友在观众中的显著程度，设备和组织问题。这里有一些上面“暗访购物”中提到的技术特点。

### 日常生活

把对日常生活的简单观察作为一种社会研究方法与英国大众观察对 20 世纪 30 年代及 40 年代的英国生活方式的人类学研究，以及欧文 • 戈夫曼（Irving Goffman，1959）的著作有关。1984 年出版的《大众观察素描的一个人类学分析》（Calder and Sheridan，1984）包含了对伦敦第二次世界大战空袭期间黑泽市海滨长廊酒吧里日常生活的描述，而戈夫曼的著作更具理论色彩，关注的是公共和私人空间中个人使用空间并和空间互动的方式。带有戈夫曼风格的另一本人类学著作（Birenman and Sagarin，1973）包含了对诸如弹球、泡吧、打纸牌和用餐这样的休闲活动的观察研究。

### 社会行为

观察在社会学研究中被用来建立特定环境和一般环境下的社会行为观点和理论。菲斯克（Fiske，1983）和格兰特（Grant，1984）关于海滩使用的研究，以及马什（Marsh）及其同事（1978）对足球球迷的研究就是使用这种方法的例子。这些研究人员对观察到的社会行为通过互动和归纳过程来进行解释。这种研究有一个关键特征，就是研究人员常常要将他们观察到的和他人观察到的或认为发生了的进行对比，特别是那些有影响力或权威的观察，如官方的、警察的或媒体的观察。观察研究可以对现有的关于事件的刻板解释形成挑战。

## 观察研究的主要步骤

观察看起来很简单，不需要考虑什么技巧。然而，和其他任何研究方法一样，观察也需要在项目设计、执行和分析阶段进行仔细的思考。在结构化的观察中，对研究人员的主要要求就是精准、注重细节和耐心。在非结构化的观察中，除了上述要求外，还要求有创造性的“灼见”，能够发掘出正在观察的现象的意义和含义，并将其与研究问题关联起来。表 8-3 给出了观察在计划和执行时的主要任务。

表 8-3　观察研究的步骤

| 观察研究的步骤 |
| --- |
| 1. 地点选择 |
| 2. 观察点选择 |
| 3. 观察时段选择 |
| 4. 连续观察还是抽样观察 |
| 5. 抽样时间的具体时间和长度 |
| 6. 确定观察对象 |
| 7. 划分观察区域 |
| 8. 确定信息记录方法 |
| 9. 开展观察 |
| 10. 分析数据 |

与第 3 章中谈到的“研究过程的步骤”一样，很难提供包含了所有情况的步骤列表，特别是，如果方法是非结构化的而不是结构化的时候，这里讨论的步骤，尤其和计数有关的，或许有些多余。

## 步骤 1：地点选择

在项目提供方组织的室内研究或咨询研究中，研究地点是固定的。但在地点选择研究中，就要花时间来考察和选择地点，这些地点不仅要有合适的休闲/旅游行为，还要有合适的观察条件，或者能够代表各种不同的研究地点类型。

## 步骤 2：观察点选择

在一个地点内选择观察点显然非常重要，需要小心谨慎。有些地点从一个观察点就可以观察到全部，而另外一些情况下必须设计出观察点线路。对结构化观察来说，如要计算一段时间内出现在或经过某一点的人数，那么在不同研究时段内对这一点进行观察也许很重要。但是对于非结构化的观察可能考虑的不一样，它需要从同一地点的多个位置来进行探索和观察。

当需要对人们的行为进行密集的非结构化观察时，可能需要选择非干涉性的观察点以免引起注意，尤其是在人数相对较少的有限空间内。这与步骤 8 要讨论的记录观察结果的方法有关，因为一些正式的记录形式比其他形式更引人注目。

## 步骤 3：观察时段选择

观察时段的选择尤为重要，因为地点使用会随一年、一周或是一天的不同时段或不同的天气条件而变化，也会受诸如公共假日这样的外部社会因素或诸如夜总会某晚播放的音乐类型这样的内部因素的影响而发生变化。对所有的时间段都进行观察也许需要大量的资源，所以对时间段进行抽样通常是很有必要的。

## 步骤 4：连续观察还是抽样观察

对不同的时间段采用连续观察还是抽样取决于可用的资源情况、地点的性质和项目的整体设计。如果研究的目的之一是要准确估算地点的参观者人数，这个问题就会显得尤其重要，这时候用来描述两种方法的术语就是连续计数（continuous counts）和现场计数（spot counts）。例如，一个很大的城市公园有很多门，每个门都安排观察人员，让他们一周工作 100 小时在公园开放的所有时间段内清点公园的使用者人数，那么成本将十分昂贵。就算有可能，也没有足够的资源支撑一年，除非用自动机械装置。大多数的观察项目都不得不采取抽样。如果决定抽样，当然就要确定抽样频次，这将在步骤 5 中讨论。

如果采取计数，就要决定是清点特定时间段内进入或离开地点的数量还是清点某时间出现在某个特殊观察点的人数。清点出现在观察点的人数自然是一种现场计数，而清点特定时间段进入或离开的人数通常被认为是连续计数，但如果时间相对较短，如半个小时或一小时，那也可以被当作现场计数。一般来说，现场计数需要的资源较少，因为一个人就可以做，不需要考虑进入地点的人有多少，而且一个人在特定时间内按计划的线路行进并记录计划区域的人数，还可以提供地点的空间利用信息（见步骤 7）。

当进行非结构化观察时，更有可能采取连续观察，因为其目的通常是要观察事件或行为的动态变化过程。然而，需要仔细考虑什么时候进行观察才能涵盖地点利用的各个方面。

## 步骤 5：清点频次

当研究涉及清点人数时，每隔多久清点一次？这在很大程度上取决于地点使用水平的变化情况。例如，图 8-3 中虚线是观察到的使用模式，而实线是真实的使用模式，那么清点 4 次显然不够，虚线并没有能够准确地代表实际情况。要克服这一点没有什么其他建议，只能是在项目开始时就频繁抽样，直到基本的使用高峰和低谷被识别出来，才有可能减少抽样频率。

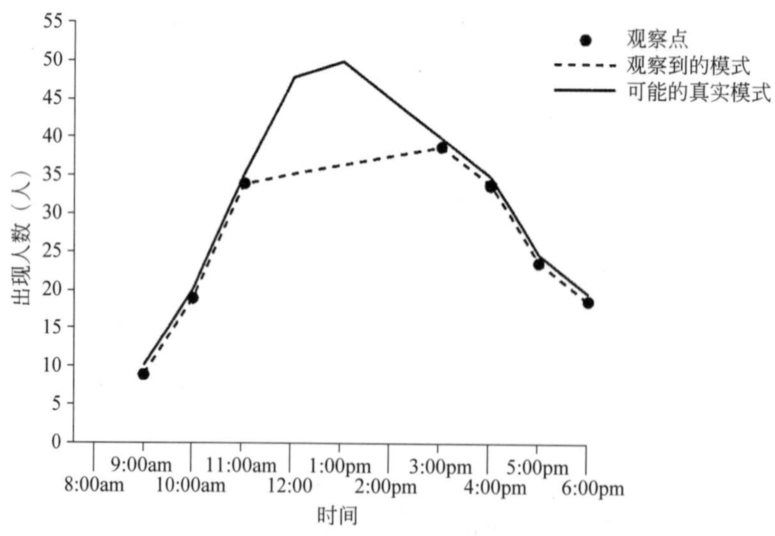


**图 8-3　清点地点使用情况**

## 步骤 6：观察什么

图 8-4 用直接记录人们在地点内所处位置的方式观察游客的行为模式。除了观察人数及其位置，观察和记录不同的活动类型。此外，也有可能在有限程度上记录游客的特征。例如，可以对男性和女性分开标注，也可以对儿童和成年人进行区分，还可以区分老年人。如果需要按类型进行清点人数，那么就要花点儿时间来确认儿童、青少年、青年人、中年人和老年人之间的界线。如果在停车场观察到来和离开的情况，那么还有可能观察到使用地点的各个团体的规模情况。

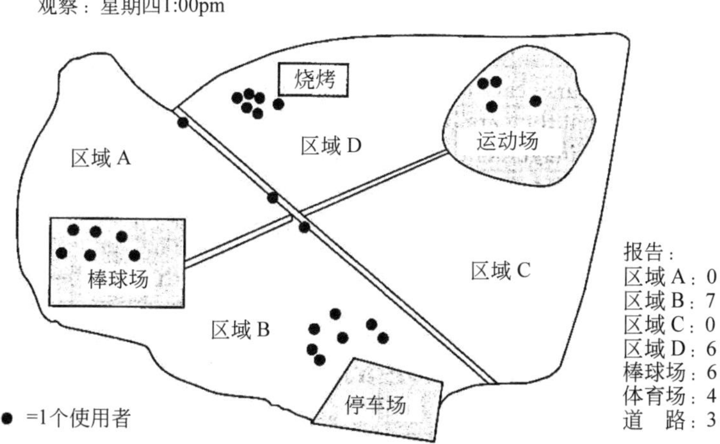


**图 8-4　观察数据制图：公园利用**

这些额外的信息条目当然会使记录变得复杂，这就需要用符号在地图上记录不同类型的人。要注意不要让数据收集过于复杂，那样会让观察人员难以观察和收集信息，并导致不准确。要认真考虑为什么要收集数据，不要只是为了收集而收集。

除了静态观察或只是在到达入口的时候加以观察以外，还有可能观察到游客在地点内的移动情况，并将结果用图形来显示。图 8-4 和图 8-5 就是简单的例子。当然，不要冒犯到游客，让他们意识到正在被尾随，但是，游客线路对管理具有一定的启示作用。

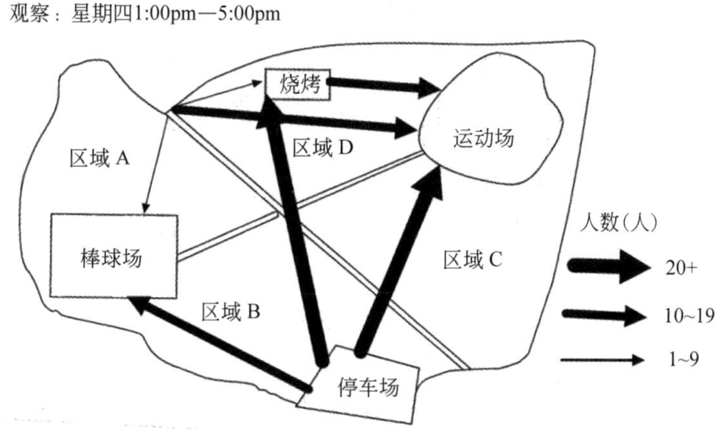


**图 8-5　地点之间的流动**

车辆登记数字是一个有用的信息来源。第一，它可以提供游客来源地方面的信息；第二，车牌号可以用来跟踪一个区域内（例如，有多个停车点的国家公园内）车辆的移动情况。

### 步骤 7：把观察地点划分为若干观察区域

对较大的地点，建议把这个地点分成几个区域并记录这些区域的人数及其活动，就像图 8-7 那样。分区应该首先从管理角度来考虑，如在公园中可以分为儿童体育场、运动区和玫瑰花园。但是在设计分区时也要考虑是否便于清点人数。理想的分区应该是从一点看到整个区域，而且有着明显的自然分界或其他特征分界。

### 步骤 8：记录信息

图 8-6a 提供了一个用于结构化观察项目的计数单的例子，该地点包括六个观察区域，要求清点每个观察区域的利用情况及其可能的各种活动。用这种形式收集的数据便于用电子表格程序来进行存储、处理，以及用图形来表示，这在步骤 10 中会加以讨论。另外一种形式是在地图副本上用数字或点记录数据，如图 8-4 和图 8-5 所示（不同的活动用不同的符号）。

图 8-6b 是一个非结构化观察项目的记录表例子。它的区域划分较少，因为这种观察可能更集中、更费时。每个区域中都提供了自由记录的空间。表上预留的空间量取决于花费时间的长短和观察的细节，有可能一个观察区域一个时段就需要一整页或更多的纸，对另外的时段只能用另外的纸。

| 地点 | 观察人 | | 日期 | | 开始时间 | 结束时间 | |
|---|---|---|---|---|---|---|---|
| | 区域： | | | | | | |
| 活动 | A | B | C | D | E | F | G |
| 散步 | | | | | | | |
| 闲坐 | | | | | | | |
| 运动 | | | | | | | |
| 儿童玩耍 | | | | | | | |
| 吃东西 | | | | | | | |
| 合计 | | | | | | | |

a. 结构化观察记录表

| 地点 | 观察人 | 日期 | 开始时间 | 结束时间 |
|---|---|---|---|---|
| 区域 A | | | | |
| 区域 B | | | | |
| 区域 C | | | | |
| 区域 D | | | | |

b. 非结构化观察记录表

**图 8-6　观察记录表**

## 步骤 9：进行观察

在结构化的观察项目中，如果项目已经计划好了，那么实际执行应该就很简单。一个涉及大量计数的大型项目主要的风险就是缺乏耐心，造成观察和记录的数据不准确。因此，建议让研究涉及的工作富有变化，适当的话，数据收集者可以交换进行观察和计数，而且如果可能的话，也可在地点之间轮换。可以用人工计数，也可以使用手持机械计数器。

在非结构化的观察项目中，对观察人员的要求更多。这种项目事实上是下一章要讨论的定性研究的视觉化形式。观察人员要观察并描述地点正在发生什么，他们必须直接参与研究问题，以便能够决定观察什么，应该描述、记录观察图景的哪些方面，而且至少要开始进行解释过程。

## 步骤 10：分析数据

在一些结构化的观察中，图 8-4 呈现了一种视觉化的描述，图 8-5 构成了分析。其他情况下，一定要将数据处理为有用的结果。这里用四个例子来进行说明：展现一天时间内的使用模式，从现场计数数据中估算使用者数量，加权，对非结构化数据进行定性分析。

### 使用模式

考虑表 8-4 显示的一系列计数，它和一个公园里出现的人数有关，公园上午 8 点开放，下午 7 点关门。图 8-7 用图形说明了这种模式。这样的表现对手头的项目来说可能已经足够了，但还可以进一步分析，包括将抽样计数转变为一个整体游客数量估计。

**表 8-4　公园使用情况观察**

| 时间 | 散步 | 闲坐 | 运动 | 儿童玩耍 | 总计 |
|---|---|---|---|---|---|
| | 观察到的人数（人） | | | | |
| 8:00 am | 5 | 1 | 0 | 2 | 8 |
| 9:00 am | 52 | 6 | 5 | 5 | 68 |
| 10:00 am | 44 | 19 | 10 | 7 | 80 |
| 11:00 am | 28 | 25 | 12 | 11 | 76 |
| 12:00 am | 31 | 40 | 25 | 13 | 109 |
| 1:00 pm | 32 | 56 | 32 | 17 | 137 |
| 2:00 pm | 37 | 46 | 23 | 22 | 128 |
| 3:00 pm | 38 | 45 | 12 | 22 | 117 |
| 4:00 pm | 39 | 40 | 33 | 32 | 144 |
| 5:00 pm | 40 | 33 | 27 | 15 | 115 |
| 6:00 pm | 42 | 20 | 12 | 12 | 86 |
| 7:00 pm | 45 | 15 | 4 | 9 | 73 |
| 总计 | 433 | 346 | 195 | 167 | 1 141 |
| 平均 | 36.1 | 28.8 | 16.3 | 13.9 | 95.1 |

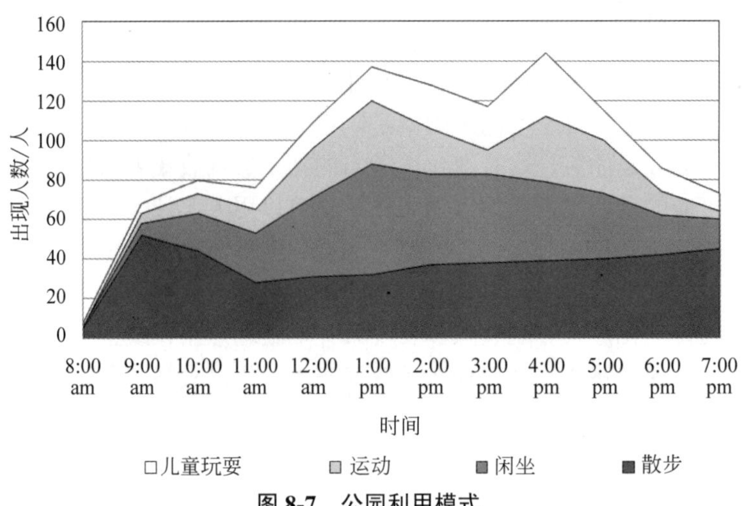


**图 8-7 公园利用模式**

## 估算使用者数量

表 8-5 执行了一个程序来从现场计数数据估算使用者数量。在本例中，估算公园里平均有 95.1 人/小时，12 小时共计 1 141 人。人 • 小时的数量自身就是一种有效的测量手段，可以对不同地点或同一地点不同时间的绩效进行比较。但是，12 人 •小时可能来自：

- 1 个人到公园参观并停留了全天；
- 2 个人各自停留了 6 个小时；
- 12 个人各自停留了 1 小时；
- 24 个人各自停留了 0.5 小时。

**表 8-5 从计数数据估算使用者数量**

| 数 | 据 | 来 源 | 结 果 |
|---|---|---|---|
| *A* | 当前使用者平均数量 | 计数（表 8-1） | 95.1 |
| *B* | 开放时间长度 | 表 8-1 | 12 小时 |
| *C* | 人 • 小时数量 | *A* • *B* | 1 141* |
| *D* | 平均停留时间长度 | 使用者调查 | 0.5 小时 |
| *E* | 游客数量 | *C*/*D* | 2 282 |

*同观察到的人数总数一样（表 8-4），但如果不按每小时计数会有差别。

因此，如果需要估算一天内有多少不同的人造访过公园，就需要知道停留时间这一附加信息。这常需要对游客进行问卷调查来得到，虽然也有可能通过一个抽样人群进行详细观察来获得。在表 8-5 的例子中，如果停留时间长度为 0.5 小时，那么每个人 • 小时代表 2 个游客，一天的游客总数就是 2 282 人。因此，游客数量就等于人 • 小时数量除以平均停留时间长度。

## 加权

从观察获得的使用者详细情况可以用来核查访谈调查的抽样准确性，并且可以用来给调查结果“赋权”，从而确保结果能够更好地反映设施使用者的特征。这有些类似于上面谈到过的对“一天中不同时间段”进行校正，但这里说的是使用者的特征而不是他们使用设施的时间。例如，如果通过观察发现一般的使用者是女性，而访问调查中只有 1/3 的访谈对象是女性，那么，在数据分析阶段就应该对样本中的女性赋予更大的权重，从而让女性的观点和态度受到应有的重视。详细的加权情况将在第 16 章中予以更为全面的描述。

### 定性分析

非结构化的观察得到的数据原始形式很可能是一系列包含有一些数字和图形的记录。为了便于以后参考，研究人员马上要着手的任务就是要保证这些记录在形式上具有可读性，这可能需要把它们写出来或输入计算机，还要提供相关的叙述。在这个过程中，研究者可能已经开始分析了。例如，某个使用者群体在一个场合消失而出现在另一个场合，可能和另一个使用者群体的消失和出现有关，也可能和环境的其他一些变化有关。由于结果可能是一系列延伸了的记录，可以和第 9 章讨论的其他定性研究形式的记录或手稿相比较，因此，也适合采用相似的分析方法，包括确认主题和模式。应用于定性研究中的数据收集、数据分析和理论发展三者之间的归纳、互动一般也适用于非结构化的观察研究。第 15 章中描述的用于分析非正式访谈记录的 NVivo 软件也可以用来分析观察研究记录。

## 技 术 应 用

### 自动计数器

自动计数器可以用于车辆和行人。对车辆进行计数来自下列四项技术中的一种。

- 埋在道路下面的感应回路：制造磁场用来侦测经过的车辆，这个办法相对稳定，但安装成本比较昂贵。
- 压力垫或压力管：车辆经过会产生电路，比感应回路便宜，但由于磨损和撕扯，使用寿命相对有限。
- 红外光束：车辆经过光束时会进行记录，这是最便宜的办法。
- CCTV（闭路电视）：软件可用于分析图像，车辆经过摄像头时进行计数。

每种情况下，设备都连接在计算机化的装备上，能够制造各种使用者报告。例如，每小时、每天、每周、每月或每年的计数和趋势分析。这些技术一般能侦测车辆的不同类型/尺寸，如摩托车、客用车辆和重型车辆。

红外光束和 CCTV 也可以用来计算行人的移动。但是，不一定一次只有一个行人穿过光束，所以，要用某个抽样时间段内收集的直接观察数据来对计数器进行校正。例如，直接目测计数显示在一个特定的位置，自动计算器上显示为 100 时实际上表示的是 120 个人。

骑自行车的人有时也要使用道路，在那里他们可以被纳入交通计数器，或者他们会使用专属自行车道，这时可以使用红外设备。如果行人和骑自行车的人同时使用行人道路，那么需要根据上面讨论的直接观察来进行校正。

这些设备的一个缺点是它们是固定的，一台设备只能监控一条线路或小径。在每个点或每个入口都安装一台设备是比较昂贵的，移动它们的人力成本也比较高。要降低成本，直接目测计数也许是个解决办法。例如，如果直接计数显示去往一个地点的主要入口一般占据了所有游客的一半，那么将那个入口的自动计数器的计数翻一倍就可以估算总的游客数量。

### 地理定位系统（GPS）

上面讨论了追踪一个地点的参观者或一个目的地的游客。各种卫星、陆基无线电和电话上的地理定位系统设备可以用来协助完成这一任务。案例研究 11.3B 提供了一个研究项目的概要，在该项目中，肖瓦尔和艾萨克森（Shoval and Issacson，2007）对该类设备的数量进行了评估。

### 航拍

航拍在地理学和地质学中得到了很好的应用，大量的技术应用使得遥感这一分支学科得到发展，它在休闲和旅游研究中也很有效。对一个范围比较大的区域，如海岸线和港湾，以及那些很难进入或休闲地点十分分散的地方，航拍也许是估算使用水平和使用模式的唯一途径。在港口和港湾，它可能是估计该区域有多少游轮的最好方法，因为这些游轮通常随意行驶，很难在拥挤的水道上来人工计数。不用说，这类研究需要高质量的照相机。

### 静态摄影

作为直接观察的一个辅助，以陆地为基础的普通摄影的价值不能忽视。数字摄影和编辑软件使得在研究中使用照片越来越容易。地点的拥挤程度、它的自然环境和氛围，可以通过附有照片的报告传递给读者。一些具体问题，如腐蚀或设计缺陷，视觉传达要远胜于言辞，一张图片胜过千言万语。围绕一系列主题或信息可以组建一篇“照片论文”，它能够表现简单的研究结果。

### 录像

录像可以用于记录地点的使用模式。就像自动计数器和 CCTV 的记录，现在有软件可以对数字图像进行一些类型的分析。录像可以对“之前”和“之后”的情况进行说明，可以演示一个地点问题的性质以及测量解决问题（如拥挤、腐蚀和乱丢垃圾）的效果。

### 延时慢速摄影

慢速摄影介于静态摄影和录像之间。可以安置一个延时相机对场景自动摄影，如，每隔 10 秒钟或 1 分钟。这些照片按顺序像影片或录像一样投射可以快速展示被摄影区域的使用模式。这是一种用于野生生物纪录片的技术，它可以在你眼前明白地演示植物的生长过程，也可以用来演示休闲或旅游地点使用模式的变化。

# 只 是 看 看

最后，即使研究项目没有涉及系统的观察数据收集，我们也不应忘记我们的双眼在研究中的重要性。熟悉休闲活动或一个休闲或旅游地点好的研究项目设计很有好处，可以帮助解释数据。大量研究是以非正式但却非常仔细地观察为基础的。不是所有有用的信息都是数字形式的。与使用问卷甚至非正式的访谈相比，在特定的休闲或旅游情形中，对一种特定的设施或设施类型或一组特殊的人群，细致地观察发生了什么更为合适。好的研究者是带着眼睛的。

# 本 章 小 结

本章关注的是易被忽视的观察技术，讨论的是“看”在休闲和旅游研究中的作用。要注意到观察可以是正式的或结构化的，包括休闲和旅游地点的计数，以及严格的时间和空间抽样方法。也可以是非正式的或非结构化的。一般来说，在研究地点的观察是非干涉性的，但是像实验方法中的那样，“人为的观察”也是可能的。参与观察是进一步的观察研究形式，将在第 9 章探讨。观察研究跨越了定量/定性方法，因此可以同时包含定量和定性研究方法。一系列休闲和旅游情形可以使用观察，包括：儿童玩耍；非正式休闲/旅游区域的使用，这些区域不收门票，容量和使用模式也不受限于正式座位或预订系统这样的因素；地点的空间和功能使用模式；使用者特征；失范行为研究；暗访购物；补充其他研究；日常生活；以及社会行为。本章将观察研究过程概括为 10 个步骤：①选择研究地点，②选择观察点，③选择观察时间段，④确定连续观察还是抽样观察，⑤决定抽样时间段和时间长度，⑥确定观察内容，⑦把观察地点划分为若干观察区域，⑧记录观察信息，⑨进行观察，⑩分析数据。最后，简要讨论了观察中用到的各种技术辅助，包括：自动计数器、GPS 设备、静态摄影、录像和延时慢速摄影。

# 测 试 题

1. 在本章一开始提出了四种类型的观察研究，它们是什么？
2. 总共有八种休闲或旅游情况适合使用观察，而且有时候是最适合的研究形式。说出三种情况并分别解释为什么观察是合适的研究方法。
3. 现场计数和连续计数的区别是什么？
4. 观察得到的数据可以用什么形式来展现？
5. 对调查数据加权，观察的研究结果如何能起到帮助作用？

# 练 习

1. 选择一个非正式休闲或旅游地点，自己找一个不引人注目但易于观察的位置，记录两个小时里发生了什么。写一份报告，内容包括：地点是如何使用的；谁来使用；有多少人使用；如果有的话，不同使用者群体之间有什么冲突；有什么设计帮助或妨碍了人们在这个地点进行的活动。

2. 在一个休闲或旅游地点建立一个计数系统，一天中每隔一小时对出现的人数进行计数并记录下来。估算这一天有多少游客·小时。

3. 针对练习 2 的地点，每小时访谈 3～4 个游客，询问他们停留了多长时间，或者想要停留多长时间，确定平均停留时间长度，利用这一信息和练习 2 中的数据，估算一下一整天访问该地点的游客数量。

4. 用照片记录你所知道的被忽略或损害的地点的实例。

## 资　　源

- 概要/方法：Burch（1981）, Ely（1981）, Tyre and Siderelis（1978）, Kellehear（1993）, Adler and Adler（1994）。
- 结构化的观察与非结构化的观察之间的区别：Bryman and Bell（2003）。
- 算人数：Gartner and Hunt（1988）。
- 自动计数器：Green Space（1988）。
- GPS：Edwards et al.（2010）；Shoval and Isaacson（2007），见案例分析 11.3B。
- 使用录像：Arnberger and Eder（2008），Wuellner（1981）。
- 使用照片：Garrod（2008）。
- 暗访购物：Dawson and Hillier（1995）；Travel Agents：Hudson et al.（2001）。
- 途中调查：Gartner and Hunt（1988）。
- 休闲或旅游研究中使用观察的例子：
  - 概要：Birenbaum and Sagarin（1973）；
  - 儿童玩耍：Child（1983）；
  - 事件：Seaton（1997）；
  - 体育拥挤/骚乱：Cuneen et al.（1989）；足球：Marsh et al.（1978）；
  - 海滩利用：Fiske（1983），Grant（1984），Douglas et al.（1977）；
  - 乡村休闲：Glyptis（1981a，1981b），Van der Zande（1985），Keirle and Walsh（1999）；
  - 城市公园：Floyd et al.（2008）；计数方法：Green Space（1998）；
  - 博物馆：Bitgood et al.（1988）；Pearce（1988）；见案例研究 8.1。

第 9 章

# 定性方法：简介和数据收集

本章节介绍了与定性信息的收集和分析相关的研究方法，其中，定性信息指的是以语言、图像和声音为媒介的信息，从而和用于定量方法的数字区分开来。本章讨论了定性方法的本质、历史和优点，在研究中的作用，以及可以利用的具体方法类型，包括深度访谈、群体访谈/焦点小组、参与观察、传记方法、文本分析和人类学方法。另外，本章还讨论了对文本的定性分析。

对大多数定性研究方法来说，数据的收集、分析和解释是混在一起的，这和定量方法不一样，后者这些过程功能各自独立，时间也有先后。不过，数据收集和分析过程还是可以看出不同的，而且不同的数据收集方法得到的信息的分析步骤往往具有共性，因此，定性数据分析将在本书第 III 部分第 15 章进行讨论。

## 定性方法的性质

“定性”这一术语描述的是用于及产生定性信息而非定量信息的研究方法和技术，定性信息的形式是文字、图像和声音，而不是数字。一般而言，定性方法倾向于从相对较少的事例或研究对象中收集大量的细节信息，而不是像定量研究那样通常有大量的事例或研究对象，但从每个事例或研究对象收集的信息却很有限。然而，也要正视用定性方法来处理大量事例的情况。例如，一个关于体育观众的研究项目包含对观众活动的观察和参与，可能会涉及成千上万人的相关信息。

采用定性方法也可能是出于实用主义，有些情况不需要或不可能采用正式的、定量的方法，但这时候采用定性方法也要有理论基础。一般来说，使用定性研究基于一种信任，就是将人们恰当地置于一种特定的（休闲或旅游）情形中，以便用他们自己的话来描述和解释他们的体验、感觉和世界观，这个过程无须研究人员充当中介，也不会受到研究人员提出的框架的过多限制。

## 历史和发展

定性方法在北美休闲研究中的使用历史有所不同，在那里有大量的英语休闲研究活动，而英国和澳大利亚相对较晚，研究团体也比较小。然而，就旅游研究的历史来看，轨迹却颇为相似。

休闲研究的差异可以从两个国家最早的大规模实证研究来进行说明。一个是 1934 年的美国研究，乔治 • 兰德伯格等（George Lundberg et al., 1934）的著作《休闲：一个城郊研究》的基础是近 2 500 位调查对象的时间预算记录，这正是 18 种不同的调查方式之一。虽然没有统计检验，对结果的讨论采用的也是叙述形式，但主要的研究结果是以表格的形式来呈现的。相比之下，英国最早的大规模研究，罗温迪和莱弗斯（Rowntee and

Lavers，1951）的《英国的生活和休闲》则以大量的样本为基础，基本上使用的是定性方法，具体见案例研究 9.1。

## 案例研究 9.1

### 早期的定性研究：英国的生活和休闲

英国最早的大规模休闲研究是 1951 年出版的《英国的生活和休闲》。作者是这样描述他们的研究方法的。

在我们对英格兰和威尔士现代生活的研究中，我们认为，除了那些常用的、明显的处理研究主题的方法外，我们需要让大量不同年龄和阶层的男女说出他们的心声，希望实现如他们在讲述自己经历时所说的那样：我们应该绘出一幅栩栩如生的英国生活和休闲图。当我们抱着这样的目的时，正式的访谈或者问卷调查便失去了价值，因为我们想要得到的许多信息是非常私人化的，而且，更能引起我们兴趣的是研究对象的行为，而不是从对简短固定的问题的一问一答中体现出的他们的观点或主张。因此，我们决定通过建立间接访谈的机制，以此来展现人们的生活。这个方法首先是要结识某人，至于理由无关紧要，将两人关系发展到通过日常聊天就能得到你想得到的信息，并且他没有发觉自己正在接受访谈，也没有意识到你想从他口中探得某些信息。这种方法虽然耗时费力，但却行之有效。（Rowntree and Lavers，1951：xii）

若非考虑到伦理委员会担忧这一行为未经调查对象的知情同意，它在 21 世纪为定性方法的应用寻找理论依据的历程中并无任何不妥。该书的前 121 页囊括了从 11 座城市近 1 000 名调查对象中挑选出来的 220 个人（103 名女性，117 名男性）的个案史，短则寥寥数行，长则占据近一页篇幅，皆以匿名叙述，坦率直言。接下来的第 12 章标题显示了访谈和个案史的范围，它们分别是：

- 商业赌博
- 喝酒
- 吸烟
- 乱交
- 英国人有多诚实
- 电影
- 戏剧
- 广播
- 跳舞
- 阅读习惯
- 成人教育
- 宗教

一半的章节包括一两个和调查对象有关的小表格，但是大部分的内容本质上是定性的，包括对访谈进行频繁的简短引用。

同样值得注意的是这份报告包含了可能是休闲研究中最早的文本分析，即电影分析。在这本具有明显时代特征的书中，作者写道：

1946 年早期，我们刚开始调研时，对电影不甚了解。我们绝不是对它心怀敌意，而是因其他事务缠身，几乎很少光顾电影院。然而，当我们下定决心必须用第一手信息写作时，我们中的一人……在整个调研期间去了伦敦（和其他 10 个城市）125 个各种类型的电影院。每去一次，就做一份所放映的主要电影的分析报告，我们这部分的内容也在这些分析的基础上展开。（Rowntree and Lavers，1951：232-233）

这部分包括其中七部影片的简介，以及研究者对这125部电影的“吸引力指数”评价和关于审查制度的讨论。“吸引力指数”的评价方法在现代研究中不太常见，它采用以下五大类分级法。

- 总体上具有文化和教育价值，
- 仅适于合理的娱乐，
- 无害但愚蠢，
- 颂扬错误价值，
- 十分令人反感。

定性和定量方法之间的区分在北美表现得越来越明显，在英国则没有那么显著。实际上，有观点认为英国的休闲研究在20世纪70年代第一个主要增长阶段时，定性方法就起到了重要作用（Veal, 1994）。

研究传统的差异在研究方法的教科书中也有反映。例如，美国1987年出版的这一领域最早的英语研究方法教科书中，理查德·克劳斯和劳伦斯·艾伦（Richard Kraus and Lowrence Allen）只给出了传统科学研究模型使用的定量方法。他们认为存在着定性方法，但却谨慎地指出：

> 两种研究方法都是重要且有效的方法。然而，人们广泛认为那些以定量分析为基础的研究最有意义，才是有重要意义的研究方法，而且科学必须要依赖于对科学数据的实际测量。其结果是，只要可能，研究人员都倾向于使用定量测量……在娱乐和休闲这样一个极为个人化和多元化的领域，其研究应该带有更多的直觉性和描述性特征。（Kraus and Allen，1987：24-25）

他们接下来说到，定性研究方法“不太容易描述”，因此在他们的书中没有定性方法的指南。与之对照的是，英国这个领域的第一本研究方法教科书的第一版出版于1992年，其中包含一个专门的定性方法章节。

20世纪80年代，英语国家休闲研究中对定性方法的态度发生了改变。卡拉·亨德森的著作《选择的维度：娱乐、公园和休闲研究中的定性方法》（Henderson，1991）就反映了这种转变。这一转变也反映在1998年出版的克劳斯和艾伦的教科书的第二版中，这次他们用了一整章来讲述定性方法，还用了一章讲述文献学方法。书中，将“自然主义的方法”和科学模式放在一起进行讨论，值得注意的是，上面引述的第一版中的内容也做出了相应的修改。

> 与定性方法相比，许多学术性的学科更重视定量方法，部分是因为这种方法在物理学和自然科学研究中得到了证实。然而，需要着重说明的是，在娱乐和休闲这样一个极为个人化和多元化的领域，其研究应该带有更深的探索性、直觉性和哲学性特征。（Kraus and Allen，1998：36）

从几乎完全是定量方法到定量与定性方法兼而有之，这一转变也发生在旅游研究中。里奇和戈尔德纳（Ritche and Goeldner，1994）的《旅行、旅游业和接待业研究》，以及瑞恩（Ryan，1995）的《研究游客满意度》虽然在总体上强调定量，但都包含定性研究章节。2004 年，《旅游中的定性研究》（Phillimore and Goodson，2004a）出版，强烈支持使用定性方法，并将其与旅游研究中的批判的/解释学研究方法联系起来。在那本书中，编者提供了一个进化论叙事的观点（Phillimore and Goodson，2004b），霍林斯赫德（Hollinshead，2004：66）下了个结论，称 21 世纪早期，旅游研究人员在探讨本体论和选择适当的研究方法方面还不够“精湛娴熟”。

近几十年里，定性方法已经广为接受，不再被看作是一种例外而需要特殊的证明来说明其正当性。现在，在休闲研究中，定性研究的文献和定量研究的一样都很常见（见案例研究 2.1），在旅游研究中，它们也都是普通的研究方法。

## 优点、作用和局限性

凯里（Kelly，1980）在 30 年前就呼吁更多的定性化的休闲研究，认为在休闲领域，定性研究与定量研究相比有下列优点。

- 这种方法与研究现象的本质相呼应，也就是说，对个人来说，休闲是一种定性的体验。
- 这种方法把个性带回到休闲研究当中。与之相对照的是，定量方法共性的特点更为明显，真实的人有姓名和独特的个性，然而这在定量中得不到体现。
- 定性的研究结果对于没有受过统计训练的人来说更容易理解。
- 这种方法能够更好地体现一个人在一段时期内的变化。相反，许多定量研究只是考虑与当前社会、经济和环境状况相联系的行为，而忽视了大多数人的行为深受他们的生活阅历和经验所影响这一事实。
- 与第一点相对应，凯里认为休闲，包括旅游，涉及大量的人与人之间面对面的互动，包括符号、姿势等，而定性方法很适合调查这种情况。
- 凯里指出，定性技术在理解人们的需求和动机方面要优于定量技术，虽然一些研究者，特别是心理学领域的研究者，不太赞同这一观点。

本书认为不同的方法之好坏并非固有，只是适不适合要开展的研究。因此，凯里指出具体的研究类型要和具体的研究目的相适合。根据凯里的观点，如果研究集中于下面几个领域，那么定性方法明显更适合：休闲或旅游的定性经验；个人的休闲或旅游史；休闲/旅游领域中符号、姿势等的使用；人们的休闲/旅游需求和动机；与没有受过统计训练的听众交流研究成果。

比德尔森（Peterson，1994）站在市场研究者的角度列出了定性研究的潜在用途。

- 建立和行为与观点态度相关的假设；
- 在一个大规模研究中对所有的观点、看法和态度进行识别；
- 确定采取什么样的定量方法，如根据什么来决定谁应该成为访谈调查的对象；
- 考虑应该用什么语言来提出问题（避免在调查问卷中使用专业术语）；
- 了解购买决定是怎样做出的，问卷调查在探索性研究中的效果不太好；
- 发展新产品、服务和市场战略理念，对市场人员来说，自由发挥的态度和主张是丰富的理念源泉；

- 对新产品、服务和战略理念进行初步审查；
- 学习如何与顾客交流，特别是广告内容，人们能够理解些什么，是怎样理解的。

在休闲和旅游研究文献中，定性和定量的支持者之间的争论显然还在进行。然而，一场争论总是有所偏向的。定性方法的支持者在面对假想的对立面为定性方法寻求辩护时，经常将关于定性和定量方法的优点或缺陷的观点归结于不知来源的定量方法支持者或实证主义者。但是，很难找到这些批评最初的文献来源。例如，上面的克劳斯和艾伦的第一段引语是少见的明确声称定量方法天然优于定性方法的例子。然而，即使在这里，作者在评论中也和这些观点保持了距离，说这些观点是"广泛认为"的，表明他们自己可能并不认同。珍妮·菲利莫尔和丽萨·古德森（Jenny Phillimore and Lisa Goodson，2004b：3-4）称定性研究"很容易被批评为有些'软'，'不够科学'，是比较差的方法"，但这句话引自库巴和林肯（Cuba and Lincion，1998）的论文，而这篇论文也引用了其他文献，而后者恰巧是唯一的一篇批评定性方法的文献来源。（Sechrest，1992）

虽然盲目的定性方法支持者努力地宣传定量的优势，然而，像所有方法一样，定性也有其局限。例如，马修·米尔斯和迈克尔·休伯曼（Matthew Miles and Michael Huberman）在他们的《定性数据分析》一书中写到，定性研究在社会科学中的普及程度取得了实质性的增长，但是还要注意：

> 在这场慌张的跟风之中，我们需要意识到一些普遍性的问题还没有消失。这些问题包括：定性数据收集的劳动强度（长达数月或数年的时间长度），过多的数据，调查者可能持有的偏见，数据处理和编码需要的大量时间，只有少量事例可用时不充足的样本，研究发现的普遍性，结论的可靠性和质量，以及这些结论在政策和执行方面的可利用性。（Miles and Huberman，1994：2）

在实践中，基思·霍林斯赫德（Keith Hollinshead，2004：67-68）针对旅游研究观察道，"许多研究中的定性方法并未得到很好的运用"，而且"很多定性的研究者不加疑问地采取一种事先构想的、一般化的或者客位观察的角度来进行他们的研究"。谢丽（Sheery，1999）在和定性休闲相关研究中也发表了类似的观点。

## 定性研究的程序

一般情况下，定性方法在整个研究设计和进行中与其他方法相比要求更多的灵活性，而且它也能够让研究更为灵活，而严格性就退居次席。大多数定量研究本质上讲求依照顺序先后进行，第 3 章讨论的研究步骤就次序分明，有着事先计划好的顺序。而定量核心数据收集任务的性质决定了按顺序先后进行对定量研究来说是不可避免的。许多定性研究中，研究的各个步骤之间的关系比较灵活，这种方法也可称之为*递归法*（recursive）。在这种方法中，假设是随着研究进程的发展而形成的，数据的收集和分析同时进行，研究报告的写作也经常是渐进的，并随时进行，而不是在项目完成后才开始的。图 9-1 用图形的方式说明了这两种方法。

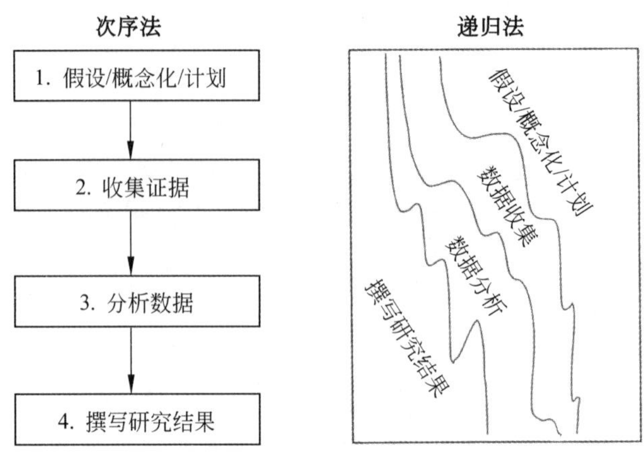


图 9-1 次序法和递归法

尽管在这里次序和递归模式是放在定量和定性方法之间对比的背景中予以呈现的，但事实上，定量和定性方法都可以包含次序和递归方法。因此，有可能一个基本上是定量的研究涉及大量的数据来源，需要进行大量的小规模递归法研究；或者一个基本上是定性的研究涉及规模很大的单一来源数据。例如，一个关于市政领导人的全国性研究，就会包含标准化程度很高的深度访谈。

巴尼·格拉泽和安塞姆·斯特劳斯（Barney Glaser and Anselm Strauss）这两位社会科学家建立了“扎根理论”（grounded theory）这一哲学概念，是定性数据分析中一种重要的哲学观点。扎根理论关注从研究中总结出理论，而不是对先前的理论进行检验。因此，根据第 2 章的术语，这是归纳而不是演绎。在这种范式中，理论和模型应该扎根于真正的经验观察，而不是为传统的方法论和理论所左右。在将数据总结为理论的方法中，研究人员的头脑中不应该有任何预先的概念，不要试图通过对数据进行仔细分析以求发现有什么模式或矛盾之处。研究人员要达到这一点，就必须熟悉这个研究的数据、研究主题和文化背景。这一过程非常复杂并且很个人化。

定性研究的一个特征是把研究人员看作研究工具，与之相反，如调查方法中，问卷才是研究工具。

## 定性方法的范围：简介

本章要讨论的休闲和旅游研究普遍用到的定性技术包括：深度访谈、群体访谈/焦点小组、参与观察、传记方法、文本分析和人类学方法。表 9-1 概述了这些方法的基本特点。

如上所述，定性研究实践中，很难将数据收集和数据分析分开来独立进行。下面对各自方法的讨论将集中在数据收集方面。

表 9-1 定性方法：概要

| | |
|---|---|
| 深度访谈 | • 研究包含的研究对象数量通常比较少。<br>• 用一个话题列表来指导访谈而不是用正式的调查问卷。<br>• 通常对访谈进行录音，并记录或整理出文稿。<br>• 访谈至少持续半个小时，也可以延长到几个小时。<br>• 可以重复或跟踪访谈。 |
| 群体访谈/焦点小组 | • 以小组形式进行访谈/讨论，一般为 6～12 人。<br>• 引导讨论的主持人管控着访谈过程。<br>• 访谈对象之间，主持人和访谈对象之间存在有互动。<br>• 访谈过程一般要录音或进行记录并整理为文稿。 |
| 参与观察 | • 研究者通过成为和研究对象一样的参与者来收集信息。<br>• 研究对象或许知道研究人员的身份，或许不知道。 |
| 传记方法 | • 关注的是个人的全部或部分生活史。<br>• 可能涉及深度访谈，也可能涉及文献证据或调查对象自身的文字说明。 |
| 文本分析 | • 分析“文本”内容，“文本”包括印刷品和视听媒介。 |
| 人类学方法 | • 借用人类学方法，利用上面谈论的多种技术而不只是一种。 |

# 深 度 访 谈

## 性质

深度访谈有时称半结构化的访谈，其长度、深度和结构有自身的特点。

- 长度：深度访谈的时间比问卷调查要长，一般至少要半小时，有时达几小时，访谈次数也不止一次。
- 深度：正如其名，深度访谈可能比问卷调查更深入。这和问个问题，然后简单记录一下回答就离开相比，深度访谈一般鼓励调查对象多说，追问一些补充问题，而且要求调查对象对他们的回答做出解释。
- 结构：深度访谈没有问卷调查那样结构严谨。问卷调查可以被视为结构化的，而深度访谈被视作半结构化甚至无结构的，这在下面会谈到。所以，即使定性研究中的每次访谈面对的都是同一问题，访谈也是不同的。

有观点认为，访谈总体上可以说是一个谱带。谱带的一端是问题及其措施都已事先准备好的，而另一端是完全没有准备的；一端回答是事先编码的，而另一端回答则是完全开放的。这在表 9-2 中予以说明，它显示了问卷调查和深度访谈在谱带中间的重合部分。

表 9-2 问题、回答和访谈类型

| 访 谈 类 型 | 问 题 形 式 | 回 答 | 访谈者/访谈对象互动 |
|---|---|---|---|
| 结构化 A | 由问卷规定 | 事先编码 | 正式，一致 |
| 结构化 B | 由问卷规定 | 开放式回答 | 正式，一致 |
| 结构加半结构因素 | 问卷规定加补充问题 | 开放式回答 | 大部分正式，一致 |
| 半结构 | 话题列表：事先没有规定问题形式 | 开放式回答 | 健谈，多样 |
| 无结构 | 事先仅仅规定了话题范围 | 开放式回答 | 自由交谈，多样 |

## 目的及适用情形

深度访谈通常用于以下三种情形。

（1）访谈对象数目相对较少，所以不适合用定量的问卷调查来进行研究。

（2）从每个访谈对象处收集到的信息量可能很大，并且形式复杂。例如，和娱乐或休闲机构的管理人员或不同的国家运动队教练进行访谈，每次访谈都会不尽相同，各自有各自的“故事”。在报告研究时，这些叙述的独特性质和机构才是令人感兴趣的内容，而“多大比例的访谈对象说了什么”这样的数据反而没什么关系。

（3）可以在计划一个大规模的研究初期来探索一个主题，这个研究可能是定量的，如问卷调查。

## 话题列表

与正式的问卷调查相比，半结构化深度访谈所用的“工具”通常是一个要提出的话题的列表或清单，其中可能包含少量事先准备或规定好的问题。例如，一份正式的问卷可能会问这样一个问题：“你在外出度假时游览过下列哪个国家？”而在非正式的访谈列表上可能只是简单地写着“游览过的国家”。访谈人员可以根据具体的访谈环境来改变提问题的方式。例如，访谈人员对孩提时期的度假经历对成人后的游览模式会产生怎样的影响感兴趣，一些访谈中必然会问一个具体的问题，如“你小时候有过什么海外度假经历？”而在另一些访谈中，为了回答访谈人员最初的问题，访谈对象也许会主动地谈论自己孩提时代的旅行细节，那么就不需要再单独问起儿童时期旅行的问题了。所以，每个深度访谈都不尽相同，访谈展现的是他们自己的生活。

访谈人员需要有技巧地确保涵盖了所有相关的话题，虽然在不同的访谈中提出问题的顺序和方式不一样。然而，这假定了一开始就已经知道了相关的话题，而且它们已经被包含在话题列表中。而实践中，定性研究可以包含大范围的话题，因此，话题列表中的内容随着研究过程不断发展，新的话题也许会从调查中浮现出来。

设计话题列表和设计正式的调查问卷一样，也有相应的方法。特别地，列入话题列表的项目也应该以研究的概念框架和数据需求为基础，这些概念框架和数据需求可能很详细，也可能是一般化的，具体可见第 3 章的讨论。表 9-3 提供了一个话题列表的样例，它以相当简练的方式列出了话题。另一种方式是像调查问卷那样写好全部要进行初步讨论的话题，建议访谈人员有若干人的时候这样做。把问题完全写好也有问题，那就是看着话题清单读冗长的问题会影响访谈的流畅性和非正式氛围。话题清单越详细，访谈就越具有半结构化特征。如果只用一个简单的话题清单，或者根本不用，访谈也就被认为是非结构化的。

应该注意到，对这一领域的学者来说，并没有普遍接受这种类型划分和术语体系。例如，盖尔·詹宁斯（Gayle Jennings，2005：101）将问卷描述为结构化访谈的“列表”，将半结构化和非结构化的访谈描述为“田野笔记，文字和记录”，尽管这看上去有些混淆了获取信息和记录信息。

**表 9-3 深度访谈话题列表的例子**

**这是设计用来调查人们休闲时间利用和对待休闲态度的问题列表的一部分**

| | |
|---|---|
| 当前的活动 | 多久一次？<br>为什么？ |
| 探索每一个活动：比较 | 在哪里：在家/不在家<br>和谁？<br>意义/重要性<br>参与类型 |
| 想做的那些对你来说是“休闲”的活动 | 为什么不做？ |
| 限制 | 家庭<br>工作：时间/精力/同事<br>家庭角色<br>因为是男人/女人<br>因为是父母，要照顾孩子<br>金钱/花费<br>车/交通 |
| 为什么改变以前的活动？ | 在学校<br>在大学<br>和家人一起 |
| 设施 | 当地：喜欢的<br>城市：使用/未使用：为什么？ |
| 俱乐部/社团<br>个人特点<br>厌憎 | <br>技巧<br>期望 |

## 访谈过程

想要进行一次很好的深度访谈，需要有好的调查记者般的技巧。正如迪安（Dean）及其同事所说：

> 许多人觉得新闻记者与社会科学家相去甚远。然而今天许多社会科学数据都是通过访谈和观察方法取得的，其方式和老到的新闻记者……在研究工会罢工或政治会议时用的方法类似。对我们来说，轻视这些不太严格的方法，视其为“不科学”是没有意义的。我们应该好好向他们学习，学习他们的技巧，这样我们才能更好地使用它们来获得科学的信息。（Dean et al.，引自 McCall and Simmons，1969：1）

深度访谈有两种方法：一种是标准化的方法，另一种是非正式或非结构化的方法。

### 标准化的方法

标准化的方法是一种强调以“结构化”为基础的“半结构化”的方法，它复制了传统科学方法的很多元素，研究者和所有访谈对象的互动都要尽可能一致。所以，虽然访谈对象根据访谈流程即兴发挥，但访谈问题会事先设定。这种情形下，访谈的一个重要技巧就是避免采用那种访谈对象被访谈人员“牵着走”的谈话方式。访谈人员要避免看上去支持或者反对访谈对象，或者引导访谈对象去进行回答。这实际上比听起来要难，因为在正常的谈话中我们会发出友善的言论，想要参与讨论。这种时候，访谈人员往往在维持友好谈话气氛和力图不影响访谈对象的回答之间左右为难。一些要用来建立正式调查问卷的事先仔细计划好顺序了的提问，需要通过访谈人员的敏捷和灵活才能达到效果。例如，在发现访谈对象不去剧院之后，访谈人员不要问：“是因为太贵了吗？”这会引导访谈对象。应该问的是一个开放性的问题，如“为什么不去？”如果访谈对象没有提及花费，而研究又对此感兴趣，那么访谈人员应该问这样的问题：“座位的价格怎么样？”但是这个问题只能在访谈对象给出自己不去剧院的原因之后才能提出。

这类访谈另一个重要的技巧是不要害怕沉默。访谈对象对有些问题感到迷惑，需要时间思考。访谈人员这段时间不要发出噪声，不要想去“帮助”访谈对象，要给访谈对象时间思考。访谈对象可以发问，要求对一些不明白的问题进行解释。虽然这些时候制造出一种谈话氛围会让人感到舒适，但半结构化的访谈不是谈话。访谈人员的任务是听，要鼓励访谈对象多说而不是去辩论。

### 非正式或非结构化的方法

一些研究人员更喜欢非正式的或非结构化的方法。例如，雪莉·杜普伊斯（Sherry Dupuis）认为半结构化的方法在寻求能够反映定性研究的实证范式方面并不适合。她认为，使用定性方法涉及和所有信息的互动，因此访谈对象应该是自由的，和访谈人员之间应该是一种相对自由的双向谈话方式。但是她也进一步提到，如果这样，那么研究说明中要报告的研究过程方面就会有比平常多得多的细节。例如，通过完全双向谈话得到的信息以及和友好的访谈对象之间进行的观点交流，无可争辩地和访谈对象有所保留的访谈中得到的信息会有本质的不同。

### 区别

克里斯·瑞恩（Chris Ryan，2000：125）认为标准化的访谈和非标准化的访谈之间的区别对应于现象描述研究和现象学研究之间的区别。前者研究人员采用了一种极简的方法介入访谈，接下来分析和解释访谈结果（通常是整理记录）；后者研究人员/访谈人员更倾向于积极帮助访谈对象，从他们口中探得答案，从而在访谈过程中了解他们的世界观。

怀特（Whyte，1982）根据访谈人员干涉访谈的程度列出了一个访谈人员反应等级表，他也将此看作访谈人员对访谈的控制程度分级，具体如表9-4所示。其中，等级越

**表9-4　怀特的访谈干预等级**

| | |
|---|---|
| “嗯” | 非语言性的反应，仅仅表明访谈人员还在听并且有兴趣。 |
| “真有趣” | 鼓励访谈对象继续说或者扩展当前的话题。 |
| 反问 | 以疑问方式重复最后一句话，如“这么说你不喜欢运动？” |
| 探索 | 要求对陈述进行解释，如“你为什么不喜欢运动？” |
| 追溯 | 回忆访谈对象早先说过的事情，要求进一步的信息，如“让我们回到你说过的学校时光。” |
| 新的话题 | 开始一个新话题，如“我们可以谈谈其他的休闲活动吗？娱乐怎么样？” |

小，干涉程度也越小。需要指出的是，除了第六种反应形式，访谈人员基本上是在利用访谈对象已经说过的东西，请他对说过的内容进行进一步的拓展。

### 音像记录

在深度访谈中进行录音或录像记录是很普遍的，尽管有时候这么做会让访谈对象感觉不自在。如果不能记录，那么必须在访谈的时候或访谈一完就马上记笔记。将记录完整地整理成文字稿是非常有价值的，虽然用声音识别技术将数字化记录自动转化为文字的在线服务业已存在。这要花费不少力气，1 小时的访谈要花 6 小时的时间来整理。然而，这样的整理文字可以用来对访谈结果进行更有条理也更全面的分析，如果用笔记的话就不太可能。

## 焦 点 小 组

### 性质

在市场和社区研究中，越来越流行将一群人聚集起来进行访谈而不是一个一个地访谈。在这种技术中，访谈者变成了主持人、召集人或讨论的引导者，而不再是一个访谈人员。这个过程的目的跟深度访谈基本相同，但这种情形下参与者互相之间要进行互动，而且要和研究人员/主持人进行互动。

### 目的

这种技术可用于：

- 某个群体在一项研究中非常重要，而人数太少，使用问卷调查的话这些小组成员没有足够的代表性，例如，少数民族群体成员或残疾人群成员；
- 互动/讨论过程本身就是研究内容，例如，测试对新推出产品的反应，或调查人如何形成自己的政治观点；
- 在安排以个人为单位的深度访谈行不通，而人们又愿意接受群体访谈时，可以作为深度访谈的一种替代性选择，例如，一些青年群体或一些少数民族社区的成员。

### 方法

一个小组通常由 6～12 个参与者组成。选择他们，可能是因为他们来自一个“面板”人群，对市场研究人员来说，他们恰好可以用于这类研究；或者是因为他们是所要研究的某个群体的成员，如某个具体地区的居民、体育俱乐部的成员或者是包价度假团体的成员。一个小组的成员可能互相认识，也可能互相不认识。

按通常的程序，要对他们的讨论进行录音，然后研究人员要对录音手写一份摘要。

使用深度访谈时的许多考虑在这里也同样适用：尽管过程是非正式的，但是主持人仍然要引导讨论，以保证话题的各个方面都被涵盖到。另外，在群体访谈中，主持人有责任确保小组里的每一个人都要发言，不能让小组里一两个爱发表意见的人主导讨论进程。

# 参与观察

## 性质

在参与观察中，研究人员要成为被研究的社交过程的参与者。怀特（Whyte，1955）的《街角社会》就是这种方法的典型案例，研究中，研究人员在一座美国内陆城市的意大利人社区居住了几年时间。史密斯（Smith，1985）对英格兰酒吧的研究是一个休闲研究的直接案例，而维恩（Wynne，1986）对社区休闲设施的研究也是一个直接使用参与观察的研究案例。

## 目的

在很多类型的休闲和旅游研究中，经常会使用参与观察。例如，研究人员想要研究一个公园或度假地的使用状况，可以花点儿时间充当一下用户。许多关于单项运动项目或运动俱乐部的研究是由运动的参与者或俱乐部成员实施的。旅游目的地的研究人员自身也就是那些目的地的游客。传统上，这个过程涉及研究人员与研究对象之间大量的互动。很多时候，某种类型的参与观察是研究某种特定现象的唯一方法。例如，用问卷调查或笔记本来研究毒品亚文化或年轻人的亚文化中发生了什么是非常困难的。很明显，成为群体的一部分，渗透到他们的活动中是研究这类群体的可行方法。

## 方法

参与观察提出了一系列实践/策略，有时候甚至是伦理上的挑战。例如，很多时候想要进入研究的社交圈是很困难的，尤其是那些联系非常紧密的群体。进入社交圈之后，又提出了新问题，是伪装成典型的群体分子，不管是假装身份还是人物角色（如记者或作家），还是承认自己是一个研究人员。

就像调查研究人员要考虑如何取样一样，参与观察人员也要考虑怎么来选择信息源。被研究群体中最友善和健谈的成员也许是最容易沟通的，但是他们所提供的群体观点和行为情况却有可能有偏差。

另外一个要面对的实际问题是怎样记录信息。如果研究人员的身份没有暴露，那么现场做笔记或录音是不可能的。即使研究人员已经公开了自己的身份，或是伪装成其他身份，使用这类设备也会对研究人员试图与群体成员建立的自然关系形成干扰。然而，定期详细记录是基本的信息记录方法。某些情况下，可以通过照相、录像和录音作为补充。至于研究人员和信息来源之间的伦理关系问题，已在第 4 章讨论过（见案例研究 4.1）。

# 分 析 文 本

## 性质

分析文本，如剧本和小说，是一些人文学科的基础，如文学、传媒和文化研究。随着这些学科的研究人员越来越关注休闲和旅游问题，而且休闲、旅游与文化产品之间的关系也已经有所认识，这种方法在休闲和旅游研究中起着越来越重要的作用。“文本”这一术语不只包括文字性的资料，也包括图片、海报、音乐、电影和电视。实际上，任何一种文化产品大体上都可以当成文本来阅读。这种趋势的一个重要反映就是，“凝视”这一术语越来越多地用来描述休闲和旅游研究者和他们的研究对象的活动。约翰·厄里（John Urry，1990）在其著作《旅游者凝视》中写道：

旅游研究应该要分析文本，不只是写作文本，还有地图、风景、绘画、电影、城镇风光画、电视节目、宣传手册，……因此，社会研究明显由对文本的解释组成，其中，依托的主要是各种定性方法来识别话语结构是如何产生和维持一个具体的旅游地的，虽然只是暂时地维持。（Urry，1990：238-239）

本书并不打算列出详细的分析技巧，因为方法很多，包括定性方法，逐字“阅读”文本，有时被称为解释学的文本解释，以及高度定量化的内容分析。在这里，只介绍这一领域中几个研究案例。

## 小说和其他文学形式

- 森梅兹等（Sönmez et al.，1993）分析了肯尼亚小说家恩古吉·瓦蒂翁哥（Ngugi Wa Thiong'o）在小说中描绘的休闲概念。该分析提出了一个非西方的休闲视角，它产生于剧烈变化的殖民和后殖民主义的文化经验中。
- 赫尔特曼和哈伯的两篇论文（Hultsman and Harper，1992；Harper and Hultsman，1992）对 20 世纪 30 年代美国“旧南方”生活的诸多文章进行了分析，提出了关于那个时期休闲和阶级的新见解。
- 保罗·巴里（Paul Barry，1994：414-444）撰写的媒体大亨克里·帕克（Kerry Packer）传记中有一章对一个富翁的“严肃休闲”方法——打马球，进行了非常有趣的分析，展示出传记作为休闲研究材料来源的价值。

## 大众传媒报道

某个选题的传媒报道可以通过衡量报纸上这个选题的栏目大小或电视对这个选题的报道时间来进行定量研究。这样的研究案例有：

- 布朗（Brown，1995）以及罗和布朗（Rowe and Brown，1994）对澳大利亚报纸中女子体育的报道研究。
- 图希（Toohey，1990）对巴塞罗那奥运会电视报道的分析。

- 库尼等（Cuneen et al.，1989）对报纸上体育事件报道中的文字和图片报道的分析。

### 电影

- 麦坎内尔（McCannell，1993）对旅游电影《食人族之旅》进行了广泛的分析，在此基础上对旅游在现代世界中的作用进行了详细的利润诠释。伯恩斯和莱斯特（Burns and Lester，2005）也对这部电影进行了分析。
- 罗杰克（Rojek，1993）在其文章《迪士尼文化》中对迪士尼电影及其在当代文化中的作用进行了分析。

### 物质文化

- 霍德（Hodder，1994）在其论文《文献和物质文化的解释》中对文献的关注相对较少，重点是研究“物质文化”或手工制品问题。对手工制品，他分析了时装、国旗，还对垃圾进行了考古学研究。
- 文献中，直接研究与休闲和旅游相关的文化产品的案例有：
  - 迪士尼主题公园（Rojek，1995；Klugman et al.，1995）；
  - 明信片（Cohen，1993）；
  - 美国音乐（Dyer，1993）；
  - 重金属摇滚（Straw，1993）。

## 传 记 方 法

### 性质

传记研究涵盖了一系列全部个人或一群人的全部或部分生活史研究方法。这类研究最普遍的例子是传统传记和自传，也包含大量的其他研究方法，包括：口述史、记忆工作以及个人史。本书没有给出详细的传记研究方法，只给出这个领域的一个概览，本章资源部分也包含更进一步的信息。

### 传记/自传

许多出版物记录了商界领袖的一生，然而它们常常只是用来消遣，却也在商业和商界领袖是如何操作的方面提供了一些洞见。最广为人知的也许是李·艾柯卡（Lee Iacocca，1984）的自传，他是克莱斯勒公司动荡时期的首席执行官。关于沃尔特·迪士尼，其本人及公司的传记不计其数（例如，Bryman，1995；Foglesong，2001；Project on Disney，1995）。在澳大利亚，保罗·巴里的《艾伦·邦德的沉浮》（拥有啤酒厂、电视台和其他产业）和《克里·帕克的沉浮》（拥有几家电视台、杂志和娱乐场所）都是休闲产业传记的突出代表。

### 口述史

口述史包括记录目击者对事件的叙述，一般要将记录或记录整理作为研究的资料来源进行存档。虽然它们以个人叙述为基础，然而涉及的范围远比个人生活叙述要宽泛得多。例如，帕克对 20 世纪 80 年代矿工罢工期间的英国矿区的研究（Parker，1988）就是这样的例子，书中包含了矿工、煤炭董事会职员、警察和社区成员的叙述。

### 记忆工作

记忆工作是探索调查对象对事件记忆的一种结构化的方法。它可以看成写作辅助下的焦点小组方法。参与者被要求就研究话题相关的经历写一个简短说明，如在工作场所受到恐吓或成功的销售经历。这些简短说明在焦点小组会议上会被大声朗读并加以讨论，也许还有后续的写作和访谈（Small, 2004）。

### 个人生活领域史

20 世纪 80 年代，赫奇斯（Hedges，1986）提出了被称为“个人休闲史”的研究方法，用来研究生活环境的显著变化（结婚、生孩子，换工作，健康问题，等等）对休闲参与模式的影响。虽然还没有什么知名案例，但这种方法显然可以用来研究生活的其他领域，因此这里用了“个人生活领域史”这一术语。

## 人类学方法

人类学研究不是一种技术，而是包含了众多技术的研究方法。一般来说，在休闲和旅游研究应用中，它寻求通过被研究者的眼睛来看世界，允许他们为自己说话，这通过研究报告中大量的直接引用就可以看出来。其目的通常是揭露关于“社会问题”“失范行为”、性和种族刻板印象等方面的传统的、建构的和“常识上”的观点。在休闲研究中，这种方法和“文化研究”之间有着特定的联系。例如，对青年亚文化群体和少数民族群体的研究。

## 效度、信度和可信度

第 2 章说过，效度是指研究能在多大程度上精确地反映它所想要代表的现象，而信度是指研究在多大程度上是可重复的。要注意，在定性研究中，一些研究人员更愿意使用另一个术语——可信度。内部效度关注从研究对象收集信息的过程。可以这么说，用定性方法收集的信息，其内部效度要比用问卷调查收集得高，因为定性数据收集在收集一个信息时需要付出更多的努力和时间，因此深度访谈或焦点小组中访谈人员和访谈对象的交流互动可以提高相互理解的可能性。

外部效度更注重基于研究对象所得到的结果的普遍适用性。虽然通常情况下定性研究不谈一般化或普适化，但是，正如第 2 章所说的，这个严格限定常常被忽视了。第 13

章会谈到，定性研究在取样上要花费大量的精力，使得它们至少在被研究人口的多样性方面具有一定的代表性。如果研究人员在开展定性研究项目时不相信存在一些超越有限研究样本的意义，反而显得有些奇怪。因此，定性研究中有一个信念就是其发现对研究样本来源人口中的部分人是正确的，但正确程度没办法量化。用理论术语来讲，如果定性研究的发现和目前的理论不一致，那么至少证明这一理论并不是普遍有效的。更进一步讲，从定性研究中得到的理论命题也许更具有普适性。

不同于自然科学，要准确地重复定性的社会科学研究几乎是不可能的。然而，一系列相似或逻辑一致的研究结果的累积为这些结果提供了支撑，这种支撑不是统计学意义上的，而是根据研究结果在不同环境下的稳定性得到的。这和定量的元分析有些类似，后者认为那些来自大量研究的结果虽然在统计学上不显著，但如果单个研究的显著性受到样本规模的影响，那么这些研究结果也可以在一定程度上予以接受。

因此，虽然定性研究不能像定量研究那样接受严格的效度和信度检验，但这个问题仍然可以讨论，有一些可信度评价方法可以用来对定性研究进行检验。

## 本章小结

本章介绍了定性方法在休闲和旅游研究中的作用。定性研究的基本假设之一是现实是社会化的，是主观建构的，而不是客观决定的。从这一角度来看，研究人员就是研究过程的一部分，他们试图去揭示研究问题尚未显示出来的意义，并理解所要研究的问题。一般来说，定性研究要从相对较少的人和机构那里收集大量的、“丰富的”信息，而不是从大量的人和机构那里收集较为有限的信息。

定性研究在整个设计和实施上一般需要更灵活的、递归的方法，而大多数定量研究使用的方法则是线性的，有先后顺序的。定性研究的假设是随着研究进展而演进的，数据分析和数据收集同时进行，并且研究报告的撰写也是一个演进的过程，而非在项目结束以后单独进行。

对研究人员来说，有大量的定性方法可以使用，包括：深度访谈、焦点小组、参与观察、文本分析、传记方法和人类学方法。每种方法的性质和使用技巧也都在本章进行了介绍。

定性方法的效度和信度不能用定量方法那样严格的、定量的检验来评估，但是这个问题可以用“可信度”这一术语来进行分析和评价。

## 测试题

1. 列举定性数据的一些优点。
2. 解释顺序法和递归法的差异。
3. 概述怀特对深度访谈/非正式访谈中不同程度的干涉。
4. 深度访谈中的访谈人员对应于焦点小组中的什么角色？
5. 说出三种传记方法的名称。

# 练　习

关于定性方法的练习，见第 15 章。

# 资　源

- 社会科学中的定性方法：Lofland and Lofland（1984），Burgess（1982），Denzin and Lincoln（1994，2006），Silverman（1993）。
- 休闲研究：Henderson（1990，2006），Godbey and Scott（1990），Kelly（1980），Kamphorst et al.（1984）。
- 旅游研究：Cohen（1988），Davies（2003），Peterson（1994），Riley and Love（2000），Walle（1997），Phillimore and Goodson（2004b）。
- 运动研究：Andrews et al.（2005）。
- 休闲研究案例：Cuneen et al.（1989），Griffin et al.（1982），Hollands（1985），Marsh et al.（1978），Walker（1988），Wynne（1986）。
- 旅游研究案例：Palmer and Dunford（2002），Jordan and Gibson（2004）。
- 非正式/深度访谈：Dunne（1995），Moellar et al.（1980a，b），Jennings（2005）；案例：Rapoport and Rapoport（1975）。
- 参与观察：Campell（1970），Glance（1986）。
- 焦点小组：Calder（1977），Greenbaum（1998,2000），Krueger（1988），Reynolds and Johnson（1978），Steward and Shamdasani（1990），Morgan（1993）。
- 文本/视觉：旅行摄影：Albers and James（1988）。
- 传记方法：Atkinson（1998），Bertaux（1981），Roberts（2002），Project on Disney（1995）；旅游方面：Ladkin（2004）；个人生活领域史：Hedges（1986）；旅游中的记忆工作：Small（2004）。
- 扎根理论：一般性讨论：Glaser and Strauss（1967），Strauss（1987），Strauss and Corbin（1994）；旅游中：Connell and Lowe（1977）。
- 人类学：旅游中：Sandiford and Ap（1998），Davies（1997）。

# 第 10 章

# 问卷调查：类型、设计和编码

本章要对各种类型的问卷调查和问卷设计进行总体介绍。问卷调查包括用正式设计的问卷或访谈列表从个人那里收集信息，是休闲和旅游研究中最普及的方法。

本章第一部分探讨问卷调查方法的优点，以及由访谈人员完成的问卷调查和由调查对象完成的问卷调查之间的区别，并简要介绍了一系列调查方法的特点，包括：家庭调查、街头调查、电话调查、邮寄问卷调查、电子邮件调查、现场或用户调查，以及非自主群体调查。

本章第二部分论述了在休闲与旅游研究问卷设计中必须考虑的因素。首先，要分析研究问题和信息需求之间的关系。接下来要考虑在休闲与旅游调查问卷一般包含的信息类型，包括：问题陈述、用于计算机分析的问卷编码、问题排序和布局，以及效度问题。最后，有些还要考虑特殊的时间预算研究需求。

## 定义和术语

调查问卷可以定义为“手写 / 打印或电子方式的问题和记录问题回答的表格”。因此，它既是获取调查对象信息的一种方法，也是记录回答的一种媒介。

本章特意用了“问卷调查”这一术语，是为了强调“问卷”和“调查”是两个不同的术语。有一种趋势是将“调查”和“问卷”混为一谈，这甚至出现在一些研究文献中。例如，有知名学者说，“分发了 1 000 份调查”，这并不合适，因为这里只有一个调查，分发的是 1 000 份问卷。这两个术语的区别是：

- 问卷是指手写 / 打印或电子形式的问题列表，
- 调查是指从一定数量的研究对象那里收集信息的研究设计和设施过程。

“调查”并不一定包含“问卷”。例如，对海岸拥挤程度的视觉调查或对机构年度报告内容的文献调查。

问卷的对应词语有“研究工具”或“调查工具”，这两个词语参照的是科学实验室背景。此外，有时也会用“调查形式”或“问题列表”。

## 作用

需要从个人或机构获得特定范围的信息时，可以使用调查问卷。问卷调查一般以能够代表有限人口的个体或机构的样本为基础（第 13 章将进行讨论），虽然有时候会包含所有的人口，如国家人口普查（见第 7 章）。两种情况的目的都是要对人口的特征进行陈述，其形式一般是百分比、平均数、关系和趋势。

通常情况下，问卷调查用来收集答案数目有限的问题的回答。例如，一个人的性别或受教育程度。但是有些问题是开放的，没有具体的答案范围，如一个游客的投诉或一个有关休闲与旅游设施管理建议方面的开放性问题。

有些休闲设施或旅游目的地的访问量无法通过诸如门票销售这样的手段自动获得，这时候问卷调查在估算访问人数方面可以发挥重要作用。例如，第 7 章谈到的自己驾车访问城市公园和旅游目的地，其访问人数信息可通过管理途径（销售门票或发停车卡）收集，也可以通过直接计数/观察来收集，还可以全部或部分由问卷调查来收集，具体如表 7-2 和表 7-3 所示。

## 优点

与第 9 章的定性方法相比，问卷调查通常涉及定量研究，即其结果是数字形式。这关系到数据收集、分析和解释的方式。第 9 章凯里（Kelly）列出了定性方法的一系列优点，问卷调查的优点可以这样列出，下面就是一些休闲与旅游研究中使用问卷调查的优点。

- 休闲与旅游在当代常常是一种大众现象，政府、非营利或商业机构等相关组织需要依靠定量信息来进行重要决策，而问卷调查是提供这些信息的理想方法。
- 当绝对的客观不可能时，问卷调查方法提供了一种透明的研究程序，所有人都能清楚地看到信息是如何被收集、分析和解释的，当然，要指出的是，期刊论文在提供的细节数量上总是不同的。数字形式的问卷调查数据常常被他人再次分析，他们借此对研究进行拓展或提供其他解释。
- 定量可以用一种简明易懂的方式，如图表，来提供相对复杂的信息。
- 诸如纵向调查和每年重复调查这样的方法提供了可以比较的数据，据此可以研究时间变化情况及趋势。
- 休闲和旅游包括广泛的活动，这些活动又具有系列广泛的特征，如频次、持续时间和参与者类型、支出、居住地、愉悦水平和期望等。这时候问卷调查是一种很好的方法，可以获得参与者个人模式的完整信息。
- 定性方法在探索个人态度、意义和感知方面很理想，然而，问卷调查方法为收集和记录一定数量的人口整体的态度、动机和感知发生方面的信息提供了手段，它不仅表明存在怎样的态度，还说明了这些态度有多么普遍。

比较列出的问卷调查优点和第 9 章开头列出的定性方法优点是为了强调每种方法都有自身的优点和适合范围，即“各尽其能”的理念。当研究问题需要非常结构化的数据，而且来自样本的数据要明确地代表某个宽泛的群体时，问卷调查就能够发挥相应的作用。表 10-1 说明了问卷调查和其他方法相比能够起什么作用。

## 局限

由于问卷调查以样本和自我报告数据为基础，所以也有不足。

### 样本

问卷调查常常只能对一定比例或样本的研究人群进行调查。例如，第 7 章谈到的国家调查，仅仅以几千人为样本来代表数千万人口。样本如何选择，多大规模的样本才能代表想要研究的人口，这些将在第 13 章详细介绍。

表 10-1 问卷调查和其他方法的比较：示例

| 机构 | 问题 | 问卷调查 | 定性方法 | 其他方法 |
|---|---|---|---|---|
| 休闲设施 | 如何提高访问者数量 | • 用户/使用者调查：什么类型的人什么时候使用了什么服务<br>• 社区调查：调查使用者和非使用者的人口学特征以及他们对设施的感知 | • 观察/焦点小组：设施访问体验，包括质量、氛围、服务等 | • 对门票销售和使用数据的二手数据分析；不同活动/服务的相对普及程度 |
| 旅游委员会 | 为旅游战略规划提供数据 | • 拦截调查：不同来源地游客的住宿设施、访问地点、支出模式和社会经济特征 | • 游客深度访谈或焦点小组：游客的体验质量<br>• 居民焦点小组：对游客和旅游发展的态度 | • 抵达和离开数据（如果是全国性研究的话） |
| 独立研究人员 | 度假在休闲中的作用 | • 家庭调查：度假和不度假的人的社会人口学特征和数量，测量收入、健康和态度 | • 深度访谈：度假和当地休闲在个人生活史当中的意义和重要性 | • 对休假官方数据的二手数据分析 |

## 自我报告数据

第 2 章谈到问卷调查以调查对象提供的信息为基础。而调查对象提供信息的准确度则依赖于调查对象的回忆深度和诚信状况，以及问卷中问题的形式。在休闲与旅游研究中，对问卷数据的效度和准确性研究相对较少，但是一些例子说明了效度和准确性问题可以有很多来源，包括：夸大/漏报、回忆的准确性和敏感性。

- 夸大/漏报。一些研究（见本章资源部分）认为调查对象会夸大一些活动的参与水平，又会漏报其他一些。这可能是有意或无意的，也许是因为有一定的声望或缺乏声望，奥本海姆（Oppenheim，2000：138）称之为“社会赞许性偏见”，还有可能是因为想要对调查人员表现出积极和友好的态度（至少在面对面的情况下）。例如，在关于体育和艺术的调查中，调查对象也许倾向于夸大他们对体育和艺术的兴趣及参与水平，其想法是想起到帮助和配合作用。
- 回忆的准确性。在回忆以往的事情或估计参加次数时会发生误差，比如，某人声称每周要参加两次某活动，这就等同于他每年要参加 104 次吗？除了问卷中可能涉及的季节性因素，其他一些因素如天气、疾病、公众假期、家庭和工作的紧急情况都会降低实际的参与水平。即使在设计时想要回避这个问题，因而要求调查对象回答一个给定时间段内的实际参与次数，但是调查对象仍然有可能高估自己的参与次数。其他一些替代的信息来源，如俱乐部记录，可用来核对问卷调查信息的准确性。对这一现象的研究表明，在体育/健身领域中存在很多高估的情况，这在本章的资源部分列出了一些案例。
- 敏感性。敏感的话题也可能导致过高或过低估计，一些休闲活动就是如此。例如，诺拉·谢弗（Nora Schaeffer，2000）就提供了性爱活动和消遣性药物使用方面的例子。

这就要求仔细严谨地设计问卷，并尽可能反复核对和交叉检查，而且研究人员和研究结果的使用者要牢记数据的性质和来源，不要以为信息是数字形式，而且是建立在大量数据基础上，就能代表永恒的“真理”。

## 谁来完成问卷，调查人员还是调查对象？

问卷调查可以采取以下两种形式中的一种。

- 调查人员完成。调查问卷提供访谈脚本，调查人员向调查对象读出这些问题并将回答记录在问卷上。这种传统的记录方式也可以称为“面对面”的访谈。电话调查时，调查人员可以将回答记录在计算机上。
- 调查对象完成，通常称自答式问卷。调查对象自己在纸或计算机上阅读和填写问卷。

上述两种方法每种都有其自身的优点和缺点，表 10-2 对此进行了总结。考虑到调查人员的时间（这通常是要付费的），由调查人员来完成要更加昂贵，但准确度和完成度方面也更有保证。由调查对象来完成更便宜，也更便捷，但回答率更低，导致结果出现偏差，因为那些选择不作答或因语言或文字障碍而不能作答的调查对象也许和那些作答的不一样。在设计调查对象完成的问卷时，要关注布局和表现方式，因为阅读和填写的是没有受过“训练”的人。根据设计，理想的调查对象完成的问卷应该封闭性的问题为主，即这些问题可以用在方框里打勾来回答。应尽力避免开放性的问题，也就是调查对象必须写下他们的答案，因为其回答率一直很低。比如，在调查中，调查对象对“你对这个设施的整体管理有何评价？”这样的问题经常会给出很宽泛的回答，但在问卷中却不会逐字写下来。

**表 10-2　调查人员完成的问卷和调查对象完成的问卷之间的比较**

| 分　类 | 调查人员完成 | 调查对象完成 |
|---|---|---|
| 优点 | 更精确<br>更高的回答率<br>更全面及更完整的回答<br>更少的“用户友好”设计 | 更便宜<br>更快捷<br>相对匿名 |
| 缺点 | 高成本<br>匿名性差 | 回答不充分<br>回答不完整<br>轻率回答的风险较高<br>更多的问卷设计考虑 |

有些时候由调查对象来完成问卷有一定的优势甚至是唯一可行的方法。例如，要调查的人群在地理上很分散，这时面对面的调查会非常昂贵，于是电子邮件或邮寄调查就成了很明显的选择，其中就包含由调查对象完成的问卷。另外，当问卷涉及敏感话题时，调查对象也更喜欢自己完成匿名问卷。一些和这类问卷有关的问题将在邮寄调查中进行更详细的讨论。

要注意的是，有学者在讨论研究方法时将“访谈方法”和“问卷调查方法”区分开来，这明显会产生误导，因为由调查人员完成的问卷调查明显包含有访谈，所以，问卷调查本身就涉及访谈，所以不能从访谈方法中独立出来。实际上，这些观点指的是问卷调查和深度访谈或半结构化访谈之间的区别，这在第 9 章已经讨论过。

## 问卷调查的类型

休闲与旅游领域的问卷调查可以分为七种类型：家庭调查、街头调查、电话调查、邮寄调查、电子邮件调查、使用者/现场/游客调查和非自主群体调查。下面将详细讨论每种调查，表 10-3 列出了它们的一些基本特点。

**表 10-3　问卷调查的类型和特点**

| 类　型 | 问卷由调查人员还是调查对象完成 | 成　本 | 样　本 | 问卷可能长度 | 回答率 |
|---|---|---|---|---|---|
| 家庭调查 | | | | | |
| 街头调查 | 调查人员 | 中等 | 大部分人口 | 短 | 中等 |
| 电话调查 | 调查人员 | 中等 | 有电话者 | 短 | 高但下降中 |
| 邮寄调查 | 调查对象 | 便宜 | 整体或特殊人群 | 看情况 | 低 |
| 电子邮件调查 | 调查对象 | 便宜 | 能接收网络或电子邮件者 | 中等 | 中等 |
| 现场调查 | 都可 | 中等 | 只有现场使用者 | 中等 | 高 |
| 非自主群体调查 | 调查对象 | 便宜 | 只有受控人群 | 中等 | 高 |

# 家庭问卷调查

## 性质

休闲和旅游领域的多数量化数据来自家庭调查。虽然学者们应用得非常广泛，但大多数这类调查还是由政府、商业休闲和旅游机构基于政策或市场原因主持的。家庭调查的优点在于它们大体上能够代表社区，因为样本包含了某个最小年龄以上的各个年龄段和各个职业群体。它们一般能代表一个完整的地理区域：一个国家、一个州或地区、一个地方政府辖区或是一个居住社区。因此，家庭调查设计的目的就是获取一个社区或社区中某个群体（例如，所有 65 岁及以上的老人，或 15～24 岁的年轻人）中的休闲和旅游行为信息。

虽然一些家庭休闲/旅游调查很具体，但许多调查覆盖范围还是很广。也就是说，在调查一些具体问题的时候，还会调查一个宽泛范围内的休闲活动参与情况、度假模式和购买习惯。这有利于探讨更加广泛的问题，而其他类型的调查做不到这一点。

## 实施

家庭问卷调查通常是由调查人员在面对面地调查中自己来完成的，但是，也可以把问卷留在调查对象家里，待调查对象完成后再来收集。这时候，田野工作人员有责任检查问卷，确保问卷全部完成，有时候还要对那些没有完成的进行再次访问，这些家庭可能因太忙而忘记填写了，或者把问卷弄丢了，或者有文字或语言或健康原因而没有完成。

因为在家完成，所以这种调查类型的问卷或访谈篇幅很长。相比之下，在街头，在休闲和旅游设施中，或者是电话中，要进行这么长的调查很难。尤其是对休闲参与调查，涉及的可能活动范围很广，常常要使用很复杂的问卷，很难赶时间。通过家庭调查，有可能探讨比其他方法更长的话题。一次访谈持续 45 分钟不是什么问题，一般都在 20～30 分钟。

标准家庭问卷访谈调查的一个变体是将调查人员完成和调查对象完成两种形式结合起来。这在休闲调查中经常发生，调查人员对家庭的一个成员就整个家庭的情况进行调查：几口人住这儿，房子是自己的还是租的，也许还有娱乐设备方面的信息，或者和整个家庭相关的任何信息。接下来，给每位家庭成员留一份问卷，让他们去完成自己休闲行为信息方面的填写，调查人员随后会返回来收取这些问卷。

家庭调查的用时问题，和样本代表性相关的问题，有时候还有研究区域地理范围过大的问题，导致访问一次的成本是最贵的。一般来说，每次访问花费 20 英镑或 25 英镑很普遍。成本的高低取决于这个价格有多少分析量。如果样本规模上千，那么花费将非常高。

## 综合调查

在考虑家庭调查时，也应该提到综合调查。综合调查由市场研究或调查机构进行，调查的委托机构不同，问卷中的问题也不同。这类调查的主要成本是抽样和联系调查对象，因而可以分摊到若干委托机构。至于那些标准化的人口特征和社会经济特征信息，如年龄、性别、家庭构成、职业和收入，其收集成本也被若干委托机构所分担。定期综合调查中的许多程序，如抽样和数据处理，也成为例行之事，而且全国各地的调查者也都已经受过培训，熟悉问卷和市场研究公司的要求，这些因素都可以显著地降低成本。

英国的一般生活方式调查（GLF，以前称一般家庭调查，GHS）是一个由国家统计局主持的涉及 2 万人的综合调查，其委托实施机构是政府部门和机构。在休闲问题被纳入之后，调查的委托机构成了各个国家休闲/娱乐机构，如体育委员会和乡村委员会。

虽然这里将综合调查看作家庭调查的一个亚类，但它也可以使用其他形式实施，如电话调查和电子邮件调查。

## 时间利用调查

时间利用调查，或时间预算调查，其设计目的是收集人们时间利用方面的信息。这类信息通常作为家庭调查的主要或分支部分来进行收集。然而。除了回答问卷之外，调查对象还被要求完成一个时间长度为 1～2 天的日记，记录他们醒着时候的活动，包括起始和结束时间，发生地点，以及和谁一起等信息。可能的话还要记录调查对象对活动的认识，是带薪工作、家务还是休闲活动。间接活动一般也要收集，如做家务的时候听音乐。广播和电视受众的数据通常用传统的时间日记来进行收集，但现在的趋势是朝着自动/电子方向发展。家庭时间利用调查虽然不能用于旅游，但是这种技术手段可以用来研究旅游者在目的地的时间和空间行为（Pearce，1988）。

对时间利用数据进行编码和分析相当具有挑战性，因为要对数百个休闲或非休闲活动进行编码和信息处理，也就是说，以 15 分钟为单位的话，每天处理 60～70 个时间段。关于空间问题这里不作详细讨论，本章的资源部分有文献予以说明。

### 全国性调查

第 7 章讨论二手数据来源时谈到了由政府统计机构实施的国家休闲与旅游参与调查。这些调查是典型的大范围家庭或电话调查，其主要的二次利用方式是和地方实施的调查进行比较，目的是比较一些参与指标上地方是高于还是低于全国平均水平。然而，如果想要比较，那么地方调查也得采用相同的调查方法，问卷上用于比较的问题也必须按相同的方式来表述。显然，这对问卷设计有所限制。然而，如果抛开比较的问题，使用问题形式仍然有优点，这已经得到了验证。

## 街 头 调 查

### 性质

街头调查正如其名，是在街上（通常在购物街区或旅游区域）或购物广场这些可以找到典型社区人群的地方进行的问卷调查，问卷的篇幅相对较短。这个方法也可以用来调查到访一个区域游客，这时候调查地点就可以放在游客集中的地方，如主要景点、餐馆和酒店周边区域，以及交通场所，如机场和公交站。用于旅游的时候，它和下面要讨论的现场/使用者/游客调查具有一些共同特点。

### 实施

在街头或类似环境的调查过程中，拦停路人进行调查本身就有一定的局限性。首先，街头调查不能像家庭调查时间那样长，尤其是调查对象很匆忙的时候。当然，家庭调查也有短的时候，因为人家赶时间或不太愿意，而街头调查也可以比较长，因为调查对象时间充裕。但作为一个普遍规律，街头调查还是要短些。无论是家庭调查还是街头调查，相同的一点是在调查前潜在的调查对象都会问："要花多长时间？"在家庭调查中回答"15～20 分钟"，一般都可以接受，但街头调查中，如果回答"要超过 5 分钟"就会明显降低配合调查的调查对象比例。因此街头调查的话题/问题/活动范围会受到限制，这在问卷设计时要加以考虑。

街头调查的第二个局限就是样本人口的代表性问题。有些人可能根本不去购物区，或只是偶尔去。例如，那些因为各种原因不得不待在家里的人或有人帮忙购物的人。有些游客（如商务游客和探亲访友者）在热门旅游区域可能很难见到。一些研究中这些人可能很重要，所以漏掉了他们可能会对结果产生很大影响。然而没有什么办法能克服这种局限，必须承认这是方法固有的缺陷。另一个问题是购物区域某类群体的比重过大，最突出的就是全职家庭/儿童照顾者、退休人员、郊区购物区域的失业人员或商务区域的办公室工作人员。也可能出现这样一种情况，如某个区域男人比女人或年轻人比老年人出现次数更多。所以，任何一个样本都能代表这一区域的使用者，但不能代表整体的当地人口或游客群体。

### 配额抽样

配额抽样（quota sampling）是用来试图克服样本代表性较弱这一问题的一种技术，调查人员对不同类型的人群（如按年龄、性别、职业来划分）事先确定一个配额来进行调查。每个类型的人群在目标人群中的配额或比例必须事先确定好，例如，可以参考人口普查结果（见第 7 章），对国际游客，可参考官方的短期游客出入境数据（见第 7 章）。如调查结束后样本在主要特征上代表性仍不突出，那么就需要通过第 13 章中讨论的加权来进行进一步校正。

## 电 话 调 查

### 性质

电话调查在政治民意调查领域尤其流行，因为它快捷，接触面广。基于相同理由，它在市场和学术研究中也被广泛使用。

这一方法明显的局限就是它排除了非电话用户，通常是低收入群体和一些流动人口。由于发达国家几乎所有家庭都有电话，所以这个问题没有过去那么严重。在政治民意调查这样的简单调查中，调查人员可以获取以前电话调查和面对面调查的结果，并以此作为校正因素来解决非电话用户问题。例如，可以加上 $X$ 个百分点来代表非电话用户的劳工投票率。在某些市场研究中，缺少最贫穷的群体无关紧要，因为他们不会形成显著的市场份额。但是对于很多公共政策和学术研究来说，这是一个显著的缺陷。

一个重要问题是有些家庭没有固定电话，只有不在电话列表中的移动电话。这主要是些年轻人，很多调查工作把他们作为主要目标。

### 实施

时间也是电话调查的一个局限，但没有街头调查严重，10～15 分钟还是可以接受的。

这种方法在抽样方面有一些特殊问题。一般来说，要拨打的号码是从电话簿上随机选取的。市场研究公司常常使用计算机辅助电话访谈系统（CATI），这个装置和软件能够从一个电子数据库中随机自动拨打电话号码，还能够让调查对象直接将回答输入计算机，用不着打印问卷。这极大地提高了分析速度，减少了出错的可能。这解释了政治民意调查的结果为何一夜之间就能出现在次日清晨的报纸上。

电话调查的一个局限是不能向调查对象展示列表或图片这样的东西，而这在休闲与旅游调查中很重要。在休闲参与调查中，经常要向调查对象展示一个活动列表，问他们是否参加过其中的活动。这个列表有二三十项，电话读出来太过烦琐。类似地，旅游研究中也要向调查对象展示目的地列表，问他们去过什么地方。那么很长的调查清单，如态度的维度，用电话调查也不容易。

有观点认为电话调查比面对面调查有优势，因为调查对象觉得匿名程度更高，所以在陈述观点时更加坦白。但也有观点认为面对面调查更有优势，有经验的调查人员能够通过眼神接触和身体语言实施比电话调查更好的访谈。

电话调查的主要优点是快速经济。然而，一些国家的公众越来越不愿意配合电话调查，需要打很多电话才能找到配合调查的人，因而导致成本增加，并产生出代表性的问题。

### 代表性和代表水平

电话调查实施过程中的问题越来越多，包括用户、技术、合法性和社会因素等方面。

电话用户从固定电话转向移动电话已经带来了样本参照性的问题：与固定电话不同，移动电话号码没有公众电话列表，没有可识别的地理区域，而且完全依赖移动电话的人也不是某个社区或团体整体的一个组成部分。因此，调查中继续依赖固定电话可能导致样本出现偏差。而发展中国家的电话使用历史不尽相同，在固定电话普及之前移动电话时代就到来了。

用来控制和管理电话号码获得的技术设备在和调查对象联系（例如，用户 ID 和回答机器/语音邮件）方面也存在一定困难。再加上隐私权立法使电话用户能够拒绝接入电话营销，虽然真实的社会研究电话一般可以得到豁免。

除了用户和技术变迁外，调查人员还要注意一种趋势，那就是公众对电话调查的配合度越来越低。一个美国组织报告说，1997 年使用标准的调查技术，第一次联系的用户有 58%配合调查，2003 年则下降到 38%，虽然用更缜密的方法，如电话回访可以将这些数字提高到 74%和 59%。

这些变化导致电话调查为提高代表性而不断增加成本。其结果是向电子邮件调查方向发展，但下面会谈到，它也有自己要面对的挑战。

### 全国性调查

上面提到关于全国性调查的评论，以及它和家庭调查之间的关系，也适用于电话调查。

## 邮寄问卷调查

### 性质

有些时候，信件或邮寄是唯一可行的调查技术。最普遍的例子就是对一些全国性机构成员或客户的调查。这种情况下，即使是和成员或客户样本进行最简单的面对面调查的成本也很高，而邮寄问卷是一个显而易见的选择办法。邮寄问卷调查的优势是可以包含大量样本，在对机构调查时可以调查所有成员，虽然在统计学上没这个必要，然而，它在机构内部政治中还是颇有助益的，所有成员都有机会参与调查并且“发出自己的声音”。

## 回复率偏低的问题

邮寄问卷调查最糟糕的问题就是回复率偏低。在大多数情况下，只有 25%～30%的人愿意回复问卷。如果调查问卷设计得不好，回复率可能会跌落到 3%～4%。研究文献报告的回复率一般只有 30%，这就产生了有效性的问题，因为还有 70%的目标样本没有代表。

是什么影响了回复率？表 10-4 识别出七种不同的因素。下面就来讨论这七种因素及其解决措施。

**表 10-4　影响邮寄问卷调查回复的因素**

1. 调查对象对调查主题的兴趣
2. 问卷长度
3. 问卷设计/展示/复杂性
4. 随附信件
5. 邮资已付的回信信封
6. 回报
7. 提醒/后续程序

### 1. 调查对象对调查主题的兴趣

如果对一个地方社区关于修建一条六车道高速公路穿过居住区的提案进行调查，那么回复率可能很好，但是对同一社区进行一般休闲行为模式调查，回复率可能很低。人们对话题感兴趣的程度不同，回复也就有偏差（不具有代表性）。例如，一个关于体育设施供应的调查，那些对体育运动感兴趣的人也许会积极回应，而那些不感兴趣的人则反应冷漠，这会导致整个社区对体育设施供应的热情程度的错误印象。如果这种偏差对应于人群的某些已知特点的话，那么一定程度上可以通过加权来进行校正（见第 13 章）。例如，如果年轻人回复率高而老年人低，那么可以从人口普查中得到的社区不同年龄段人口的比例信息来对结果进行加权。

#### 2. 问卷长度

可以预料，问卷太长会让一些本来有意愿作答的人退却。然而，有观点认为，其他一些因素如话题本身和问卷的表现形式比长度更重要，也就是说，如果调查对象对主题感兴趣，问卷的展示形式也不错，那么完成问卷需要的时间也就不那么重要了。

#### 3. 问卷设计/展示/复杂性

任何问卷在设计和外观展示上都要下更多功夫。排版、彩色页码、图形等都是必须的。休闲和旅游调查问卷中经常包含让人生畏的活动列表，使填写问卷看上去很复杂。

**4. 随附信件**

调查发起人或研究人员写封信和问卷一起寄出，也许会影响人们的回复意愿。关于这封信，要考虑：是否给调查提供了一个好的理由？信件的作者是否是值得信任或尊敬的人或机构类型？

**5. 邮资已付的回信信封**

通常，包含邮资已付的信封会提高问卷的返回率。有人认为贴有真实邮票的信封比使用商用的邮资已付信封更能提升返回率。然而，提供贴有真正邮票的信封成本更高，除了花时间贴邮票外，还要给回复者和未回复者都提供邮票。

**6. 回报**

任何类型的调查都要施以一定的回报，这在邮寄问卷调查中使用得最为频繁。一种方法就是给每位调查对象寄点儿小回报，如某个公司或机构的产品或服务赠券，甚至是现金。更常见的方式就是让所有的调查对象都来抽奖，如果能促进返回率大幅上升的话，或者考虑到其他方法（如包含面对面访谈的家庭调查）的高成本时，奖品贵些也没关系。然而有观点认为，提供回报会使某些人因错误的原因而填写问卷，从而有可能产生信息来源方面的潜在偏差。还应该考虑到，包含奖品或回报会"降低调查的档次"，让问卷看上去和每天塞到信箱里的其他商业垃圾邮件没什么区别。

**7. 提醒/后续程序**

合理的提醒和后续程序也许是研究人员能用的最重要的工具。它包括明信片/电子邮件/电话提醒，再次提供问卷，或者进行电话访谈，这在表 10-5 中都依次予以说明。迪尔曼等（Dillman et al.，2009）开展过一项提供电话访谈的实验，回复率得到显著提升，但其回复可能与标准邮寄调查的回复不同，这可能是一个优势（一种多重分析），也可能是一个弱点。

**表 10-5 邮寄调查的后续程序**

| 问卷寄出后天数 | 提　醒 | 附　件 | 评　论 |
|---|---|---|---|
| 1 | 寄出问卷 | 问卷 | — |
| 8 | 明信片提醒 | — | 如果可以且资源允许，可以发电子邮件或打电话提醒。 |
| 15 | 信件提醒物 | 再次寄出问卷 | 再次寄出问卷是"以防原来的问卷丢了"，可以使用电子邮件，提供电话访谈。 |
| 22 | 最后的明信片提醒 | — | 如上，可以使用电子邮件或打电话并提供电话访谈。 |

图 10-1 显示了一个关于居民对河流入海口进行休闲利用的邮寄问卷调查的后续程序效果。可以看出，回复水平在 3 天后达到高峰，16 天后看似停止了，而回复率只达到 40%。在发出明信片和第二份问卷后，回复率有所复苏，结果总回复率达到了 75%，这对于这种类型的调查来说已经非常好了。在进行邮寄问卷调查时一定要考虑后续程序的预算，其中，邮寄和打印费用是主要的预算项目。

发送提醒意味着要识别出已经回复的邮件，以便于不再对已经回复的人发送提醒。这就要求问卷或信封上必须有和邮件相匹配的编号。一些调查对象不太满意这种潜在的

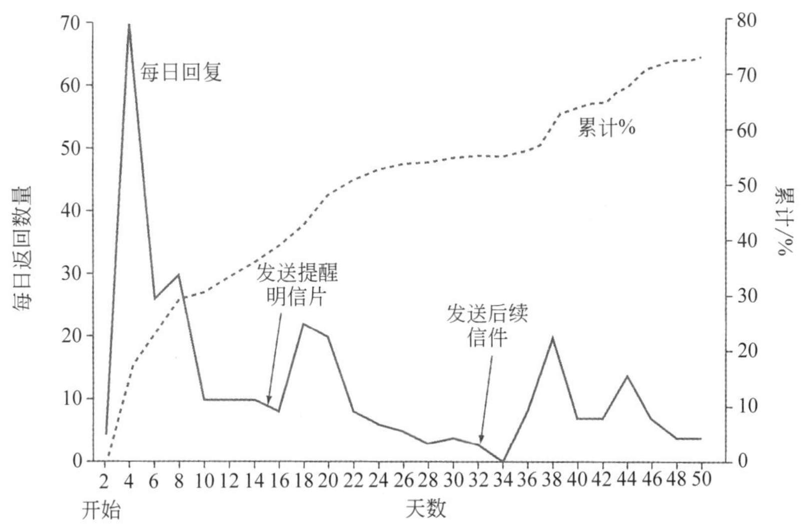


**图 10-1　邮件调查回复模式**

违反保密原则的做法，但如果只对未回复的人实施后续程序的话，就无可避免。如果只对返回信封而不是对问卷编号，也许可以解决保密问题。还有一种办法就是将调查对象的返回信件寄往一个"中立"角色，如一个律师或会计。找出那些已经回复了的，常常有很多优势，可以用于检查回复的代表性。例如，问卷可能不包括调查对象的地址，但是如果知道回复者的身份，就可以分析回复者的地理分布，也就可以实施必要的加权处理。

理查德 • 基特尔森和艾伦 • 德罗金（Richard Gitelson and Ellen Drogin，1992）认为，与非个人信件和普通邮件相比，用个人化的信件并通过认证/注册的方式发送来作为最后提醒能够显著提高回复率（见案例研究 11.3 的总结）。

### 多少回复才够？

什么样的回复水平才是可以接受的？一个答案是当回复者的特征和未回复者的特征不存在显著差异时，就表明回复率已经够了。但是，你怎么知道回复者和未回复者的特征？有些时候，研究人员只能得到有限的非回复者信息，如他们的地理位置以及从地址来源数据库得到的其他信息。这些可以用来进行比较。

一个涵盖了调查对象特征和问题回答的方法是对先前的回复者和后来的回复者进行比较，如果没有差异，表示可能没有必要再去调查未回复者了。如果从一些研究中可以知道是否存在一个大概的回复率，在其基础上进行的进一步调查会得到稳定的回复模式，那么无论这个回复率是不存在的还是个变量，都会非常有用。只有少数研究者对这个问题进行了实验，第 11 章的案例研究 11.3（Gitelson and Drogin，1992；Hammit and McDonald，1982）总结了一些案例。

## 邮寄调查和使用者/现场/游客调查组合

在休闲和旅游地点，常常会实施一个简短的面对面访谈，然后要求调查对象在他们回家后完成一份邮寄问卷（或电子邮件调查问卷）。这既缩短了现场访谈的时间，又能够让调查对象给出他们的完整观点。一些情况下，邮件返回的问卷可以在现场调查后提供；另一些情况下，可以询问调查对象的地址或电子邮件地址，然后把问卷邮给他们。当然，邮寄或电子邮件调查也要考虑上面提到的回复率问题。

# 电子调查

## 性质和实施

电子调查，也称电子邮件或在线调查，都是通过网络实施的。标准的"硬介质"信件是传统的邮寄调查载体，并且仍在普遍使用，但也存在着上面提到的成本、速度和回复率等缺点。类似地，上面介绍过，传统的电话调查问题也越来越多。这导致了电子邮件调查或电子调查越来越普遍。目前已有若干电子调查形式，包括从简单的电子邮件到传送传统问卷，再到完全的电子、在线格式，都在表 10-6 中予以简要说明。

表 10-6　电子调查的类型

| 类　型 | 调查方式 | 问　卷 | 完成方式 | 返回方式 |
|---|---|---|---|---|
| 混合电子邮件/邮件 | 电子邮件 | 粘贴文本文件 | 纸上填写 | 邮件 |
| 混合电子邮件 | 电子邮件 | 粘贴文本文件 | 文字处理软件/<br>电子表格 | 电子邮件+<br>粘贴文本文件 |
| 完全电子化：一次性的 | 电子邮件 | 在线，互动 | 在线 | 在线提交 |
| 完全电子化：平板 | 平板成员<br>电子邮件 | 在线，互动 | 在线 | 在线提交 |

第一种类型简单地用电子邮件取代了邮件寄送过程。第二种类型通过电子邮件寄出和回复，并且用文字处理软件和电子表格而不是"硬介质"，但问卷仍旧是传统形式。在电子形式中整个过程都在线进行，而且问卷是交互式的。当问卷包含需要跳过的问题时，可以让调查对象自动略过这些问题直接进入指定的问卷部分，从而简化了完成问卷的过程。

商业调查机构也提供电子调查服务，用户/研究人员确定调查要包含哪些问题，然后要求调查对象进入调查机构网站完成调查。用户/研究人员可以下载需要的调查结果。

许多公司组织，如银行，经常邀请它们的在线用户去完成在线问卷调查来获取用户对服务质量的反馈。类似地，虽然有些酒店仍然邀请客人在入住期间完成硬介质的反馈问卷，但通过电子邮件邀请客人在回家后参与在线调查也很普遍。

电子调查与使用者/现场/游客调查相组合的方法与上面讨论的"邮寄调查和使用者/现场/游客调查组合"基本上是一样的。

## 优点和缺点

电子调查对研究人员来说优点就在于低成本和高速度。完全电子化的调查设计得对用户非常友好。

电子邮件调查的缺点在于它仅仅局限于互联网用户。虽然发送提醒很便宜，但对一些调查来说也存在回复率低的问题，因为人们会将其视作为越来越多的垃圾邮件中的一部分。

## 使用者/现场/游客调查

### 性质

现场、场地、使用者、游客调查指的是同一类调查。现场或场地调查一般用于户外休闲研究领域；使用者调查一般针对的是室内休闲设施；游客调查则在涉及游客或一日游游客的时候，或者是博物馆和动物园这类参观者到访不太频繁的设施类型。还有一个术语，“观众调查”，用于艺术环境，如对剧院观众的调查。交通背景的调查人员通常使用“拦截调查”这一术语。而本书这一部分用“使用者调查”来涵盖所有的这些调查。

使用者调查是休闲和旅游管理人员用得最多的一种调查类型。当地使用者和游客调查在休闲和娱乐设施实施，游客调查在酒店或各种交通途中（特别是国际飞行旅程当中）实施。要注意的是，对访问某个旅游区域的游客调查一般在街头、广场或海滨这些游客聚集的地方实施。这时候，“设施”指的是旅游城镇或区域，“街头调查”和“地点调查”就有所重叠，两种类型调查的特点都必须予以考虑。总体上讲，地点调查比街头调查更可控，调查对象将调查看作设施管理的一部分，只要时间方便，使用者不赶时间，就可以像在街头或购物商场里一样进行调查。

### 实施

实施使用者调查可以由调查人员来完成也可以由调查对象来完成，但是必须认真监督，否则调查对象完成的问卷完成度不高，回答率低。而回答率低是一个很严重的问题，因为那些人的回答不能代表整体的使用者或游客。

调查对象完成的调查一般在使用者到达现场的时候发给他们问卷，在他们离开时回收问卷，或者在使用者要离开时实施发问卷到收问卷的整个过程，在那些需要调查对象自己来完成问卷的地方，要有足够的人手来检查正在离开的游客，去索要完成了的问卷，给忘了问卷的人补发问卷，有必要的话还要帮助完成问卷。把问卷摞在一起随手发放、收集很少有好效果。

本章前面说过，由调查人员来完成问卷一般比由调查对象来完成更好。但这种方法的成本较高，但是，如果按调查的时间长度来看的话，每个调查的成本又相对较低。一般情况下，一个使用者调查要花 5 分钟，但在一些使用者停留时间较长的设施，如公园和海滩，访谈的时间有可能显著增加。考虑到需要检查完成的问卷，使用者来往的时间间隔以及调查人员的休息时间，指望调查人员在这种情况下 1 小时进行 6 次调查是适合的，因此，在考虑项目预算和时间安排的时候必须进行这样的估计。

目前为止，介绍过的调查方法都有不同的调查目的，如一系列产品和服务调查，其目的是市场研究；由公共机构实施的调查，其目的是政策制定；或学术调查，其目的也许是政策或管理导向，也许不是。使用者调查更为具体，在以政策、计划和管理为目的的调查中常见。学者们将使用者调查看成是专门收集休闲和旅游活动信息的方便途径，但这种调查更常用于政策、规划和管理的目的。本书读者最有可能使用这类调查，对学生来说，它们是最常用的实践方法，也是个体管理人员最经常用到的方法。基于这些原因，下面将对使用者调查的作用进行详细介绍。

## 使用者调查的用途

使用者调查能用来干什么？下面将简要讨论四个话题：覆盖区域、使用者社会人口学特征、使用者意见、非使用者。

### 覆盖区域

如何确定设施或服务的覆盖区域或市场范围？即大多数使用者来自什么样的地理区域？这对广告政策是极其重要的。管理要集中在现有的覆盖区域，广告和营销要么集中在覆盖区域，要么试图通过市场营销来拓展覆盖区域。但是要向这个方向发展，首先就要确定当前的覆盖区域。一些时候，这方面的信息已经通过成员记录得以获取，但这些信息并不总是能够反映使用模式，所以大多数时候只能通过调查来发现覆盖区域。

### 使用者社会人口学特征

设施的使用者有什么社会经济/人口统计学特征？有人也许认为有观察能力的管理层无须调查就足以进行评估。这取决于设施的类型，管理层与使用者的持续接触程度，以及使用者特征的变化。例如，一个餐馆、酒店和度假地的管理人员在这方面可能因为收费价格而了解颇多，但海滩、城市公园、国家/州公园或剧院的管理人员由于种种原因就不太了解，甚至了解的是错误的。

使用者特征有多种用途。与覆盖区域数据一样，它可以用来巩固或拓展市场。商业企业常常用它来巩固市场，通过适当的广告、价格和产品来聚焦某一个客户群体并力图在这个市场群体获取最大的份额。公共设施总是尽可能地吸引社区居民来使用，因此这些数据可以用来突出那些没有使用实施的群体，从而能够通过广告、价格和产品来引发他们的关注。更宽泛地说，一个负责一系列设施的公共机构可以用这些数据来检查它所负责的设施是否适当地满足了社区的需要。

### 使用者意见

使用者对设施的设计、可达性和服务质量有什么意见？这些数据一向通过使用者来收集，而且管理人员一般对此兴趣很大，但是如何解释这些数据就有些困难。如果管理人员是想寻求有关批评，那么找现在的使用者咨询就错了，那些最为尖锐的批评者可能已经不再使用这些设施了，那些正在使用这些设施的人可能不愿意批评得很尖锐，因为这会不利于他们自己的处境。

有些时候，人们对设施的选择余地有限，所以批评就易于解释。例如，居住地区只有一个公园，那么父母对孩子缺乏玩耍场所的批评就是合适的。

意见数据收集好以后，如何准确地处理这些数据常常是个难题。通常最大的使用者群不会有什么抱怨，也不会提什么建议，这或者是因为在访谈情形下他们怕麻烦不想想那么多，或者是因为上面说过的调查对象不想自损处境。一般情况下只有 10%的使用者提出抱怨。如果说这就是最常听到的抱怨，那么管理人员就得做点儿什么，但也可以这么理解：90%的使用者并不关心这个问题，所以也就没有必要去做什么。因此，管理层经常按自己的需要来处理调查结果：如果它们想要就 X 做些事情，它们就说使用者对 X 的抱怨比其他抱怨多；如果它们不想就 X 做些什么，就说 90%的使用者对 X 的现状感到满意。

管理人员大多数时候想提高和最大化参观者的愉悦体验，也许重要的不是对某个方面的批评，而是使用者对他们体验的整体评估。因此，可以让使用者对设施或区域进行等级评价：非常好/好/一般/差/非常差，或非常满意/满意/不满意/非常不满意。这样的评估结果可以用来比较使用者对不同设施的评价，如对若干公园的评价。这样的评估也可以用来评价人们在同一个设施不同时期的满意度，看满意度是上升了还是下降了。当然，这就涉及第 1 章和第 2 章谈到的评价研究。

### 非使用者

根据定义，使用者调查涉及的是某设施当前的使用者和某区域当前的游客。这通常被看作这类调查的局限，意思是如果管理人员提高使用者或游客的数量的话，那么应该对非使用者更感兴趣而不是使用者。然而，如果考虑重点转移到非使用者，就应当小心，因为一开始时非使用者的数量会极其庞大。例如，一个有百万人口的城市，一个设施有 5 000 个使用者，那么就有 995 000 个非使用者！一个 5 000 万人口的国家，一个旅游区一年吸引了 100 万游客，那么就有 4 900 万非使用者，并且如果管理层对国际游客感兴趣，它们就有大概 60 亿非使用者！那个“非使用者就是潜在使用者，因而要研究”的想法有些天真。

使用者调查对那些聚焦于非使用者的研究也会有所帮助。例如，对一个当地休闲设施，使用者调查确定了它的覆盖区域，除非有什么理由相信覆盖区域能够而且应该得到拓展，否则要研究的非使用者也是居住在这个区域内的人。类似地，使用者群体特征说的是当前使用这一设施的人群类型，除非要决定改变这一人群特征，否则所要研究的非使用者也是居住在这个有限的覆盖区域的群体。重要的是，对使用者群体特征和人口普查数据显示的覆盖区域人口特征（见第 7 章）进行比较，就可以估计这一区域内非使用者的特点和数量。因此，使用者调查可以显示出非使用者的一些信息。

## 使用者/现场/游客调查组合和邮寄/电子调查组合

在上面论述的邮寄调查中，讨论过“邮寄和使用者/现场/游客调查组合”，其中包含一个短暂的面对面现场访谈，并要求调查对象在回家后完成一份邮寄问卷调查或电子问卷调查。

## 非自主群体调查

### 性质

非自主群体调查（或受控群体调查）在其他的研究方法教科书中没有提到，它指的是一种情形，其中被调查的人隶属于某个群体，虽然群体中的每个人都有自身的特点，但这个群体以整体的形式进行协商。这类群体包括在校儿童、成人教育群体、各种俱乐部的成员和雇员群体。这种情况下，对研究来说存在的伦理问题在于是不是“自愿”，这在第 4 章讨论过。

### 实施

一屋子的合作者可以非常快地产生大量的由调查对象完成的问卷。在受控环境下调查对象完成问卷比不怎么受控的环境中问题要少得多，因为可以让全组一起一个问题接一个问题填写问卷，因此可以确保高标准地完成。

最常见的非自主群体是在校儿童，因为在孩子达到毕业年龄以前，接触孩子最容易的途径就是通过学校。然而在实际操作中，这种方法并没有那么简单。因教育目的而对儿童进行研究越来越普遍，因此教育当局在允许儿童接受调查方面非常谨慎。任何调查通常要经过中心教育当局的许可，而不仅仅是班级老师或校长同意就行。

这种方法最节约成本的方式就是采用由调查对象来完成问卷，也可以采用访谈方法。其基本特点是通过群体的成员关系来接触群体成员，在同一时间同一地点将他们聚在一起。重要的是，要了解群体成员的身份情况，并把它与研究的需要进行比较。有时候这种匹配会存在误导。例如，退休人员俱乐部会议的出席者并没有包括所有的退休人员，也没有包括不参加的人和被家庭束缚的人。虽然学校里包含了所有的年轻人，但必须注意他们的覆盖区域，要和研究区域相比较。

## 问 卷 设 计

### 简介：研究问题和信息需求

设计问卷的重要原则是不要图快，要小心谨慎，而且要时刻牢记为什么做这个研究。研究人员常常很快就进入问卷设计模式，并开始列出所有想问的问题。在许多机构中，问卷草稿要进行传阅并征求意见，机构中的每个人都要提出建议。这个过程好像装饰圣诞树，没有人能置身事外，每个人都必须贡献最喜欢的小礼物。这并不是最好的方式。

如果决定进行问卷调查，那么必须进行认真的考虑和讨论，包括第 3 章说过的，要考虑所有可能的方法，而不仅仅是调查。要清楚涉及哪些概念和变量，要调查哪些关系，这些关系可能会以假设、理论、模型或评估框架的形式表现出来。弄清楚之后，要用于指导问卷设计过程，如图 10-2 所示。设计问卷时，不要从在问卷中列出问题开始。理想的开始应该是分析要研究的管理、计划、政策或理论问题，接下来列出研究这些问题所需要的信息。这就是第 3 章讲到的研究过程的第 1～5 个步骤。步骤 6，确定研究战略，要确定列出的那些需要收集的信息中，哪些要用问卷调查，哪些要用其他方法。只有和步骤 5 列出的信息需求相关的问题才能放在问卷中。这就意味着问卷中的每一个问题都要和研究的问题相关。

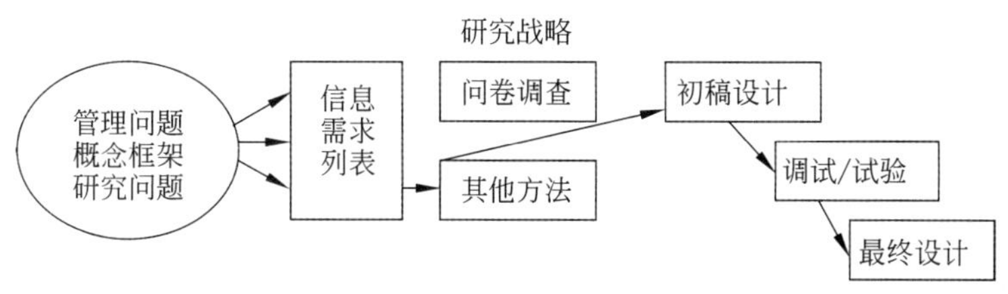


**图 10-2　问卷设计过程**

设计问卷时，研究者应该尽可能地搜寻和研究问题相关的问题的研究文献。如第 3 章所述，这会对项目的整体设计产生影响。具体地说，如果要比较当前的研究与早先的研究，那么需要以早先的研究为基础进行类似的数据收集。因此，问卷设计过程应该嵌入早先研究的问卷。

## 问卷示例

在考虑问卷设计的细节之前，案例研究 10.1 列出了几个比较简短的问卷来作为例子，这些例子包括家庭调查和现场调查的典型问题，由调查人员和调查对象分别完成。

## 案例研究 10.1

### 问卷示例

**A. 由调查对象完成的现场/街头调查**

| | **校园生活调查，2008** | | 办公室使用 |
|---|---|---|---|
| 标准的预先编码 | 1. 下面哪句话最好地描述了您目前的情况？ | | #__________ |
| | 全日制学生，没有固定带薪工作 | □1 | 问卷编号 |
| | 全日制学生，有一些固定带薪工作 | □2 | |
| | 非全日制学生，有全职工作 | □3 | __情况 |
| | 非全日制学生：其他 | □4 | |
| 预先编码的多选回答：二分量表 | 2. 最近四周您使用过下面哪项大学里的服务？ | | |
| | 去过校园咖啡厅/酒吧 | □1 | __咖啡厅 |
| | 出席过大学俱乐部/社团会议 | □1 | __俱乐部 |
| | 看过校园里的现场音乐演出 | □1 | __音乐 |
| | 在校园里看过电影 | □1 | __电影 |
| 等级 | 3. 考虑一下校园里提供的社交和娱乐服务，您认为最重要的是什么？请按重要性从 1 分到 5 分对下列项目排序，其中，1 分代表最重要，5 分代表最不重要。 | | |

| | | 排序 | |
|---|---|---|---|
| | 免费或降低价格 | __ | __便宜 |
| | 白天的活动 | __ | __白天 |
| | 其他地方看不到的电影、演出等 | __ | __不寻常 |
| | 社交/结识其他人的机会 | __ | __交友 |
| | 花费 | __ | __花费 |
| 未编码的数字 | 4. 平均每周您在校内校外社交和娱乐活动上花多少钱？<br>__英镑 | | __花费 |

| | | 非常重要 | 重要 | 一点儿也不重要 | |
|---|---|---|---|---|---|
| 李克特量表 | 5. 请指出以下各项就校园生活而言对您的重要程度。 | | | | |
| | 放松 | □3 | □2 | □1 | __放松 |
| | 社交 | □3 | □2 | □1 | __社交 |
| | 精神刺激 | □3 | □2 | □1 | __精神 |

| | | |
|---|---|---|
| 开放问题回答：分类 | 6. 您对校园社交生活有什么建议？<br>______________________________<br>______________________________ | __建议 1<br>__建议 2<br>__建议 3 |
| 标准的预先编码 | 7.您是：男性□1　女性□2 | __性别 |
| 未编码的数字 | 8.您年满：__岁 | __年龄 |

**B. 由调查人员完成的家庭调查**

| 调查对象编号 | **短期度假调查** | __# |
|---|---|---|
| | **引导语：**您好，我们来自圣安托尼大学，正在进行一项人们短期外出度假情况的调查。您可以回答几个问题吗？只需要您几分钟时间，而且调查结果会严格保密。 | |
| 预先编码，实际情况 | 1. 在最近6个月里，您有过在外住了一夜、两夜或三夜的短期度假旅行吗？<br>是 1，跳至问题 2<br>否 2，跳至问题 5 | __ |
| 开放式问题，实际情况 | 2. 最近6个月中您有过多少次这样的旅行？<br>次数________接着回答问题 3 | __ |
| 开放式问题，实际情况 | 3. 最后一次旅行您去了哪里？ | __ |
| 多选回答，实际情况 | 4. 您去旅游的时候参加了哪些活动？ | |
| | a. 观光　□1　　b. 艺术活动/展会　□1 | __ |
| | c. 吃喝　□1　　d. 走亲访友　□1 | __ |
| | e. 运动　□1　　f. 什么都不做　□1 | __ |
| | g. 散步　□1　　h. 其他　□1 | __ |

| | | |
|---|---|---|
| 简单的预先编码，实际情况 | 5. 您在多大程度上支持下列陈述？ | |

| | 非常支持 | 支持 | 中立 | 不支持 | 非常不支持 | |
|---|---|---|---|---|---|---|
| 短期度假和长期度假有同样的价值 | 1 | 2 | 3 | 4 | 5 | __ |
| 假日让生活更有意义 | 1 | 2 | 3 | 4 | 5 | __ |

预先编码，出示卡片

6. 您能告诉我您属于下面哪个年龄段吗？

| | |
|---|---|
| 小于 15 岁 | A |
| 15～19 岁 | B |
| 20～29 岁 | C |
| 30～59 岁 | D |
| 60 岁以上 | E |

__

预先编码，出示卡片

7. 下面哪项最好地描述了您当前的情况？

| | |
|---|---|
| 全职带薪工作 | A |
| 兼职带薪工作 | B |
| 全日制学生 | C |
| 全职照顾家庭/孩子 | D |
| 退休 | E |
| 正在找工作 | F |
| 其他 | G |

__

预先编码　谢谢您的帮助！

实际情况观察　观察性别：　男　1

女　2　__

**C. 由调查人员完成的现场调查**

本调查由当地市政委员会实施，目的是了解公园的使用者对公园的看法，以及他们希望看到什么样的变化。在一周的不同日子、一天的不同时刻以及不同的天气条件下，以 10 人为一批，一共在公园的唯一入口处调查了 100 个使用者。

**罗姆塞（Ramsey）街头公园调查**

**打扰了：我们正在为市政委员会实施一项调查，想要知道人们对公园有什么看法。您可以抽几分钟时间来回答几个问题吗？**

简单的预先编码

1. 您经常来这个公园玩吗？

| | |
|---|---|
| 每天一次 | 1 |
| 一周几次 | 2 |
| 一周一次 | 3 |
| 2～3 周一次 | 4 |
| 一个月一次 | 5 |
| 很少来 | 6 |
| 第一次来 | 7 |

7. 您最不喜欢这个公园什么？

________________

开放式问题，意见

8. 看一下下面这些卡片，您认为这个公园与卡片中相比怎么样？

态度陈述，出示卡片

| | |
|---|---|
| A 远低于平均水平 | 1 |
| B 低于平均水平 | 2 |
| C 平均水平 | 3 |

简单的预先编码，实际情况

2. 您今天从哪里来？

| | |
|---|---|
| 家 | 1 |
| 工作场所 | 2 |
| 学校/学院/大学 | 3 |
| 其他 | 4 |

开放式问题，实际情况

3. 您在哪个区？

简单的预先编码，实际情况

4. 您来这里花了多长时间？

| | |
|---|---|
| | 1 |
| 最多 5 分钟 | 2 |
| 6～15 分钟 | 3 |
| 16～30 分钟 | 4 |
| 31 分钟或更久 | |

简答的预先编码，实际情况

5. 您怎么来这里的？

| | |
|---|---|
| 走路 | 1 |
| 开车 | 2 |
| 骑摩托车 | 3 |
| 骑自行车 | 4 |
| 公交/电车 | 5 |
| 其他 | 6 |

开放式问题，意见

6. 您最喜欢这个公园什么？

________________

| | |
|---|---|
| D 高于平均水平 | 4 |
| E 远高于平均水平 | 5 |

9. 能告诉我您属于下面哪个年龄段吗？

开放式问题，出示卡片

| | |
|---|---|
| 小于 15 岁 | A |
| 15～19 岁 | B |
| 20～29 岁 | C |
| 30～59 岁 | D |
| 60 岁以上 | E |

10. 包括您在内，你们一起一共有多少人？

预先编码，实际情况

| | |
|---|---|
| 就我自己 | 1 |
| 两个人 | 2 |
| 3～4 个人 | 3 |
| 5 个或更多 | 4 |

11. 你们来的时候用了几辆车？

开放式问题，实际情况，数字

________________

感谢您的帮助

观察，实际情况

观察：男　1

　　　女　2

- 案例 A 是一份现场/街头调查问卷，用来评估学生对校园生活的态度。之所以确定为现场/街头调查，是因为调查对象是校园里的学生，这在部分上类似于现场或使用者调查，但由于并不是使用了服务的所有学生都参与调查，所以也类似于一个在街头或购物中心实施的调查。它采用了由调查对象来完成的形式，但是如果有一定的“监督”就最好不过了，也就是当时就完成问卷并交给调查工作人员，而不是后来再交回来，那样的话低回收率不可避免。如果能够获得大学管理层的合作，在上课时间分发问卷并填写，那么就成了非自主群体调查。
- 案例 B 是一份家庭调查问卷，由调查人员完成，是对家庭短期度假的调查。
- 案例 C 是一份现场调查问卷，由调查人员完成，用于对公园使用者的调查。

问卷左边的注释说明的是包含问题的类型，本章随后将要讨论。当然，这些问卷不能涵盖所有情况，但是它们给出了大量的问题及其适当格式方面的例子。

## 一般的设计问题

### 措辞

对问卷中的问题如何措辞，研究人员应该：

- 避免术语，使用简单的语言；

- 避免模糊；
- 避免诱导式问题；
- 一次只问一个问题（即避免一个问题涉及多个目的）。

表 10-7 是问题中好的措辞和不好的措辞的例子。

**表 10-7　问题措辞：好的和不好的例子**

| 原　　则 | 不好的措辞 | 改进后的措辞 |
|---|---|---|
| 避免术语，使用简单的语言 | 您使用零售旅行途径的频率是多少？ | 您多长时间找一次旅行社？ |
| 避免模糊 | 您经常进行体育运动吗？ | 您在过去四周内参加过下列体育运动吗？（展示列表） |
| 避免诱导式问题 | 您对扩张机场持反对态度吗？ | 您对扩张机场有什么看法？是支持、反对还是无所谓？ |
| 一次只问一个问题 | 您去过本地的艺术中心吗？如果去过，您认为那里的设施怎么样？ | 1. 您去过本地的艺术中心吗？是/否<br>2. 您认为本地艺术中心的设施怎么样？ |

## 预先编码和开放式问题

如表 10-8 所示，开放式的问题是指调查人员在提出问题时，没有给出一个问题回答的期望范围，而是要逐字记下调查对象所做的回答。如果是调查对象完成的问卷，要留

**表 10-8　开放式问题与预先编码的问题：示例**

**开放式问题**

限制您去学习的主要因素是什么？

**预先编码的问题**

卡片上列的这些项目中，哪些是限制您去学习的主要因素？（如果是由访谈人员完成式的问卷，展示卡片）

A. 我的工作　☐1
B. 时间安排　☐2
C. 照顾孩子　☐3
D. 配偶/伙伴　☐4
E. 钱　☐5
F. 精力　☐6
G. 其他______________　☐7

向调查对象展示卡片：

A. 我的工作
B. 时间
C. 照顾孩子
D. 配偶/伙伴
E. 钱
F. 精力
G. 其他________________

出一条线和空白供调查对象写出答案。而预先编码的问题要给调查对象提供一系列答案，让他们口头或通过展示卡片来选择，如果是调查对象完成的问卷，通常问卷上会列出答案的范围，要求调查对象在方框里打钩。

开放式问题没有预设回答列表，而预先编码的问题要向调查对象显示回答列表。在调查人员掌控的调查中，可以将二者结合起来：提出开放式问题，不向调查对象展示卡片，但问卷上预设了预先编码的回答列表，调查对象要在恰当的方框内打勾。如果回答和列表中的任何一个选项都不符合，那么就将其列为“其他”，在分析阶段也许可以对其进行编码。

开放式问题的优点是调查对象的回答不受调查人员或问卷措辞的影响，而且调查对象的逐字回答可以提供隐藏在预先编码列表或分类中的各种丰富的素材。图 10-3 给出一个开放式问题可能产生的回答范围的案例。

当问题和调查对象的量化信息（如年龄、收入、支出）有关时，经常用预先编码的问题。这既方便，又可以让调查对象不用因泄露准确数字而感到困窘。然而，对这类数据如果采用开放式问题获取确切数字又另有优点。首先，确切的数字在分析时可以灵活地进行分组；其次，可以计算平均值或其他测算，便于进行一系列分组无法进行的统计分析。因此，就分析而言，确切的数字是非常有用的。

开放式问题有两个主要缺点。第一个，分析定性问题的文字回答对计算机分析来说是相当费力的，可能最终也要将它们整理成一系列分类，但价值并不见得比精心构建的预先编码的列表大。例如，图 10-3 中的回答，通过详细的分析，有必要归为六组，这很费时间，并且还要对个人的回答归到哪一组进行一定的判断，这可能是出错的源头之一。下面的编码部分要详细地讨论这一过程。因此，开放性访问常常被用于预调查，其结果被用来为主要的调查设计编码的分类列表。

开放式问题的第二个缺点是，如果问卷由调查对象来完成，那么这些问题的应答率非常低：人们经常要么太懒，要么太忙，不愿进行自由作答。因此什么时候使用开放式问题，什么时候使用编码问题，这需要认真判断。

## 信息类型

一般来说，问卷调查收集来的信息可以分为三种类型。

（1）活动/事件/地点　　什么？

（2）调查对象特征　　谁？

（3）态度/动机　　为什么？

表 10-9 列出了上述三种类型中一些比较常见的信息类型。这些项目都属于常见性质的，并没有涵盖所有通过问卷调查得到的具体信息类型。其中有些项目比其他更具有侵犯隐私的特点，如收入。还有些可能确定其准确性，如职业或一次旅行详细的花费。因此它们并不适合所有的调查情形。

**问题：您对这个海滩/野餐点区域有什么不满意的地方吗？**

（这是在一个可以划船和露营的滨海国家公园进行的一个现场调查。括号里是应答的人次）

| | |
|---|---|
| 沙滩休闲吧（22） | 船只缺乏管理（23） |
| 泊车（5） | 喷气滑水板（39） |
| 飙车（1） | 调查（1） |
| 缺乏沙滩区域（1） | 应当保留给当地人（1） |
| 商店太少（1） | 海草（3） |
| 野餐桌太少（4） | 需要淋浴设施（1） |
| 没有用来烧烤的木材（2） | 国家公园管理（1） |
| 需要更多的野餐空间（3） | 公园的维护和政策（1） |
| 缺少租船设施（1） | 海滩上的卡车（2） |
| 需要让人活跃的娱乐设施（1） | 钓鱼的人（1） |
| 乱丢垃圾/污染（74） | 拥挤/游客（26） |
| 城市扩张（1） | 收费（6） |
| 需要码头钓鱼通道（1） | 水边的房屋（2） |
| 游步道缺乏标识牌（1） | 难闻的味道（臭水沟）（2） |
| 设施不够（3） | 销售人员（1） |
| 烧烤太慢（2） | 需要电烧烤（1） |
| 露营缺乏管理（1） | 狗（21） |
| 厕所数量少/条件差（9） | 不准去海边（1） |
| 设施离野营地太远（1） | 公园巡警未能为公众利益服务（1） |
| 发展太快（4） | 其他人的行为（20） |
| 船速太快（44） | 又长又绕的道路（1） |
| 需要更多的树荫（1） | 需要更多的商店（2） |
| 在沙滩上喝酒（1） | 导航标志不清楚（1） |
| 鱼叉捕鱼的人（1） | 需要更多水龙头 |
| 滑水的人（2） | 需要更多的秋千（1） |
| 反对裸体主义（3） | 没有急救设施（1） |
| 音乐太吵（1） | 需要供电的房车营地（1） |
| 废弃的汽车（1） | 允许带狗（1） |
| 交通（1） | 私人海滩区（1） |
| 道路差（1） | 缺少餐厅（1） |
| 沙蝇（1） | 需要遮雨场所（1） |
| 烧烤太多（1） | 不能叉鱼（1） |
| 牡蛎/贝类（1） | 路肩不能骑自行车（1） |
| 需要露天咖啡馆（1） | 清除旅游区的石头（1） |
| 需要更多的餐饮点（1） | 危险的船只坡道污染活动（1） |
| 水太浅（1） | |

**图 10-3　开放式问题产生的宽泛回答：示例**

资料来源：Roberson and Veal，1987。

表 10-9 休闲/旅游调查问卷的信息范围

| 活动和事件/地点 | |
|---|---|
| 现场/游客调查 | 家庭/电话/邮寄调查 |
| • 现场或区域内的活动<br>• 对现场吸引物/设施的利用<br>• 到访频次<br>• 现场所花的时间<br>• 人均支出：数量/目的<br>• 和旅行相关的信息<br>  • 来源地<br>  • 旅行目的<br>  • 家庭住址<br>  • 旅行模式<br>  • 旅行时间<br>• 使用的食宿类型 | • 休闲活动（包括度假）：休闲内容、地点、频次、花费时间、陪伴人<br>• 某设施/场所的使用<br>• 离家休闲的旅行模式<br>• 支出模式<br>• 过去的活动（个人休闲史）<br>• 计划中的未来活动 |
| 调查对象特征：所有调查类型 | |
| • 性别<br>• 年龄<br>• 经济状况（带薪工作、退休等）<br>• 职业/社会阶层<br>• 先前工作历史<br>• 收入（自己或家庭）<br>• 受教育程度/职业资格 | • 婚姻/家庭状况<br>• 家庭类型/家庭规模<br>• 生命周期<br>• 种族/出生国家<br>• 居住地/来源地<br>• 流动性：驾照，私人交通许可<br>• 团体/群体规模/类型（现场/游客调查） |
| 态度/动机信息：举例 | |
| 现场/游客调查 | 家庭/电话/邮寄调查 |
| • 选择来此地的原因<br>• 意义/重要性/价值<br>• 满意度/对经历/服务的评论<br>• 对设施的评价<br>• 将来的打算/期望 | • 休闲/旅游动机/需求<br>• 对可利用服务/设施的评价<br>• 活动的心理意义/满意度<br>• 对发展/开发提议的反应<br>• 价值观：环境等 |

## 活动/事件/地点问题

休闲和旅游活动是休闲和旅游研究的核心，而且其测量程序一点儿也不简单。表 7-1 说明了各种休闲和旅游活动测量的可能方式，包括参与率、参与人数、参与或访问人次、时间花费和金钱花费。任何研究中都应该考虑需要哪种类型的测量。这个问题将从休闲和旅游参与以及频次这两个方面分别讨论。

除了活动，事件和地点也可以用来反映所研究现象的范围。有些研究的目的仅仅是想知道一个人参与了某类活动，如"逛公园"。然而有些研究想要了解活动的地理位置或"地点"，如"在地方行政区域内/外逛公园"；或者想要了解准确的设施，如"逛 X 公园"。对大多旅游研究来说，地理位置显然很重要。另一些情况下，要研究的不只是一般的活动或地点，也包括具体的有组织的事件，如“公园夏季音乐会”。

在休闲参与调查中，设计问题来收集休闲活动信息是个难题。其难度主要体现在两个方面。

- 是采用开放式问题形式还是采用预先编码的问题形式，
- 确定参与的考察时段。

开放式问题简单地要求调查对象列出其在特定时间段内的休闲事件或空闲时间里参与过的活动。如果不列出尽可能多的活动项目来加以提示，调查对象可能很难回忆起参加过的所有活动，有时候还可能搞不清“休闲”和“空闲时间”的范围。尤其是“休闲”这个词，对不同的人有不同的内涵。如果不解释，一些人可能会认为喝杯咖啡或和朋友聊天不算休闲，或者织会儿毛衣、打理下花草也不算休闲。用“空闲时间”这个词可能会好些，但在解释上也还是存在变化。

虽然给人们提供一个活动列表，让他们从中进行选择可能有些不太方便，但这至少可以确保所有的调查对象都在同一个范围去考虑。列表的缺点是如果太长会打击调查对象，尤其是那些识字不多的人，而且排在列表后边的活动很容易遭到忽视。在调查人员完成的调查中，调查人员要花大量的时间读出列表，这很乏味，对调查对象的耐心也是考验，所以可能会用到卡片。在英国一般家庭调查中采取了一种折中办法，提供了一个包含 12 种类型的休闲活动清单，如家庭活动、户外休闲、艺术和娱乐，以此作为帮助调查对象进行回忆的手段。这在一定程度上降低了复杂性，因为可以对不同类型的活动（如体育和健身活动，艺术和娱乐活动）进行分开调查。然而，这意味着人们的休闲活动不是一个整体，而且，有些活动，特别是去酒吧或餐馆这样的家庭或社交活动被省略掉了，因为那些资助大多数公共休闲参与调查的政策机构对此不感兴趣。

回忆参与过的活动的参考时间段对结果的性质至关重要。表 10-10 给出了一份 2001 年的调查结果，调查对象被要求回忆过去四周内参加艺术活动的情况。但如果过去四周内他们没有参加艺术活动，就会被问及过去的一年里他们参加这类活动的情况。结果清楚地显示出用来测量参与的时间段对记录的绝对参与水平和看上去比较流行的活动产生了影响（也可以见表 10-10）。使用的时间段越短，调查对象的回忆可能越准确。但如果时间段太短，就会将那些参与频率较低的活动中的相当一部分排除在外。因此，有必要在一年的不同时间实施一些时间段小于一年的调查，以便于参与类型和参与水平的季节变化。

除了问调查对象是否参与了某项活动，还可以问他们的参与频次及每次活动的时间。如果调查对象参与的活动很多，那么访谈时间就会很长。为了避免这种情况，一些研究会针对具体的休闲情形，如上次的乡村游，进行详细的调查：去的什么地方，和谁一起去的，是星期几的几点钟，去进行了怎样的休闲活动，等等。

对当地或某个政策领域的调查，调查重点很可能是某具体休闲设施或旅游吸引物的使用情况。例如，访问某些国家公园或体育中心，可以用各种方法来对使用情况进行测量。

在现场/使用者调查中，直接问休闲活动的问题有点儿小麻烦，会受到可能的活动范围限制。通常的问法是问他们访问期间打算参与或已经参与过什么。另外，通常也要调查现场设施（如餐饮设施）的使用情况。

**表 10-10 艺术事件的参与情况，英国，2003**

| 活动名称 | 过去期间参与艺术事件的 16 岁以上的人的比例/% | |
|---|---|---|
| | 过去 12 个月 | 过去 4 个星期 |
| 看电影 | 59 | 22 |
| 表演或戏剧 | 25 | 4 |
| 狂欢、街头艺术或巡游 | 26 | 4 |
| 艺术、摄影或雕塑展 | 22 | 6 |
| 工艺展 | 19 | 4 |
| 哑剧 | 14 | — |
| 文化节事 | 8 | 2 |
| 和书或写作有关的事件 | 8 | 2 |
| 包括视频或电子艺术的事件 | 7 | 2 |
| 音乐事件 | 26 | 4 |
| 流行或摇滚音乐会 | 20 | 4 |
| 古典音乐会 | 10 | 2 |
| 歌剧或轻歌剧 | 6 | 1 |
| 爵士音乐会 | 6 | 1 |
| 民间或乡村和西部音乐会 | 2 | — |
| 其他音乐 | 7 | — |
| 各种类型的现场舞蹈表演 | 12 | — |
| 现代舞 | 4 | — |
| 芭蕾 | 2 | — |
| 其他舞蹈 | 7 | — |
| 样本 | 6 025 | 6 025 |

资料来源：Fenn et al.，（2004）。

—未收集数据。

## 旅游活动/事件/地点

在研究旅游的家庭问卷调查中，活动调查问题关注的是离家在外一段时间的旅程。与当地休闲活动调查一样，需要考虑的主要问题是回忆的时间段。对大多数长时间度假来说，以一年作为回忆时间周期问题不大，但对于短期休憩来说，要回忆一年内的旅程可能不够准确，因此可用短一些的时间段，如三个月，这意味着必须在一年的不同时间里来进行调查才能获得季节变化方面的信息。

关于时间段，要注意的第二个问题是考虑游客“旅程”的定义。调查中可以沿用旅游中所接受的定义，如至少要在外住宿一晚及以上。然而在研究一些地方的旅游时，一日游也是研究对象。

除了调查旅程，家庭旅游调查问卷一般包含的问题还有：旅程中去过哪儿，停留了多久，以及使用的旅行模式和食宿类型。旅游调查通常比休闲调查更关注经济问题，因此问卷还经常包括行程花费和各种类型的支出方面的问题。

旅游领域的现场调查包括途中调查，向旅游者提出的活动方面的问题和问当地人区别不大，但是，涉及的时间段就是他们在目的地停留期间。

### 媒体使用

问卷经常包含媒体使用的问题，部分原因是因为它不光被认为是一种休闲活动，还因为这方面的信息在考虑广告政策时非常有用。为了获得这方面的信息，需要大量的关于阅读/视觉/听觉乃至喜欢的电子媒体节目类型方面的问题。如果研究的是小规模的地方设施和服务，问题中可以不包括电视广告方面的信息，因为成本过高，因此不必收集看电视方面的信息。在杂志和全国性报纸阅读方面也可以做类似考虑。因此许多调查涉及两个问题（常常用出示出版物卡片的方式）：

- 您定期（至少每周要）阅读哪些（地方性）报纸？
- 您定期（至少每周两次）收听哪些（地方）电台？

## 调查对象特征

### 年龄

分析任何休闲参与和旅游数据都会显示出年龄在行为模式差异和态度差异方面的重要性，因此它是问卷中最常见的数据项目之一，要考虑的只是采用事先编码的列表还是直接问调查对象实际年龄。二者的优缺点在上面预先编码和开放式问题的讨论中已经谈及。如果使用预先编码的年龄分组，要确保年龄分段中不要有重叠。例如，如果用下面这个分组，就不知道 14 岁应该分到哪一组。

A. 0～14

B. 14～19

要注意的是，为了确保能和人口普查数据进行比较，年龄分组应该是：15～19、20～24、25～29 等，而不是 16～20、21～25、26～30 这样的分法。

### 经济状况/职业/社会经济群体/阶层

一个人的经济和职业状况明显影响着休闲和旅游行为。这方面的信息对市场和规划非常重要，对关注公平的公共政策也很重要。所谓经济状况，或经济地位，指的是人们在正式经济中的位置，这列在表 10-11 中。在当代发达的经济体中，只有一半人口是带薪的劳动力。

**表 10-11　经济状况、职业和社会经济分组**

| 经 济 状 况 | 市场研究中的职业/社会经济分组 | 人口普查中的职业/社会经济分组 |
|---|---|---|
| • 全职带薪工作<br>• 兼职带薪工作<br>• 全职照顾家庭/孩子<br>• 全日制教育学生<br>• 退休<br>• 失业/寻找带薪工作<br>• 其他 | AB　管理、行政、专业人员（中高级水平）<br>C1　监管或文职（即白领）、初级管理、行政或专业人员<br>C2　熟练的体力劳动者<br>DE　半熟练、无技能和临时的工人，以及完全依赖救济金的人 | • 专业人员<br>• 雇主、管理人员<br>• 其他自谋职业者<br>• 技术工人和工头<br>• 非体力劳动者<br>• 服务业、半熟练工人和务农人员<br>• 武装力量<br>• 无技能者 |

职业一般表示一个人的带薪工作类型，所以一般只有从经济状况问题中识别出具有带薪工作之后才会问及。有时候会问一些其他问题，如他们之前的最后一份工作或家庭里谁是主要“挣面包”的人。然而，这样的问题也可能变得复杂，因为有人是和父母住在一起或自己居住的全日制学生，有的人是依靠社会保障生活的单亲父母，等等。在家庭调查中了解这些还有可能，但在其他情形下，如现场调查中，就不太合适，因为问这些看起来带有冒犯。对于有带薪工作的人，可以问以下几类问题。

- 您从事什么职业？
- 您干哪类工作？
- 这张卡片上哪个群体能最好地描述您的职业？

应该获取足够的信息以便对调查对象进行恰当的职业分类。市场研究人员和国家统计局这样的官方机构使用的分类体系略有不同，具体如表 10-11 所示。这种根据经济状况划分的分组通常被称为一个人的社会经济分组（SEG），它和阶级或社会阶层的理念关系密切，这里没有足够的空间来讨论这么复杂的概念，但本章末尾的资源会给出一些文献来源。

如果用开放式问题来调查职业信息，人们可能回答得很模糊，所以聪明的做法是在后面补充一个问题来进行全面描述。例如，“办公室文员”“工程师”或“自谋职业”这些回答不够清晰，因为其中包含的等级过于宽泛。对此，可以补充一个问题：“那是一个什么类型的工作？”在家庭调查中可以再问其他的问题以保证完全弄清楚调查对象的职业。这样的问题可以通过调查对象涉及的行业以及他管理的职员人数来进行核实。

### 收入

对收入问题，通常的措辞如下。

- 您税前各种个人毛收入是多少？
- 您税前各种个人毛收入属于卡片上的哪一组？

正常情况下要问毛收入，因为收集除税和其他扣款后的净收入太过复杂，很难办到。由于毛收入和净收入之间一般有较大差别，所以这个变量不太那么精确。将收入作为变量的另一个问题是如果调查对象没有收入来源或自己不是家庭的主要收入来源，那么个人收入这个变量也就没什么特别的用处了。如果所有家庭成员都接受访谈，或者问调查对象谁是家庭的“主要收入来源”，就可以克服这个问题。然而，许多十多岁的孩子不知道他们父母的收入，因此，问他们这个问题就不太恰当。收入是个敏感问题，按照上面讨论的局限性问题，现场调查和游客调查中常常将其排除在外。

### 婚姻状态

因为合法的婚姻状态不能说明国内人口的增长情况，这一变量的有用性正在下降。在休闲和旅游行为中，一个人是否要照顾孩子是一个更重要的变量。婚姻状态一般可分为：

- 已婚，
- 单身：未婚，
- 寡居/离异/分居。

如果调查对象并未结婚但事实上居住在一起，可以让他们决定怎么归类，或者再新增一个分类。

## 家庭类型、群体类型及其规模

对许多休闲和旅游研究，家庭类型是一个有用的变量，但是除了家庭访谈，这方面的数据很难收集，因为这类信息需要大量的条目。在家庭访问中，可以问“谁住在这儿？”简单的方法是问家里有几个孩子，年龄多大。接下来就必须对信息按照“家庭类型”进行分类。一般的分类方法如图 10-4 所示。

a. **家庭类型：家庭调查**

问题形式：

能告诉我都有谁住在这儿吗？

| 人员 | 与调查对象的关系 | 性别男/女 | 年龄 | 职业 |
|---|---|---|---|---|
| 1 | 调查对象 | | | |
| 2 | | | | |
| 3 | | | | |
| 4 | | | | |
| 5 | | | | |

家庭类型分类：

A. 单亲带一个未成年子女

B. 单亲带两个或更多个未成年子女

C. 夫妻带一个未成年子女

D. 夫妻带有两个或更多个的未成年子女

E. 夫妻无子女

F. 成年亲属

G. 成年非亲属

H. 单身

I. 其他

b. **游客群体：现场调查**

问题形式：

a. 包括您自己在内，你们一共多少人？ ________

b. 你们这个群体有几个 5 岁以下的孩子？ ________

c. 有几个 5～15 岁的孩子？ ________

d. 有几个 60 岁或 60 岁以上的人？ ________

群体分类：

A. 0～4 岁最小的成员

B. 5～15 岁的少年成员

C. 独自一人的成年人

D. 两个成年人（60 岁以下）

E. 老年夫妇（60 岁及以上）

F. 3～5 个成年人

G. 6 个或 6 个以上成年人

**图 10-4　家庭类型和游客群体类型**

在使用者/现场调查中，了解团体或群体的规模及其组成很有用。例如，有多少孩子和大人，年龄分别是多少。显然，这类信息对规划、市场、管理和设施项目非常重要。常用的群体分类如图 10-4 所示。

要注意，“群体规模”不同于“车辆使用”，因为有些大规模的群体可能乘几辆车到达。因此，如果因交通管理意图需要后者的信息，必须单独调查。

### 生命周期

一些研究人员认为，像年龄、婚姻状态这样的个人变量并不能很好地预测休闲和旅游行为，应该考虑的是生命周期这样的复合变量（Rapoport and Rapoport，1975）。和家庭类型一样，一个人所处的生命周期阶段不是只有一个问题就能解决的，而是包括一系列信息项目，如年龄、经济状况、婚姻/家庭状况等。图 10-5 给出了一个可能的分类体系。生命周期这一理念是对第 2 章中所讨论的“生活方式”这一概念的进一步发展，但是需要收集大量的额外数据。

A. 儿童/单身青少年：依赖父母
B. 单身青年：独立
C. 已婚/有伴侣的青年：没有子女
D. 父母：未成年子女
E. 父母：子女独立
F. 退休：70 岁以下
G. 退休：70 岁以上

**图 10-5 生命周期阶段**

### 种族

休闲和旅游调查中也包括了种族群体调查，因为民族文化对休闲和旅游行为造成影响，还因为政策对社会群体之间的平等很关注。每个人都隶属于一个种族，也就是一个有着共同信仰、语言和其他文化价值观、实践和经验（包括休闲和旅游）的社会群体，因此，种族问题在休闲和旅游政策、规划和管理上越来越重要，尤其是那些主流设施和服务不能满足少数族群需求的时候。过去种族调查的通常方法就是问调查对象出生于哪个国家，因为绝大多数的少数族群都是移民。但这并不能识别出那些不是出生于海外的少数族群。父母的出生地可以识别出第二代移民，但是对第三代及以后各代就不管用了。因此，现在越来越少用出生国家来确定组群成员。观察是一种解决办法，但并不可靠。根本的解决办法就是直接问调查对象认为自己属于哪个种族，然而这也许会冒犯一些人，但总体来说这是最令人满意的方法。

### 居住地/来源地

一个人居住在什么地方会影响他对休闲设施的使用，而且还能反映出他的社会经济地位和消费模式。居住地和来源地是分析单个设施覆盖区域的基础。其情形随调查类型不同而不同。

- 家庭调查：访谈人员已经知道居住地，并在问卷上对街道、住宅区、地方市政委员会和县进行了某种类型的编码。

- 街头调查：不一定需要家庭住址，如果需要的话，一个比较粗略的分类，如按住宅区分，一般来说就足够了。
- 现场/游客调查：为了研究设施的覆盖区域，需要调查人们居住在哪里或从哪里来。要详细到什么程度呢？这取决于设施的性质。地方设施的覆盖区域比较小，可能要了解到街道（不需要住所的门牌号）；对更小的地方市政设施要了解到居住区。对乡村/旅游设施需要了解到城镇/城市。对海外游客，通常了解到国家就够了，虽然也有可能还要了解他们要在哪儿停留。

案例研究 14.5 给出了一个利用家庭居住区数据来显示设施覆盖区域的例子。这个例子中，有关信息来自会员记录，但是也可以来自使用者问卷调查。

市场研究公司经常记录调查对象的完整地址和电话号码，以便后续对调查人员的工作质量进行核查，看看是不是真的对调查对象进行了访谈。

### 房屋信息

关于调查对象住宅类型方面的信息通常通过家庭调查来收集，因为通过观察就很容易收集。这些信息明显与休闲研究相关，因为居住类型说明了个人能够获取的休闲空间，这一现象经常出现在政策文献中，但很少得到系统研究。人们是否有属于自己的住宅是一个很重要的社会经济变量。表 10-12 展示了这些信息的常用分类。

**表 10-12　住宅信息**

| 住 宅 类 型 | 住宅使用权 |
|---|---|
| A. 独立住房 | A. 完全拥有 |
| B. 半独立式房屋 | B. 按揭购买 |
| C. 排屋 | C. 租用 |
| D. 公寓/复式公寓 | D. 其他 |
| E. 拖车式活动房屋、船屋 | |
| F. 其他 | |

### 交通

因为流动性在休闲和旅游行为中是非常重要的因素，所以问卷中经常会包括车辆所有权和使用方面的问题。人们时常会被问到是否有通用驾照。在现场调查时，会问到到达此地采用的交通方式。而在家庭/群体调查中，经常会问到车辆的所有权。如果游客用了两种或两种以上的交通方式，那么可以把所有交通方式都记录下来，或者问调查对象哪种交通方式行驶的距离最远。

## 态度/意见问题

态度和意见是问卷设计中颇为复杂的一个方面，有一系列技术用以研究人们的意见和态度，具体如图 10-6 所示。前三种形式，直接的或开放式问题、列表和排序都直接明了。但其他形式也有其优点。

### 李克特量表

李克特量表是一种分级技术，由心理学家李克特（Likert）最初发展使用和分析，因此也称为李克特量表。该技术中，调查对象被要求用一套标准回答来表达对一个命题的支持或反对，或者是表达对一个因素的重要性的认识。这种方法的优点是回答可以量化，这将在下面的编码中进行讨论。

a. 开放式问题直接：　是什么吸引您踏上这趟旅程的？

______________________

b. 列表　在卡片所列的条目中，哪一条对您踏上这趟旅程是最重要的？

A. 口碑好
B. 方便到达
C. 旅程本身
D. 收费不高
E. 容易停车

c. 排序　请看卡片上的条目，根据它们对您选择一趟旅程的重要性进行排序。最重要的为1，最不重要的为5。

| | 排序 |
|---|---|
| A. 口碑好 | ____ |
| B. 方便到达 | ____ |
| C. 旅程本身 | ____ |
| D. 收费不高 | ____ |
| E. 容易停车 | ____ |

d. 李克特量表　请看卡片上的条目，然后请说出每一条目对您决定访问这个区域的重要程度，是非常重要，比较重要，比较不重要，还是根本不重要？

| | 非常重要 | 比较重要 | 比较不重要 | 根本不重要 |
|---|---|---|---|---|
| 口碑好 | □1 | □2 | □3 | □4 |
| 方便到达 | □1 | □2 | □3 | □4 |
| 旅程本身 | □1 | □2 | □3 | □4 |
| 收费不高 | □1 | □2 | □3 | □4 |
| 容易停车 | □1 | □2 | □3 | □4 |

e. 态度陈述　请阅读下面的陈述，然后根据您支持或反对的程度在合适的方框内打勾。

| | 非常支持 | 支持 | 无意见 | 反对 | 非常反对 |
|---|---|---|---|---|---|
| 教育中的学习经历比获取证书更重要 | □1 | □2 | □3 | □4 | □5 |
| 毕业课程费用太高 | □1 | □2 | □3 | □4 | □5 |

f. 语义差异　请看下面的每个因素，请您在您认为和这个课程相关的因素的框内打钩。

| | | | | | |
|---|---|---|---|---|---|
| 困难 | | | | | 容易 |
| 不相关 | | | | | 相关 |
| 专业 | | | | | 不专业 |
| 乏味 | | | | | 有趣 |

**图 10-6　意见或态度问题形式**

### 排序

如果列表不是太长，可以要求调查对象相对直接地对列表中的项目按重要性进行排序。但如果超过五项，那就要考验调查对象的耐心了。在这里，回答可以用平均等级的形式进行量化。

### 态度陈述

态度陈述是探索调查对象对一系列问题（包括哲学或政治性质的问题）的态度的一种手段。向调查对象出示一系列陈述，要求他们用量表来说明支持或反对这些陈述的程度。

对李克特量表式的问题和态度陈述的回答都可以计分，如图 10-6 方框边上的数字那样。例如，“非常支持”计 5 分，“支持”计 4 分，“非常反对”计 1 分。可以对大量回答的计分求均值。例如，一群人对陈述大都持“支持”或“非常支持”，那么均值就介于 4～5 分，反之，一群人大多选择“反对”或“非常反对”，那么均值分数就比较低，介于 1～2 分。这样的分值可以用来对不同陈述的支持程度进行比较，也可以对不同人群的意见进行比较。

### 语义差异

语义差异是向调查对象提供一对相反的描述词语，要求他们说明要研究的设施、地点和服务是如何与这些描述词语相关的。这种方法适用于由调查对象完成的问卷，因为只需要调查对象在每条线上打个勾。这种方法在没有视觉提示的访谈（如电话调查）中使用起来有些困难，其结果只能减少到三种情况：接近一端、另一端，或在中间。用于语义差异的配对描述词语应该来自研究背景或理论之中。

### 方格技术

语义差异的进一步发展就是第 5 章讨论过的方格技术。这里，那对描述词语被称为个人建构，由调查对象提出。这种技术在此不再作进一步介绍，本章的资源部分给出了一些运用于休闲与旅游的案例。

## 市场细分

第 1 章介绍过市场细分或生活方式研究的理念，指的是根据一系列活动、社会统计学和态度变量对调查对象进行分类。所有必要的用于分类的数据条目在上面已经讨论过了。实际的市场细分或生活方式分类操作是一项分析任务，将在本书第 III 部分，尤其是第 17 章的因子分析和聚类分析中进行讨论。

## 问题顺序和问卷布局

### 引导语

问卷上应不应该有引导语，如对调查目的进行解释并请求调查对象帮助？在邮寄调查中，这些内容一般写在附函或伴书上。对其他形式的由调查对象完成的问卷，虽然分发问卷的实地调查人员通常会加以介绍和解释，但还是建议在问卷的开头也写一个简短的说明。在由调查人员管理的问卷中，可以将引导语印在每份问卷的开头，或者写在调查人员写好的指导手册中。

实践中，调查人员不太可能在接触潜在调查对象的时候去读手上的文稿。在寻求潜在调查对象的合作时通常有必要保持眼神接触，所以调查人员必须预先知道自己要说什么。在家庭调查中，潜在调查对象在同意接受访谈之前可能要求提供调查人员身份的大量信息和证据。但是在现场调查中，调查对象通常更感兴趣的是想要知道访谈要多久，要问哪些类型的问题，因此只需要很简短的开场白。例如，在现场调查中，开场白要简短："打扰了，我们在对这个区域的游客做一个调查，您介意回答几个问题吗？"

对调查人员来说，通常有必要说明自己代表的机构，佩戴一个徽章会强化这一点。市场研究或咨询公司经常指示调查人员，说他们代表的只是公司，而非客户。这能确保获取不带偏见的意见，虽然有时候考虑到调查对象有权知道什么机构会使用这些收集来的信息时会产生伦理问题。

引导语或开场白的一个作用就是向调查对象保证会保密。在现场调查中，一般不收集姓名和地址，很容易保密。在家庭调查和一些邮寄问卷调查中，可以识别出调查对象的身份，所以需要进行保证。关于保密问题，包括实际的做法，是一个伦理问题，在第 4 章已经讨论过。

### 问题顺序

进行问卷调查时，问卷逻辑合理，让人舒服是很重要的。一定要牢记几个原则。

（1）从容易的问题开始。

（2）从"相关的"问题开始。例如，如果调查对象被告知调查是关于度假的，那就先从度假的问题开始。

（3）个人问题，如年龄、收入这样的问题，一般留到结束时再问。当调查人员与调查对象建立了和睦的关系之后再问这样的问题，很少会让对方感觉到被冒犯。类似的原则都适用于由调查对象完成的问卷。有时候这被看作是不道德的伎俩，因为人们事先知道要被问及个人问题的话就不会再配合。但由于休闲和旅游调查中很少有那些色彩很浓的个人问题，而且调查对象可以拒绝回答这些问题，因此这种实践方式还是被广泛认可的。

### 布局

- *总体原则*。问卷的布局排版和印刷应该遵循这样一个原则，即要读它的人，无论是调查对象还是调查人员，都应该能够轻松地根据指示回答所有他们想要回答的问题。在由调查对象完成的问卷中必须额外注意布局问题，因为一旦开始调查就很难纠正错误了。问卷的布局清晰程度以及给人的整体印象对获取好的回应是非常重要的。邮寄调查，由于研究人员和调查对象没有直接接触，所以对布局的要求最高。专业的布局、打字和印刷会提高回答的应答率、准确性和完成度。
- *过滤*。问卷中的过滤是指某个问题的回答会决定接下来要回答哪个问题。如果问卷包含过滤，布局就尤为重要。图 10-7 给出了问卷如何处理过滤的一个例子。

**布局 1**

1. a. 您以前在这所大学学习过吗？

 是 □1

 否 □2

 b. 如果是：您多少年前在这里学习？____年

**布局 2**

1. 您以前在这所大学学习过吗？

 是 □1 继续问答问题 2

 否 □2 继续回答问题 3

2. 您多少年前在这里学习？____年

**图 10-7 过滤**

- *长度*。感知到的问卷长度将会影响回答率。所以，如果排版能够减少问卷页数，将有助于提高回答率。即使是调查人员用的问卷，尽可能地让问卷紧凑也有好处，可以便于处理。案例研究 10.1 中的案例 C 用了两栏的形式，值得深入探讨，并很容易通过文字处理软件来实现。
- *勾选方框和编码*。案例研究 10.1A 所展示的问卷是为调查对象填写完成而设计的，布局因而包含有让调查对象打勾的方框。但是，方框的输入和布局耗时费力，所以如果问卷是调查人员使用，那么可以像案例研究 10.1B 和 10.1C 那样设置编码。
- *办公室使用栏*。“办公室使用”一栏在调查人员管理的问卷中并非必须，案例研究 10.1A 和 10.1B 中使用此栏是基于讲解目的。有时候这种类型的布局可以用于调查对象完成的问卷，如在一些非自主群体调查中，或调查对象文化修养很好，则不会被明显技术化的布局所左右。

# 编　　码

现在大多数调查数据都用计算机来分析，这意味着问卷中的信息必须编码，即转换成数字代码，按系统的、机读的形式组织起来。预先编码的问题和开放式问题编码使用的程序不同，下面将依次讨论。

## 预先编码的问题

在案例研究 10.1 的问卷例子中的很多问题都说明了预先编码的问题的编码原则。例如，案例研究 10.1 中例子 A 的问题 1，编码显示在方框边上。答案只有一个，因此回答这个问题只需要记录一个代码。

如果回答本身就是数字，就没有必要进行编码，因为计算机可以处理数字化的回答。例如，案例研究 10.1 例子 A 中的问题 4 问的是实际花费，是一个数字，所以不需要编码。

像量表和态度陈述这样的分级式回答，自身已经被编码，如图 10-6 的例子中显示的数字。如果是语义差异，那么每一段回答线可以用数字编号，也就是从 1 到 4，这样回答就有了数字代码，这取决于调查对象在哪段线上进行了标记。

## 开放式问题

在开放式的问题中，必须用设计编码系统。就像建议的那样，可以把开放式问题的回答从问卷上抄写下来，作为报告“素材”，如图 10-8 所示。如果仅此而已，那么就需要花力气去对信息编码来进行计算机分析了：计算机在抄写方面并不见得比手工更省事。

| 25 个调查对象对“您对改进校园生活有什么建议？”的回答： | |
|---|---|
| 更多的现场音乐会／／／ | 更好的食物／／／ |
| 升级设施／／／ | 非学生不得进校／／ |
| 更多的周末活动／／ | 主题活动，如电影节／／ |
| 更多的午餐时间活动／ | 改善大厅里的音响效果／／ |
| 更多的晚上活动／／ | 社交活动，如烧烤／／ |
| 更好的音响系统／ | 活动应按时开始和结束／／／ |
| 更便宜的饮料／／／ | 多一些特色节目，如不能在城里随便看到的电影／／／ |
| 免费的交通（从城里来）／ | 更多的参与性活动，如辩论／／ |
| 更多的免费活动／／ | 所有活动免费进入／／ |
| 少一些重金属摇滚表演／／ | |

| 建议的编码系统： | |
|---|---|
| 节目内容方面的评论 | 1 |
| 时间方面的评论 | 2 |
| 设施方面的评论 | 3 |
| 花费方面的评论 | 4 |
| 组织方面的评论 | 5 |
| 其他 | 6 |

**图 10-8　对开放式问题的编码**

如果要对结果做更详细的分析，如比较两个或以上群体的意见，那么就要发挥计算机分析的长处了。通常，要对五六十组不同的回答，尤其是其中的大多数回答只是一两个调查对象给出的时候，进行比较是非常困难的。所以，设计编码系统的目的就是将各组回答归入一个可控的分类体系中去。

如果样本规模很大，那么建议通过预调查来设计编码系统，这样，开放式问题就转化为预先编码的问题。但是如果不想这么做，那么可以从主要调查对象中选取一个 50 或 100 人的代表性样本群体，也可以实现这一目的。像图 10-8 那样写下所有的回答，标出每个答案出现的次数，对出现次数最多的回答编码。将其余的回答归入“其他”，研究人员判断“其他”包含哪些回答，不要把太多的回答归入“其他”。

## 记录编码信息

关于问卷编码信息的计算机分析，最好用一个例子来说明，具体如图 10-9 所示。其中，问卷来自案例研究 10.1 中案例 A。

| 校园生活调查，2008 | | | | 办公室使用 |
|---|---|---|---|---|
| 1. 下面哪句话最好地描述了您目前的情况？ | | | | #1 |
| 全日制学生，没有固定带薪工作 | | | □1 | 问卷编号 |
| 全日制学生，有一些固定带薪工作 | | | ☑2 | |
| 非全日制学生，有全职工作 | | | □3 | 2 情况 |
| 非全日制学生：其他 | | | □4 | |
| 2. 最近四周您使用过下面哪项大学里的服务？ | | | | |
| 去过校园咖啡厅/酒吧 | | | ☑1 | 1 咖啡厅 |
| 看过校园里的现场音乐演出 | | | ☑1 | 1 音乐 |
| 利用校园运动设施 | | | □1 | __运动 |
| 利用校园旅行服务 | | | □1 | __旅行 |
| 3. 考虑一下校园里提供的社交和娱乐服务，您认为最重要的是什么？请按重要性从 1 分到 5 分对下列项目排序，其中，1 分代表最重要，5 分代表最不重要。 | | | | |
| | | | 排序 | |
| 免费或降低价格 | | | 1 | 1 便宜 |
| 白天的活动 | | | 4 | 4 白天 |
| 其他地方看不到的电影、演出等 | | | 2 | 2 不寻常 |
| 社交/结识其他人的机会 | | | 3 | 3 交友 |
| 服务的质量 | | | 5 | 5 质量 |
| 4. 平均每周您在校内校外社交和娱乐活动上花多少钱？ | | | | |
| 100 英镑 | | | | 100 英镑花费 |
| 5. 请指出以下各项就校园生活而言对您的重要程度。 | | | | |
| | 非常重要 | 重要 | 一点儿也不重要 | |
| 放松 | ☑3 | □2 | □1 | 3 放松 |
| 社交 | ☑3 | □2 | □1 | 3 社交 |
| 精神刺激 | □3 | □2 | ☑1 | 1 精神 |
| 6. 您对校园社交生活有什么建议？ | | | | 1 建议 1 |
| 提供更多的小众音乐，摇滚太少了 | | | | __建议 2 |
| | | | | __建议 3 |
| 7.您是：男性☑1 女性□2 | | | | 1 性别 |
| 8.您年满：22 岁 | | | | 22 年龄 |

**图 10-9 完成的问卷**

在“办公室使用”一栏中留出了空间来填写回答的编码。本栏中的“变量名”，如 qno，crse，lib，等等，在 16 章将详细解释。要注意：

- “办公室使用”栏中的问卷编号是一个联系计算机中数据和实际问卷之间的标识码，在本例中其是 1。
- 问题 1：只能给出一个答案/代码。
- 问题 2：调查对象可以在四个方框内打勾。
- 问题 3：要记录五个等级。
- 问题 4：填入实际数字，可以无须编码直接输入计算机。
- 问题 5：由三个李克特量表项目组成。
- 问题 6：一个开放式问题。预见到有人给出的回答可能不止一个，因此预留了三个回答的空间（尽管本例中只留出了一个回答的空间）。回答可以进行如下编码（见上面的编码设计）：

  对活动内容的意见　　1
  对时间的意见　　2
  对设施的意见　　3
  对花费的意见　　4
  对组织的意见　　5
  其他　　6

来自填写完成的具体问卷的数据因而就变成了表 10-13 中显示的一行数字。在表 10-13 中一共包含 15 份已经填好了的问卷数据，第 16 章将讨论如何对其进行计算机分析。

**表 10-13　来自 15 份问卷的数据**

| 问卷编号 | 情况 | 咖啡厅 | 音乐 | 运动 | 旅行 | 便宜 | 白天 | 不寻常 | 交友 | 质量 | 花费 | 放松 | 社交 | 精神 | 建议 1 | 建议 2 | 建议 3 | 性别 | 年龄 |
|---|---|---|---|---|---|---|---|---|---|---|---|---|---|---|---|---|---|---|---|
| 1 | 2 | 1 | 1 | 0 | 0 | 1 | 4 | 2 | 3 | 5 | 100 | 3 | 3 | 1 | 1 |  |  | 1 | 18 |
| 2 | 2 | 1 | 1 | 1 | 0 | 1 | 4 | 2 | 3 | 5 | 50 | 2 | 3 | 1 | 2 | 1 |  | 1 | 19 |
| 3 | 3 | 1 | 0 | 0 | 0 | 2 | 5 | 1 | 3 | 4 | 250 | 2 | 2 | 2 | 3 | 4 |  | 2 | 19 |
| 4 | 4 | 0 | 0 | 0 | 0 | 2 | 3 | 1 | 4 | 5 | 25 | 3 | 2 | 2 | 1 | 2 | 4 | 1 | 22 |
| 5 | 3 | 1 | 0 | 0 | 1 | 1 | 4 | 3 | 2 | 5 | 55 | 3 | 3 | 1 |  |  |  | 2 | 24 |
| 6 | 3 | 1 | 1 | 1 | 0 | 2 | 4 | 1 | 3 | 5 | 40 | 2 | 3 | 1 | 2 |  |  | 2 | 20 |
| 7 | 2 | 1 | 0 | 0 | 0 | 3 | 2 | 1 | 4 | 5 | 150 | 2 | 3 | 2 | 3 |  |  | 2 | 20 |
| 8 | 2 | 1 | 0 | 1 | 0 | 3 | 4 | 2 | 1 | 5 | 250 | 1 | 2 | 2 | 4 | 5 |  | 1 | 21 |
| 9 | 4 | 0 | 1 | 0 | 0 | 1 | 5 | 2 | 3 | 4 | 300 | 2 | 3 | 2 |  |  |  | 1 | 21 |
| 10 | 3 | 1 | 1 | 0 | 0 | 2 | 3 | 1 | 5 | 4 | 100 | 1 | 2 | 1 | 1 | 1 |  | 2 | 21 |
| 11 | 3 | 1 | 1 | 0 | 1 | 2 | 3 | 1 | 4 | 5 | 75 | 2 | 2 | 1 | 2 | 3 |  | 2 | 19 |
| 12 | 2 | 1 | 0 | 1 | 0 | 1 | 4 | 3 | 2 | 5 | 50 | 2 | 3 | 1 |  |  |  | 1 | 22 |
| 13 | 1 | 1 | 0 | 1 | 0 | 1 | 5 | 2 | 3 | 4 | 55 | 2 | 3 | 2 | 1 | 2 |  | 2 | 21 |
| 14 | 3 | 1 | 1 | 0 | 0 | 2 | 4 | 1 | 3 | 5 | 75 | 3 | 3 | 2 | 4 |  |  | 2 | 20 |
| 15 | 1 | 1 | 1 | 0 | 0 | 3 | 2 | 1 | 5 | 4 | 150 | 3 | 3 | 1 | 1 | 2 | 5 | 1 | 20 |

# 基于数据的问卷效度

## 对效度的威胁

问卷是设计用来收集个人特征、行为和态度信息的。其目的能否实现取决于对效度可能产生威胁的若干因素，具体如表 10-14 所示。

**表 10-14　问卷调查：效度的威胁因素**

| 威　　胁 | 本　　质 |
|---|---|
| 不接受访谈 | 不接受访谈的人与接受访谈的人可能存在着显著的差别，因此导致样本产生偏差。 |
| 问卷设计：不清晰 | 导致问题模糊，产生不准确的数据。 |
| 回忆的准确性 | 调查对象回忆活动及其时间/性质的能力不同，尤其是很长时间之后。 |
| 期望留下深刻印象 | 人们本能地想给他人留下深刻印象，想展示自己好的一面，这会导致他们夸大好的方面而隐藏坏的方面。 |
| 隐私内容/敏感 | 人们可能不愿意提供隐私/敏感问题的信息，或提供得不完整或不准确。 |
| 语言/口音 | 调查对象可能不理解调查人员的语言，或者调查对象和访问者可能互相听不懂对方的口音。 |
| 耐心/疲劳 | 访谈被认为太长或无趣可能导致回答不完整。 |
| 物理环境 | 在让人分心的环境中访谈或完成问卷会导致回答不准确或不完整。 |
| **调查人员管理的访谈** | |
| 调查人员和调查对象的和睦程度 | 非常和睦或不和睦可能影响回答的准确性和完成度。 |
| 调查人员和调查指导的一致性 | 如果调查人员不遵从指导，或不同的调查人员对指导的解释不通，可能导致回答不准确。 |
| **调查对象完成的访谈** | |
| 文化程度 | 调查对象理解问题有障碍，或对开放性问题写下回答有困难。 |
| 未完成 | 因种种原因没有回答一些问题。 |

前面讨论过问卷设计的原则。第 13 章讨论的抽样原则，其设计就是用来最小化效度威胁的。一定程度上，研究者必须承认调查方法的局限性，希望误差不要太显著，其中有些误差可以互相抵消。有一些方法可以检查这些问题是否存在。

## 检验有效性

有效性的一些方面可以被检验。回答中一些随机或系统性的误差可以通过几种方式进行核查：假问题或假回答；同一问题的不同陈述；时间段比较；参考替代数据来源，如果存在这一数据来源的话。下面对其进行依次讨论。

### 假问题或假回答

在 20 世纪 80 年代早期的一个英国娱乐业管理人员调查中，调查对象被要求从一个列表中说出听说过或读过哪些书。这个列表中有一本书是看似真实其实却是不存在的。然而，相当一部分调查对象说他们听说过这本书，而且少数人还说自己读过！这样的回答并不是说调查对象在撒谎，他们也许只是混淆了某些书的标题。但是这足以说明研究人员在对待这类问题的回答误差方面要小心谨慎，因为即使是真实的书也可能存在一定的误差。例如，如果有 2%的人回答说他们听说过并不存在的报告，那么可认为调查对象的回答有±2%的误差。

### 同一问题的不同陈述

类似的方法是在问卷的不同部分设置两个或以上的问题，但这些问题问的都是同样的东西。例如，在问卷的前半部分要求调查对象对活动或度假区列表按喜爱程度进行排序，在后半部分可以问一些更详细的问题，要求调查对象说出他们喜欢的活动或度假区。分析时，可以检验这些问题的回答是否一致。

除了检测误差外，这种方法还可以发现在访谈或填写问卷的过程中，调查对象有可能改变自己的观点，因为这一过程有可能让他们对先前肤浅的看法进行更加细致的思考。在一个澳大利亚赌博行为和态度调查中，针对赌场发展计划，格里赫丁和卡尔塔比亚诺（Grichting and Caltabiano，1986）在访谈开始时问："您怎么看待在汤斯维尔修建赌场？您是支持还是反对？"在访谈结束时他们问："考虑到您刚才说的一切，现在您怎么看待在汤斯维尔修建赌场，支持还是反对？"结果发现有"1/6 的受访者在访谈过程中改变了他们对赌场的态度"。

### 比较时间段

贝克汉姆和欧麦尔内（Bachman and O'Malley，1981）对高中生使用大麻和酒精的调查水平数据进行了分析，发现学生报告的过去一月和一年的使用数据不一致。按理，除去季节因素，过去一月的使用水平应该是过去一年使用水平的 1/12。但调查结果显示过去一月的使用水平远高于 1/12。因此，可以认为，要么过去一个月的使用水平被夸大了，要么过去一年使用水平被低报了。

理想情况下，应该对这类结果进行额外的调查研究来确认酒精或毒品的使用模式，调查这种现象在其他休闲和旅游活动中的流行程度，并且提出未来的调查中应该要注意些什么以避免这种现象。然而，很少有人这样做。贝曼（Beaman et al.，2001）针对旅游的一个研究是这方面为数不多的例子之一，他们不仅研究发现了回忆不准确的现象，而且对数据校正提出了值得思考的建议。两个研究用不同的方法对这类现象进行调查，这将在下面的"利用替代数据来源"中进行说明。

### 利用替代数据来源

一个区域可以用来替代消费者支出调查数据的是执照和消费税，如酒精和烟草消费以及赌博。在文献中还没有对这类数据进行正式分析，但是澳大利亚根据家庭调查得出一个估计值，2003—2004 年澳大利亚在赌博方面的花费（赌博者的净损失）是 20.1 亿澳元，然而根据州政府抽的赌博税估算的数字是 150 亿澳元（Lynch and Veal，2006：149, 158）。虽然后者包含了国际游客的支出，但这一定程度上可以被澳大利亚人的海外赌博支出所抵消，而且可以想象得到，旅游者因素只能说明 130 亿澳元偏差中的很小一部分。无论澳大利亚统计局还是被调查的家庭成员，都严重低估了赌博损失。

宾夕法尼亚大学的戴维·奇思（David Chase）及其同事进行了两个研究，对问卷调查的两个季度的网球和游泳俱乐部访问次数和俱乐部签名记录的结果进行了比较。在第一个研究（Chase and Godbey，1983）中，发现游泳和网球俱乐部中有75%的调查对象过高地估算了自己的访问次数，其中有超过40%的调查对象甚至高估比例超过了100%。第二个研究（Chase and Harada，1984）针对的是游泳俱乐部，调查规模更大，从而得到了一些总体性的描述：调查对象估计自己上个季度的访问次数平均是30次，但俱乐部的记录显示实际的次数平均只有17次。

### 对效度问题的说明

在休闲和旅游领域，机构及研究人员的研究和政策文献中大量使用了调查问卷，但几乎没有对上面提到的效度问题提出说明。上面讨论的仅仅是对实际信息的回忆，但是回答问题的态度和动机可能会产生效度问题。目前，休闲和旅游学者看上去好像对这些问题没什么兴趣。然而，正如斯通等（Stone et al.，2000）编的论文集所反映出来的，医疗领域的研究人员对这些问题进行了分析。

# 实施问卷调查

## 现场调查（田野工作）计划安排

调查工作中，信息收集或田野工作的规模和复杂性往往具有显著的差异。一方面，可能只有研究人员一个人来实施这个过程；另一方面，有可能会招募、培训和监督几百个员工。任何涉及基础数据收集的实证研究都必须组织田野工作。然而，由于调查方法的大众性，很可能要组织其他人而不是仅仅依靠研究人员。所以，本章对其中的一些注意事项予以说明，如图10-10所示。

a. 进入调查地点或获取记录时要征求许可。
b. 获取样本名单，如选举人名单。
c. 安排印刷，如问卷等。
d. 检查保险。
e. 为调查人员准备书面指导。
f. 为调查人员准备身份徽章/证明。
g. 招募调查人员和监督人员。
h. 培训调查人员和监督人员。
i. 如果一些田野工作由其他机构来实施，应尽早获取报价。
j. 指派和培训数据编码/数据处理人员。

**图10-10　田野工作计划任务**

**a. 征求许可**

根据地方法律，在街头、海滩这样的公共场所进行访谈时要获得许可。许多被认为是“公共”区域的地方，实际上由某公共或私人机构对此负责，如购物中心和公园。必须获取这些机构对实施田野工作的许可。如果在公共场所进行访谈，为防止公众的抱怨或质疑，通知当地警察也是个不错的做法。

**b. 获取名单**

获取诸如选举人或成员资格名单以便进行抽样，看上去是例行公事，然而这些似乎简单的事情却常常会耽搁时间，或者材料并非期望中的形式，还要花时间来处理。研究项目的时间安排一般很紧凑，耽搁几天可能会延误大局。因此，最好早点解决这些例行公事。

**c. 安排印刷**

印刷看起来很简单，但打印店也有忙的时候，很难进行快速周转。所以，建议早些核查印刷程序和周转时间。

**d. 核查保险**

当田野工作不在常规工作地点时，就会产生保险问题，包括公共责任和对调查人员的工作补偿。在教育机构中，只要学生和教职员工从事的是法律许可的大学/学院活动，一般都会被保险覆盖，但是这些问题要由相关的法律事务部核对之后才行。

**e. 为调查人员准备书面指导**

建议给调查人员提供书面指导，这些指导包括：

- 对问卷的详细解说和/或其他指导；
- 核对已完成问卷易读性和完整性方面的指导；
- 归还问卷等方面的指导；
- 穿着和行为规范；
- 详细的登记簿；
- “潮湿”天气情况的指导；
- 对如何处理“困难”调查对象等的指导；
- 详细的时间表、报酬等；
- 电话联系方式。

应该有问卷调查时的注意事项。用问卷进行访谈时一般要求调查人员严格遵照问卷上的措辞，如果调查对象没有理解问题，应该再向先前那样重复一遍问题；如果调查对象仍然不理解，那么就跳到下一个问题。如果想要严格贯彻这一程序，措辞就很重要，需要经过一次或多次预调查来对措辞进行检验，直到清晰为止。

上述程序对态度问题显然非常重要，调查人员的任何解释和阐述话语都可能影响调查对象的回答，并导致回答出现偏差。而对于实际性的问题，这可能并不那么重要，只要能获得准确的信息，调查人员的一两句解释还是可以接受的。

**f. 为调查人员准备身份徽章/证明**

在公共或半公共场所进行田野调查，调查人员的身份应该很清晰。最好准备一个带有机构标识的徽章，并附有调查人员的名字。一封来自调查监督人员的证明可以表明调查人员进行的是合法的研究活动，这也许有所帮助。

**g. 招募调查人员和监督人员**

如果要使用有报酬的调查人员、监督人员和其他田野工作人员，那么必须通过正常程序来雇用兼职人员。最好向机构人力资源部门或熟悉他们程序的人征求意见。

**h. 培训调查人员和监督人员**

田野工作的复杂性和田野工作人员的经验不同，培训的时间长度也不同。有酬劳的田野工作人员在受训期间也要给予报酬（这要事先预算好）。一般培训两三个小时就够了，但是对复杂的项目时间要多一些。建议让调查人员相互之间进行练习访谈，并报告遇到的困难。

**i. 获取报价**

有些时候，项目中的某些方面要由其他机构来承担，如数据过程。建议尽早获取详细的报价信息。

**j. 指派和培训数据编码/数据处理人员**

有时候，对进行计算机分析的数据进行编码、编辑和处理是非常重要的任务。因此，在招募田野工作人员之后，就要培训这些人员。

## 实施预调查

预调查是大调查的小规模“测试性调查”。它对问卷调查尤其重要，实际上，它可以用于任何类型的研究过程。建议在进行主要的数据收集工作前，先进行依次或多次预调查。图 10-11 概括了预调查的目的。显然，预调查可以用来测试调查的各个方面，而不仅仅是措辞问题。条目 e.熟悉调查对象，指出了预实验的一个作用是提醒调查人员要注意调查对象特殊的、乖僻的和敏感的特点。这些事情会影响主要调查的设计和实施。条目 h 和 i，关注的是应答率和访问事件长度的问题，它们提供的信息在调整访谈过程方面非常重要。例如，也许有必要缩短问卷长度，和/或调整田野工作人员的数量，从而保证工作能够按时间安排进行，和/或将成本控制在预算之内。

a. 检验问卷措辞
b. 检验问卷顺序
c. 经验问卷布局
d. 为开放性问题编码
e. 熟悉调查对象
f. 测试田野工作安排
g. 培训和测试田野工作人员
h. 估算回答率
i. 估算访谈时间
j. 测试分析程序

**图 10-11 预调查的目的**

预调查原则上应该由主管的研究人员，或至少是经验丰富的调查人员来实施，因为访谈结束后要求调查人员报告预调查的经历，同时还会邀请调查人员参加随后的问卷和田野工作安排修订方面的讨论。预调查之后，召开简报会非常重要，这在预调查一结束就要马上进行，因为这时调查细节在调查对象的头脑中十分新鲜。

## 本章小结

本章对问卷调查进行了介绍，问卷调查被认为是休闲和旅游研究中最普遍的数据收集手段。问卷调查的优点包括可量化、透明、简洁的数据形式，可以研究时间变化，可以对复杂现象进行综合涵盖，以及可以对人口总体进行概括。本章的第二部分着重讨论了七种不同的问卷调查特点，包括家庭调查、街头调查、电话调查、邮寄问卷调查、电子调查、使用者/现场/游客调查和非自主群体调查。本章的第三部分讲述了问卷的设计和编码。最后讨论了问卷调查的田野工作安排，包括实施预调查。

## 测 试 题

1. 问卷调查有哪些优点？
2. 本章讨论了七种问卷调查，它们都是什么？
3. 列出三种问卷调查类型，根据自我完成或调查人员完成、成本、样本性质、问卷的可能长度和可能的回答率概述它们的特点。
4. 如果对下列500个样本进行调查，您会用什么调查类型？
   a. 访问海滨度假地的游客
   b. “绿色和平组织”成员
   c. 剧场使用者
   d. 大型城市公园的使用者
   e. 来英国的外国游客
   f. 不参与体育活动的人
   g. 参与体育运动的人
   h. 租录像带的人
   i. 居住在当地的14岁及以上居民
   j. 居住在当地的11～13岁少年
5. 什么是配额抽样？
6. 在邮件调查中可以用什么方法来提高回复率？
7. 问卷的问题措辞应该遵循哪些原则？
8. 预先编码的问题和开放式问题有什么区别？二者各有哪些优缺点？

## 练 习

1. 设计一份和案例研究3.1或案例研究3.4当中的一个研究相关的问卷，问卷问题有且只能有十个。

2. 用三种问题形式设计一个人们对毒品立法的态度方面的问题。

3. 如果你是休闲/旅游班级里的一名学生，邀请班里其他同学完成案例研究10.1A中的问卷，根据回答情况为开放式问题的回答设计一套编码体系。

4. 获取一篇包含有问卷调查且提供了的问卷副本（通常是附录形式）的研究报告或论文，对问卷设计进行评论。

# 资　　源

## 网站

时间预算日记/时间利用调查：

- 澳大利亚统计局：2006 年时间利用调查：www.abs.gov.au/ausstats/abs@.nsf/mf/4153.0。
- 英国国家统计局：2005 年时间利用调查：www.statistics.gov.uk/cci/article.asp?ID = 600。
- 和谐欧洲时间利用调查：www.h2.scb.se/tus/tus/default.htm。
- 牛津大学时间利用研究中心：www.timeuse.org/。

## 出版物

- 态度测量：McDougal and Munro（1994），Oppenheim（2000），11 章。
- 电子调查：Dillman et al.（2009）。
- 大规模的全国性家庭调查：见第 7 章资源部分。
- 邮寄问卷调查：Dillman et al.（2009）。
- 一般性问卷设计：Oppenheim（2000）；生命周期：Rapoport and Rapoport（1975），Zuzanek and Veal（1998）；传统：Giddens（1993:211-250）；生活方式：O'Brein and Ford（1988）。
- 方格技术：Kelly（1995），Botteril（1989），Stockdale（1984）。
- 一般性调查：Hudson（1988），Cushman and Veal（1993），Ryan（1995）。
- 电话调查：Lavrakas（1993），Lepkowski et al.（2008）。
- 时间预算日记/时间利用调查：Burton（1971），Szalai（1972），澳大利亚统计局（1998），Gershuny（2000），Pentland et al.（1999）；旅游方面：Pearce（1988）。
- 效度：问卷回答的夸张/不可信等：Chase and Godbey（1983）；Chase and Harada（1984），Bachman and O'Malley（1981），Schaeffer（2000），Beaman et al.（2001），Oppenheim（2000：138-139）。
- 旅游中的游客（使用者）调查和谈话（优惠券）调查：Perdue and Botkin（1988）。

# 第 11 章 实验研究

实验的本质是研究者试图控制研究环境中的所有相关变量。选择和研究对象相关的变量进行实验，如果其他保持常量，那么变量对研究对象的影响就可以进行测量。如第 2 章所说，实验这种方法与实证主义范式有着密切联系，并与传统的验证假设的科学模式相一致，致力于建立一种因果联系。本章的第一部分将依次探讨：实验研究的原则、效度问题和准实验设计。

在休闲与旅游领域，一般认为实验方法并不多见，但是如果考虑到使用的实验和准实验方法，以及它们对这个领域的各种贡献，就可以发现休闲和旅游研究中以实验为主体的方法非常多见。本章的第二部分将探讨一系列休闲和旅游领域中实验方法的应用。

本章关注的是数据收集，数据分析则放在第 III 部分。然而，在第 III 部分没有对应于实验方法的独立分析章节。这是因为，在休闲与旅游领域中，总是通过问卷调查来收集背景实验数据，因此，问卷调查法可以嵌入到实验方法中去，反之亦然。此外，正如第 8 章所说，对观察数据，其分析类似于问题回答分析，因此，来自实验方法的数据可以与问卷数据做同样处理。

## 实验研究的原则

### 构成

实验的本质是研究人员能够理想地控制研究环境中的所有相关变量，在对选择变量进行实验的同时保证其他变量恒定不变，然后对选择变量对研究对象的影响进行测量。实验研究中的术语包括因变量、自变量、实验组和控制组。任何一项研究里都可能出现一个或多个变量。

- 因变量：因变量是可以测量的实验结果。休闲/旅游活动参与、服务满意度水平和健康程度都可以作为因变量。
- 自变量：自变量是指在实验过程中变化的或被人为操控的性质或特征。相关的例子如：提供的信息/训练或刺激，所接收的服务质量和/或水平变化。实验过程中要操控自变量来分析它对于因变量的影响。
- 实验组：接受实验的参与者或研究对象群体被称为实验组。
- 控制组：为了考虑到其他变量对实验结果的可能影响，研究者通常会使用控制组，他们并不接受实验。控制组的特点与实验组相互匹配，因此这两组要尽可能相似，或者将研究对象随机分配到两组中。

## 传统实验设计

图 11-1 列出了传统或真实的实验设计中实验前和实验后控制组设计的五个步骤。

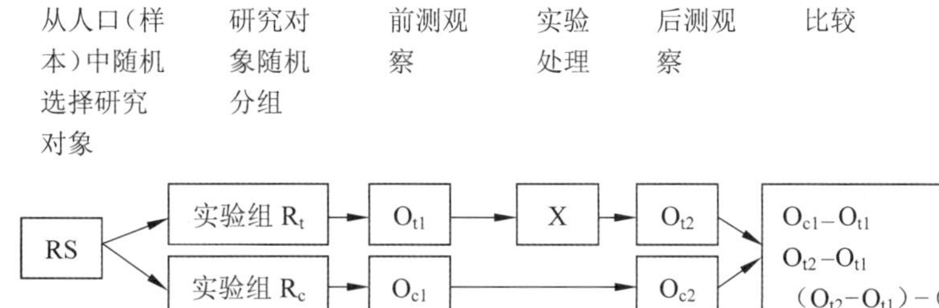


**图 11-1　传统实验设计**

（1）研究对象被随机分配到两组：实验组 A 和控制组 B。

（2）在前测观察中，分别对两组中的研究对象的因变量进行测量。

（3）对实验组 A 进行实验 X，不对控制组 B 进行实验。

（4）在后测观察中，分别对两组中的研究对象的因变量进行再次测量。

（5）得出结论。

- $O_{t1}$ 与 $O_{c1}$ 之间没有显著相关性。
- （$O_{t2}-O_{t1}$）与（$O_{c2}-O_{c1}$）之间有显著相关性。

步骤（5）一般以每组每次测量的平均值为基础。“显著性”这一概念将在第 18 章中予以详细介绍。

# 效 度 问 题

传统设计的目标是尽可能保证实验结果的效度。第 2 章说过，效度是指研究收集的数据能够在多大程度上反映被研究的现象。一般要在效度、操作性和成本之间进行权衡。尽管很难做到完美，但是研究人员必须清楚了解威胁效度的因素，并在实验设计时加以考虑。

## 威胁效度的因素

实验效度的威胁有两类：内部效度，设计的各个组分相互折中妥协；外部效度，这和结果在它所想应用的人群中的应用有关。表 11-1 总结了这些威胁效度的因素。

表中提到了“霍桑效应”（Hawthorne effect），这是多年前在美国西方电气公司霍桑工厂的一项研究，人类行为的影响因素研究是其中的一部分。该研究试图调查生产率与工厂照明之间的关系。如预期的一样，照明增加，生产率提高，但照明减少生产率也同样得以提高。研究结果表明，影响生产率的是工人受到的注意，而非照明度。

## 田野实验和实验室实验

在外部和内部效度问题上，要在田野实验或自然环境中的实验与实验室中的实验之

表 11-1 实验效度的影响因素

| | |
|---|---|
| 内部效度 | 实验设计中产生的问题，即因变量的变化是否完全来自自变量的变化 |
| 熟化 | 研究过程中研究对象发生的变化，如研究对象变得疲劳 |
| 历史 | 外部环境（例如，天气状况）的变化对研究的影响 |
| 测试 | 测试/观察过程也许会影响研究对象，如提问会提高意识，并进而导致行为发生改变 |
| 工具 | 研究中测量工具或观察程序不可靠或不一致，如改变问卷设计 |
| 选择偏见 | 实验组和控制组特点显著，如一组明显比另一组老 |
| 衰老 | 研究对象受到磨损，这很可能是因为实验时间很长 |
| 外部效度 | 研究结果多大程度上可以在研究对象和环境之外进行推广和使用 |
| 实验反应的影响 | 研究对象可能对实验/观察敏感从而影响到行为反应，这些反应不会在“真实生活”中发生，如研究对象想要让研究人员印象深刻 |
| 选择的影响 | 研究对象可能不能代表更多的人口，如以职业学生或中心城区居民来进行实验，他们的研究卷入度不同可能导致行为与一般人不同，即霍桑效应 |

间进行权衡。在休闲和旅游研究中，“实验室”通常是一间办公室、会议室或教室，就在这里从研究对象那里收集数据。而田野实验通常在自然的休闲或旅游环境下进行，它比实验室的实验有更高的外部效度。另外，实验室的实验比田野实验有更好的内部信度，因为在实验室中可以更好地控制非相关变量。究竟选择哪种实验方式要在实验对象的内部和外部效度做仔细的考量之后才能做决定。“明显的”方法并不一定是完美的方法。例如，从度假目的地的旅游者或运动设施点的运动参加者那里收集数据看起来明显且非常合适，但是如果要研究的是一般的旅游或运动行为模式，那最好要避免研究对象受任何特定度假目的地或运动设施经历的过分影响。

# 准实验设计

## 准实验设计的类型

自然科学实验中，实验对象是同样的有机或无机标本或样本，或者尽可能一样的实验室动物，而且在实验外也被同样对待。这在包含休闲和旅游研究的社会或组织实验中是不可能做到的。因此在这种情况下，就必须在传统模型和准实验设计之间做出妥协。

图 11-2 列出了四种常见的准实验设计。有些设计简化了传统模型，如不设控制组或省略了前测阶段，而其他设计通过增加额外的实验更为复杂。它们在着重考虑时间、成本和可操作性时经常会使用，但是与其他设计相比，会损失一些效度。这四种设计分别是：一次性设计、同组前测后测设计、静态组设计和拉丁方。可以看出有些设计不设控制组，而有些设计免除了前测阶段。

## 实验和研究项目

在实验方法的一些文献中出现了这样一种趋势，即把“实验”等同于“研究项目”。

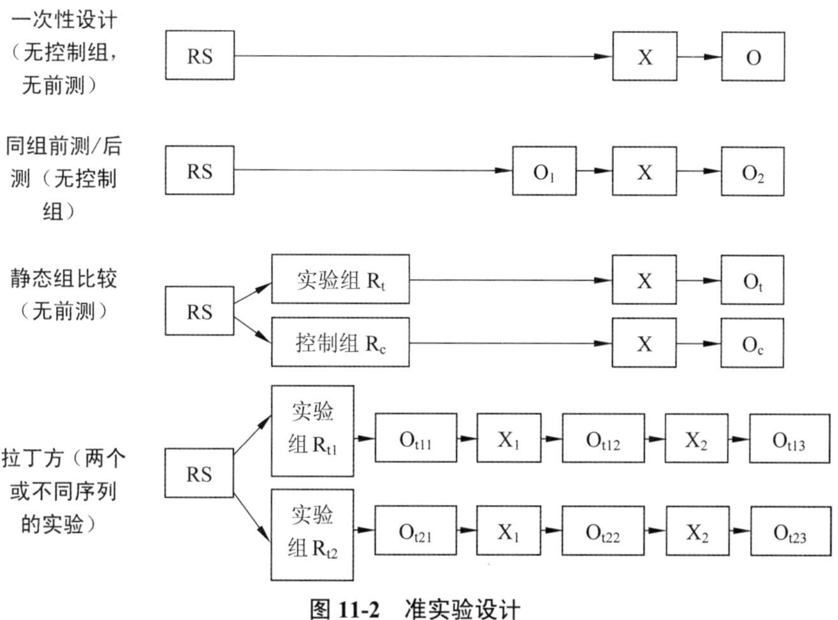


**图 11-2 准实验设计**

但是研究项目一般包含一系列的实验。开展一项实验，定义相关的因变量和自变量是非常必要的。一个项目可能包含许多实验，同时一个实验项目也可能涉及整个项目过程。试想一下，一位医药学家在寻找治疗一种病毒的药物，在找到成功的治疗方法之前可能会探索出大量的可能性。这就可能要进行大量的实验，甚至是大量的项目。因此一个实验项目或一系列项目，可能比具有假设——演绎模式的单个实验更具有探索性和推导意义。

## 休闲和旅游研究的实验方法

实验将研究纳入一个可控环境，这里研究人员可以根据研究目的改变环境条件。在休闲和旅游领域中有很多机会可以这样做，如当人们（顾客、员工或一般公众）的涉入受到局限时，就可以解释为什么非实验方法，尤其是问卷研究方法受到偏爱。然而，实验或准实验方法可以应用于休闲或旅游的许多领域，如表 11-2 所示，这将在下面依次讨论。

一般认为实验方法在休闲和旅游研究中运用非常罕见，但这只能在一定程度上来说是对的。对六年来的六种休闲期刊进行分析后，马克·阿维兹和简·塞尔（Mark Havitz and Jane Sell，1991）发现，只有 5%的文献使用了实验研究的方法，尽管如此，但是数量还是达到了 46 篇。然而，对表 11-2 中第一种类型，消费者选择技术或离散选择实验，杰弗瑞·克劳奇和约但·卢维埃（Geoffrey Crouch and Jordan Louviere，2001）分析了发表在旅游、接待和休闲领域的 40 多篇研究，只有不到一半是发表在休闲/旅游期刊上的；对第二种类型，即政策/管理实验项目，研究数量更多，虽然只有很少一部分在同行评议的文献中予以了报告，而且有很多都被批判为方法不够严格。如果我们来到与休闲和旅游有着诸多重叠部分的心理学和与运动/锻炼相关的生理学研究中，实验研究就占优势了。

表 11-2　休闲和旅游研究中实验方法的类型与应用领域

| 类　型 | 应用领域 |
|---|---|
| 离散选择实验（DCEs） | 研究消费或活动选择过程，对研究对象给出组合了不同特点的假设产品描述，要求他们表达自己的偏好 |
| 政策/管理测试/实验项目 | 通过实验或预研究项目来对政策或管理实践创新进行检验，同时用大量及不同严格程度的方法对这些创新进行评估 |
| 研究方法实验 | 在相同的环境下用相同的研究对象或分解样本来测试新的或替代的研究方法或技术 |
| 心理/知觉研究 | 将样本研究对象置于假设情形/问题和想象中 |
| 运动实验 | 用大量的实验研究法来研究锻炼结果、运动动机等问题 |
| 儿童游玩 | 通过不同的游玩设施/环境来观察研究儿童 |
| 其他例子 | 行动研究、Q 方法、定量方法、旅游专业培训、感知地图和物理模型 |

## 离散选择实验（DCEs）

第 5 章提到了“联合分析”，它是离散型选择实验（DCEs）的分析基础，试图探索人们选择产品或活动（包括度假、旅游、休闲活动、设施和服务）的决策过程。这种方法的实验特征在于它并非研究人们的实际决策过程，而是让研究对象在不同组合特征的假设替代产品中进行选择。有时候通过问卷提供相关信息，研究对象在问卷上记录他们的选择，因此这种方法可以看作是一种特殊的问卷调查形式。另一些情况下，向研究对象展示包含有不同组合特征产品的卡片，然后要求他们根据偏好来对产品进行归类。

案例研究 11.1 简要介绍了一些在休闲和旅游领域中应用 DCEs 的例子。其数学程序支撑，联合分析，与多维分析过程类似，将在第 18 章中详细介绍。

## 案例研究 11.1

### 离散选择实验

杰弗瑞·克劳奇和约但·卢维埃（Geoffrey Crouch and Jordan Louviere，2001:76）[①]在他们的关于离散选择实验的文献中说道，“仔细的实验设计和分析支撑下的偏好数据诱导程序可以用来处理许多管理者和研究者们面临的问题，这些人想要更好地理解旅游、接待和休闲的选择过程。”他们识别出了 40 多份使用了这种方法的离散选择实验研究。下面简要介绍两个例子。

**A. 文化节事**

罗纳德·科斯珀和布劳恩·金斯利（Ronald Cosper and Brain Kinsley，1984）对加拿大人的不同类型文化节日偏好的分析不但是离散选择实验的例子，也是一个节事研究的案例，这项田野工作开展于 1978 年，调查了全国范围内 6 000 个 15 岁或 15 岁以上的人。他们的论文没有使用 DCE 这一术语，而是用的“联合分析”一词。调查对象被要求对八

① 在克劳奇和卢维埃 2001 年的论文中，他们用了“选择模型研究”来描述这种技术，而在其他发表的文献中，卢维埃及合作者用的术语是“应激消费者选择或分配实验”（Louviere and Woodworth，1983）和“陈述性选择方法”（Louviere et al.，2000）。这里使用的是来自凯里等的术语“离散选择实验”（Kelly et al.，2007）。

个卡片上包含的文化节事根据偏好进行排序，节事从四个属性进行描述：内容、媒体、质量和价格，每一维度都有四个可能的价值/类型，如表 11-3 所示。卡片包含了 256（4×4×4×4）种可能的属性和价值/类型组合。分析产生的权重反映了调查对象对不同属性/价值/分类的平均偏好，具体可见表 11-3 的 B 栏。这些权重可以相加，用来评估任何属性和价值/分类组合的偏好。因此，如体育事件、电视展示、国际的/职业的和免费的组合可以得 0.71 分（作者指出并讨论了价格权重的不真实性，因为免费不是最受欢迎的）。

**表 11-3　文化事件：属性、价值和偏好**

| 属性 | | | | | | | |
|---|---|---|---|---|---|---|---|
| 内容 | | 媒体 | | 质量 | | 价格 | |
| A | B | A | B | A | B | A | B |
| 体育 | 0.20 | 电视展示 | 0.34 | 国际的/专业的 | 0.14 | 免费 | 0.03 |
| 戏剧 | 0.19 | 现场 | 0.20 | 国家的/专业的 | 0.06 | \$3 | −0.23 |
| 古典音乐 | −0.47 | 声音记录 | −0.25 | 省级的/业余的 | −0.14 | \$7 | 0.13 |
| 流行音乐 | 0.08 | 收音机 | −0.28 | 当地的/业余的 | −0.58 | \$5 | 0.06 |

资料来源：对科斯珀和金斯利（Cosper and Kinsley，1984：229）的总结。

A=价值/分类　B=来自研究的偏好权重

**B. 生态旅游**

乔·凯里（Joe Kelly）及其同事（2007）对来到英国哥伦比亚惠斯特勒的游客实施了一项 DCEs 调查，来评估他们对“高效生态”度假地的偏好。1 825 个样本游客接受了访谈并提供了电子邮箱地址，他们在返家后要完成一份发给他们的在线问卷。其中，876 人提交了完整的答卷。据此总结出一份 14 个度假地属性列表，并分出三种模型：高效生态度假规划模型、普通（如当前的）商业模型和资源紧张模型。例如，①发展方式属性中，高效生态度假地有一个完整而非零散的发展方式；②娱乐活动属性中，高效生态度假地排除了机动车运动；③能源需求属性，高效生态度假地会更多地使用可再生资源。每位调查对象收到的问卷上面有 18 对可能的度假地中的一对，标为 A 和 B，分别有着不同的属性组合，调查对象被要求说出自己的偏好。用不同于科斯珀和金斯利研究中的统计分析形式，得到了类似的关于一日游游客和过夜旅游者的属性/价值/分类偏好权重，结果发现普通商业模型是最受喜爱的，高效生态模型次之，而资源紧张模型则不受欢迎。要注意的是，由于只在一个地方选择调查对象，研究自然会对这种类型的度假地产生植入性偏见。

本章的资源部分给出了其他使用 DCEs 的研究案例。

## 政策/管理实验项目

开展实验，通常被称为实验课题或实验项目，在政府部门很普遍。其中一个很明显的原因就是一项政策在广泛实施前，明智的做法是先在小范围内测试它的有效性，不仅如此，世俗地说，它比在全部区域内进行政治投票表决更便宜，而且还可以推迟投票表决的决定。一般来说，这样的项目包含一个评价部分，由于它通常没有足够的资源，因而也没有严格的执行。在英国，休闲领域最早的这类案例发生在 20 世纪 70 年代末期，当时英国的政府部门联合发起了“休闲和生活质量”研究，它由四个地方实验构成，实验的设计目的是“发展和提高各个领域的休闲活动，文化的、娱乐的、体育的，并尽可能多地记录这些经验并从中学习”（Dept of the Environment，1977：ix）。

这种宣称想要提高参与水平的政治方面的实验通常是在体育和身体锻炼领域，文化和休闲活动方面一般也会有这样的实验，如上面的“休闲和生活质量”研究。然而，这些提升参与水平的政策背后的基本原因却来自其他政策领域。例如，发展体育政策的原因是健康和减少犯罪，而在近期的英国，这是“社会包含”的概念：所有的群体都应该享受公民权利，包括参加社会和文化活动的权利。在这些情况中，项目成功的评判标准不但是参与水平本身，还有提高参与水平后所希望达到的结果：提升健康状况、减少犯罪或社会包含。其实验模型如图 11-3 所示，要进行和参与水平和社会政策标准相关的两种大量测量/观察，还常常要建立群体规模很大的控制组，如针对总体的体育参加水平或犯罪率，控制组可以是人口整体，而有时候则只包括青年人。

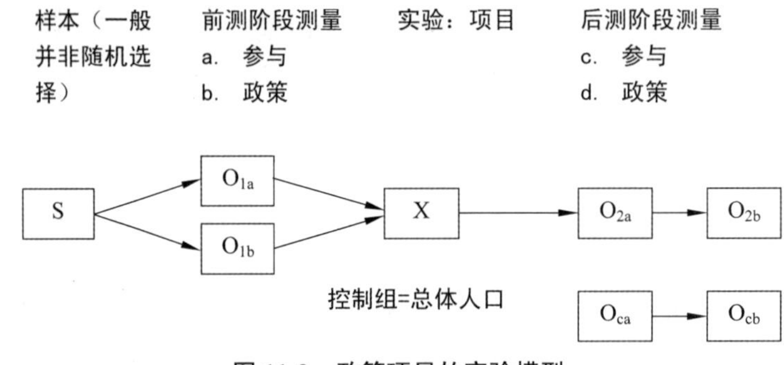


图 11-3 政策项目的实验模型

由于休育和健康的关系，特别关注休育的不但有社会学家，还有医学家、运动学家和人类行为学家，因此，政策制定者和研究人员对实验方法都很熟悉。在这种环境中，大家都认为政策应该以严格的实验为基础。为了给政策发展提供基础，有大量的文献对有效性进行了研究，另外，还发明了各种类型的实验，从而为政策制定提供实验证据。案例研究 11.2 简要介绍了其中一个案例，还介绍了另外两个独立研究。

## 案例研究 11.2

### 政策/管理方面的实验研究

**A. 运动参与：回顾**

拉奥米·普里斯特（Naomi Priest）及其同事回顾了已有的由体育机构开展的实验/项目的文献，这些实验设计的目的是增加运动参与水平，涉及 15 000 篇发表文献。他们指出可以用很多方式提升运动参与水平，包括：

- 大众媒体宣传；
- 信息或教育聚会；

- 管理或机构改变策略；
- 改变政策，如通过改善社会文化环境来鼓励不同年龄、性别、民族的人参加；
- 变成传统的或现存的项目，如俱乐部或协会主导的规则修改项目；
- 提供传统或现有项目以外的活动，如“来吧，试一试”倡议行动（游乐或游乐项目）、技术提高项目和志愿者鼓励项目（Priest et al.，2008）。

回顾的目的在于通过对研究的方法论进行评价来找出合适的研究，而且还要对各种形式的干预（提升）运动参与的方法的有效性做出结论，结论如下。

我们没有发现符合标准的控制性研究，也没有找到未受控制的研究，及前测和后测数据，适合包含在……这个回顾中……因此，没有研究能在方法论方面符合质量要求。尽管使用了最全面的搜寻方法，还是未能找到符合控制评价设计要求的研究。（Priest et al.，2008）

这个特别的结果说明，尽管跟着社会科学家一道，健康和体育科学家也参与了进来，但是研究没有遵循传统科学模式，即没有控制组、干预前和干预后数据。即使放松对控制组的要求（未受控制的研究），还是未能找到研究包含有前测和后测数据。

其他回顾这个领域的学者也发现了这个极端例子所揭示出的问题。布莱米和穆崔（Blamey and Mutrie，2004:748）指出：有一项涉及 253 篇发表文献的文献回顾，有 159 个由于研究设计局限而被排除了，而另一项类似研究涉及 254 篇论文，但只有 12 篇符合回顾标准。弗雷德·柯尔特（Fred Coalter，2007: 27-29）注意到这种情况并不只出现在体育中，并提到那种认为在政策文献中应该采用自然科学的严格实验标准的看法在社会政策领域并不适合，而且，目前没有任何关于体育参与和不参与原因的理论解释应用于设计和评价或项目/课题/实验中。（PP. 171-174）

**B. 运动和削减犯罪**

高夫·尼克尔（Goeff Nichol，2007）在其著作《体育和减少犯罪》中介绍了八个通过参加与体育活动来防止青少年参与犯罪的项目的案例研究。这里只描述一个项目。在三年的时间段里，194 个缓刑者自愿参加一个为期 12 周的“体育顾问”服务项目，这个项目向他们介绍了一系列当地体育设施以及类似于急救这样的课程，没有进行与体育参与有关的后续课程。用接下来两年的重新犯罪率来衡量社会结果，结果表明完成了 12 周项目的参加者的重新犯罪率显著低于那些只完成了不到八周时间或者没有参加这个项目的人。另外，还测量了项目参加者的自尊情况，发现在项目结束时，参与了完整过程的参加者的自尊比项目开始时取得了明显积极的进步。

**C. 算我一个：体育、文化和社会包容**

《算我一个：社会包容的体育和文化维度》是利兹城市大学休闲和体育研究中心（2002）为英国文化、媒体和体育部门准备的报告题目。它呈现了 14 个由公共资助的短期社会项目的研究结果，这些项目有一个共同的目标，就是“提高弱势区域的生活质量”。这 14 个项目如下。

- 体育：三个项目，目的是“为有精力的年轻人提供有建设性的被社会接受的运动机会。”

- 艺术和媒体：共六个项目，其中两个利用艺术来“激发公众对健康问题的意识”，三个“直接为不受欢迎的或易受伤害的年轻人提供技能培训来提升他们的就业前景”，一个“指向教育发展”。
- 遗产和图书馆：三个项目，一个“吸引弱势群体到博物馆”，一个“利用遗产来激发想象力的艺术教育项目”，一个是“促进乡村地区交流的图书馆服务”。
- 户外探险：两个项目，提供“作为个人发展和启发自信和自尊的手段的探险教育”。

这份报告指出项目管理员通常用项目发展“里程碑”和诸如奠基事件或参加人数这样的“成果”来向资助机构报告项目的进展。更多的挑战在于如何评估和政策相关的社会包容结果，比如提高健康状况、就业通道、改善教育效果和降低犯罪。这里没有实施一个新的项目来评价项目这方面的绩效，但章节中有许多这方面的主题：教育就业、预防犯罪、健康、个人发展和社会凝聚。报告的结论中提到评价这种性质的项目中所面临的实际和理论困难。

## 研究方法实验

在休闲领域，通过实施实验研究来检验不同研究方法的功效已有很长历史。例如，20 世纪 60 年代后期由英国体育委员会资助的一份最早的研究报告，题目是《休闲研究中的实验》（Burton，1971）。然而这类研究分析的基础方法本身并非实验，研究的实验性质在于其实践超越了常规的实践，也就说，用多种方法或方法变体来发现不同研究实践的作用。案例研究 11.3 列出了一些例子，尽管没有一个能准确符合图 11-3 中所描述的设计，但所有的例子都可以看作是准实验。

## 案例研究 11.3

### 研究方法实验：案例

在休闲和旅游领域中，实验方法可以用来比较不同数据收集手段的功效。这里举出一些例子。

**A. 态度测量技术**

安吉·德里斯科尔、罗博·劳森和布瑞恩·尼文（Angie Driscoll，Rob Lawson and Brain Niven，1994）开展了一项实验，用两种不同的方法来收集相同的数据。这些数据由调查对象对基于 18 种属性的 12 个度假目的地的评价组成。用邮寄调查问卷方法，向一个包括 571 位调查对象的样本展示了 12 张语义差异表（见第 10 章），每个目的地一张，每张包含 18 种属性。第二个样本包括 528 位调查对象，展示的是一张单一表格，目的地在表格上方，18 种目的地属性写在旁边，每个调查对象要对每个目的地每种属性打分。两个样本有类似的社会人口统计特征。虽然理论上这两种技术测量的是同一件事，但实际上这两种方法得到的结果却存在显著差异。

**B. 游客跟踪方法**

罗姆·肖瓦尔和麦考尔·艾萨克森（Noam Shoval and Michaal Isaacaon，2007）分析

了许多最终目的地游客移动的设备。他们用三种电子技术设备的不同组合进行了三个实验，三种设备是：全球卫星定位系统（GPS）、陆基到达时间差（TDOA）和（基于无线/移动电话系统的）信元区识别。每个被试戴上一个或更多这些设备在三个不同的旅游目的地（德国的海德堡、以色列的耶路撒冷和以色列的拿撒勒/阿卡）沿着圆形线路旅行。文章中复制了被试行走路线的图形输出，还对被试使用这些设施的方便性提供了评论。尽管这些程序在文章中被当作实验并进行了描述，但是并没有将它们与传统的非技术方法进行比较，评价也非常少，因此可能更适合将它们描述成"证实"。

**C. 回复率，后续调查和偏差**

威廉•哈密特和卡里•麦克唐纳（William Hammitt and Cary McDonald，1982）对两个滨河休闲地进行了使用者现场调查，对所有参加使用者调查的人做了有15页邮寄问卷的后续调查。两个休闲地的后续回复率达到了52%。继而，又对没有回复邮寄问卷的调查对象寄送了减少到两页的邮寄问卷，结果整个回答率达到75%。这样，他们得到了来自三个不同群体的数据，如表11-4所示。因为现场访谈，他们还得到了群体C的数据（这个群体的人没有回答两份邮寄问卷）。

**表 11-4　调查访谈对象群体**

| 项　　目 | 可使用的数据，来自 | | | 合　　计 |
|---|---|---|---|---|
| | 现场问卷调查 | 15页邮寄问卷调查 | 两页邮寄问卷调查 | |
| A. 15页邮寄调查人数 | $A_1$ | $A_2$ | | $A_t$ |
| B. 两页邮寄调查人数 | $B_1$ | | $B_2$ | $B_t$ |
| C. 只有现场调查 | $C_1$ | | | $C_t$ |

资料来源：Hammitt and McDonald（1982）。

通过比较三个群体的常用数据条目的结果，就可以分析附加后续调查对回答模式差异是否产生了影响。在一份使用了17个数据条目的比较中，只有四个表明存在显著差异；在另一份19个条目的比较中，只有一个表明有显著差异。因此，可以得出结论，更高的回复率对代表性并没有产生很大的作用。《休闲研究期刊》中随后的通讯对这个及类似研究表示了关注，并警示说这个研究结果并不具有普遍意义，因为调查的人口在很大程度上是同质的，可能不适用于所有的情况（Christensen，1982）。

**D. 后续邮寄调查**

理查德•基特尔森和艾伦•德罗金（Richard Gitelson and Ellen Drogin，1992）进行了一项邮寄调查中不同形式的后续信件的效果的实验。他们对宾夕法尼亚农业展览的观众进行现场访谈，获取基本的社会人口统计信息和地址，随后通过邮件给他们发送一份调查问卷。通过寄送明信片提醒物和重新寄送一份问卷，回复率达到67%。剩下的33%被分成三个群体：向所有人都寄送一份替代问卷，另外，还寄送了：

- 群体1：非个人化信件，普通邮寄方式寄送，回答率为13%；
- 群体2：个人化信件，普通邮寄方式寄送，回答率为17%；
- 群体3：个人化信件，认证/注册邮寄方式寄送，回答率为43%。

尽管成本较高，但是使用认证/注册邮寄方式在提高回复率方面无疑是最有效的。然而，对早期和晚期调查对象的调查结果进行比较发现，对绝大多数调查问卷数据条目，这些额外的回答没有产生显著差异，但是作者没有参阅早期哈密特和麦克唐纳的研究以及十年前同一期刊中讨论这个问题的通讯文章。

**E. 照片、文字描述和观察：生态影响**

如果管理人员/设计人员想要测量使用者对旅游/休闲目的地人类不同水平和类型的生态影响的反应，采用文字描述或照片来描述这些影响比在现场收集数据更方便而且便宜。但是它们在大多程度上准确地反映了现场评价？博·谢尔拜和理查德·哈里斯（Bo Shelby and Richard Harris，1985）使用三种方法在五个研究区域的 20 个不同的露营地进行了这项研究。在每个研究领域，30 个游客分别用一种方法评价这个区域 3 个或 4 个景点，因此有超过 400 个游客参与了这次评价。游客用 5 点计分评价了不同类型影响的可接受程度和对景点的总体期望。在 90%的情况下，用照片进行评价相较于现场评价差异并不显著，而文字描述则常常表现出显著差异。

## 心理/知觉研究

心理/知觉研究在休闲和旅游领域中被归入实验研究，调查对象被施与视觉刺激，然后记录下他们的反应和意见。案例研究 11.4 简要介绍了一些案例。

## 案例研究 11.4

### 心理/知觉实验

**A. 景观形象**

自然区域内风景道的景观保护和规划部分要遵循美学原则。规划人员和设计人员需要对照一般大众的美学鉴赏力和核查他们的美学鉴赏力。安排公众进行现场评估耗时且成本高昂，这时候就会用到照片。但是，怎样去做和如何阐释结果本身就是一个研究领域。在格伦·韦德（Glenn Wade，1982）的一项研究中，100 名弗吉尼亚州两所大学的学生和教职员工连续观看 10 张彩色风景幻灯片。每个人观看的幻灯片由幻灯片投影仪来控制（今天用计算机投影来操作）。最后要求他们根据对风景照片的偏好进行排序。在另一项研究中，加布里埃尔·切雷姆和比夫·德莱福（Gabriel Cherem and Bev Driver，1983）采用了不同的方法，同时使用照片和现场到访。他们向走在风景道上的游客提供相对便宜的照相机，并要求他们拍下 10 张他们所喜欢的风景照片：最受欢迎的风景照片被归类为“取得共识的照片”。根据图 11-3 所示的准实验模型，这些都属于一次性研究。

**B. 独立性和心理健康**

大多数休闲的概念都涉及个人行动独立的感觉和自主控制生活的感受。由于经济、社会和身体各方面的原因，老年人的这种独立感比较脆弱，导致了休闲活动参与减少，继而有可能对身体和心理健康产生消极影响。公共机构遏制这种趋势的一种方法是提供休闲活动参与机会方面的信息，并鼓励与保障他们参与。瑟尔等（Searle et al.，1995）设计了一项用来评估这种干预效果的实验。实验组和控制组各选了 15 名 65 岁及以上的老人，两组都完成了前测和后测问卷，并设计两组分开 16 周来评估总体的独立性和心理健康状况。评估使用了五种量表：休闲控制感知量表、休闲能力感知量表、生活满意指数、心理控制源量表、休闲厌倦量表（这些量表的用法在第 5 章都已论述过，第 5 章的资源部分已列出这些特殊量表的来源）。实验组参加了 16 周课程，相较于控制组，在五个量表的四个中，实验组在后测中都表现出了显著的提高。

**C. 休闲和释放压力/紧张**

释放或缓解压力和紧张经常被当作是休闲活动的一个特点。劳埃德 · 海伍德（Lloyd Heywood，1987）设计了一个研究来检验休闲活动是不是比非休闲活动（比如学习）更能释放压力和紧张。研究对象包括 60 名心理学专业学生，他们在实验 A 部分中被要求进行 20 分钟的心算，这期间用电子设备监测他们的生理状态（心率、皮肤电阻、呼吸以及前额和上背部紧张）。接下来，设计了 15 分钟的“短暂休息”，这时候对研究对象提供休闲（比如听音乐或看电视）和非休闲活动（比如阅读专业期刊）来打发时间，继续监测他们的生理状态。实际上，这个“短暂休息”就是实验的 B 部分。数据测试表明“休闲”在减少压力水平方面比“非休闲”更有效。这项研究遵循了图 11-2 所示的“拉丁方”准实验模式，并使用了一组三个零假设来进行检验，这将在第 17 章讨论。

## 与体育相关的实验

与体育和人类移动有关的学科中，如生物力学、运动心理学，实验是一种主要方法。案例研究 11.5 简要介绍了一些这方面的案例。

## 案例研究 11.5

### 与体育相关的实验

**A. 情绪和身体活动**

鼓励参加体育和其他形式的身体活动的原因之一就是它对健康有益，既可以是身体健康，也可以是心理健康。消沉是心理健康的一个不良方面。玛蒂娜 • 坎宁和沃尔夫冈 • 史莱克特（Martina Kanning and Wolfgang Schlicht，2001）分析了身体活动对情绪的影响。一组包括 13 个对象的样本被要求坚持写 10 周的日记，研究人员以日记为基础记录了三个随机选择的不同活动以及研究对象在活动前后的感受。研究发现，身体活动和情绪水平有显著的正相关，其中人们在消沉时开始活动效果最为显著。在这个准实验方法中，实验对象是经过挑选的，前测和后测观察也是在实验对象受到控制的情况下进行的。如第 5 章所述，这种方法类似于经验取样法，但是没有真实的时间提示和记录。

**B. 运动员和运动装备**

精英网球选手的球拍的弹力是特定的。鲍勃 · 博伊尔和拉德 · 克洛斯（Bob Bower and Rod Cross，2008）的一项实验想要检验精英球手对不同线弹力的侦测能力以及不同线弹力在拍打时的有效性。研究的参与者是正在参加锦标赛的 18 位精英网球手（取得国家名次的或世界排名前 1 500 名并致力于成为职业球手）。每位参加者比较两个有 11 磅线弹力差异的球拍，用每个球拍去拍打四个机器发出的球。这个实验进行两次。如果球手成功地辨别出了区别，就重复实验，但是两个球拍的线拉力只有六磅差异；如果他们没有成功识别出差别，也重复实验，球拍线拉力的差异增加到 17 磅。只有五位球员（28%）辨别出了 11 磅的差异，有 11 个甚至都没有察觉出 17 磅的差异。这些研究结果与球员非常关心他们球拍的弹力有明显的分歧。关于不同弹力球拍在回球方面的有效性实验，这里不再介绍。

### 儿童玩耍

儿童玩耍研究可以采用实验方法，因为儿童大部分时间都或多或少地在成年人监管的环境中玩耍。在不被儿童发觉的情况下可以改变玩耍环境，进而观察他们的行为变化，因此这是一项受到控制的实验。案例研究 11.6 提供了一些这方面的例子。

## 案例研究 11.6

***儿童玩耍实验***

**A. 玩耍器材的安全性**

在设计儿童玩耍器材时，安全性理所应当是一个主要考虑因素，安全标准也随着时间在不停发展。霍华德等（Howard et al.，2005）评估了 1998 年加拿大颁布实施的一项新标准的有效性。2000 年在多伦多，所有的学校操场都不符合这项新标准，136 所学校被要求替换危险器材。到 2001 年 11 月 136 所学校操场的危险器材都被移除，这其中还有 86 所学校操场收到了替换的器材。这就为用实验的形式执行这项研究提供了机会，这可以称之为机会主义实验。把已经替换器材的 86 个操场看成“干涉组”或实验组，225 所没有替换器材的操场看成“非干涉组”。对替换器材前后各 10 个月的所有操场每 1 000 个学生中的受伤数据进行收集。在“干预组”学校里对两个时期比较，受伤率明显下降，而非干预学校的受伤率明显上升。因此，结果明显支持采用新的安全标准。

**B. 玩耍器材的设计**

葛兰扎（Gramza，1972）的研究考察 4 ~ 5 岁儿童对不同复杂程度的玩耍器材的偏好。这个项目包含四组儿童，每组在游戏室玩耍两段时间，每段 12 ~ 15 分钟。项目包括 A. 一个普通爬梯；B. 一个加了许多手脚洞木板的普通爬梯；C. 有更多装饰的爬梯，包括有手脚洞的不规则木板、平台和攀爬绳。在第一阶段游戏室里有 A 梯和 B 梯，在 500 秒时间内每隔五秒记录下每个梯子上儿童的数量。四周后重复这一实验。第二阶段用 A 梯和 C 梯重复这个程序。研究发现，更复杂的器材对小孩更具吸引力，他们随着时间会创造性地使用这些器材连同其他玩具。

**C. 成年人的抑制作用和伙伴的去抑制作用**

儿童的社交行为部分由成年人指导、制定规矩和强化（成年人的抑制作用），部分会受同龄人的影响而与成年人的规矩背道而驰（伙伴的去抑制作用）。兰斯维尔纳（Lance Wuellner，1981）对这两种因素的影响进行了调查。实验在一个受到监控的游戏室里进行，包括一个由学龄前儿童组成的控制组和两个在游戏室玩耍一个半小时并用录像记录下他们行为的实验组。其中一个实验组监测一天，另一个监测两天。控制组则没有任何干预地进行玩耍。对于实验组，房间里有一个在地板上用黄线标记出来的区域，里面有一些玩耍器材，实验人员在没有监督人的情况下告诉儿童不要在这个区域玩耍，因为它还没有完全建好（成年人抑制），随后实验人员离开并不再出现。第二天，在房间里展示其他儿童在“禁止区”玩耍的照片（同龄人去抑制）。研究发现，成年人抑制比同龄人解除抑制的效果更管用，尽管后者在第二天第二个实验组更具影响力。

## 其他例子

### 行动研究

第 5 章讨论过行动研究，这里谈及它是因为它有一些实验设计的特征。图 5-1 指出这种方法有四个步骤，可以认为：

- 步骤 1 和步骤 2：识别和评价一个社会问题，可以看成是前测观察和选取一个实验组。
- 步骤 3：发起行动并取得行动成果，可以认为是实验。
- 步骤 4：研究行动结果，即后测观察。

实验方法的一个特点是研究人员控制实验过程。在行动研究中，研究人员不需要控制过程，但是行动研究的理念是研究人员要参与其中并寻求对过程施加影响。

### Q 方法

第 5 章也已讨论过，在 Q 方法中，研究对象将包含陈述的卡片放置到预先准备好的分配布局中。尽管这种方法只是被看作精心准备的问卷调查，但是卡片归类过程的设计和实施表明了一定水平的控制，从而表现出实验方法的一些特点。

### 定性方法

大部分定性研究被认为和传统的、实证主义的科学实验方法有着明显的区别，然而，矛盾的是，那些研究人员参与研究对象活动的定性方法，如一些参与观察和非标准化的访谈有部分实验方法的特征。研究人员的参与在一定程度上可以看作是进行实验，当然，这个“实验”的环境并未受到控制。

### 培训

吉安娜·莫斯卡多（Gianna Moscardo，1997）通过一项实验来评估不同的练习在培训旅游专业人才的“专注力”（可定义为“创造新的情况分类和定义，新的行为规范和新的灵活有效的问题解决方法的主动性的信息处理过程”）方面的有效性。这项研究包括实验组和控制组。实验组参加一个与老年人旅游需求有关的培训课程，接着完成一份老年人和残疾人的可能的假日行程方面的问卷。控制组被要求完成相同的问卷但没有接受培训课程。随后通过对实验组和控制组的问卷回答进行比较来分析培训产生的效果。

### 心理地图

吉姆·沃姆斯利和约翰·詹金斯（Jim Walmsley and John Jenkins，1991）使用心理地图媒介（第 5 章的讨论中称为“感知地图”）来分析游客对一个旅游目的地的认知。两组旅游者进行相同的练习，画一幅科夫斯海滨度假地的地图，随后再完成和“心理控制源”及活跃/不活跃个性特征的不同问卷。两组地图将根据他们对界标、行政区和道路的感知情况进行比较。

### 物理模型

在一项关注公众对遗产建筑再利用的反应研究中，莱尔·布莱克（Neil Black，1990）准备了四个遗产建筑的1∶25模型，并拍下三种情形下（“如现在一样”“有一点改变”“很大改变”）的照片。这些改变是基于商业利用，如咖啡馆/餐馆。一组调查对象被要求按照一系列特征来给这些照片打分，其结果将和建立在有限物理特征基础上的理论分类进行比较。当然，这种类型的研究现在都是采用计算机制图来执行。

## 本章小结

实验方法与实证主义范式密切相关，并与传统的验证假设和建立因果联系的科学模型相一致。实验的本质即研究人员在实验中理想地控制所有的相关变量，选择一个变量进行实验而其他变量保持不变，从而测量其对研究对象的影响。实验的组成要素有：实验组、控制组、因变量和自变量。研究者在实验中通过操控自变量来检验它对因变量的影响。一般要在实验前和实验后对变量进行测量（前测和后测）。准实验设计在有些方面有所不同，如不设控制组、省略前测或包含不止一个实验组和实验。尽管实验方法通常与自然科学和实验室相关，但是在休闲和旅游领域也可以开展一些实验，如离散选择实验（DCE）、政策/管理实验或实验项目、研究方法实验、心理/知觉研究，与体育相关的实验和儿童玩耍实验。

## 测试题

1. 实验方法定义的特点是什么？
2. 简要介绍两个准实验模型的例子，并指出它们为何与传统实验方法有区别。
3. 给出三个休闲和旅游研究中使用了实验方法的例子。

## 练习

1. 简要设计一项实验研究来验证一项假设：为达到身体健康的目的，定期散步比进行团体体育活动更有效。

2. 一个休闲或旅游机构怎样开展一项实验来检验两种广告形式的有效性？传统实验设计中有哪些要素可能会“牺牲”？这应该是一种什么类型的准实验设计？

## 资源

- 研究实验设计的经典研究是：Campbell and Stanley（1972）。
- 休闲：Havitz and Sell（1991）。

- 离散选择实验/陈述选择方法：Cosper and Kinsley（1984），Kelly et al.（2007），Crouch and Louviere（2001），Louviere and Woodworth（1983），Louviere et al.（2000）。
- 和政策相关的实验：Batty（1977），Department of the Environment（1977）。
- 关于实验人员对研究的影响讨论，见 Rosenthal（1966）。
- 替代研究方法的研究：Burton（1971），Gitelson and Drogin（1992），Hammitt and McDonald（1982），Perdue and Botkin（1988）。

# 第 12 章 案例研究方法

案例研究指的是对研究现象的单个案例或实例，进行研究，其目标是通过一个或多个案例来理解被研究的现象。从某种程度上讲，所有的社会研究都是一定水平上的案例研究，因为所有的研究在地理和时间上都是特殊的。例如，对一个特定休闲或旅游地的 500 个游客进行调查可以看作是目的地使用的一个案例研究，即使是 2010 年西方国家实施的包含有几千人的全国性休闲和旅游活动调查，都可以看成是 21 世纪初期对富裕国家人口活动的一个研究案例。

案例研究这种研究方法应该与其他使用“案例”的概念相区分开来。例如法律，其中，案例指的是个人犯罪、逮捕和拘留的事实，它可能对设定先例非常重要；又如在医疗领域，案例指的是单个的病人。所有这些例子中的案例，无论是现场案例还是文字记录的案例，都成了教学媒介，在商业中的使用具有排他性，这方面最广为人知的就是哈佛大学商学院案例。

本章将依次介绍：案例研究方法的定义，案例研究方法的优点，案例研究的类型，数据收集和数据分析。接下来，本章还给出了若干休闲和旅游领域中的案例研究。

## 定　义

### 案例研究方法是什么？

约翰·耶林（John Gerring，2007：19-20）将案例定义为“某个时间或某段时间在一个独立的点对一个有着空间边界的现象（一个单元）的观察”，而案例研究就是对单个案例的集中研究。他指出：

> 案例研究也许合并有若干案例，也就是多个案例研究。然而在某个特定的点，不可能对那些案例进行很集中的调查。在强调由单个案例转移到样本案例这一点上，我们会称这个研究是跨案例研究。显然，案例研究和跨案例研究的区别就在于程度上。案例越少，就研究得越透彻，案例研究的优点就越发显现。所有的实证研究都可以分为两种：案例研究（包含一个或较少的案例）和跨案例研究（包含许多案例）。（Gerring，2007：20）

因此，在案例研究和跨案例研究之间存在一个连续谱带，而不是一条突然的分界。耶林希望他的书：

> 有助于打破那些将社会科学划分为独立流派的人为界限。只要组合适当，没有理由相信案例研究的结果不能综合成跨案例研究得出的结果，反之亦然。（Gerring，2007：13）

## 案例研究方法不是什么？

一个事实是，一些使用了只包含一个或少数案例的案例研究方法的研究项目被认为有些类似于定性研究方法，而且有时候将案例研究方法直接归入定性研究方法（如 Finn et al.，2000：81）。但是，正如这方面的泰斗罗伯特·殷（Robert Yin）所说：

> 案例研究方法不仅仅是“定性研究”的一种形式，即使它被看作是定性研究的一种选择……一些案例研究已经超越了定性研究类型，将定性和定量结合在一起。除此之外，案例研究并不总是需要包含直接或详细的观察证据，而这些却是“定性研究”的标志。（Yin，2009：19）

事实上，多种数据类型和多种分析方法的使用可以说是案例研究方法的一个关键特征。

一些评论者（例如，Zikmund，1997：108）认为案例研究方法仅仅用于探索性目的，但事实不尽如此。正如殷（Yin，2009：6）所说，“案例研究远不只是探索性研究策略。”它们自身就能成为实质性研究的基础，正如本章后面的案例研究所展示的那样。

## 范围

案例可以由个人，团体（村庄、岛屿、城市），整个国家、机构和公司，地点和项目或事件组成。这些人口学和地理学维度在图 12-1 中得以展示。

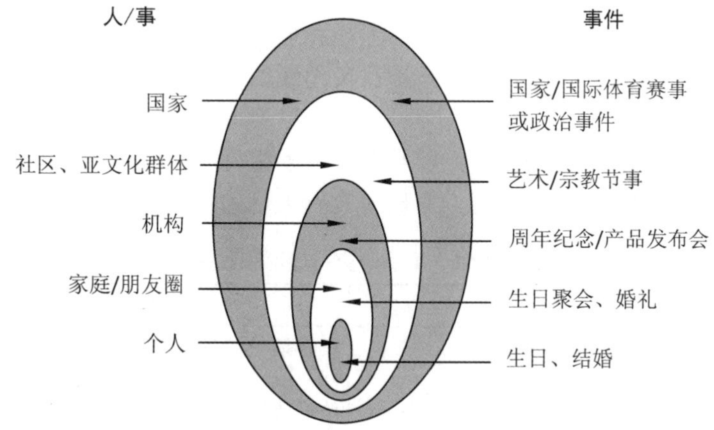


**图 12-1 案例研究方法：人口和地理水平**

如果一项研究仅仅包含个人或很小的群体，比如一个家庭，那么通常研究方法的选择就会受到限制，很有可能是定性研究（尽管研究个人或小群体的时间变化也会用定量方法）。随着规模的扩大，研究方法的范围也会增加，原始数据和二手数据的来源也会拓宽。例如，使用现场及其环境和历史信息，以及一个团体或国家的社会和人口统计特点信息。因此，各种类型的数据和数据分析类型可以为案例（一个地点或国家及其人口）提供丰富的描述。此外，某一水平的案例研究（例如，一个社团或一个机构）可以包含许多定量和定性的方法，以及更低层面组成部分的数据来源（例如，对居民和职员的调查，或财政和成员的数据）。

# 效度和信度

典型案例研究所用的大量研究方法和数据来源，与本书所讨论的其他任何单一方法一样，为实现高水平的内部效度提供了可能。因为一种方法和数据来源的局限性（前五章分别有所讨论）可以通过利用其他特点来克服。

外部效度，即结果在大多程度上可以应用于案例研究之外，也可以通过使用多个数据来源得以加强。例如，基于比较目的而使用更广泛的人口方面的二手数据，以及拓宽典型案例或特殊案例的范围，这就是前面约翰·耶林提到的跨案例研究方法。因为在案例研究中，仅包含了一个或少数案例，这种方法得到的结果不具有一般或普遍的代表性。因此，对一个机构的案例研究，不能这样宣称："它解释了 X 机构的行为，所以它也能解释和预测 50 000 个类似机构或它们中相当比例的机构在这一情形中的行为。"然而，如果研究没有超越某时某地某个案例的意义，那么就没有什么理由来开展这个研究。对此，耶林再次指出：

> 开展一个案例研究意味着也要进行跨案例分析，或者至少考虑到更广范围的案例。否则，一个作者就不可能回答所有案例研究都存在的定义问题：这个案例是什么？（Gerring，2007：13）

案例研究和案例之外的世界之间的关系可以通过理论和政策来调解，所以结论可能是这种形式："它解释了 X 组织的行为，但是和理论基础上的期望结果并不一致，因此可能需要对理论进行修改"或者"它解释了 X 组织的行为，应该对其他类型的机构也进行分析，看看这个解释能否应用得更广泛"。因此，尽管案例研究不能对人口做整体概括，但它在和理论相关的解释性研究中，以及在和政策相关的评价性研究中，仍然可以说是有效的。因此，在理论和政策方面，案例研究有大量的应用前景，具体如表 12-1 所示。

**表 12-1　案例研究：理论和政策**

| 研究类型 | 研 究 目 的 | 案例研究结果 |
|---|---|---|
| 解释性研究 | 检验一个现存的理论 | 案例研究证实了理论在至少一种情况中的适用性，或者对理论的适用性提出质疑并提出修改或改进建议 |
| | 检验替代/竞争理论 | 案例研究证明了某种情况下一个理论比另一理论更具适用性，或两个理论都不具有普遍性 |
| | 在没有现存理论时提出一个理论 | 案例研究的任务就是提出可能的理论 |
| 评价性研究 | 检验一项政策的有效性 | 案例研究证实了政策在至少一种情况下的有效性，或者对政策的有效性提出质疑并提出修改或改进建议 |
| | 检验替代/竞争政策 | 案例研究证明了在某种情况下一项政策比另一项政策更有效，或两项政策都不具有普适性 |
| | 建立必要的政策措施 | 案例研究指出当前的问题及可能的原因，并提出需要的政策行动建议 |

根据本书第 1 章的讨论，案例研究可以用来检验现有的理论。这可能发生在理论尚未接受实证检验或尚未在特定环境中接受检验的情形中。在休闲研究中，许多主张都是从来自运动领域的实证证据发展起来的，因此可以用非运动的休闲活动案例研究来检验这些主张的普适性。同样地，许多旅游研究关注到各种地方去寻找真实性的旅行，这一理念也可以用不同的度假地来进行检验。例如，同一个家庭每年同一时间到访同一汽车营地的案例研究。如果得到的理论与案例研究的情况不一致，这并不意味着不支持理论，但可以对理论的普遍性提出质疑。

在与政策评价研究中，对应的研究任务是检验一项政策或者一类管理实践的有效性。例如，可以用国家统计的消费者/参与者数据加总来分析营销/广告政策的效果，也可以通过一个或两个社区或居住区的案例研究来分析政策效果，尤其是当国家统计数据分析结果不太清晰或结果明显缺乏效果的时候。

信度的意义明确地指向研究的可重复性，当然，这在案例研究中是不可能的，但是通过大量的研究案例积累的证据也可以用来考察它们与一个研究项目或案例研究的结果是否具有一致性。

## 案例研究方法的优点

案例研究方法的显著优点总结如下。

- 能够将人、机构、事件和经验置于其自身的社会和历史背景中。
- 能够将研究对象作为一个整体来研究，而不是抽象成事先选定的有限特征的集合体。
- 隐含有多重方法或三角定位，这可以看作是它的优势。
- 在资源受到限制时，单个或有限数量的案例可以提供可控的数据收集任务。
- 数据收集的灵活性可以让研究人员在进行研究时调整他们的研究策略。
- 没有必要为了适用于某一类更广泛的人群而将结果一般化或普遍化。

## 案例研究设计

尽管案例研究方法提供了灵活性，但它通常并不能让研究人员免于基础的准备步骤：确定研究问题、回顾文献、建立理论框架、确定数据需求和来源，这些在第 3 章讨论过。有一点在任何研究中都很重要，就是要避免收集了很多数据却不知道怎么处理。而且灵活性也不会无限制地大量提供，如有些环境中，当新的研究问题出现时向访谈对象要求数倍于计划的数据是可能的，但有些环境中则不太可能。

除了第 3 章中提出的计划研究项目的一般性导则外，这里还要讨论三个特定的问题：定义分析单元、选择案例和收集数据。

### 定义分析单元

尽管这看起来有些不言而喻，但还是有必要弄清案例研究的分析单元。例如，如果分析单元，或案例，是一个大机构所拥有的休闲或旅游设施，那么把分析放在设施层面上是很重要的。例如，虽然机构总部的政策和实践不可避免地要和实施产生关系，但这种关系主要是对设施管理施加影响，因此，这不是一个关于机构总部的研究。相反地，如果将设施的运作当作一个单元来理解，且设施管理人员是理解设施运作的一个组成部分，那么设施管理人员方面的数据可以成为研究的一部分。

## 选择案例

案例研究方法的关键是选择案例，其重要性等同于定量研究中的抽样。选择案例时要考虑以下四个方面。

- 目的。当涉及多个案例时，案例选择就必须有目的性。例如，在一系列相同或不同的规模、产业、地理位置或盈利水平的公司里进行选择。
- 说明。通常在说明某个特定主张具有较高的可能性时会选择一些特别的案例。例如，一个关注成功领导力的研究可能会刻意选择那些有着高获益能力领导人的成功机构。
- 典型/非典型。选择一个案例也可能是因为它在所研究的现象里很典型，或者特意选择一个极端或非典型的案例。因此，一个分析某行业成功秘密的研究最好选择最成功的企业来进行探究。
- 实用主义/机会主义。有些时候会根据实用主义来选择案例。例如，研究人员准备研究某公司，可能是因为他是公司的职员。

无论基于什么理由选择案例，该理由都应该在研究报告里得到清晰的表达，而且还应说明这样选择的意义是什么。

## 收集数据

案例研究项目通常会使用许多数据来源和数据收集方法，包括：使用书面证据、二次数据分析、深度访谈、问卷调查、观察和参与观察。选择数据来源和收集方法的过程与第 3 章讨论过的其他研究里的过程是相同的。在第 3 章中，提到过一个项目可以用不同的数据来源解决不同的研究问题或研究问题的不同方面。要注意的是，所有的数据收集都要和研究问题相联系，虽然有时候研究问题会随着研究进展而有所修改。

当涉及许多完全不同的数据类型和数据来源时，头脑中要时刻关注以下两个问题。

- 分析单元的一致性。例如，如果包含了参与者数据，那么保证这些数据来源于同一地理单元是很重要的。
- 时间上的一致性。理想状态下，所有的数据都应该来自同一时间段，这与分析单元问题相关，因为数据来源会重组。例如，一个公司的体量或管理范围，其大小、组成和职能会随时间变化而发生变化。

## 分　析

某种程度上，案例研究的设计或其中的某个部分类似于那些更为正式的研究项目（这些研究具有固定的研究问题以及相应的数据收集和分析程序），分析过程带有更多的演绎性质，数据分析被用来处理预先提出的问题。但是，正如第 15 章所述，案例分析能够使用带有更多递归和归纳形式的定性方法。事实上，整个案例研究方法的灵活性就意味着更多的归纳方法。因此，研究过程中，发现以往不知道的信息来源可能会导致研究人员问这样一个问题：这个数据可以为研究添加什么吗？尽管新的数据来源可能有助于用新方法来解决现存的研究问题，但它也可以提出一个全新的研究问题。

伯恩斯（Burns，1994：324-325）和殷（Yin，2009：106-118）提出了三种主要的分析方法。

- 模式匹配。根据现有的理论，对案例的这些特点可以期望认识到什么。
- 建立解释。建立对发现结果的逻辑/因果关系解释，由于要在理论和数据之间进行反复思考，所以解释常常也是一个反复的过程。
- 时间序列分析。解释的发展要以随着时间推移而得到的观察变化为基础。

实际上，所有的分析形式都可以在案例研究的背景下进行。然而，推动不同种类的分析结果组成一个一致的结论还是颇具挑战性的。

## 案例研究实践

四个案例研究的案例可以总结本章的内容。这些案例研究简要介绍了每个案例，更详细的内容可以参阅本书后面给出的“资源”部分。

案例研究 12.1 再次对朗特里和拉威尔斯的《英国人的生活和休闲》（前面分析过它的定性内容，见案例研究 9.1）进行了分析，但这里要介绍的是通过个体访谈得到的个案休闲生活史，以及一个小镇及其休闲设施的二手/书面数据来源的案例研究。

### 案例研究 12.1

#### 英国人的生活和休闲

案例研究 9.1 提到了西博姆 · 朗特里和 G. R. 拉威尔斯（1951）的研究《英国人的生活和休闲》，这是英国最早的大规模休闲研究，它开始于 1947 年，正处于第二次世界大战后的紧缩时期。这项研究使用了基本的定性方法，其中两个方面涉及案例研究。

首先，如案例研究 9.1 所述，研究包括大量的访谈，他们来自 11 个城市，几乎有 1 000 人的访谈，其中 220 个个案被写进了著名的“案例历史”一章中，该章有 121 页。之后，这些信息和剩下的访谈又用到了随后的具体休闲活动的章节中。

其次，这个报告用一个单独章节对一个小镇，即坐落在伦敦和牛津之间有 40 000 人口的白金汉郡的海威考姆勃，进行了案例研究。报告描述了 30 多个社交或特殊兴趣俱乐部、电影院、图书馆、舞蹈、音乐和戏剧设施、户外休闲/体育设施和俱乐部，还有一系列的宗教休闲设施和机构。报告还提到镇上有九个观光车运营商，并且对这些运营商这一时期提供的一日观光休闲游进行了观察。

一家最大的公司从10月到次年4月底平均一周发送20车的旅客到伦敦，八周里他们运送了100车旅客去伦敦看“滑冰展”，还送了32车旅客去看世界举重冠军赛……1949年6月期间，一家最大的公司输送了367车旅客去海边和各个小镇的旅游地。（Rowntree and Lavers，1951：403）

案例研究12.2介绍了巴黎北部的欧洲迪士尼主题公园10年间发生的事件历史，包括设想、规划、建设和开放，直到运营的第三年，它才获得第一笔利润，之前遭受了一系列损失。基于参与观察、访谈和二手信息来源，该案例涵盖的问题范围十分宽泛，包括发展、设计、营销和财务等方面。

## 案例研究 12.2

### 欧洲迪士尼

安德鲁·莱恩斯博瑞（Andrew Lainsbury）的著作《从前，有个美国梦》（*Once Upon an American Dream*，2000）是基于他在巴黎北部的欧洲迪士尼主题公园和度假区的一年普通员工（还有一段时间扮演魅力王子）经历所写的。公园开放于1992年，那正是它充满关注和争论之际，人们讨论着它对一个欧洲环境是否合适以及能否在其中生存下来，其早期的发展经历了一段起伏不定的历史。这本书有五个主要章节，分别是：①欧洲迪士尼构想的发展以及场址选择与确定中的政治活动，②项目的设计或“想象”，③项目市场营销，④早期的财政困难，⑤全球迪士尼的运营。

这本书是按照流行的叙述式风格来写的，但有大量的尾注和参考文献来作为基础。历史记载大多来自广泛的新闻报道，这受惠于沃尔特迪士尼公司的高知名度。书中还使用了相当多的迪士尼文献，包括流行书籍、学术著作、文化和媒体方面的期刊论文以及美国的研究。

每一章都有大量的主题。第一章观察了一种普遍现象：国家和社区竞相吸引工业和就业机会，出台财政措施和其他“梦想”来吸引企业。生活在该项目附近居住区的团体发起了“不要在我的后院”的社区政治活动，在法国，迪士尼项目导致了“欧洲迪士尼发展保护人民协会”的成立。这一章还讨论了“老欧洲”和“新美国”之间的冲突，这在全球化背景下已是一个日渐重要的话题。

第二章主要是设计导向而不是商业导向的，但是沃尔特迪士尼公司的“垂直整合”实践不但包括主题公园，还包括附属酒店和高尔夫球场。但这在加利福尼亚最初的迪士尼却遭受了失败。

第三章阐述了迪士尼开放前和开放后的一系列市场营销策略。

这个项目在最初的几年里遭受了大量的损失，因而第四章论述了各种各样的拯救措施，包括提高收入和来访率、降低成本、财政重组。这导致它在1995年实现了第一笔利润。

最后一章简要分析了迪士尼主题公园的国际发展和竞争者的成长。

虽然这本书没有呈现出“硬”的研究数据，但它利用各种视角、主题和数据来源探讨了欧洲迪士尼的传奇，因此，它是一个有效的关于重要跨国休闲/旅游投资项目的案例研究。

案例研究 12.3 总结了维多利亚•卡蒂（Victoria Carty，1997）对个体机构（跨国运动品牌耐克）单方面行为的研究。她使用了大量的数据来源，尤其是对出版物、海报、电视广告进行了内容分析。这项研究的焦点是耐克公司在广告策略中是否遵守了他们所说的“将妇女视为受人尊敬的顾客”。我们上面讨论过，源自于案例研究的结论严格地说只适用于该案例，如果它们不能产生出具有更广泛意义的可能性，那它们的利用将是非常有限的。在这里，其意义就是耐克在跨国公司的妇女市场开发方面也许没什么与众不同。

## 案例研究 12.3

### 耐克、广告和妇女

维多利亚 · 卡蒂（1997）对耐克运动服装公司的研究利用了大量的信息来源和理论视角来分析和批判该公司的做法，尤其是对待妇女的问题上。主要的信息来源是现存的学术和流行期刊上关于耐克发展的记载和耐克的电视/印刷品广告案例。理论视角包括全球化和后现代主义的理论以及“全球商品链”（从消费地到生产地追踪产品的地理生产）的概念。

研究的主题是耐克公司针对西方妇女消费者的广告塑造出独立女性的形象，然而构成该公司主要劳动力的第三世界的妇女工资水平却很低，而且耐克自己的工厂和其他承包商工作环境恶劣。这项研究力图证明已被确立的理论框架的有效性，这个理论框架对跨国公司扮演的角色提出了批判，尤其是时尚产品的生产，其市场营销和零售加价大幅增加了制造成本。因此，利用单个公司的案例研究，这个研究力图“阐释在全球化的组织经济中产品与消费，或经济与文化之间的相互依存关系”。

德里克•维恩（Derek Wynne，1998）的研究“休闲、生活方式和新中产阶级”用问卷调查、深度访谈和人类学/参与观察对一个新兴中产阶级住宅区的 250 位居民进行了调查，主要研究阶级状况、生活方式群体和他们使用住宅区休闲中心/俱乐部的模式差异。

## 案例研究 12.4

### 休闲、生活方式和新中产阶级

德里克 · 维恩（1998）的研究《休闲、生活方式和新中产阶级》就明确地演示了多个方法在案例研究中的使用。它研究的是“西斯”的居民，他们是南英格兰的新兴中产阶级，修建了 250 座有自己的休闲中心/俱乐部的住宅。作者在这里建设期间住了三年，并用问卷调查（对所有居民）、深度访谈（对部分选择出来的居民）和参与观察/人类学方法进行了研究。他使用了皮埃尔 · 布迪厄（Pierre Bourdieu）在《区分》（1984）中提出的理论框架来探索西斯 500 位居民或成年居民的社会阶级状况和生活方式。尽管形成他们社会阶级地位的当前职业和受教育程度都很相似，但他们的出身（工人阶级或中产阶级父母）不同并在休闲方式和文化状态差异上得到体现。这些差异又进一步通过两个不同使用群体使用休闲中心/俱乐部的差异得以反映：酗酒者和运动者。案例研究各方面的总结可见 Wynne（1986，1990）。

## 本章小结

本章论述的案例研究方法，包括对研究现象的单个案例的研究和只有少数案例的研究。一直对照的是，本章还讨论了另外一种研究方法，即跨案例研究。跨案例研究可以嵌入案例研究中，如一个单一社区或旅游目的地的研究可以分别包含当地居民和旅游者的问卷调查。因此，案例研究经常使用多种研究方法，包括所有本书中谈论的其他方法。本章论述了案例研究在设计和实施中的任务，包括定义分析单元和选择案例。最后，本章还介绍了四个休闲和旅游方面的案例研究。

## 测试题

1. 定义案例研究和跨案例研究。
2. 讨论对案例研究的外部效度形成挑战的因素。
3. 本章讨论的案例选择包含哪五个方面？
4. 根据文献，案例研究分析有三种方法，命名并描述这些方法。

## 练习

1. 对一个你熟悉的旅游设施或吸引物，设计一个探索其成功原因的案例研究，简要说明开展这样一个该案例研究应该包含的要素。

2. 阅读下面本章资源部分列出的一个案例研究，识别其数据来源的范围、分析方法和这些不同种类的信息是怎样整合到一起得出结论的。

## 资源

- 总论性文本：Yin（2009），Bromley（1986），Burns（1994：312-331），Rose（2000），Stake（1995）。
- 休闲研究：Henderson（1991：88-90）。
- 旅游研究：Xiao and Smith（2005）。
- 案例：
  - 个人：Saunders and Turner（1987），Rapport and Rapport（1975）。
  - 团体：Rowntree and Lavers（1951，第 14 章），见案例研究 9.1，12.1 和 12.4。

- 全国：Williams and Shaw（1988），Bramham et al.（1993）。
- 机构和公司：Harris and Leiper（1995）。
- 场所和项目：Murphy（1991），Hayllar et al.（2008）。
- 事件：Mules（2004）。
- 居住区的体育/社会俱乐部：Wynne（1986,1998）。
- 运动和社会包容：四个案例研究：Collins（2003）。
- 城市管理和体育：Henry and Paramio Salcines（1998）。
- 城市管理和旅游：Long（2000）。
- 旅游规划：Murphy（1991）。

# 第13章 抽样：定量和定性

本章介绍了抽样的原则，探讨了抽样的理念，样本和总体，代表性和随机抽样，样本规模及其相应的置信区间，加权，定性研究中的抽样。

## 抽样的观念

在大多数调查研究和一些观察研究中，抽样都必不可少。由于成本原因，通常不可能收集所有人、所有机构或所有研究关注的其他实体的数据。例如，某个研究项目的目标是研究一个国家所有成年人的休闲模式或度假行为，不可能有人有资源去和构成成年人总体的上百万人中的每个个体都去做访谈。对全体人口调查也只能是每五年或每十年一次由政府统计机构开展的官方人口普查，其中的数据收集和分析成本高达上千万英镑或美元。

把范围缩小一些，城市公园或者热闹的旅游区，事实上也不可能对所有的来访者都进行面对面的访谈，因为繁忙的时候，会有成百上千的人在很短的时间内进入和离开。或许可以给每个人发一份由调查对象完成的问卷，但第 10 章中讨论过，这种方法在回答质量和水平上缺陷颇多。因此，通常的做法是抽样，只对一部分到访者进行访谈。

在第 8 章的观察部分探讨了对休闲和旅游地的使用者进行连续计数的问题，指出因能够利用的资源有限，只能采取抽样计数，也就是说，对一个样本场合内对进入地点或出现在地点的数量进行计数。

抽样暗含着数据收集、分析和解释的方法。

## 样本和总体

首先应该说清楚术语。某个研究项目关注的所有类别的研究对象称为总体（populations），样本是从总体中选出来的。“总体”这个术语用于团体人口时具有明显意义，如指的是指英国人口或者伦敦市人口时。但是在社会研究中，这个术语也用于其他情况中，如一年时间内到访度假地旅游的游客构成了该度假地游客的总体，一种体育设施的使用者也可以构成使用者的总体。

“总体”这一术语可以用在非人类现象上。例如，一个关于澳大利亚海滩自然特点的研究发现澳大利亚共有 10 000 个海滩，从中选出 100 个来用于研究，那么这 10 000 个海滩就是海滩的总体，而选出的 100 个海滩就是样本。在一些领域中，用“全域”（universe）一词来替代“总体”。

选择一个样本用于研究会产生两个问题。

（1）必须采取什么程序才能够保证样本能够代表总体？

（2）样本规模应该多大？

这两个问题是相互关联的，因为，在其他条件相同的情况下，样本越大，它具有代表性的机会就越大。

## 代 表 性

如果样本不能代表总体，则被描述为“偏差”或“偏性”（bias）。样本选取的整个过程必须以样本偏差最小化为目标。研究人员采用随机抽样（random sampling）原则来使样本具有代表性及让偏差最小化。“随机抽样”的字面意思会让人以为其中没有方法，这可错得有些离谱：随机可不是随性而为！随机抽样的含义如下。

在随机抽样中，总体中的每个成员都有同等的机会被包含在样本中。

例如，如果从 10 000 人的总体中选取一个 1 000 人的样本，那么总体中的每个人都必须有 1/10 的机会被选中。在实践中，大多数涉及人的抽样方法只能是尽量遵守这条规则。想要做到随机抽样，如果调查的类型不同，那么它所要面对的问题也不同，下面就这些不同类型的调查来进行讨论，包括家庭调查、电话调查、现场/使用者/游客调查、街头调查和配额抽样、邮寄问卷调查，以及复杂事件/目的地调查。

### 家庭调查中的抽样

如何实现随机调查？这一问题将在国家成年居民家庭调查案例中分析。如果国家成年人口有 4 000 万，我们希望访谈的样本人数是 1 000 人，那么每个成年人口都有 1/40 000 的概率被选为样本。怎么做呢？理想情况下，应该有一张完整的 4 000 万成年人的列表，他们的名字被写在一张张的纸条上，放进一个物理的或电子的转筒里，然后像抽奖一样，抽出 1 000 个名字来。每次每个名字被选到的概率都是 1/40 000，因为进行了 1 000 次抽取，所以每个人都有 1/40 000 的概率被选中。

这是一个相当费劲的过程。如果不需要纸条、转筒以及在名字列表中选取 1/40 000 而又能接近随机抽样的话肯定再好不过。但这应该从哪儿开始呢？起点应该是 1 到 40 000 之间的某些随机点。为了达到这一目的，可以用印刷的“随机数码表”，也可以用计算机打出来。严格来说，整个的样本都应该用随机数码来选择，因为这和“在转筒中抽取姓名”的程序非常接近。

然而，在实践中这样的人口列表几乎不存在。与其最接近的是国家所有选民的选民登记表，登记表非常全面，因为所有的成年人都必须依法登记。但这也并非十全十美，因为它没有包括高度流动的或无家可归的人，另外住在多个居住地的人也被遗漏掉了。从这样一张列表上挑出名字是一项非常繁重的巨大任务，而且，这个方法还存在另外一个缺点，即每从 40 000 选民中选择一个人作为样本，那么这些人将分散在全国各地，对他们中的每个人进行面对面访谈的成本将非常高昂。

因此，实践中，机构在开展全国性调查时采取了一种折中的方法，即“多阶段”抽样和“聚类”抽样。“多阶段”意味着抽样并非直接一次完成，而是分成了几个阶段。例如，一个国家有四个州或地区，计划的样本有 1 000 人，那么就按照每个地区占全国人口的比例来分派各地区的样本人数。在每个地区再按照地方管辖区域分为乡村和城市，然后再随机挑选四个城市区域和两个乡村区域用来选取恰当的子样本，即每个区域中选取 25 人、40 人或 50 人。这些子样本可以在选民登记表上选，或者选出街道然后再每五座房子选取一家进行上门访谈，任何一条街道的访谈人员都要访谈 10～15 个访谈对象。通过访谈这样的“聚类”人群可以让成本最小化。但要注意，“聚类”的数量不能削减太多，否则，一些人口和区域类型将会被遗漏掉。

一旦一座房屋被选定要进行访谈，那么必须设计一个程序来确定由家庭中的哪位成员来担任访谈对象，这会在下面电话调查的相关部分予以讨论。

### 电话调查中的抽样

电话调查的传统抽样程序是从公共住宅电话簿中进行抽样，现在是用第 9 章谈到的计算机辅助电话访谈（CATI）方法。但这个方面目前也有一些困难，第 9 章还提到过，由于现在使用手机的人数量增加，从而威胁到样本的代表性。如果结果的偏差程度和年龄有关，可以通过加权来得到校正，但如果它反映的是生活方式差异，那就无能为力了。印刷或电子的电话簿与上面说过的选民登记表上的列表类似，然而，一般每栋房屋只有一部有线电话，所以电话簿上的名单往往指的是一户家庭而不是个人。因此，有必要通过一些程序从家庭成员中选择一位作为调查对象。

在面对面的家庭调查或电话调查中，如果访问者访谈的碰巧是开门的人或者接电话的人，就有可能出现偏差，因为当地可能有家庭中某个人会更有可能去开门或者接电话的习俗。当然，抽样总是有一个年龄下限，因此小于某个年龄的人不会被选为样本。从一个有资格进行访谈的家庭成员中选择访谈对象的典型程序就是：选择那个与访谈时期最接近的人。

### 现场/使用者/游客调查中的抽样

休闲/旅游地或设施的条件变化非常大，取决于设施的类型和规模、季节、星期几、几点或者天气。因此，只能就一般情况进行讨论。为了保证抽样的随机性以及因此产生的样本代表性，访问人员必须遵守严格的规则。现场调查人员按两种方式进行访谈，一是调查人员保持静止而使用者在移动，如调查人员在入口附近调查正在进入和离开的游客；另一种是，调查人员在移动，而使用者保持静止，如对海滩或野餐地点使用者的调查。

在调查人员保持静止的情况下，他们应当遵循的导则是：

访谈结束时，要检查问卷的完成度和可读性。当你准备好一份新的问卷时，拦住下一个要进门的人。选择调查对象时要严格遵守这一准则，不要考虑其他因素。

重要的一点是，调查人员不应该刻意去避免访谈某些类型的使用者。理想情况下，应该制定一些原则。例如，从每五个通过大门的人中选择一个进行访谈。但是，因为进门的使用者人数随时在变化，访谈的时间也长短不一，所以要做到这一点基本上不可能。

在使用者保持静止而调查人员移动的情况下，调查人员应该按照一条给定的线路前进，并对他们路过的，如每五个人，访谈一次。

如果调查人员是雇来的，那么调查过程能否成功就取决于培训情况，可能还要观察他们的工作情况以确保他们能够遵守规则。

第 10 章指出，在现场/游客调查中，在一天中不同的时间抽样不可避免地会导致使用者访谈的比例发生变化。对那些游客会停留很长时间的地方，如海滩，这倒没多大问题。但是对那些使用者停留时间比较短，以及使用者的使用会在一天或一周内发生变化的地方，样本很可能不具有代表性，即产生偏差。这时得通过本章最后讨论的加权来加以校正。

如果调查涉及由调查对象完成的问卷，如大量的中途旅游者调查或酒店调查，除非现场工作人员能够督促调查对象填写并回收，否则调查对象就会自己决定是否填写并交回。不要依靠繁忙的酒店或者休闲设施接待人员来发放和回收问卷，除非这是管理层优先要做的事情并进行了严格监督。一般总会有显著比例的人不会返回问卷，但是这个自我决定过程也不太可能是随意的。例如，读写困难的人或有急事的人就有可能不会返回问卷。比起那些对服务漠不关心或满意的人，那些“有话要说”的人，无论是好话还是坏话，都更有可能返回问卷，这就有可能产生误导，认为有强烈意见的人占了很大的比例。所以，可以看到，这种不受控制的调查存在很大的样本偏差风险，应尽可能避免。

## 街头调查中的抽样和配额抽样

虽然其他情况也会用到配额抽样技术，但街头调查使用得最为普遍。街头调查被认为是接触社区代表性群体的一种手段，但事实上，它也可以被看作是一种现场调查。这里现场指的是商业区域，所以，街头调查中对街头使用者的随机取样代表的其实是商业区域而非整个社区的使用者。例如，在郊区购物中心，退休人员、全职照顾家庭/孩子的人占据很大比例。

如果目标是获取整个社区的代表性样本，要达到这一点就要对调查人员接触的不同类型人群确定“配额”，配额的依据是人口普查的社区信息。例如，如果普查显示社区中有 12%的人口退休了，那么调查人员就要使每 100 个访谈中包含 12 个退休人员。一旦访谈人员完成了某一年龄或者性别群体的配额，那么为了完成其他配额就要寻找更具选择性的方法。

只有在了解了目标群体的背景信息时（如通过社区调查）才能使用配额方法。在大多数使用者调查中通常不了解这方面信息，因此只能依赖严格的随机抽样程序。

## 邮寄问卷调查抽样

邮寄调查最初发送邮寄问卷的人的列表可以是整个人口（在统计意义上），也可以是一个样本。如果选择样本，通常采用完全随机抽样，因为通常有整个人口的邮寄名单可以利用。

回复了问卷的调查对象构成了一个样本，它并非随机选取，而是调查对象自我决定的。这就和上面讨论过的不受控制的由调查对象完成的现场问卷调查相类似，会产生偏差。这个时候只能尽力达到一个高的返回率。有些时候人口信息可以用来对样本进行加权，从而对一些偏差来源进行校正。例如，在全国调查中样本的地理偏差可以被加权校正，因为人口的地理分布是已知的。又如，在一项职业相关的调查中，也可以用记录中各个等级成员比例方面的信息来加权。但是，那些没有返回的问卷中的未知的和无法校正的偏差因素还是会对邮寄调查产生影响。当然，所有的调查都会遇到没有回复的问题，但邮寄调查尤其严重，其未回复率一般更高。

### 复杂事件和目的地研究中的抽样

第5章中指出，包括多个售票和不售票地点的节事或旅游目的地研究给研究人员带来了巨大挑战，尤其是抽样任务。研究常常需要大量信息，包括：访问目的地/当地社区的游客数量，访问某个地点和节事的和当地居民数量，游客和当地访问者的社会人口统计特点、消费模式和满意度/评价。这些信息可以通过上面提到的一个或多个方法收集到，抽样时要考虑上面提到的相关方案。此外，还要利用二手资料，如售票记录。因此，这个挑战的独特性并不在于抽样和数据收集本身，而是怎样将不同来源的数据整合起来提供对事件整体的评估，尤其是事件涉及大量不售票的情况下，以及目的地在过夜游客之外还吸引了大量的一日游游客时。

## 样 本 规 模

有一个很流行的错误观念，就是样本规模应该取决于总体规模。例如，一个样本应该是总体的 5%或 10%。其实不是这样，真正重要的是样本的绝对规模，和总体规模无关。例如，主要抽样程序正确，无论是英国成年人样本（总体规模 5 000 万人）、伦敦市民样本（总体 700 万人）、布莱顿居民样本总体（10 万人），还是一个大学的学生样本（如 1 万人），1 000 人的样本规模都是同等有效的。

需要再重复一遍，重要的是样本的绝对规模，而不是与总体相关的相对规模。这个准则适用于所有情况，除了总体本身比较小的时候之外，本章后面会来讨论这个例外及其含义。

那么，样本规模应该根据什么标准来决定？基本上有三个方面的标准：对结果精度的要求，分析需要的详细程度，以及预算能利用的资金量。这些问题将在下面依次讨论。另外，还会对小规模总体用于总体估计和样本规模的置信区间进行一些介绍。

### 精度：置信区间

精度，这一概念可以这么解释：从一个样本得出的结果能够在多大程度上精确地反映样本所要代表的总体情况。例如，如果一个关于度假情况包含 500 人的样本调查发现有 50%的人上一年曾经外出度假，这个结果或统计值，能在大多程度上确保它对总体来说是真实的呢？尽管在选择具有代表性的样本方面花了大量的努力，但又能在多大程度上保证样本是真正具有代表性的。也就是说，总体外出度假的比例为什么不是 70%或

30%？

这个问题可以根据概率来回答。怎样才能确定已经采取了所有合适的手段来选取具有代表性的样本，而这个样本真正地具有代表性，使得总体中外出度假的比例不是 70%或 30%？另外，出现 48%，49%或者 51%，52%概率将相当高，但出现 70%或 30%的概率也会存在。

统计人员分析了来自不同规模总体中的不同规模样本的分布模式，发现在随机抽取样本的情况下，样本的统计值落在真实统计值两侧一定范围内的概率是固定的。这个范围就是±2 倍统计标准差，标准差的大小取决于样本大小，与总体大小无关。如果样本抽取恰当，那么得到的统计值落在总体真实值 2 个标准差范围内的概率就是 95%；反过来，总体真值落在样本统计值 2 个标准差内的概率也是 95%。这表示，如果抽取了 100 个同样规模的样本，那么我们可以期望有 95 个统计值落在总体真值的 2 个标准差之内，5 个在这个范围之外。由于一般情况下我们不知道总体的值，因此不得不对我们的结果有多大概率是准确的进行理论陈述：我们有 95%的机会是对的，还有 5%的机会是错的。

“2 个标准差”范围指的是统计值的“95%的置信区间”。标准差和概率水平之间的关系呈现出正态曲线（一个有着某种数学特性的钟形曲线）的特性，关于这一特性这里不深入讨论。图 13-1 说明了正态曲线和 95%的置信区间这两个概念。在第 17 章中，将会深入讨论与某些类型的分布特征相关的一般性的概率理念。

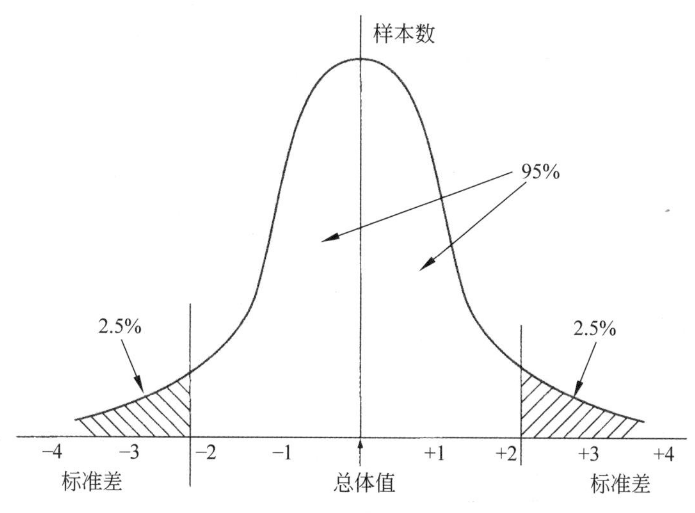


**图 13-1　正态曲线和置信区间**

统计人员对不同规模样本的不同统计值的置信区间做了一个表格，具体如表 13-1 所示。表的第一列是不同的样本规模，范围从 50 到 10 000。表的顶部是从一个调查中可能得到的统计值，如 20%的人打网球。表中将 20%和 80%放在一起，是因为如果有 20%的样本打网球，那么就有 80%的人不打网球。因此，对统计学上 20%的准确性做出的任何结论都适用于对应的 80%。表格的主体部分是置信区间。

表 13-1 和样本规模相关的置信区间

| 样本大小 | 来自样本的百分比（结果） | | | | | | | |
|---|---|---|---|---|---|---|---|---|
| | 50% | 40%或60% | 30%或70% | 20%或80% | 10%或90% | 5%或95% | 2%或98% | 1%或99% |
| | 置信区间/±% | | | | | | | |
| 50 | 13.9 | 13.6 | 12.7 | 11.1 | 8.3 | * | * | * |
| 80 | 11.0 | 10.7 | 10.0 | 8.8 | 6.6 | * | * | * |
| 100 | 9.8 | 9.6 | 10.0 | 7.8 | 5.9 | 4.3 | * | * |
| 150 | 8.0 | 7.8 | 7.3 | 6.4 | 4.8 | 3.5 | * | * |
| 200 | 6.9 | 6.8 | 6.3 | 5.5 | 4.2 | 3.0 | 1.9 | * |
| 250 | 6.2 | 6.1 | 5.7 | 5.0 | 3.7 | 2.7 | 1.7 | * |
| 300 | 5.7 | 5.5 | 5.2 | 4.5 | 3.4 | 2.5 | 1.6 | * |
| 400 | 4.9 | 4.8 | 4.5 | 3.9 | 2.9 | 2.1 | 1.4 | 1.0 |
| 500 | 4.4 | 4.3 | 4.0 | 3.5 | 2.6 | 1.9 | 1.2 | 0.9 |
| 750 | 3.6 | 3.5 | 3.3 | 2.9 | 2.1 | 1.6 | 1.0 | 0.7 |
| 1 000 | 3.1 | 3.0 | 2.8 | 2.5 | 1.9 | 1.3 | 0.9 | 0.6 |
| 2 000 | 2.2 | 2.1 | 2.0 | 1.7 | 1.3 | 1.0 | 0.6 | 0.4 |
| 4 000 | 1.5 | 1.5 | 1.4 | 1.2 | 0.9 | 0.7 | 0.4 | 0.3 |
| 10 000 | 1.0 | 1.0 | 0.9 | 0.8 | 0.6 | 0.4 | 0.3 | 0.2 |

*置信区间大于百分比。

表格解释：例如，对一个规模为400的样本，结果30%对应的置信区间为±4.5（也就是说，我们有95%的把握可以说总体值在25.5%～34.5%）。计算置信区间的公式见附录13.1。

用一个例子来对这一表格进行解释：假设我们有一个规模为500人的样本，发现有30%样本具有某个特点。例如，上个夏天外出度假（所以有70%没有外出度假）。按照样本规模500查阅表格，我们发现30%（或70%）的结果对应的置信区间是±4.0。据此我们相当肯定地认为总体值介于26%到34%之间。

关于这些置信区间要注意的一个重点是：要等分置信区间，样本就要扩大4倍。在上面的那个例子中，一个2 000人的样本（是初始样本的4倍），其置信区间是±2.0%（原来置信区间的一半）。所以，通过增加样本数量来提高调查精度的成本会很高。

要注意的是，样本越小，置信区间越大。例如，对50人的样本，结果为50%的置信区间是13.9%，这就意味着，50%的结果只能在36.1%～63.9%来估计。对某些统计，样本规模太小就无法计算置信区间，因为总的误差幅度要大于原始统计。

要注意，这些置信区间只适用于随机方法抽取的样本。其他方法，如多阶段抽样，会产生较大的置信区间，但是差别却很小，因此在这里不再继续讨论。

决定样本规模的精度含义现在清晰了。一个1 000人的样本规模，50%调查结果的置信区间为±3.1%。如果不接受这个误差幅度，那么就需要扩大样本规模。能否接受这一误差，取决于数据用途和分析类型，这将在下面加以讨论。还有另一种方式可以表现样本规模和置信区间之间的关系，如表13-2所示。表格的主体表现的是给定的置信区间所对应的样本规模。

**表 13-2　达到给定置信区间需要的样本规模**

| 置信区间 | 来自样本的百分比（结果） | | | | | | |
|---|---|---|---|---|---|---|---|
| | **50%** | **40%或60%** | **30%或70%** | **20%或80%** | **10%或90%** | **5%或95%** | **1%或99%** |
| | 需要的最小样本规模 | | | | | | |
| ±1% | 9 600 | 9 216 | 8 064 | 6 144 | 3 456 | 1 824 | 380 |
| ±2% | 2 400 | 2 304 | 2 016 | 1 536 | 864 | 456 | * |
| ±3% | 1 067 | 1 024 | 896 | 683 | 384 | 203 | * |
| ±4% | 600 | 576 | 504 | 384 | 216 | 114 | * |
| ±5% | 384 | 369 | 323 | 246 | 138 | 73 | * |
| ±6% | 267 | 256 | 224 | 171 | 96 | * | * |
| ±7% | 196 | 188 | 165 | 125 | 71 | * | * |
| ±8% | 150 | 144 | 126 | 96 | 54 | * | * |
| ±9% | 119 | 114 | 100 | 76 | 43 | * | * |
| ±10% | 96 | 92 | 81 | 61 | 35 | * | * |

## 分析的详细程度

表 13-1 中的置信区间进一步说明了样本规模选择需要关注的第二个标准：分析类型。如果要进行许多详细比较，尤其是样本在总体中所占的比例都比较小时，那么小规模的样本可能会对一些有意义的分析形成阻碍。例如，假设对一个规模为 200 人的样本进行调查，发现有 20%的调查对象打保龄球，30%的打网球。而 20%的误差幅度是±5.5%，30%的是±6.3%。因此，估计出参加这两种活动的人数的比例。

保龄球：14.5%～25.5%，网球：23.7%～36.3%。

置信区间发生重叠。因此，尽管调查发现二者有 10%的差异，我们也不能下结论说这两种活动的受欢迎程度有显著的差别。在任何分析中这都有可能有很大的局限性。如果样本规模为 500，则置信区间分别为±3.5%和±4.0%，那么得出的估计值如下。

保龄球：16.5%～23.5%，网球：26.0%～34.0%。

这时候置信区间没有重叠，我们就能够确定：网球比保龄球更受欢迎。

因此，分析的详细程度，样本划分为子样本的程度，以及可接受的精度水平决定了所需的样本规模。大体而言，总体越大，其多样性就越大，因而需要进一步划分为子样本，但所需的样本规模与初始人口的总体规模无关。

## 预算

需要进一步指出的是，没必要选择大样本的时候选择大样本是浪费资源。例如，样本规模为 10 000 时对给定统计值的最大置信区间是±1%，其调查成本是 20 万英镑。将置信区间减半为±0.5%，就意味着样本规模要扩大 4 倍，成本将再增加到 80 万英镑。需要付出这么大的成本来获取这么小的回报的情况几乎不存在。

最终，决定样本规模的限制性因素是第三个标准：可利用的资源。即使可用预算对样本规模形成了严重制约，可能也只有继续冒着样本可能不具有代表性的风险继续走下去。但如果样本太小，分析的详细程度就会受到限制。如果因资源受限而导致定量研究的效度出现问题的话，那么考虑定性研究也许更为合理。另外一种替代选择是将研究看作“预”研究，重点关注方法，为将来资源更充足时开展全面研究做准备。

在研究报告中应该怎样描述样本规模和置信区间问题呢？在一些科学研究中，在报告调查的统计结果时，有必要描述复杂的统计检验。在许多社会科学研究中，尤其是休闲和旅游研究中，这方面的要求并不严格。这在学术研究中有一定程度的表现，但在应用型研究报告中尤为明显。然而，必须明白样本规模所产生的局限性，不要进行数据无法支持的比较，这在咨询性报告的文本中很少予以清晰说明。大量的统计术语一般并不需要：外行读者期望研究人员工作干得不错，专业读者希望能够有足够的信息来对分析进行核查。建议在报告中添加附录来说明抽样误差的大小。附录 13.1 给出了一种可能有用的格式。

在学术期刊中，规则有些不同，它们希望对统计检验进行直接描述。第 17 章将会探讨各种可以利用的检验。

## 适用于总体估计的置信区间

上面的讨论主要集中于适用于样本百分比的置信区间，但讨论样本调查基础上的总体估计时也要注意这一问题。很多时候，样本统计也适用于作为整体的总体估计，如对某目的地或某类型设施的总访问量。例如，从一个具有 1 000 名居民的样本中发现 12%的居民去年访问了某个国家公园，人均访问次数是 2.5 次。根据这一样本规模，12%对应的置信区间是±2%。假设样本对应的总体有 500 000 人，需要获取总体访问的估计值，那么去年共有 60 000 人访问了这个国家公园，且人均访问次数为 2.5 次，这样得出去年共有 150 000 人次访问了这个国家公园。对这一数值，置信区间应该是多少？有人会认为结果是 150 000 的±2%，也就是±3 000 人次，但这个是错误的。和±2%相关的是整个样本，因此其累加只适用于总体，而不是基于总体的 12%得出的总访问人次。置信区间对应的数值应该是 500 000 人次，其±2.0%是±10 000 人次，因此得出总人数的估计值应该是 60 000±10 000 人次，而总参观次数的估计值就应是 150 000±25 000 人次，而 25 000 人次的置信区间是总访问量的±16.7%。所以，要达到±2.0%区间的总访问量（即±3 000 人次），需要的样本规模是 75 000 人。

对某个数值的访问量达到某置信区间的计算公式是：$f \times (\text{PCI} \times P)/100$，其中 $f$ 指的是每年的平均访问频次（在上面的例子中是 2.5 次），PCI 指的是来自调查的置信区间的百分比（在上面的例子是±2%），而 $P$ 则指的是总体（在上面的例子是 500 000 人）。

## 样本规模和小总体

以上关于样本规模的讨论都假定总体很大，实际上用来计算置信区间的统计公式都是以假定总体无限大为基础的。然而，如表 13-3 所示，如果总体的规模小于 5 万，置信区间的大小和总体规模之间的关系就变得非常明显。表中展示的是对不同规模的总体，统计结果为 50%而置信区间为 5%和 1%时所需要的样本规模。这里仅展示了样本统计结果为 50%时所需的样本规模，因为从表 13-1 中可以知道 50%的统计结果要求的样本规模最大。对于一个给定的样本规模，其他统计结果，如 30%/70%，对应的置信区间总是更小。表中首先说明了总体无限大时所需的样本规模，可以看出，它们和表 13-3 的第一行中置信区间为±5%或±1%时所需的样本规模相同。关于将置信区间和总体规模联系起来的公式见克雷奇和摩根（Krejcie and Morgan, 1970）。

**表 13-3　样本规模和总体规模：小型的总体**

| 总体规模 | 样本统计结果为 50%，置信区间为±5%和±1%时所需的最小样本量 | |
|---|---|---|
| | ±5% | ±1% |
| 无限大* | 384 | 9 602 |
| 10 000 000 | 384 | 9 593 |
| 5 000 000 | 384 | 9 584 |
| 1 000 000 | 384 | 9 511 |
| 500 000 | 384 | 9 422 |
| 100 000 | 383 | 8 761 |
| 50 000 | 381 | 8 506 |
| 25 000 | 378 | 6 938 |
| 20 000 | 377 | 6 488 |
| 10 000 | 370 | 4 899 |
| 5 000 | 357 | 3 288 |
| 2 000 | 322 | 1 655 |
| 1 000 | 278 | 906 |
| 500 | 217 | 475 |
| 200 | 132 | 196 |
| 100 | 80 | 99 |
| 50 | 44 | 50 |

*如表 13-1 和表 13-2 所示。

## 加　　权

本章多处谈论过需要对调查数据或者计数加权的情况。在第 16 章，我们会简要介绍利用 SPSS 计算机程序包进行加权的程序，这里只讨论加权的原理。以表 13-4 中的数据为例，样本中的 45 个访谈对象的访谈非常均匀地分布在一天中，然而，实际的参观者中有半数参观时间在中午（这方面的信息也许已经通过观察/计数得到）。这可能导致样本出现偏差，因为中午时段的参观者可能在特征和看法上与其他参观者不同，使得他们在样本中的代表性不足。而加权的目的就在于产生出一个和实际参观者分布相类似的赋权样本。

表 13-4 来自现场/游客调查的访问/使用数据

| 时　间 | 访谈数量 | % | 使用者实际数量（计数）/人 | % |
|---|---|---|---|---|
| 上午 9:00—11:00 | 10 | 22.2 | 25 | 5.7 |
| 中午 11:01—1:00 | 12 | 26.7 | 240 | 55.2 |
| 下午 1:01—3:00 | 11 | 24.4 | 110 | 25.3 |
| 下午 3:01—5:00 | 12 | 26.7 | 60 | 2.7 |
| 合计 | 45 | 100 | 435 | 100 |

一种方法是通过对样本数进行“补偿”来反映实际人数。例如，上午 9:00—11:00 这一组通过 25÷10=2.5 来加权，中午 11:00—1:00 这一组用 240÷12=20 来加权，等等，如表 13-5 所示。

表 13-5　加权

| | A | B | C | D |
|---|---|---|---|---|
| 来源 \ 时间 | 访谈数量<br>调查/人 | 使用者数量<br>计数/人 | 加权因子<br>B/A | 加权后的样本数<br>C×A |
| 上午 9:00—11:00 | 10 | 25 | 2.5 | 25 |
| 中午 11:01—1:00 | 12 | 240 | 20.0 | 240 |
| 下午 1:01—3:00 | 11 | 110 | 10.0 | 110 |
| 下午 3:01—5:00 | 12 | 60 | 5.0 | 60 |
| 总计 | 45 | 435 | | 435 |

第 16 章讨论过，加权可以通过把加权因子输入计算机自动进行。权重因子等于那个时间段的使用者数量除以样本数。因此，加权后的样本就等于使用者总数。然而，需要注意的是，样本量仍是 45，而不是 435。如果要实行统计检验，那么建议用加权因子乘以 0.103（=45/435），就可以把加权后的样本总数带回到 45。

在这个例子中，加权的基础与一天中的访问模式相关，其信息可以从这个特定类型的调查中获得。关于总体的其他任何数据都可以加以利用。例如，如果从人口普查中可以获取到年龄结构，那么就可以用年龄分组而不是时间分段。

## 定性研究中的抽样

正如第 9 章所述，定性研究通常不说自己的数量具有代表性，而且就其定义来说，定性研究也不会涉及要求描述精度的统计计算。因此，上面谈到的定量研究需要考虑的因素一般和定性研究无关，但这不是说要完全忽略代表性的问题。卡拉·亨德森（Karla Henderson，1991：132）指出：“……使用定性方法的研究人员并不关心数据是否充分，也不关心是否是随机选择，而是试图通过观察呈现出更广泛的社会结构的运作过程。”因此，如果被研究的总体既包括年轻人又包括老年人，除非明确决定只关注某个年龄阶段的人群，否则年轻人和老年人都会包含在样本中。但是，样本不一定会反映研究总体中年轻人和老年人的比例。迈尔斯和休伯曼（Miles and Huberman，1994：28）列出了 16

种定性抽样策略，部分展示在表 13-6 中。在研究报告中，要充分地描述定性抽样的方法，要描述任何情况下是如何选择样本个体及接触情况。例如，如果采用的是标准抽样方法，那么采用的标准是什么，怎样与符合标准的个体相联系？如果使用的是滚雪球抽样的方法，那么从哪儿开始？如果使用的是方便抽样方法，那么方便因素是什么，是朋友、家人、同事、学生还是邻居？

**表 13-6　部分定性抽样方法**

| 方　法 | 特　点 |
| --- | --- |
| 方便抽样 | 利用位置方便的人或机构，如朋友、同事、学生、居住地区的机构、访问当地受欢迎的目的地的游客 |
| 标准抽样 | 选择个体以主要标准为基础，如年龄分组、机构成员、纪念品购买者 |
| 同质抽样 | 故意选择总体中相对同质的子集，如受过大学教育的 20～30 岁的自行车手 |
| 机会抽样 | 相似于方便抽样，但是利用的是出现的机会。例如，研究当地发生的重大体育事件，或者研究人员正在度假的度假地 |
| 最大异质抽样 | 故意研究相反的案例，与同质抽样相反 |
| 特定目的抽样 | 相似于标准抽样，但会涉及其他考虑，如最大异质、典型性 |
| 滚雪球抽样 | 通过访谈对象的建议获取另外的样本个体 |
| 分层特定目的抽样 | 依据设定标准选择一系列样本，如一系列年龄分段或国籍的代表 |

# 本章小结

本章的主题是抽样，即从研究对象总体中选择一部分用来研究的过程，也分析了抽样对数据分析的意义。主要考虑的是两个问题：样本的代表性和样本规模。研究人员通过遵循随机抽样原则（意思是每个总体成员要尽可能同等机会被选中）来寻求样本的代表性。要达到随机抽样，不同的调查类型有不同的实践程序。即使已经随机抽取了样本，还是会出现其他问题，即样本的统计结果在多大程度上能够真实地反映总体。在评估样本结果落在总体真实值一定范围幅度（置信区间）内的概率水平方面，已经发展出相应的统计程序。置信区间的大小与总体规模无关，与样本规模有关，样本越大置信区间或者说统计误差的范围幅度越小。因此，一项研究所必需的样本规模取决于结果需要的精度，要进行的分析的详细程度，以及可用的预算。最后，本章讨论了加权，它可以校正样本中的已知偏差，还讨论了定性研究中的抽样。

# 测 试 题

1. 什么是定义随机抽样？
2. 与随机/代表性抽样相对的是什么？
3. 什么是多阶段抽样？为什么要采用多阶段抽样？
4. 什么是置信区间？
5. 在一个研究中，用什么来决定样本规模？

6. 什么是加权？
7. 说出三种定性研究中已有的抽样方法。

## 练　　习

1. 分析已经出版或发表的实证研究报告或期刊文章，识别出为确保随机抽样而采用的程序。

2. 利用练习1中的报告，分析报告中一系列百分比统计结果所对应的置信区间。

3. 在本章保龄球和网球比较的例子中，如果样本规模为4 000，那么置信区间将是多少？

4. 分析一个全国休闲参与调查或一个国内或国际旅游调查的结果，对一些主要结果其置信区间是多少？

5. 选择两篇定性研究报告/文章（见第9章资源部分），对比它们通过不同抽样方法得到的信息，评估它们的适用性。

## 资　　源

大量的统计学教材都讨论了抽样及抽样的统计学含义，如Kidder（1981）的第四章、Spatz and Johnston（1989）的第六章。电话访谈抽样：Lepkowski et al.（2008）。

## 附录13.1　对样本规模和置信区间的建议

在以抽样数据为基础的研究报告中，其中包含的附录或注释的措辞方式建议如下（假设调查的样本规模为500）。

### 统计学注释

所有的抽样调查都存在一定幅度的统计误差。对一个500人规模的样本，误差幅度或置信区间如表13-7所示。

表13-7　置信区间

| 调查的统计结果 | 95%的置信区间 | 调查的统计结果 | 95%的置信区间 |
|---|---|---|---|
| 50% | ±4.4% | 10%或90% | ±2.6% |
| 40%或60% | ±4.3% | 5%或95% | ±1.9% |
| 30%或70% | ±4.0% | 1%或99% | ±0.9% |
| 20%或80% | ±3.5% | | |

例如，如果发现20%的样本具有某种特点，那么估计有95%的可能性总体的真实值会落在20±3.5的范围内，也就是16.5%～23.5%。

本报告在分析时已考虑了这些误差幅度。

# 第 III 部分

# PART III

# 数 据 分 析

本书这一部分考虑的是对各种形式和各种来源的数据进行分析，所以四个章节中的每个章节都和第 II 部分的特定章节有关联。即第 II 部分的章节，包括观察法（第 8 章）、实验法（第 11 章）、案例研究法（第 12 章）和样本法，均通过各种途径和第 III 部分的四个章节存在关联。

第 14 章，间接数据分析，为第 7 章讨论的一些数据来源类型提供了运用范例。

第 15 章，定性数据分析，对第 8 章所讨论的数据类型在人工分析和计算机辅助分析方面均进行考察。

第 16 章，调查分析，延续第 10 章所遗留的内容，探讨了服务于问卷调查数据分析的电子表格程序和统计学计算机集成软件包的使用。

第 17 章，统计分析，除特别针对第 10 章和第 16 章所讨论的以问卷调查为基础的数据之外，也针对第 11 章（实验方法）所讨论过的数据。

第 14 章

# 二手数据分析

第 7 章描述了二手数据现象及其各种形式和来源。由于这类数据类型多样，目前还没有专门的分析技术或计算机软件包，而大多数的定量数据都容易进行相对简单的电子表格分析。在涉及调查数据的再分析时，第 16 章和第 17 章概述了一些用于基本项目分析阶段的程序，通过它来分析收集到的数据。类似地，对于定性数据，可以应用第 15 章的程序。因此，本章的目的不是专注于分析技术的细节，而是提供一些现实或假想中的为休闲和旅游研究目的服务的二手数据使用范例。

## 二手数据分析的案例研究

### 儿童玩耍的安全性

第 11 章所讨论的案例研究 11.6A，是一个涉及儿童玩耍场地安全性的准实验研究范例，然而它也可以看作是一个使用二手数据的范例。这个“实验”包括学校操场安装更高安全标准的新型游戏设施之前和之后发生事故次数的数据。事故统计本来是根据法律、管理和保险的需要而定期进行的，但是对研究人员来说，就有机会根据研究目的来对它们进行使用。

### 关于不平等性、休闲和旅游的多国数据

案例研究 14.1 和最近出版的《精神的等级》有着密切的联系。这本书面向流行/政治方面的读者，以来源于联合国和其他来源的二手数据分析为基础。它得出一个事实，即收入公平性高的国家在一系列关于生活质量的测度中都比收入公平性低的国家的表现要好。这本书没有考察休闲，所以这个案例研究中引入了一些和休闲相关的数据来进行分析。

### 案例研究 14.1

**精神水平与休闲和旅游**

#### 精神水平

在《精神的等级：为什么更平等的社会总是做得更好》一书中，理查德·威金森和凯特·皮科特（Richard Wilkinson and Kate Pickett，2009）对从联合国和其他来源获得的多个国家的二手数据进行了分析，他们发现，一个国家的收入分配越均等，人们生活水平的一系列指标，如预期寿命、婴儿死亡率、身心健康、教育表现和犯罪水平，也就表现得越好。

这本书主要着眼于 21 世纪人均国民收入（NI）最高的国家。其中，葡萄牙、希腊、以色列这几个国家收入较低（人均国民收入≤20 000 美元），挪威、美国这些国家收入较高（人均国民收入≥35 000 美元）。每个国家的不平等性通过平均收入排名前 20%与末 20%的家庭所占比例来测量，此处的收入为除了税赋、福利以及出于家庭规模原因而调整的收入以外的净收入。测量表明，美国、葡萄牙、英国、新西兰以及澳大利亚为最不平等的国家，而日本、挪威、芬兰、瑞典以及丹麦是最平等的国家。

## 休闲与运动

然而，除了一些少数国家工作时数这样的数据（这些数据来源于一篇发表的论文，其中的数据是 1998 年以前的），这本书并没有包括其他和休闲相关的指标。通过更新的工作时间二手数据，以及时间利用与度假方面的数据，可能会弥补这方面的不足，而这正是本案例研究的目的。

各国在工作时间、休闲时间、运动与休假时间方面的具体数据可以通过表 14-1 所示的各种途径获得。

**表 14-1 不平等性以及休闲和旅游数据**

| 国别 | a. 不平等指数 | b. 周平均工作时间 | c. 周平均休闲时数 | d. b 与 c 的比值 | e. 运动参与（欧洲） |
|---|---|---|---|---|---|
| 澳大利亚 | 19 | 32.6 | 4.2 | 7.8 | — |
| 比利时 | 6 | 29.8 | 5.5 | 5.4 | 64 |
| 加拿大 | 12 | 32.8 | 5.5 | 6.0 | — |
| 芬兰 | 2 | 32.3 | 5.6 | 5.8 | 96 |
| 法国 | 11 | 29.4 | 4.4 | 6.7 | 65 |
| 德国 | 8 | 26.8 | 5.5 | 4.9 | 64 |
| 意大利 | 16 | 34.4 | 4.6 | 7.5 | 42 |
| 日本 | 1 | 33.1 | 5.1 | 6.5 | — |
| 新西兰 | 18 | 32.5 | 4.6 | 7.1 | — |
| 挪威 | 3 | 27.5 | 5.8 | 4.7 | — |
| 西班牙 | 10 | 31.3 | 4.9 | 6.4 | 53 |
| 瑞典 | 4 | 30.8 | 5.1 | 6.0 | 93 |
| 英国 | 20 | 31.5 | 5.1 | 6.2 | 69 |
| 美国 | 22 | 33.5 | 5.2 | 6.4 | — |

资料来源：

a. 《精神的等级》，Wilkinson and Pickett（2009：Fig 2.1，p.17）。收入排名前 20%与末 20%的比值。

b. 格罗宁根大学格罗宁根增长与发展中心：www.ggdc.net/Averaged across the labour force.

c. 和谐的欧洲时间利用研究：https://www.h2.scb.se/tus/tus/OECD Society at a Glance, Chapter 2：搜索于：www.oecd.org/Leisure-time data averaged across adult population.

d. 最近 7 年中对剧烈体育运动的参与. 来源：欧洲晴雨表（EU, 2004）。

用类似于威金森和皮科特所用的表格形式，将各国的不平等性数据与每周工作时间和每周休闲时间并列，它们之间的相关性很小，而不平等性和工作时间与休闲时间的比值（即成年人口为获得 1 个小时休闲时间而付出的工作时数）之间的相关性更高。结果如图 14-1 所示，该图由 Excel 电子表格软件中的图形工具绘制而成，包含了数据的散点图和趋势（回归）线，还有拟合度（$R^2$），这些概念将在第 17 章中讨论。

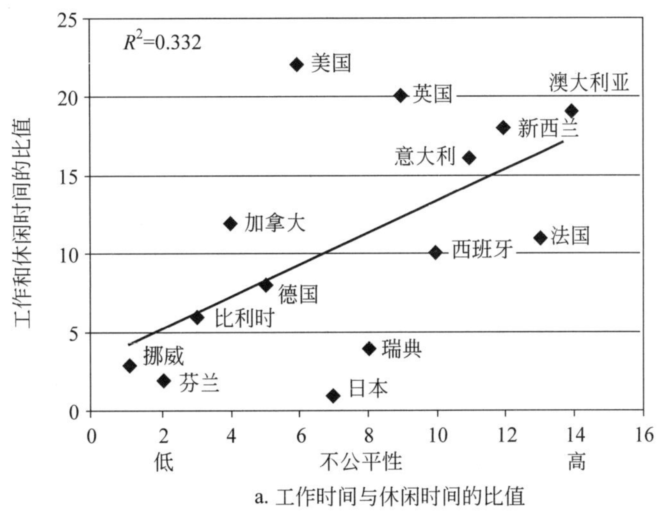

a. 工作时间与休闲时间的比值

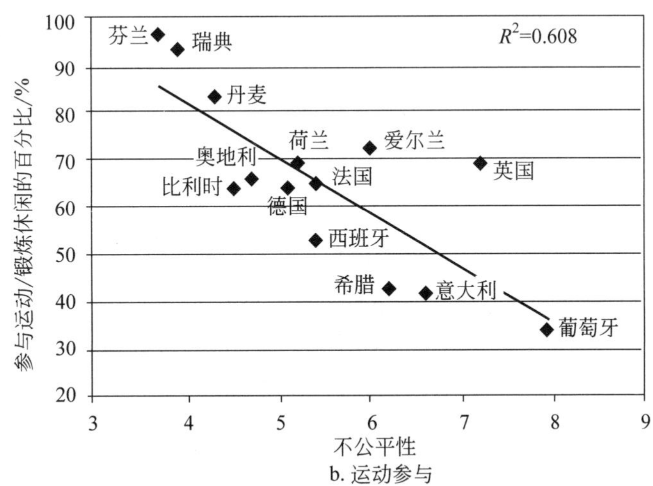

b. 运动参与

**图 14-1　不平等性以及休闲与旅游**

资料来源：见表 14-1。

再来看与运动相关的数据，参与数据来自欧洲委员会 2004 年的调查，具体如表 14-1（e 列）所示，其图示如图 14-1b 所示。结果强烈支持收入越不平等的国家越不积极参与运动与锻炼休闲活动。

## 评论

各国的数据涉及不同年份，且常常用到不同的方法。一些数据涉及的是工人，另一些则涉及所有成人。可以看出使用二手数据的一个缺点，就是由于数据并不是为了当前的目的而收集的，因此很少能达到理想状态。但是进行跨国的数据收集调查又肯定会耗资巨大，因此实际上，除了使用二手数据外，没有别的办法。“和谐的欧洲时间利用研究”

正是一个尝试调和不同国家的数据集，并提高在将来的可比性的例子。在已知这些数据局限的情况下，对所使用的指标之间关联并不特别明显可能就不大会感到奇怪，但视觉上它们看起来却似乎与《精神的等级》中提出的某些关联一样明显。运动调查尽管局限于欧洲，但仍然算是一个独立的国际性调查。

## 休闲设施的需求评估

案例研究14.2阐述了一种以全国性休闲参与数据库和人口统计为基础的新设施的估计可能需求的方法。这类分析也可以用于可行性研究。

## 案例研究 14.2

**评估休闲设施的可能需求**

### 问题

一个开发者或地方议会正在考虑是否要在城镇中心的某处修建一座电影院，这座电影院建成后将成为多功能休闲综合体中心的一部分。虽然用电影院作例子，但这种方法也适用于其他类型的设施。这个城镇有10万人口，已经有2个可容纳400人的电影院，开发者想知道在该地区是否还需要这样的设施。有一系列方法可以用来调查这个问题。

### 可行性

**1. 已有的设施**

调查这个地区的电影院是供不应求还是供大于求，即现有设施是否已经充分满足需求。然而，这也许不能给出完整的答案，因为你会发现，管理良好、区位条件好的电影院使用情况良好，而管理不善、区位条件差的电影院则使用不佳。同时，从潜在竞争对手那里获得带有商业敏感性的数据也很困难。

**2. 居民调查**

对当地居民进行访谈调查，问他们是否愿意看电影，而目前不去的原因是不是缺乏合适的设施。即便有足够的时间和金钱来进行这样的访谈，所得的结果也不一定可信。因为即使人们回忆活动时能够做到坦诚和准确，但促成他们进行决策的主要信息基础还是他们实际参加过的活动，所以要求他们预测自己在未来的假定情形下的行为是有风险的。

**3. 类似的社区**

具有相似人口规模及类型的社区可以用于调查他们使用过哪种水平的电影院以及具体的使用情况。但这可能同样是一个相当耗费时间的过程，并且带有偶然性，因为不容易找到可比较的社区，而且一些需要的数据可能因为具有商业敏感性而无法获取。

**4. 二手数据的使用**

二手数据，如恰当的全国性调查和人口普查，可以用来评估对这一区域电影院座位的近似需求情况。其目标是评估本研究区域这样规模的社区可能具有的需求水平，再和现有电影院已经满足的需求水平进行比较，看是否还有供小于求的情况。

## 方法

图 14-2 所示的图形是一种基本方法。图中步骤 A 到 G 将在下面讨论。

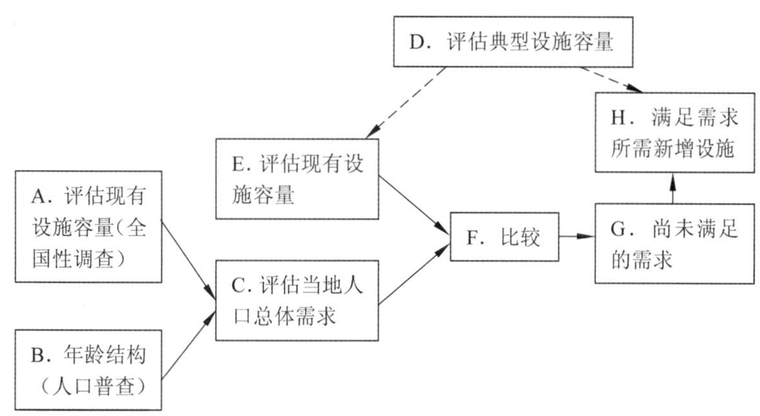


**图 14-2　评估休闲设施的可能需求**

### A. 各年龄段参与比例

电影上座率的特征之一就是要考虑年龄变化。年轻人去电影院的次数比老年人多。例如，如果所研究城镇的年轻人比例高于平均水平，那么电影院需求量也应该会高于平均水平，反之亦然。全国性调查提供了各年龄段人群去电影院的百分比，如表 14-2 所示。从表中可以看出，去看电影的 10 多岁的青少年几乎是 60 岁以上老年人的 6 倍。这项特殊的全国性调查只针对 16 岁及以上人群，但显然 16 岁以下的孩子同样也会去电影院，但即使不考虑 16 岁以下的人群，现有的需求也已经可以再增加一个电影院。因此 16 岁以下的人此时可以忽略，只在必要时再进行重新考虑。

**表 14-2　不同年龄人群的电影上座率**

| 年龄段/岁 | 平均每周去看电影的人数百分比（来源于国民调查）/% |
|---|---|
| 15～19 | 14.9 |
| 20～24 | 11.5 |
| 25～29 | 7.4 |
| 30～39 | 5.2 |
| 40～49 | 4.8 |
| 50～59 | 3.5 |
| 60 以上 | 2.5 |
| 平均 | 6.6 |

资料来源：虚构数据。

### B. 人口的年龄结构

假设人口普查该城镇人口是 10 万，且 15 岁及以上人口数量为 8 万。在表 14-3 中，对全国及研究城镇 15 岁及以上人群的年龄结构进行了比较。很明显，该城镇的平均年龄要大大低于全国平均水平，55 岁以上的人仅仅略过一半，年轻人的比例更大。因此关注人口结构这个问题显然是可取的。

表 14-3　研究城镇与全国年龄结构的比较

| 年龄段/岁 | 国民人口：人口普查数据/% | 研究城镇人口：人口普查数据/% |
|---|---|---|
| 15～19 | 12.5 | 19.5 |
| 20～24 | 11.9 | 19.0 |
| 25～29 | 10.6 | 14.2 |
| 30～39 | 20.1 | 21.1 |
| 40～49 | 14.2 | 9.0 |
| 50～59 | 11.8 | 7.7 |
| 60 以上 | 18.9 | 9.5 |
| 总计 | 100.0 | 100.0 |

资料来源：虚构数据。

**C. 当地总体需求评估**

表 14-4 说明了如何评估电影院的上座需求：根据各年龄段评估，然后累加总计得出 6 543 人。

表 14-4　对看电影需求的评估

| | 分年龄段人群每周看电影的百分比（*X*）/% | 城镇人口（*Y*）/人 | 估计需求（每周） |
|---|---|---|---|
| 数据来源 | 全国调查 | 人口普查 | ***XY*/100** |
| **15～19 岁** | 14.9 | 15 600 | 2 324 |
| **20～24 岁** | 11.5 | 15 200 | 1 748 |
| **25～29 岁** | 7.4 | 11 360 | 841 |
| **30～39 岁** | 5.2 | 16 880 | 878 |
| **40～49 岁** | 4.8 | 7 200 | 346 |
| **50～59 岁** | 3.5 | 6 160 | 216 |
| **60 岁以上** | 2.5 | 7 600 | 190 |
| 总计（平均） | 8.2 | 80 000 | 6 543 |

**D. 代表性设施容量评估**

在这里假定一个代表性的可容纳 400 人的电影院要每周卖出 1 500 张票才能维持生存。

**E. 现有设施容量评估**

该镇已经有了 2 个电影院。如果每个都有 400 人容量，那它们每周将容纳 3 000 名观众。

**F. 比较**

评估出的总体需求为每周 6 500 人，而现有的电影院容量为每周 3 000 人。

**G. 未被满足的需求**

由此可评估出，未被满足的需求为每周 3 500 人。

**H**. 未满足需求所相应的设施数

还需要两个 400 人容量的电影院来迎合尚未得到满足的需求。也就是说，该镇可以容纳四个电影院。

### 评论

上面的方法并没有精确地预测需求，而只是说明了一定范围内的需求量。一个管理与规划良好的电影院可能产生比评估结果大得多的需求。全国性调查的上座率是全国范围内的平均上座率，因此显而易见会出现有的地方上座率高，有的地方上座率低。本案例意图表明的是，基于手头的数据，每周 6 500 人的上座率看起来是可能的。这似乎是一个简单粗略的计算，但投资者，不管是在公共领域还是私人领域的，却常常连这样一些核实大致需求的简单计算也不做，只根据个人直觉进行投资，然而当需求没有变成效益时，又会感到吃惊。

**预测提示**：为了提供对未来需求的预测，比如 2020 年，只需要将 2020 年的人口预测插入表 14-4 中的第三列，然后重新计算即可。

**经济提示**：尽管本案例以“使用者或消费者数量”为基础，但利用第 7 章所讨论的日常消费支出数据，可以将分析单位换算成消费支出。

## 旅游趋势分析

案例研究 14.3 介绍的是如何以季度性旅游访问数据为基础来建立旅游趋势。这类数据一般具有季节性变动，而为了看清长期趋势则必须消除这种季节性变化，其中的一种方法就是进行移动平均数计算。

## 案例研究 14.3

### 旅游趋势分析

旅游数据一般以月或季度为时间单位，如表 14-5 所示（A 列）。每季度游客数据反映了两个因素：季节变化与长期趋势。一种不用抽取季节变化检测就能分析长期趋势的方法是计算“移动平均数”，从而产生“平滑”数据系列（B 列）。移动平均数由先前四个季度的平均数构成。例如，2004 年 10—12 月的移动平均数是 2004 年四个数字的平均值：1 304 000 人。

**表 14-5　游客访问量 2004—2009 年**

| 年份 | 月份 | A．访问量/千人 | B．移动平均数/千人 |
|---|---|---|---|
| 2004 | 1—3 月 | 1 307 | |
| | 4—6 月 | 1 111 | |
| | 7—9 月 | 1 273 | |
| | 10—12 月 | 1 523 | 1 304 |

续表

| 年份 | 月份 | A．访问量/千人 | B．移动平均数/千人 |
|---|---|---|---|
| 2005 | 1—3 月 | 1 469 | 1 344 |
| | 4—6 月 | 1 143 | 1 352 |
| | 7—9 月 | 1 349 | 1 371 |
| | 10—12 月 | 1 539 | 1 375 |
| 2006 | 1—3 月 | 1 431 | 1 365 |
| | 4—6 月 | 1 166 | 1 371 |
| | 7—9 月 | 1 323 | 1 365 |
| | 10—12 月 | 1 612 | 1 383 |
| 2007 | 1—3 月 | 1 497 | 1 400 |
| | 4—6 月 | 1 209 | 1 410 |
| | 7—9 月 | 1 359 | 1 419 |
| | 10—12 月 | 1 580 | 1 411 |
| 2008 | 1—3 月 | 1 503 | 1 413 |
| | 4—6 月 | 1 188 | 1 407 |
| | 7—9 月 | 1 354 | 1 406 |
| | 10—12 月 | 1 541 | 1 396 |
| 2009 | 1—3 月 | 1 451 | 1 383 |
| | 4—6 月 | 1 195 | 1 385 |
| | 7—9 月 | 1 319 | 1 376 |
| | 10—12 月 | 1 619 | 1 396 |

资料来源：澳大利亚统计局：3401.0.55.001-澳大利亚短期游客访问量评估。见：www.abs.gov.au/ausstats/abs/@.nsf/mf/3401.0.55.001/1.

用电子表格进行计算非常简便。结果呈现出一条平滑的趋势线，如图 14-3 所示。

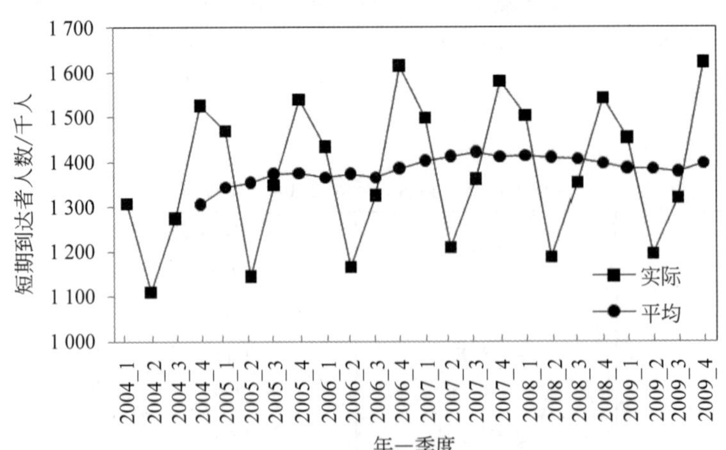


**图 14-3 旅游趋势：季度到达者人数和移动平均**

资料来源：见表 14-5。

## 设施使用

带有多种组成的设施，如带有各种大厅和空间设施的休闲中心，以及带有各种房间和礼堂的会议中心，通常会定期记录其组成要素的预定情况，其记录形式如预订/未预订情况，以及某个活动的参加人数/门票销售数量。案例研究 14.4 阐述了这类数据是如何用于使用情况评估的，这类评估可以作为规划、营销及定价的依据。

## 案例研究 14.4

### 设 施 利 用

一般来说，管理人员们都有设施利用方面的可用信息，但是在研究数据来源中常常被忽视。正如案例研究 14.2 所指出的，现有设施的利用水平对管理和规划人员来说很重要：下面这个案例演示了已有的数据如何应用于这类问题的研究中。

表 14-6 给出的数据来自对某个地区某休闲设施（例如，某室内休闲中心的各个房间或大厅，或者某休闲公园的乘骑设施）利用水平信息的定期收集。日均使用水平可以用若干星期的平均数来计算。对每个区域来说，需要估算日容量，即对设施完全使用时的合适使用者数量的估算（见 Veal，2010a：ch.10）。用使用者数量占容量的百分比绘制成图 14-4。

表 14-6 设施利用数据

| | 容量 / 星期 | 区域 A | | 区域 B | | 区域 C | |
|---|---|---|---|---|---|---|---|
| | | 数量 | 利用率/% | 数量 | 利用率% | 数量 | 利用率/% |
| | | 300 | 100.0 | 120 | 100.0 | 500 | 100.0 |
| 利用情况 | 星期一 | 120 | 40.0 | 60 | 50.0 | 310 | 62.0 |
| | 星期二 | 150 | 50.0 | 40 | 33.3 | 210 | 42.2 |
| | 星期三 | 180 | 60.0 | 30 | 25.0 | 180 | 36.0 |
| | 星期四 | 120 | 40.0 | 80 | 66.7 | 375 | 75.5 |
| | 星期五 | 100 | 33.3 | 95 | 79.2 | 430 | 86.0 |
| | 星期六 | 210 | 70.0 | 110 | 91.7 | 420 | 84.0 |
| | 星期日 | 250 | 83.3 | 40 | 33.3 | 310 | 62.0 |
| | 一星期合计 | 1 130 | 53.8 | 435 | 54.2 | 2 235 | 63.9 |

该图显示出区域 A 与另外两个区域相比有着不同的模式。区域 A 在星期一、星期四和星期五的使用率较低，而区域 B 和 C 在星期天和星期三的使用率较低。据此，可以认为不同区域需要的项目活动和市场政策不同。

## 设施的市场区域

游客的居住地信息可以通过现场问卷调查来收集，但有时候这些信息是现成的，如会员或预留数据。案例研究 14.5 展示了使用这类数据来划分设施市场范围或市场区域的

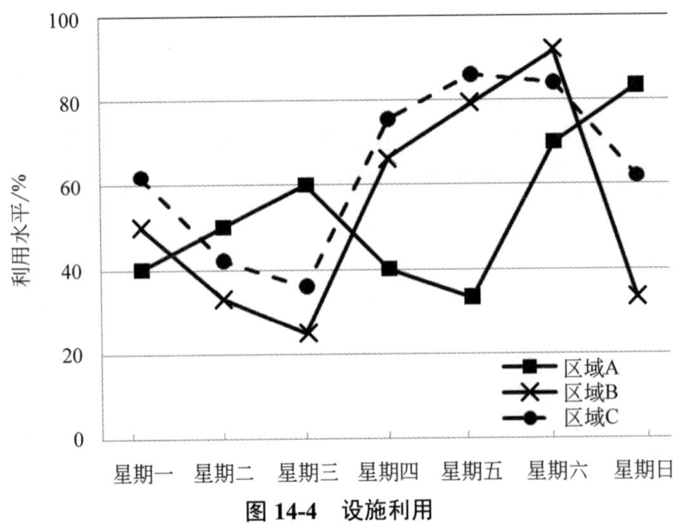

**图 14-4 设施利用**

一个范例。这个例子假设了一处吸引都市区域游客的休闲设施，其中的方法可用来分析酒店或旅游吸引物的地区、全国甚至国际性市场辐射范围。

## 案例研究 14.5

### 设施的辐射区域或市场区域

旅游和休闲设施常常有可用的用户地址信息，这可以用来研究设施辐射或市场影响区域。这对规划和管理来说很重要。例如，很多休闲设施有会员或用户清单。酒店和度假地有详细的顾客地址。

图 14-5 显示了这样的数据是怎样描绘成图的，从而将设施的辐射或市场影响区域通

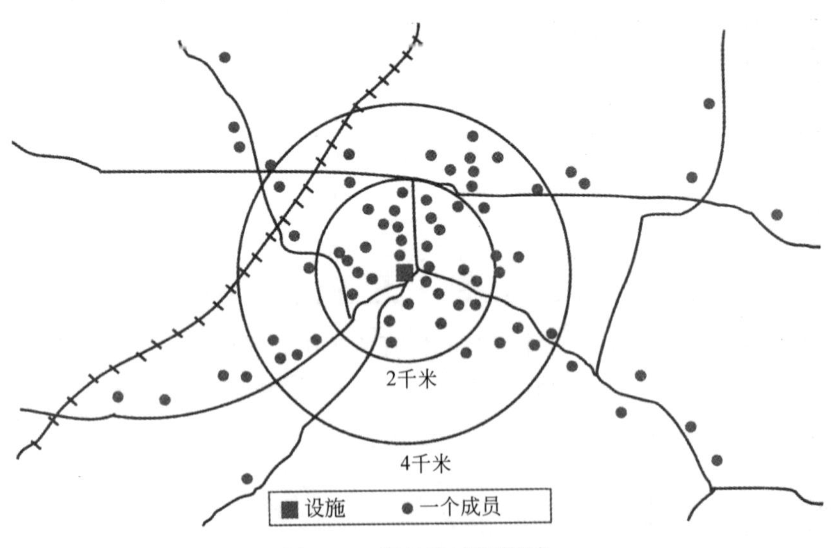

**图 14-5 辐射区/市场区域**

资料来源：成员/顾客地址记录（假设的）。

过视觉形式表现出来。这些信息可以用来进行集中营销，从而提高现有地区的销售额，也可以寻找已识别区域之外的营销热点，从而拓展市场辐射或影响区域。

当涉及庞大的数据量时，就要对会员或用户清单进行抽样。例如，在清单上每5个或10个会员或顾客中选取1个。

虽然这个案例研究示范的是二手数据的使用，但如果没有现有的客户信息可以利用，它也可以用来研究以调查数据为基础的市场辐射区域。

## 本章小结

本章用5个案例研究演示了规划及管理情形中二手数据的使用，包括：对不同国家间的不平等性、休闲和运动的分析，对新设施的需求，季节性旅游数据的趋势分析，资源利用水平评估，以及设施市场辐射区域分析。

## 练　　习

1. 你自己选择一项休闲活动和一个社区，用全国性的休闲参与调查数据（见第7章）和统计数据，用案例研究14.2所描述的方法估算你选择的社区对你选择的休闲活动的可能需求。

2. 根据练习1，5年之后，60岁及以上的人口数量预测增长15%，而25岁及以下的人口数量预计减少15%表示的含义是什么？

3. 用你能够获得的使用者方面的数据对某个休闲设施进行类似案例研究14.4的练习。

4. 用你能够获得的用户/会员地址信息对某个休闲设施进行类似案例研究14.5的练习。

5. 从全国性休闲参与调查中选择一项活动，给出活动情况说明，包括参与的整体水平以及它和年龄、性别、职业及教育的关系。

## 资　　源

关于二手数据的来源细节见第7章资源部分。

# 第 15 章 定性数据分析

## 数据收集和分析

这一章讲述的是定性数据分析。第 9 章里提到，把定性数据的收集和分析过程独立开来有时候是困难的，至少在时间方面是这样。但某些数据收集活动，如用录音设备对某人进行访谈，和某些数据分析活动，如研读已经录入计算机的访谈文本，之间还是有着明显差别的。同时，正如第 2 章提到的，定量研究以演绎为基础，而定性研究则是归纳的，定性研究方法有着更多的归纳过程，尤其是小规模定性研究。图 15-1 显示了这种差异，它表现的是图 2-5 中描述的研究循环过程的一个变体。

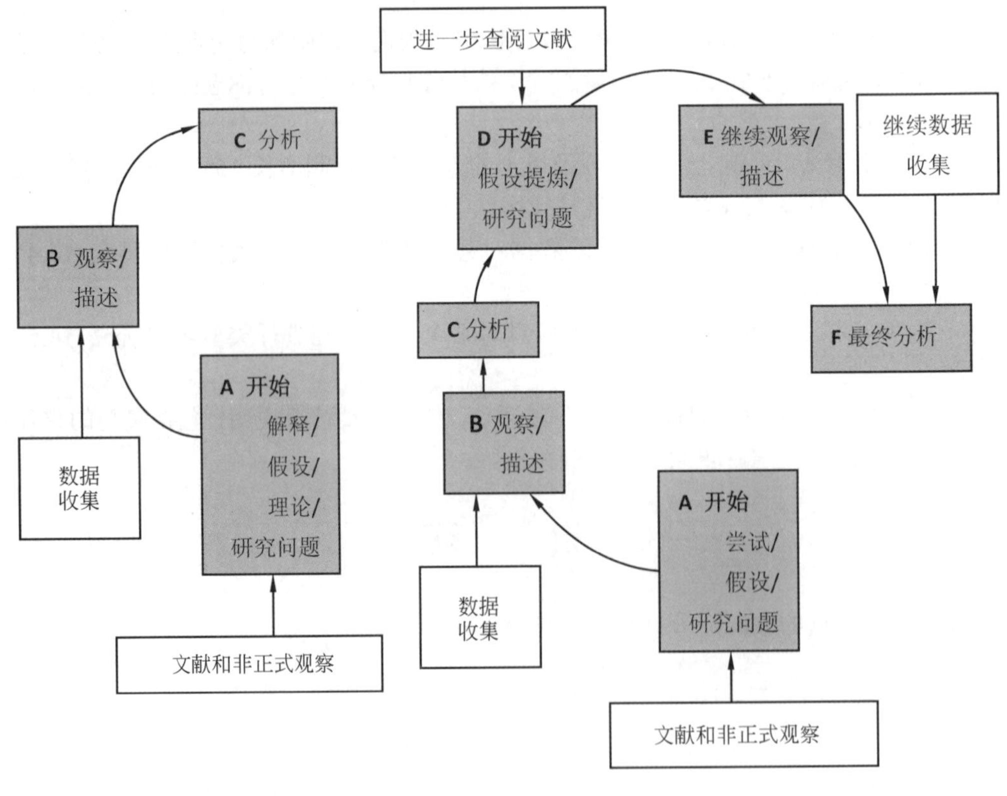


**图 15-1　定量研究和定性研究背景下的研究过程循环模型**

传统的定性数据通过人工方式来进行分析，这种方式依然在继续，但是近些年来开始用计算机软件来对分析过程进行辅助。人工分析过程中一些机械性较高的方面可以通过计算机来重复运行并提高效率，但是，解释工作仍然要依靠研究人员。这一章首先讨论数据的保存和保密问题，然后依次介绍人工分析方法和计算机分析方法。由于大多数定性数据形式一般是访谈或焦点小组整理稿或笔记，因此接下来对这些数据形式进行讨论。而大多数程序也可以用于其他形式的数据，如打印的机构档案或媒体材料，只需要变换一下数据的形式。

## 数据保存和保密

无论是通过人工还是计算机来分析定性数据，都要考虑到文本和数字文件的安全和保密，尤其是涉及敏感材料的时候。如第 4 章所说，这会引发伦理问题。

谨慎起见，研究材料在理想化情况下不应该标注有真实的机构或人员名称，而应该编造一个虚构的名称和编号。如果感觉之后的某些时期还需要和记录或文本的原初调查对象有联系，如第二次访谈，那么，就应该把联系虚构标识和真实标识的清单单独存放在一个安全的地方。当然，磁带中调查对象提到的实际名称不能随意抹掉，这时，需要判断是否有必要在文本中对这些名称进行掩盖。虽然大多数情况下，在研究报告引用材料时都要加以掩盖，但是，在某些情况下，原始文本中的名称难以被掩饰，这时就要进行创造。例如，一个调查人员可能谈到，我发现难以和约翰融洽相处。在文本中，可能需要将“约翰”换成“戴维”，但需要对约翰/戴维的地位加以识别，例如，我发现难以和戴维（监督人）融洽相处。

计算机硬盘和其他存储中介保存的数字研究材料要遵从数字化信息安全的要求。一些软件，包括本章谈到的 NVivo，提供了密码保护，也许是一个有用的安全措施。

## 案例研究举例

这里用一个带有深入访谈数据的案例研究来演示定性数据分析，包括人工分析和计算机分析，具体见案例研究 15.1。

## 案例研究 15.1

### 对活动选择的定性研究

图 15-2 展示了一个非常简单的研究休闲活动选择的概念框架。它基于布兰登勃格等（Brandenburg et al.，1982）提出的模型，并由维尔（Veal，1995）进一步发展。该模型认为个人选择休闲活动受其背景特征和经历、当前限制和个人因素的影响，但一些重要事件也会激发个人的活动参与。

虽然这个案例是将休闲作为一个整体来进行表述的，不过这个框架也适合于对休闲的一部分进行分析，如运动、度假或文艺活动。因此，活动选择，X、Y、Z，既可以是整个范围的休闲活动，也可以是一个部分。这个模型可以运用于定量研究，如通过问卷的方式，但首先需要对三个系列的影响因素和一个系列的重要事件进行定义。进一步而言，由于三组中任何一组都能包括一个连续的项目清单（例如，背景/经历、父母影响、学校经历、高等教育经历、地理/气候、活动经历），分析任务将会令人气馁。而定性研

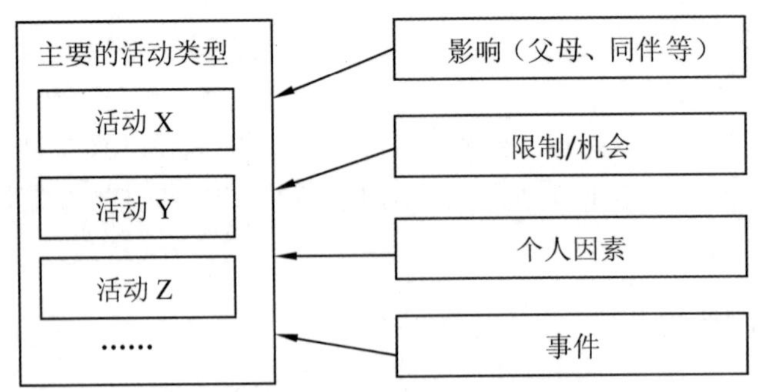


**图 15-2　活动选择定性研究的粗略概念框架**

究方法能够识别各种因素和影响，其分析带有更多的探索性研究方法特点。可以采用图 9-4 中的清单类型进行访谈。

图 15-3 包含了三个人关于他们的休闲选择的访谈摘录。第一列的评论则是相应的解释。这些整理好的文本用来进行人工和计算机文本分析演示。其目的是让学生可以用逐步重复的方法来演示分析机理。因此，摘录的文本长度和人数有所限制，得到的结果因而带有一定的偶然性，单独来看也没有什么特定的意义。在一个完整的研究练习中，全部文本分析包括很多页，虽然我们进行的是定性研究，可这种类型的研究需要的访谈对象/文本数量都应该比三个要多。

马克（Mark，22 岁，男，学生，收入 8 000 英镑）

| | |
|---|---|
| | 问：当前你耗时最多的户外休闲活动是什么？ |
| 活动：运动——足球<br>限制：训练责任，时间、金钱 | 呃，我得说是足球，至少在这个季节。在踢球的时候，因为一周要训练两次，还需要很认真地锻炼，所以我不再干其他的。有时候我一周去一次酒吧，最多两次，我没时间也没钱干更多的了。 |
| | 问：你是怎么踢足球的？ |
| 影响：父母+，老师++<br>事件：训练营 | 噢，我一直在踢……我想从我能到处跑的时候就开始了。我爸爸说我刚会走路的时候，他就发现了我的所谓的“天分”。不过，真正给予我鼓励的是我的一位小学老师，他说服了我妈妈，把我带到训练营。然后，我进了当地俱乐部的 11 岁以下年龄组队。 |
| | 问：你认为，足球为什么这么吸引你？ |
| 个人因素：好胜，团队精神，好动 | 嗯，我是个好胜的人，所以我喜欢运动。我喜欢足球的团队精神，我想我干不了那种身边没有队伍的个人运动。你可以交到好朋友。足球讲求快，你全场时间都融入其中，我受不了棒球，半场时间你都是站在那儿。 |

多娜（Donna，27 岁，女，FT 职员，收入 19 000 英镑）

| | |
|---|---|
| | 问：当前你耗时最多的户外休闲活动是什么？ |
| 活动：社交 | 我得说，就是社交……你知道，和朋友一起外出吃饭或者喝点儿饮料……我们一周去健身馆一到两次……还有，我夏天喜欢游泳，但它们不会占用我太多时间。 |

**图 15-3　访谈整理文本摘录**

| | |
|---|---|
| | 问：什么时候起你开始定期参加社交活动？ |
| 事件：挣钱<br>影响因素：同伴 | 我猜 16 岁的时候吧。父母对我管教有点儿严，不过从我周末能挣点儿钱以后我就设法出去，一周至少两次，去参加聚会，看看电影，去去餐馆……我妈和我爸没给我什么钱，所以一直到我兼职打工后才开始定期外出。我一直有一个相当紧密的朋友圈，女性朋友，岁数跟我差不多，我们总是一起出去……偶尔有男朋友，以及丈夫在场，有时没有。 |
| | 问：是什么限制了你外出社交的次数？ |
| 限制：时间、金钱 | 时间，还有钱！不过这些天主要是时间，我们并不总是要花得很多。 |
| | 问：你认为一次好的外出之夜应该具备些什么？ |
| 个人因素：社交——非正式<br>限制：时间 | 完全和人有关……你认识的人和你遇到的人。有些东西，比如美食，还有喝的，或者好听的音乐很重要，但是乐趣来自和朋友们一起做这些，我知道她们的口味差不多，快乐的感觉大致相同。我工作的时候很严肃，我无法想象自己花很多时间在团队运动上，还得认真训练。我没时间，也不喜欢。 |
| 李（Lee，23 岁，男，FT 职员，收入 22 000 英镑） | |
| | 问：当前你耗时最多的户外休闲活动是什么？ |
| 事件：女友<br>个人因素：讨厌惯例 | 不一定，我没什么固定模式。两周前，我和这个女孩一起外出，除了在对方屋子周围散散步以外，我们花了很多时间在外面散步，做这个，做那个——去酒吧、去看电影、散步、购物，不一定。现在没做那些了，现在做的有点儿杂，不过和很多朋友在一起。我讨厌一成不变，所以我不会固定地做任何事。 |
| | 问：所以你现在做的这些杂事中，哪件事你上周花的时间最多？ |
| 活动：看电影 | 上周？呃，我没出去多少时间，应该是看电影，去了两次，一次是午夜场，两部连放，大概四个小时。 |
| | 问：你痴迷于电影吗？ |
| 事件：不错的影片 | 没到那个程度，不过我喜欢看电影。我看影评之类的。我星期二看的那部电影有很多宣传广告，我看到两三个不错的影评。只有一次，宣传是对的，那部电影真的不错，确实不错，比影评说得还好，这种事儿可不经常发生。 |

**图 15-3（续）**

# 人工分析方法

## 简介

有很多方法来对访谈整体的文本和笔记进行分析。正如第 3 章所说的，基本的分析程序必须回到研究的文献依据、概念框架和研究问题或假设。收集的信息要归类，并且要对从概念框架识别出来的相关概念、提出的相关研究问题或假设进行评价。在定性研究中，初始想法可能是探索性的、不固定的。问题、假设以及概念的定义和操作既可以是详细的，也可以是一般化的。它们越详细明确，就越有可能影响到初始阶段的分析。相反，它们越具有探索性，越笼统，数据分析过程就越有可能影响到分析进展和数据提炼。数据收集、假设形成和概念识别是双向的、相互涉入的过程。根据第 9 章以及图 9-1 提到的扎根理论方法和递归方法的相关描述，想法的提炼和修正有赖于信息的收集。第

3 章提到的概念框架，以及研究问题或假设的发展，是一个研究方案中最困难和最具挑战性的部分。

除了明确问题和归纳数据概念之外，怎样整理访谈记录或文本是研究人员要面对的一个非常实际的问题。

## 阅读

定性分析的基础活动就是阅读笔记，整理文稿、材料，或听看视听材料。一般要分析的材料是文本，但当实践中有必要用到视听材料的时候，也要采用同样的原则。阅读从初始的研究问题、假设和/或在数据收集期间获得的文本开始。

## 突现的主题（emergent themes）

定性分析的代表性方法是寻找“突现的主题”，它相当于定量研究中的“变量”。事实上，有人，如雪莉·杜普伊斯（Sherry Dupuis，1999），认为这种做法过于模仿那种很多定性方法支持者不认可的实证研究方法。改用半定量的方法来进行分析有一定的诱惑力：只有那些从若干话题的文本中产生的才能被确定为主题。很显然，这和定性研究方法并不一致，定性方法认为从一个话题中产生的主题应该和从十个话题中生产的主题一样有效。主题得以识别的标准应该拓展到那些看上去对访谈对象来说很突出的主题。

主题也可以产生于概念框架和研究问题，因而可以有意识地通过演绎的方式来寻找，或者它们也有可能以一种更具归纳性的方式突然出现。通常，两种方式都有效。

从文本中产生的主题标注在文本左边的边缘地带。研究人员可以用一个或更多的加号或减号来表示观点陈述的强度。很显然，在同一个文本中还能识别到其他主题，对这些识别出来的主题也可以用其他标记来标注，这表明定性分析具有个人性和主观性。

图 15-4 是一个经过发展的概念框架，展示了一些主题/概念/因素是怎样被包含到概

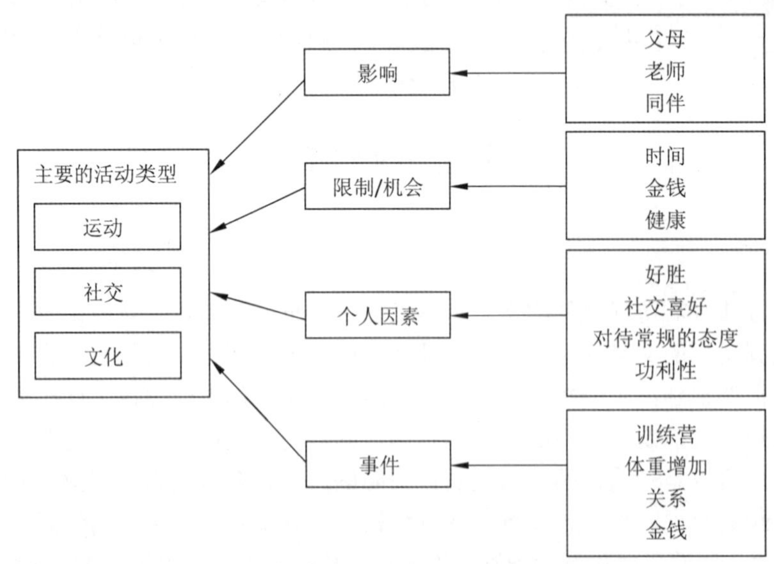


**图 15-4 活动选择定性研究概念框架的发展**

念框架中的。概念框架以三个访谈的简短摘录中得到的信息为基础得到了一定程度的发展，但并非完全发展，它表明工作仍在进行中。和“层次”相关的内容将在本章后面的计算机辅助分析中加以讨论。

## 程序

定性研究的最初步骤涉及条理非常清楚的程序，对收集的信息进行分类和组织。

分析可以在文本的纸质复印件上手工进行，文本的一边要留比较宽的空白，用来标注上面提到的主题。标注过程可以使用颜色编码，也可以用便笺纸来为重要的部分做标记。

标准的文字处理软件在分析过程中有很大助益。可以通过文字处理中的“列”或表格工具来保证标注空间。文字处理软件包还有以下功能。

- 添加“批注”(例如，Word 中的审阅工具)；
- 对文本使用颜色、下划线或加粗；
- “查找”定位关键词和短语；
- 段落和/或行号；
- 利用索引或交叉引用程序进行编号和交叉引用。

编制目录的过程可以用来对那些看上去和特定主题相关的话题进行归类。

| | | |
|---|---|---|
| 限制——时间： | 马克： | 第 2 页第 3 段 |
| | 多娜： | 第 7 页第 4 段 |
| 限制——金钱： | 马克： | 第 2 页第 3 段 |

这很有必要，因为可以在若干个访谈中对主题进行查找，而且同一个主题在同一访谈中也会出现多次。某个分析焦点不仅涉及访谈人员提出的某个实质性主题（因而涉及某个问题），也会涉及其他因素，如访谈对象表现出的潜在态度，这在一次访谈中可能随时出现。

编制目录是进一步分析以及撰写分析结果的基础。它能够定位主题在文本中的位置，使研究人员能够检查访谈对象受访者的言辞，从而发现上下文的联系和相关的情绪，并为结果的写作寻找合适的引文提供便利。

## 分析

在定性分析中，可能会使用到类似于定量分析的技巧和表现方法。例如，图 15-5 中的分析就和交叉列联表类似，它以来自上面提到的访谈中的 2 个变量为基础在二维空间上绘制有 12 个假想的访谈对象。访谈对象的位置取决于访谈文本基础上的定性评估。在案例中，可以看到，访谈对象被分成四组。考虑到这是定性调查，访谈对象样本不可能具有统计学上的代表性，所以每一组的数字并不重要，它只是四个分组的简单识别编号。这种分组为文本的深入分析奠定了基础（见 Huberman and Miles，1994：347）。

所以，定性数据分析在一定程度上和定量分析有相似之处，主题对应于变量，对关系的探索性分析和交叉列联表及相关分析类似。但它们仅仅是相似，并不是相同。定量分析一般以统计概率为基础，探索大样本中的某些观察和联系是否为真；而定性研究以

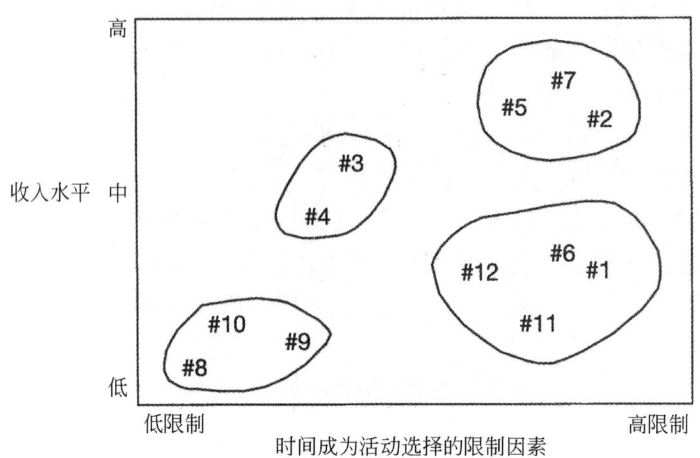


**图 15-5　定性数据的交叉列联表**

个人的言行为基础，寻求建立某种关系的存在性。如果研究中仅有一个人或机构表现出某种力量影响下的行为结果，对定性研究来说结果是有效的。至于这种行为在更宽泛的社会中有多普遍，这样的问题就是其他类型研究的事情了。

如果深度访谈或非正式访谈的目的是为正式问卷的设计提供参考的话，那么详细的分析并不重要。在这种情况下，访谈人员一般把访谈过程中出现的可能和问卷设计过程有关的一系列问题记录下来。如果访谈过后不久就开展问卷设计工作，那么也可以通过记忆写下设计过程需要的东西。

## 用计算机软件包进行定性分析——简介

当读者面对大量冗长的资料需要分析时，就可以考虑运用一种计算机辅助定性分析软件（CAQDAS）来减少编码过程中的劳动量。和统计学软件包一样，定性分析软件包也需要花时间去学习，去学习怎样为单个项目建立一套系统。所以用不用软件分析，需要考虑分析材料的数量和复杂性，以及在此基础上使用软件分析是不是比人工分析更能节省时间。然而，做决定的时候，应该考虑到一旦分析系统建立起来，就可以相对快捷地进行更多的分析，得到的结果质量可能也会更高。进一步来看，当以后数据进行额外审核的时候，计算机化的分析系统回溯数据也更方便。最后，即使现有项目的数据量并不需要建立计算机化的分析系统，一个小型项目对学习软件的使用和从中获取经验来说也更容易。而且，一个人熟悉软件且经验丰富也可以成为简历上的一个优点。

上面提到标准的文字处理软件，如微软的 Word，为文本材料归类和定位提供了便利。然而，标准文字处理软件满足这一目的要求的功能有限。目前，市场上有若干基于这一目的要求而设计的 CAQDAS 软件包，应用最为普遍的是 NVivo，本章演示的也是这个软件。它是 QSR（定性解决和研究控股有限公司）稳定的软件包的一部分，这个软件包还包括 N6、著名的 NUD*IST 软件的升级版，以及 XSIGHT，为市场研究者而设计。这些软件和其他软件的细节可以在 QSR 网站中找到，网址见于本章结尾的资源部分。

## 访谈文本

和上面讨论的人工分析一样，这里也用案例研究 15.1 所概述的活动选择项目的访谈文本摘录来演示 NVivo 的操作过程。对读者来说了解这一部分的理想方式是把概括出来的过程在计算机上重复一遍。接下来假定读者可以使用已经安装了 NVivo 的计算机。

想要重复程序的读者首先要将访谈文本录入到三个文件中，或从本书的网址上下载。它们的文件名称分别为：Mark.doc，Donna.doc 和 Lee.doc（为了在 NVivo 视窗中便于观看，建议采用较小的字体和宽边）。后缀.doc（或者.docx）表示 Word 格式，但 NVivo 也接受文本格式（后缀.txt）、富文本格式（.rtf）和可移植文档格式（.pdf）。这些文件通过下面的"输入资料"程序得以引入。

# NVivo

## 简介

NVivo 是使用最为普遍的 CAQDAS 软件包之一。该软件能够使研究人员对已经存储为计算机文件的文本分析进行检索并协调组织。这些文件包括基础素材（如访谈文本和田野笔记）和其他素材（如报纸剪报、报告和视频剪辑）。此外，它还有助于形成和理解数据，而且对发展和检验关于数据的理论假设也颇有助益。

像本书这样的简短介绍不可能展现出软件包的所有特色。能做到这一点的包括在线教材、软件包的"帮助"以及其他一些专业教材，如帕特里 •夏贝莎内（Patricia Bazaley，2007）的著作。QSR 网站（见本章资源部分）提供了详细的支撑材料。本书这里虽然只提供了少量的 NVivo 程序，但已经能够满足人们初步使用这一软件的需要了，具体如图 15-6 所示。

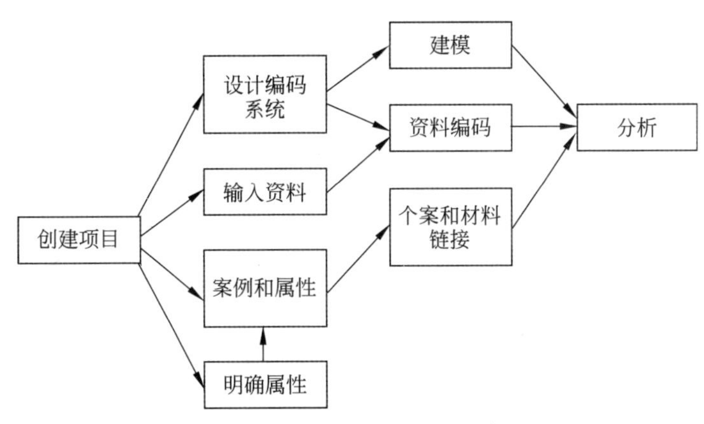


**图 15-6 涵盖的 NVivo 程序**

## 启动

打开 NVivo，窗口显示"我最近的项目"（My recent projects）列表，包括一个已经加载的用于演示的项目。

## 创建项目

为了示范系统的使用，我们从创建项目开始。它涉及为研究项目创建一个命名文件夹，要分析的材料，如访谈文本，就放置在这个文件夹里。用 NVivo 为活动选择项目创建一个项目的程序，如图 15-7 所示。

1. 单击“Creat Project”（创建项目）。
2. 在“Title”（标题）框键入：ActivityChoice。
3. 一个文件名 ActivityChoice.nvp 自动出现在“File Name”（文件名）窗口。它默认为你计算机上的“My Document”（我的文件）文件夹，但这可以通过单击“Browse”（浏览）并指定选择一个文件夹来进行更改。
4. 单击“OK”按钮（确定）。
5. 出现如下显示的屏幕。
6. 在屏幕顶端显现若干工具栏，除了一些标准的 Windows 工具栏，如“File，Edit，View”（文件、编辑、视图）等，在下面显示的主工具栏在使用时也很重要。其他的可以通过视图呈现或用“View> Toolbars（工具栏）”去除。
7. 屏幕的剩余部分分为三个区域。
   - 左边区域：导航区，单击下半部的一个条目将会打开上半部的菜单；
   - 右边中心区域：列表区，文件夹的内容在此显示；
   - 右边下部区域：细节区，文件内容在此显示。

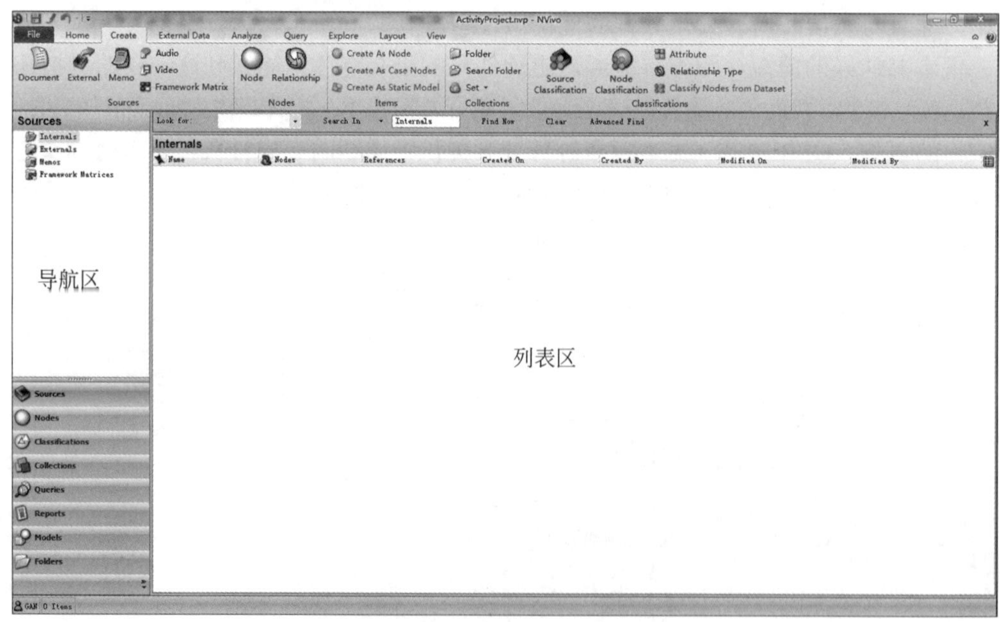


**图 15-7 创建 NVivo 项目**

## 保存

在 NVivo 操作期间，软件会定时提醒用户保存当前的项目。用户在操作结束时应该创建一个备份。

## 属性

一个研究中的主题/案例属性在定量分析中被记录为变量。在文本的顶部，对每个访谈对象我们有四条信息：年龄、性别、职业情况和收入，这些在 NVivo 中可以被记录为属性集，如图 15-8 所示。

1. 单击屏幕左下部的“Classifications”（分类），显示“Attributes”（属性）窗口。
2. 右击屏幕的空白“Attributes”列表视窗区域，选择“New Attribute”（新属性）选项。
3. 在“New Attribute”对话框键入名称“Gender”（性别）。
4. 单击“Value”（值）。
   - “unassigned”和“Not applicable”默认值已经存在；
   - 单击“Add”（增加），键入值“Male”（男性）；
   - 再次单击“Add”，键入值“Female”（女性）。然后单击“OK”按钮；
   - 属性 Gender 现在处于“属性”列表中。
5. 对属性 Empstat（Employment status，职业情况）重复第 2～4 步，相应的值为 FT Employed（全职）和 Student（学生）。
6. 对 Age（年龄）和 Income（收入）重复第 2 和第 3 步，将“Type”（类型）从“Sting”（字符串）转换为“Number”（数字）。第 4 步没必要，因为没有未编码的数值变量。
7. 四个属性，Age、Empstat、Gender 和 Income 现在应该处于“属性”（Attributes）列表中。

**图 15-8　属性：程序**

## 个案及其属性

我们现在能够将三个访谈对象作为个案引入，并记录下他们的社会人口统计学特征。程序如图 15-9 所示。

1. 单击屏幕左下角的“Nodes”（节点），然后在“Nodes”菜单中单击“Cases”（案例）。
2. 在屏幕的“Cases”列表视窗区域右击，选择“New Case”（新案例）。
3. 在“New Case”对话框键入名称“Mark”（马克）。
4. 仍然在“New Case”对话框，单击“Attribute Values”（属性值）。
5. 在“Attribute Values”对话框，列出了四个属性。
   - 对 Age 和 Income，键入 Mark 的年龄“22”和收入“8”；
   - 对 Gender 和 Empstat，分别从下拉菜单列表中选择“Male”和“Student”。然后单击“OK”按钮。
6. 对 Donna（多娜）和 Lee（李），重复第 2 到第 5 步。
7. 通过 Windows 工具栏的“File（文件）> Save（保存）”将项目进行储存。
8. 右击“Cases”列表视窗区域，选择“Open Casebook”（打开案例）：三个个案和它们的属性显示在下面的电子表格中。
9. 个案/属性数据可以以电子表格形式表现，所以如果信息能够被电子表格格式所支持，电子表格能够输入到 NVivo 中，从而替代上面的程序。可以通过 Windows 菜单达到这一目的：“Tools（工具）>Casebook> Import Casebook（输入案例）”，在这里，文件夹中的文件要是电子表格形式。

**图 15-9　个案及其属性：程序**

10. 与之对应，案例也可以输出为电子表格文件，在 Windows 菜单中：“Tools >Casebook> Export Casebook（输出案例）”。

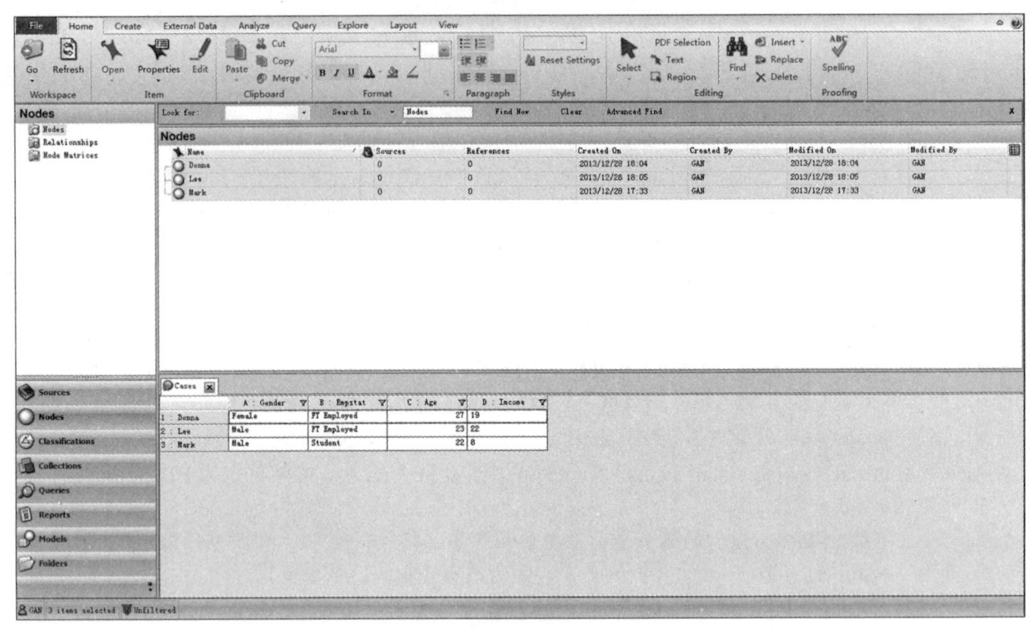


图 15-9（续）

## 输入资料

访谈对象的信息和他们的属性已经输入到活动选择项目系统中，三份文本文件也应该输入，如图 15-10 所示。我们应该知道，资料也包括其他类型的素材，包括视听材料以及诸如连接到网站这样的外部材料。这里仅演示研究项目内部生成的文本资料的处理过程。

1. 在导航视窗区域，单击“Sources”（材料来源）。
2. 在现在位于上部显示的菜单中，单击“Internals”（内部材料）。
3. 在主工具栏上单击“New”（新），并选择“Subfolder in This Folder”（这个文件夹中的子文件夹）选项。
4. 在“New Folder”（新文件夹）对话框中键入名称“Interviews”（访谈），然后单击“OK”按钮。
5. Interviews 现在作为一个子文件夹出现在左边“Sources”菜单中的“Internals”下面。
6. 单击 Interviews，然后在窗口工具栏中单击“Project”（项目），然后选择“Import Internals”选项。
7. 在“Import Internals”对话框中：单击“Browse”，找到 Mark.doc，单击“OK”按钮。
8. 出现“Document Properties”（资料属性）对话框，单击“OK”按钮。
9. 名称为 Mark.doc 的文件现在应该出现在“Internals”列表视图中，包含它的创建日期。
10. 对 Donna.doc 和 Lee.doc，重复第 7 到第 9 步。
11. 所有文件现在都应该已经列表。
12. 通过窗口工具栏的“File> Save Project（保存项目）”，将修改后的项目储存在硬盘上。

图 15-10 输入内部资料：程序

## 个案和资料链接

访谈文本现在已经和三个访谈对象/个案，马克、多娜和李链接，已经在系统中被识别，具体如图 15-11 所示。

1. 在导航视窗区域，单击“Sources，然后在菜单中单击“Internals>Interviews”，三个文件均展示在列表视图的“Internals”标题下方。
2. 单击 Mark 文件左边的文件图标。
3. 在窗口工具栏，选择“Code”（编码）选项，然后选择“Code Sources”（编码材料来源）选项，再选择“At Existing Nodes”（在已创建的节点处）选项。
4. 出现“Select Project Items”（选择项目条目）对话框：选择“Cases”选项，三个文件的列表得以显示。
5. 选择 Mark，然后单击“OK”按钮。
6. 对 Donna 和 Lee 重复第 2 到第 5 步。
7. 三个个案/被访者，以及他们的属性，现在分别和他们的访谈文本相链接。如果你运行“Nodes>Cases”，单击文件中的一个文件，你可以在展示视图中看到文本顶端已经标注有链接。

**图 15-11　资料和个案链接：程序**

## 建立编码系统

和问卷一样，诸如访谈文本这样的资料必须编码，以便用计算机来分析。这涉及建立一个编码系统。编码系统能够随着研究进程不断地发展和进化，但它必须从某处开始。在上面的人工编码部分，标注过程类似于这里说的编码过程。以一个基础概念框架（图 15-2）以及三个访谈文本简短摘录为基础，可以发展出图 15-3 所展示出的编码系统，

1. 在导航视窗区域，单击“Nodes”（节点）。
2. 在“Nodes”菜单，单击“Tree Nodes”（树状节点）。
3. 右击列表视图区域（或者，在主工具栏，单击“New”），从下拉菜单选择“New Tree Nodes”（新的树状节点）选项，键入名称“Main Activity”（主要活动），单击“OK”按钮。Main Activity 现在列于“Tree Nodes”之下。
4. 选择 Main Activity，右击，在下拉菜单中选择“New Tree Nodes”选项，在“New Tree Nodes”对话框中，键入名称“Activity type”（活动类型），单击“OK”按钮。
5. 对 Influence（影响）、Constraints（限制）、Personal（个人特点）和 Events（事件），重复第 4 步。
6. 选择 Activity type，右击，选择“New Tree Nodes”选项，键入名称“Sport”（运动），单击“OK”按钮。
7. 重复第 6 步，增加 Social（社交）和 Culture（文化）。Sport、Social 和 Culture 应该出现在 Activity type 的列表中。
8. 对以下内容，重复第 6 和第 7 步。

- Influences：Parents（父母）、Teachers（老师）、Peers（同伴）；
- Constraints：Time（时间）、Money（金钱）、Fitness（健康）；
- Personal：Competitive（好胜的）、Social-non-social（喜欢社交或不喜欢社交的）、Anti-routine（讨厌常规的）、Instrumental（工具性的）；
- Events：Coaching etc（教练等）、Weight gain（体重）、Money（挣钱）、Realtionship（交往）。

**图 15-12　建立编码系统：程序**

屏幕如下显示。

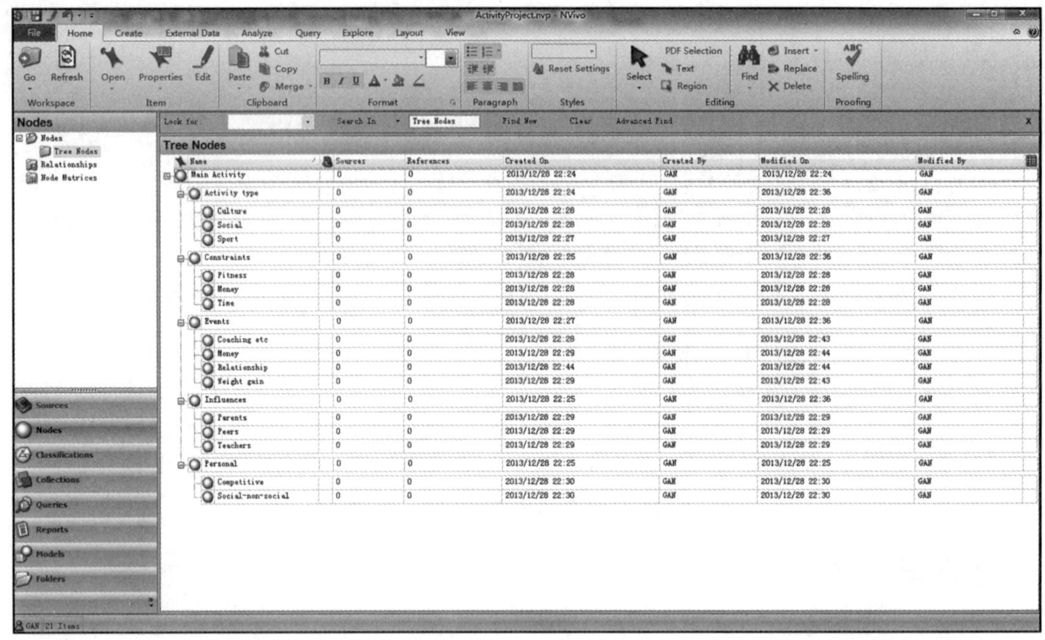

图 15-12（续）

下面的 NVivo 程序演示了编码系统如何作为模型图来表现。

1. 在导航视窗区域，单击“Nodes”，然后从菜单中选择“Tree Nodes”选项。前面确定的 Main Acitivity 将会显示在列表视窗区域。
2. 在导航区域，选择“Model”（模型）选项，将替换列表视窗区域里面的“Tree Nodes”。
3. 在列表视窗区域单击鼠标右键，从菜单中选择“New Model”（新模型）选项。
4. 在“New Model”对话框中键入模型名称，例如“Model 1”，然后单击“OK”按钮。
5. Model 1 的工作空间出现在细节视窗区域，同时还出现有一个“shapes”（形状）选择框。单击窗口菜单的“Window”（窗口）以及单击“Docked”（缩进，相反，可以单击“Undocked”）可以半屏或满屏窗口。
6. 在工作空间单击鼠标右键，从下拉菜单选择“Add Project Items”（增加项目项）对话框。
7. 在“Add Project Items”（增加项目项）对话框，单击“Tree Nodes”（而非相邻的打钩框）。
8. Main Acitivity 出现在后边的空间中，在打勾框中打钩，然后单击“OK”按钮。
9. 图形的第一部分，一个含有 Main Acitivity 的圆圈应该出现在工作空间。把它置于工作空间的中间顶部。
10. 在圆上单击鼠标右键，在下拉菜单中选择“Add Association Data”（增加相关数据）选项。
11. 五个因素（Personal，Activity type，Events，Influence 和 Constraints）出现，具体见下面的显示。
12. 单击 Influence，重复第 10 步，三个影响因素，Teachers，Parents 和 Peers 如下显示。
13. 单击 Event，重复第 10 步。
14. 所有因素都可以这样重复，但需要单击及拖动圆形以适应工作空间的大小。形状和字体的尺寸可以放大或缩小。

图 15-13 建模：程序

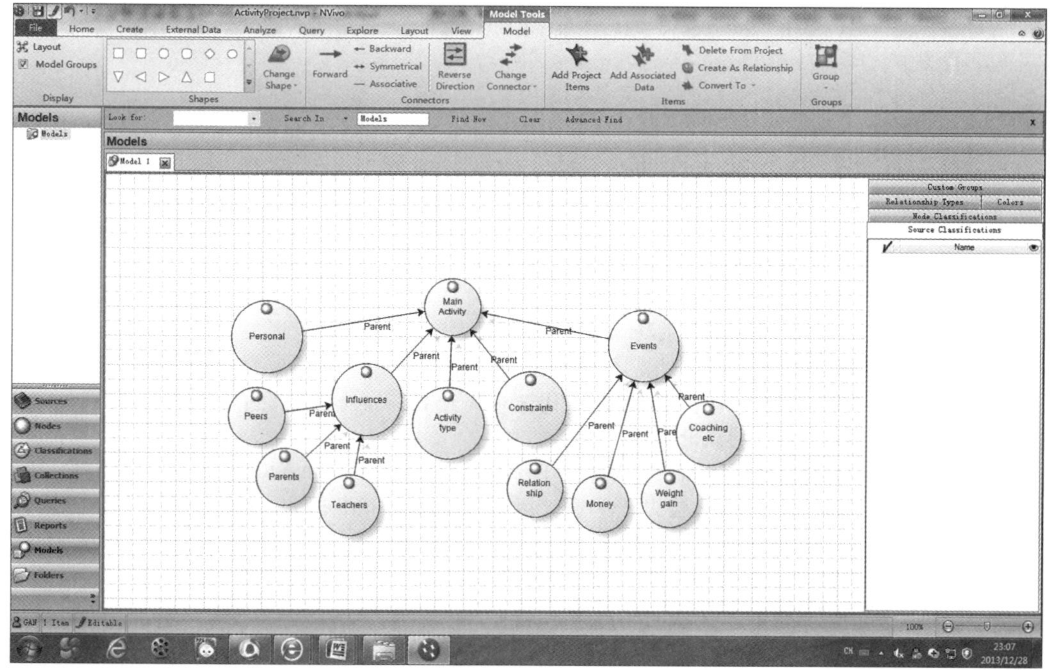


图 15-13（续）

并反映在图 15-4 所示的进一步完善了的概念框架中。在一个完善成熟的项目中，研究人员将阅读三个案例访谈对象和其他访谈对象的所有访谈文本，并对其进行编码，将标注/编码系统应用于所读的其他文本中，并通过归纳总结进一步发展这个系统。用 NVivo 发展编码系统也是一样的方法。在下面的案例中，将用人工过程中发展起来的编码来演示在活动选择项目中如何剪开建立编码系统。

图 15-4 展示的相关概念分组，在 NVivo 中称之为“树状节点”（tree nodes），那些没有可以与任何树状结构链接的“自由漂浮”节点称之为“自由节点”（free nodes）。图 15-12 中的程序描述了图 15-4 中的信息进入 NVivo 项目文件的过程。图 15-4 提到的三个层次的相关性在这个过程中体现得非常明显。

## 建模

编码系统可以以模型图的形式来进行描述。图 15-13 演示了相关的程序和结果。这里的模型只是一般化的描述，稍后将演示模型是怎样对个案进行描述的。

## 文本编码

一旦一个编码系统建立起来，诸如访谈文本这样的资料就能够编码。图 15-14 中概述了这一过程。

这里的演示用到了上面的编码系统，其来自本章早些时候简要介绍的人工分析和理论构架，但是编码人并不受制于这个框架：如果需要，可以添加编码/节点。这反映出定

1. 在导航视窗区域，单击“Sources”，然后在菜单中单击“Internals>Interviews”，三个文件均展示在列表视图中。
2. 双击“Mark”，文本应该出现在展示视窗区域中。
3. 文本的一节通过“Highlighting”（突出显示）进行编码：文本的突出显示指示着它已经被编码：在窗口菜单，选择“View>Highlighting> Coding for selected items（为所选项编码）”。
4. 编码也能够通过文本右边的“Coding stripes“（编码的条纹）来显示。激活方式：在窗口菜单，选择“View>Coding stripes> Nodes Most Coding（大多数编码节点）”。（需要注意的是，系统已有两个编码的条纹：一个指示马克的文本作为一个整体对马克的个案进行编码，另一个是“编码密度”条纹，和编码数量相关。）
5. 为了对马克文本中的“踢足球”活动编码。
   a. 突出显示“踢足球”。
   b. 在窗口中，选择“Code> Code Selection（编码选择）> At Existing（在已有的节点）”，“Select Project Items”（选择项目项）对话框出现。
   c. 在“Select Project Items”对话框：选择“Tree Nodes”选项，Main Activity 出现。
   d. 单击列表中 Main Activity 左边的“+”号，因素 Personal、Influence、Activity type 等会在下方列表。
   e. 单击 Activity type 左边的“+”号，Sporting、Social、Culture 会在下方列表。
   f. 在打钩框选择“Sporting”选项，然后单击“OK”按钮。
   g. 文本将突出显示，而且 Sporting 条纹将出现在后边的空间中。
6. 对以下内容，重复第 5 步。
   - 对文本“在踢球的时候，由于一周要训练两次，还需要很严肃地锻炼，所以我不再干其他的。有时候我一周去一次酒吧，最多两次”编码为“Constraints>Time”。
   - 对文本“我是个好胜的人，所以我喜欢运动”编码为“Personal>Competitive”。
7. 结果显示如下。
8. 对 Donna 和陈述“我们一周去健身馆一到两次”，重复第 2 到第 7 步（结果没有在下面显示）。

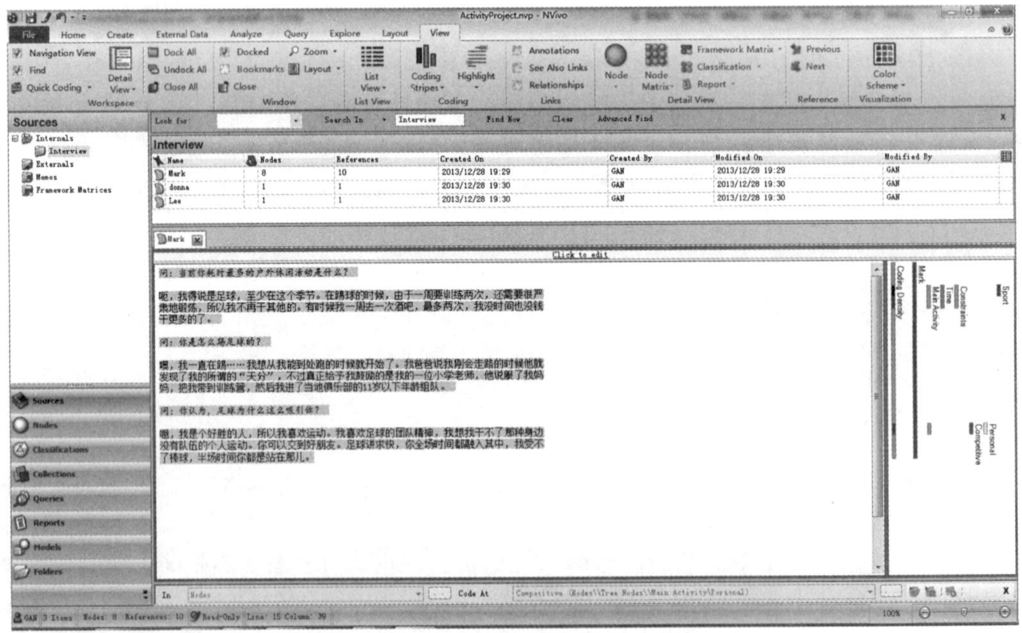


图 15-14　文本编码：程序

性方法的特点，而且在较长的访谈文本中很有可能出现添加编码的情况。图 15-14 中第 5b 步如果选择“在新的节点”（at new node）就属于这一情况。

## 项目摘要

现在，活动选择项目信息已经如图 15-15 那样被组合和编码。分析过程涉及对已经编码的访谈本文、个案和他们的属性的内容进行探索。

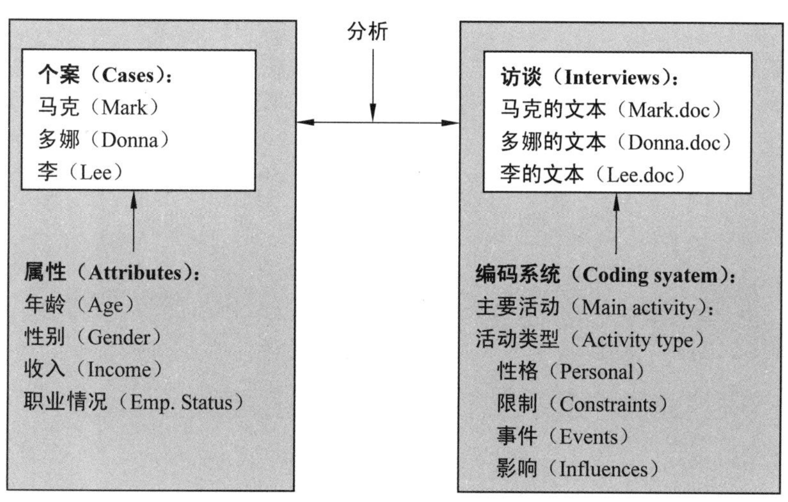


**图 15-15　活动选择项目摘要**

## 分析

软件包总是包含很多程序步骤，不可能在这里的简单概述中完全描述。在这里我们给出了两个基础分析程序/问题，足够让初学者开始了。事实上，这些程序不能解决诸如对关系和含义进行识别这样的数据分析，这样的分析在前面部分的人工分析中进行了有限的探讨。这里所探讨的程序和数据处理有关，以便能够开始分析。下面就是对编码查询（coding query）和矩阵编码查询（matrix coding query）这两个程序的描述。

## 编码查询

一种最简单的分析形式就是只获取以某种方式编码的文本各部分的列表。以 Sporting 作为主要活动来进行编码的文本的所有段落的列表情况如图 15-16 所示。

除了在编码系统中搜索作为节点的编码文本，还可以搜索指定文本的任何项目。这涉及图 15-16 中的第 2 步，用“文本搜索”（text search）代替“编码”（coding）。

## 矩阵编码查询

编码查询可以看作是问卷调查分析中频次计数，矩阵编码查询则相当于交叉列联表。图 15-17 显示了这样的一个分析，即活动选择项目中不同性别的运动参与情况。

为了选择已经以 Sporting 作为 Main Activity 编码的文本。

1. 在导航视窗区域，单击“Queries”（查询），“Queries”现在位于列表视图区域顶部。
2. 在列表视图区域单击鼠标右键，选择“New Query（新的查询）>Coding”。
3. 出现“Coding Query”（编码查询）对话框，双击“Mark”，文本应该出现在展示视窗区域中。
4. 选择节点 Sporting：单击“Select”（选择），然后选择“Tree Nodes>Main Activity>Activity type>sporting”。
5. 单击“Run”（运行），个案名称，Mark 和 Donna，以及相关文本，将列表于细节视窗区域，如下图所示。
6. 考虑到将来参考之用，查询结果可以保存：在结果区域单击鼠标右键，键入名称，如“Query_Sporting”（查询运动）。但需要的时候可以直接通过导航视窗区域得到：“Queries>Results（结果）”。

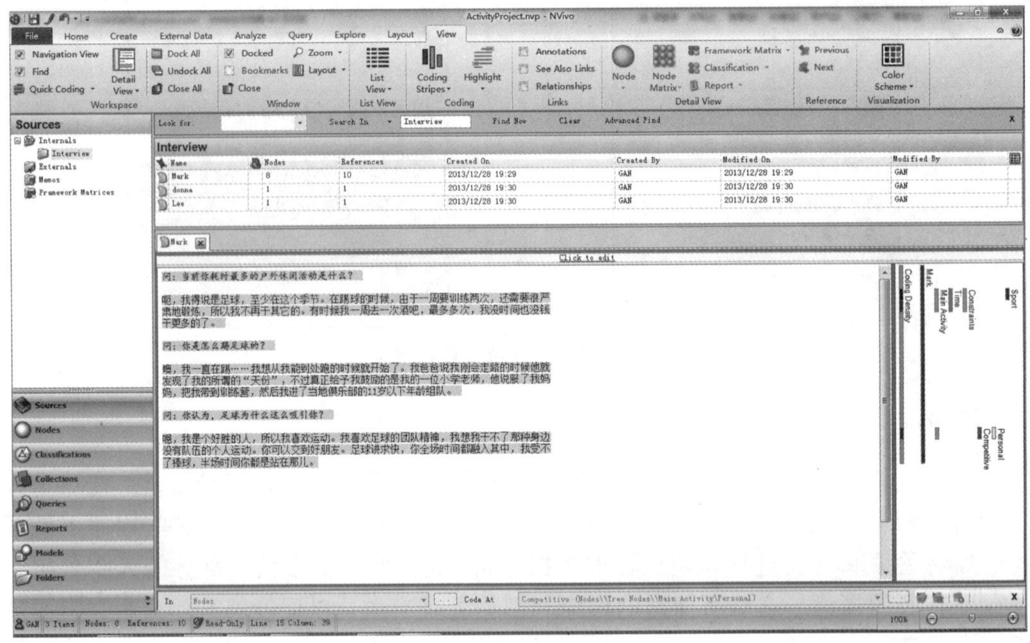


图 15-16　查询：程序

为了将参与运动的访谈对象分为男性和女性。

1. 在导航视窗区域，单击“Queries”，“Queries”现在位于列表视图区域顶部。
2. 在列表视图区域单击鼠标右键，选择“New Query> Matrix Coding（矩阵编码）”。
3. 在“Matrix Coding Query”（矩阵编码查询）对话框，在“Matrix Criteria”（矩阵编码标准）、“Row”（行）和“Define More Row”（定义更多行）下面：出现“Select”条目。
4. 单击右边的“Select”按钮，出现“Select Project Items”（选择项目项）对话框。
5. 在“Select Project Items”对话框，单击“Tree Nodes”，然后单击“Main Activity”，继而选择“Sporting”（图 15-14 中第 5d-f 步）选项，单击“OK”按钮。
6. 回到“Matrix Coding Query”对话框，单击“Add to List”（增加到列表），Tree Nodes/Main Activity/Activity type/Sporting 将出现在“Name”（名称）下。

图 15-17　矩阵编码查询：程序

7. 单击“Column”（列），然后单击“Select”。

8. 在“Select Project Items”对话框，选择“Attributes”选项，然后选择“Gender”选项，单击“OK”按钮。

9. 回到“Matrix Coding Query”对话框，单击“Add to List”，Tree Nodes/Main Activity/Activity type/Sporting 将出现在“Name”下。

10. 单击“运行”(Run)，结果将呈现在如下所示的表格中(也许要增加列宽，使标签能够全部显示)。

| | A Gender=Unassigned | B Gender=Not Applicable | C Gender=Male | D Gender=Female |
|---|---|---|---|---|
| Sporting | 0 | 0 | 1 | 1 |

11. 这表明，将运动参与作为主要活动进行编码的有一个男性和一个女性。在包含数字的单元格中双击，会出现相关的编码文本。

图 15-17（续）

# 本 章 小 结

本章分为两个部分，分别介绍了人工和计算机辅助的定性分析方法。

数据分析的人工方法涉及对诸如访谈整理文稿这样的文本中的问题/主题进行标注。这些问题或主题和已有的粗略的概念框架、研究问题和/或假设相关，或者基于“扎根理论”、归纳法，也许可以从数据中建立概念框架。由于文本总是通过文字处理文件来处理，因此文字处理软件包的某些特点，如搜索、列表、索引，可以在标注过程中起辅助作用。这就和计算机辅助定性数据软件包（CAQDAS）产生了关联。

本章的第二部分介绍了 NVivo CAQDAS 软件包，包含项目文件的创建、编码系统、编码数据和一些基础分析程序。此外软件包还有很多功能，包括处理非访谈文本类型的数据，在本书简短的介绍中仅仅给出了范围有限的分析程序，但对想要学习计算机辅助数据分析入门的研究人员来说，相信能够满足需要。

# 测　试　题

1. 对定性数据进行人工分析包含有哪两项主要活动？
2. 文字处理程序的哪些方面可以用于对定性数据进行人工分析？
3. 在 NVivo 中，“节点”和“资料”有何差异？
4. 在 NVivo 中，“树状节点”和“自由节点”有何差异？

# 练　　习

1. 从本书网站上下载前面用到的“休闲选择”项目的三个文本文件，或者从图 15-3 键入它们，重复上面演示过的编码和分析（人工分析和使用 NVivo 分析均可）。

2. 运行软件包中包含的 NVivo 教材，特别是要了解那些在本章中没有谈到的 NVivo 的特点。

3. 从最近的休闲或旅游学术期刊中挑选一个定量研究案例和一个定性研究案例，思考定性研究项目是否可以采用定量研究方法，以及定量研究是否可以采用定性研究方法。

4. 使用图 9-4 的清单，对一位有意愿的朋友或同事进行访谈，由你来充任调查人。

5. 如果你和他人一起学习，将你们组织成 5～6 个小组，并组织一场焦点小组访谈。一个人充当推动者，选择一个具有共同利益的话题，如“教育和资格在休闲/旅游业中的作用”或“度假选择过程”，或者“健康和运动乐趣”。轮流充任召集人并相互评估每个人作为召集人的技巧。

6. 用某报纸一个星期的论点，做一个兴趣焦点覆盖度的定性和定量分析。例如，环境、少数民族、妇女和运动或海外置业。

7. 安排观看一次《食人族之旅》，根据麦肯内尔（MacCannell，1993）关于这部电影的文章对这部影片进行讨论。或者观看迪士尼动画电影，探讨它和罗杰克（Rojek，1993）的文章有什么关系。

## 资　源

### 网站

- NVivo 网站：www.qsrinternational.com。包括一份可以下载的定性数据分析来源的参考书目。
- CATPAC，文本分析软件包，参见 Ryan（2000）。
- 《定性研究》（*Qualitative Research*）期刊：http://qrj.sagepub.com/。
- 定性报告（门户网站）：www.nova.edu/ssss/QR/。

### 出版物

- 一般性的定性研究分析：Miles and Huberman（1994）。
- 利用计算机软件包进行定性数据分析：Miles and Weitzman（1994），Richards and Richards（1994）。
- NVivo 软件的使用：Bazeley（2007），Gibbs（2002，不包括最近的 NVivo 版本）。

第 16 章

# 调查数据分析

在本章中，对问卷调查数据的分析用到了以下两种计算机软件包来处理。

- 电子表格：进行一般数据分析的计算机应用软件，微软的 Excel 软件被用来说明特定的分析程序。
- 统计学软件包：进行统计数据的分析。社会科学统计软件包（SPSS）是运用最广泛的软件包之一，本章也用该软件来说明分析程序。其他的软件包还包括 Minitab、BMD（生物化学数据分析）、SAS（统计分析系统）和 Turbostats。

第 10 章的图 10-20 是一个简单的问卷副本，它在本章中被用来演示分析过程。第 10 章讨论过如何对问卷数据进行适合计算机分析形式的编码，具体如图 10-21 所示。

然而，在讨论数据分析的方法之前，本章还要对第 1 章介绍过的研究类型与分析过程之间的关系加以讨论。

## 调查数据分析和研究类型

第 1 章提到研究可以分为三种类型：描述性研究、解释性研究和评价性研究。在探讨问卷调查数据的分析过程之前，先在下面对三种类型的研究和调查分析之间的关系进行介绍，如表 16-1 所示。

**表 16-1　研究类型和分析程序**

| 研 究 类 型 | 分 析 程 序 |
| --- | --- |
| 描述性研究 | 频次、均值 |
| 解释性研究 | 交叉列联表、均值比较、回归 |
| 评价性研究 | 频次：目标或基准比较<br>交叉列联表：不同分组的使用者/消费者比较<br>均值：一些基准或目标比较 |

### 描述性研究

描述性研究通常将信息用一种相当简单的形式予以表现。在本章描述的分析程序中，有两种最恰当的方式可以用于描述性研究。

- 频次：表现为对单一变量的计数和回答的百分比。
- 均值：表现为数值变量的平均值。

## 解释性研究

描述性研究自身不对任何事情进行解释。为了对数据模式或者数据表现出来的现象之间的关系进行解释，有必要考虑因果关系问题：如何确定 A 是否受到 B 的影响。在第 2 章里提到，要建立因果关系，有四个标准是必需的：联系（association）、时间优先（time priority）、非伪关系（non-spurious relationship）和原理（rationale）。

- 联系：变量之间的联系可以用交叉列联表（本章后面将加以描述）和回归关系（在第 17 章予以描述）这样的程序来进行分析。
- 时间优先：其原则是，如果 A 导致了 B，那么 A 一定发生在 B 之前。这在社会科学研究中有时候可以进行检验，有时候却是一眼可知，一般来说，这个标准更适合于自然科学实验室的情况。
- 非伪关系：是指那些能够产生理论上的“意义”（也就是说，A 和 B 之间的关系无须通过第三个无关的变量 C 来作为中介），而不只是数据“碰巧”产生出来的关系。这可以通过调查分析技术来确认。例如，假定发现休闲和旅游花费与总体样本的年龄呈负相关，如果在男性和女性，或者其他亚组，甚至是随意选择的亚组中，都各自独立地发现了这种关系，那么就可以认为这是一种非伪关系。
- 原理或理论：原理不是由计算机分析产生的，它应该整合到研究设计中去。正如第 2 章所说，研究在本质上也许是演绎的，可以通过数据分析来对先前建立的假设进行验证；也有可能是归纳研究，其理论发展或解释建构或多或少成为数据分析过程的一部分。无论是解释还是建立因果关系，如果对所建立的关系没有某种原理的、概念性的解释，那它们就不完整。

第 10 章的案例问卷提供的解释性研究范围有限。例如，不同的学生群体，如全日制的和非全日制的，或不同年龄阶段的对校园生活的态度差异，也许说明了对校园生活的期望变化是学生群体特点的函数。

对解释性研究，本章提出的交叉列联表是一种合适的分析程序，可以用来分析以频次和均值为基础的两个或多个变量之间的关系。无论变量之间是否具有统计关联，这些程序都可以建立起关系，但这些关系有可能是假的，也有可能能够得到理论（来自理论或概念框架）的支持。

## 评价性研究

评价性研究主要指对调查结果和一些来自预期、以往数据、其他类似设施或项目或目标绩效的基准进行比较。所以，这种分析的要求相对比较简单，一般涉及调查结果和一些基准值之间的比较。

案例问卷可以用于评价目的。例如，问题 2 中列出的一些使用水平低的服务可以指示现有的服务在满足学生需求方面表现得不好，而某些群体的使用水平低意味着不能满足所有群体的需求。

### 重叠

上述三种分析模式中的任何一种都不总是排他性的。例如，在校园生活案例中，调查结果在给出描述性说明的同时，也自然给出了其中的四个学生群体在参与模式和偏好方面的差异。虽然其形式是描述性的，但至少开始暗示着解释的需要，即需要解释不同群体的行为或观点模式为什么具有差异。分析可以说“这些群体之间存在差异”，并隐含着一个问题，“为什么？”只要校园服务的提供者想要服务所有的学生群体，那么数据就能够用来对管理进行评价。

### 信度

在第 2 章提出了效度和信度的问题，指出效度，即数据测量的是不是它们想要测量的，是否都能够在问卷设计当中得以检验。信度，即如果重复研究是否能够得到类似的结果。这在社会科学中是一个难题，不过有一种方法在分析阶段可以采用。虽然统计程序可以很好地确定关系的广度和强度，但是这些关系的信度问题就有些复杂了。和自然科学不同，由于实际的或资源方面的原因，社会科学研究中并不总是能够通过重复研究来确定信度。即使现有文献中一些先前的有用研究报告能够在这方面有所帮助，和先前的研究结果一致也不能绝对保证信度，因为人性的本质就是随着时间和空间的变化而变化。而且，跟踪变化本身事实上就经常是社会研究的目标。

如果样本足够大，确立信度的一个方法是随机或者以被选择的变量为基础，将样本分成两个或多个子样本，观察子样本的结果是否和样本整体相一致。在 SPSS 软件包中，这可以通过拆分文件程序来实现，这个程序在这里不作介绍，但操作相对简单。

## 电子表格分析

由于本书的大部分使用者都熟悉电子表格，因此这一部分不再提供电子表格程序的初级指南，仅仅是对专门分析问卷调查各种类型数据的特定程序进行介绍。

表 16-2 的阴影部分，用电子表格的格式复制了图 10-21 中的 15 份问卷的数据。这里有一个变化，花费变量（spend）移到了末尾，和年龄挨在一起，因为这二者是没有编码的变量，需要单独处理。未加阴影的部分是由 Excel 中的 Frequency 程序生成的，这个程序在图 16-1 中进行了描述。

如果需要简单的频次表，那么电子表格分析对小规模的数据集是合适的。第 18 章中的某些统计程序，如相关分析和回归分析，也可以用电子表格来分析。但是对大规模的数据集，特别是比较长的问卷，以及更复杂的分析，建议采用下面介绍的统计软件包。

表 16-2　调查数据：电子表格分析

| | A | B | C | D | E | F | G | H | I | J | K | L | M | N | O | P | Q | R | S | T | U | V |
|---|---|---|---|---|---|---|---|---|---|---|---|---|---|---|---|---|---|---|---|---|---|---|
| 1 | qno | status | cafebar | music | sport | travel | cheap | daytime | unusual | meet | quality | relax | social | mental | sug1 | sug2 | sug3 | gend | | age | | spend |
| 2 | 1 | 2 | 1 | 1 | 0 | 0 | 1 | 4 | 2 | 3 | 5 | 3 | 3 | 1 | 1 | | | 1 | | 18 | | 100 |
| 3 | 2 | 2 | 1 | 1 | 1 | 0 | 1 | 4 | 2 | 3 | 5 | 2 | 3 | 1 | 2 | 1 | | 1 | | 19 | | 50 |
| 4 | 3 | 3 | 1 | 0 | 0 | 0 | 2 | 5 | 1 | 3 | 4 | 2 | 2 | 2 | 3 | 4 | | 2 | | 19 | | 250 |
| 5 | 4 | 4 | 0 | 0 | 0 | 0 | 2 | 3 | 1 | 4 | 5 | 3 | 2 | 2 | 1 | 2 | 4 | 1 | | 22 | | 25 |
| 6 | 5 | 3 | 1 | 0 | 0 | 1 | 1 | 4 | 3 | 2 | 5 | 3 | 3 | 1 | | | | 2 | | 24 | | 55 |
| 7 | 6 | 3 | 1 | 1 | 1 | 0 | 2 | 4 | 1 | 3 | 5 | 2 | 3 | 1 | 2 | | | 2 | | 20 | | 40 |
| 8 | 7 | 2 | 1 | 0 | 0 | 0 | 3 | 2 | 1 | 4 | 5 | 2 | 3 | 2 | 3 | | | 2 | | 20 | | 150 |
| 9 | 8 | 2 | 1 | 1 | 1 | 0 | 3 | 4 | 2 | 1 | 5 | 1 | 2 | 2 | 4 | 5 | | 1 | | 21 | | 250 |
| 10 | 9 | 4 | 0 | 0 | 0 | 0 | 1 | 5 | 2 | 3 | 4 | 2 | 3 | 2 | | | | 1 | | 21 | | 300 |
| 11 | 10 | 3 | 1 | 0 | 0 | 0 | 2 | 3 | 1 | 5 | 4 | 1 | 2 | 1 | 1 | 1 | | 2 | | 21 | | 100 |
| 12 | 11 | 3 | 1 | 0 | 0 | 1 | 2 | 3 | 1 | 4 | 5 | 2 | 2 | 1 | 2 | 3 | | 2 | | 19 | | 75 |
| 13 | 12 | 2 | 1 | 1 | 1 | 0 | 1 | 4 | 3 | 2 | 5 | 2 | 3 | 1 | | | | 1 | | 22 | | 50 |
| 14 | 13 | 1 | 1 | 1 | 1 | 0 | 1 | 5 | 2 | 3 | 4 | 2 | 3 | 2 | 1 | 2 | | 2 | | 21 | | 55 |
| 15 | 14 | 3 | 1 | 0 | 0 | 0 | 2 | 4 | 1 | 3 | 5 | 3 | 3 | 2 | 4 | | | 2 | | 20 | | 75 |
| 16 | 15 | 1 | 1 | 0 | 0 | 0 | 3 | 2 | 1 | 5 | 4 | 3 | 3 | 1 | 1 | 2 | 5 | 1 | | 20 | | 150 |
| 17 | | | | | | | | | | | | | | | | | | | | | | |
| 18 | Code | Freq | Freq | Freq | Freq | Freq | Freq | Freq | Freq | Freq | Freq | Freq | Freq | Freq | Freq | Freq | Freq | Freq | Cat. | Freq | Cat. | Freq |
| 19 | 0 | 0 | 2 | 7 | 10 | 13 | | | | | | | | | | | | | 19 | 4 | 74 | 6 |
| 20 | 1 | 2 | 13 | 8 | 5 | 2 | 6 | | 8 | 1 | | 2 | | 8 | 5 | 2 | | 7 | 21 | 8 | 100 | 4 |
| 21 | 2 | 5 | | | | | 6 | 2 | 5 | 2 | | 8 | 5 | 7 | 3 | 3 | | 8 | 23 | 2 | 200 | 2 |
| 22 | 3 | 6 | | | | | 3 | 3 | 2 | 7 | | 5 | 10 | | 2 | 1 | 1 | | 25 | 1 | | 3 |
| 23 | 4 | 2 | | | | | | 7 | | 3 | 5 | | | | 2 | 1 | 1 | | | | | |
| 24 | 5 | 0 | | | | | | 3 | | 2 | 10 | | | | | 1 | | | | | | |
| 25 | Total | 15 | 15 | 15 | 15 | 15 | 15 | 15 | 15 | 15 | 15 | 15 | 15 | 15 | 12 | 8 | 2 | 15 | | 15 | | 15 |
| 26 | Averages | | | | | | | | | | | | | | | | | | | 20.5 | | 115 |

1. 在 A18 单元格中键入 Code（编码）。
2. 在 B18 单元格中键入 Freq（频次）。
3. 分别在 A19 到 A24 单元格中键入编码 0、1、2、3、4、5（0～5 涵盖了从变量 status 到变量 gender 所用到的所有编码）。
4. 选择单元格 B19 到 B24（这些单元格要用来放置频次计数的结果，参考 Excel 中的“bin array”）。
5. 在公式栏（未在图 16-2 中显示）中键入以下“公式组”。

a. =FREQUENCY（B2:B16，$A19:$A24），然后按下 Ctrl+Shift+Enter 键。

b. 出现如图 16-2 中单元格 B19 到 B24 的结果。

c. 注意：

- 当你键入=FR 时，Excel 会提供给你一个弹出的 FREQUENCY，然后你可以双击选择。
- 你能够选择单元格 B2:B16，用不着人工键入单元格标号。
- 在$A19:$A24 中用$A 格式是因为单元格 A19: A24 中的编码将被所有 17 个编码变量所利用，所以在电子表格的用法中，必须确定绝对的列位置而不是相对的列位置。
- 对 FREQUENCY 使用的一般说明可以参考 Excel 的帮助。

6. 单元格 B18 的标题和单元格 B19: B24 中的公式可以复制，用以产生其他 16 个变量的频次：利用复制、粘贴操作成组复制单元格 B18: B24，然后粘贴到单元格 C18:R24 中。
7. 在第 25 行用平常的电子表格程序计算总和。
8. 以下是案例中 status 的结果。

| 分　　类 | 数量/人 |
|---|---|
| 没有固定报酬工作的全日制学生 | 2 |
| 有固定报酬工作的全日制学生 | 5 |
| 有全职工作的非全日制学生 | 6 |
| 其他非全日制学生 | 2 |
| 合计 | 15 |

9. 对每个变量的百分比可以从频次获得，而且可以根据频次或百分比用一般的电子表格程序来绘制图表。
10. 对未编码的变量 age 和 spend，在单元格 S18:S22 和 U18:U20 中分别键入分组名称。
    - 单元格 S19：键入 19 表示 19 岁及以下分组。
    - 单元格 S20：键入 21 表示 20～21 岁分组。
    - 单元格 S21：键入 23 表示 22～23 岁分组。
    - 单元格 S22：键入 25 表示 24～25 岁分组。
11. 选择单元格 T19:T22，在公式栏（未在图 16-2 中显示）中键入以下“公式组”。
    - =FREQUENCY（T2:T16，S19:S24）（注意，$S 没有必要，因为这些信息仅用于一个变量），然后按下 Ctrl+Shift+Enter 键。
    - 结果显示在图 16-2 中的单元格 T21 和 T22 中。
12. 因此，age 的结果为

| 年龄/岁 | 数量人 |
|---|---|
| 18～19 | 4 |
| 20～21 | 8 |
| 22～23 | 2 |
| 24～25 | 1 |

13. 类似的过程可用于变量 spend。
14. 其他变量的总计、百分比和图形绘制可以此产生。另外，对于两个未编码的变量，还可以计算均值。

**图 16-1　问卷调查数据：电子表格分析步骤**

# 社会科学统计软件包（SPSS）

本节将按照社会科学统计包（SPSS）[①]的操作步骤介绍来组织要讨论的内容。假定读者已经有了一台安装 SPSS 且能有效使用的计算机，那么这里描述的程序能够尝试应用于实践。

由此引出的问题是，究竟哪一点让人在调查分析时值得花费时间和精力来掌握这个计算机软件，而不是依赖大多数人已经熟悉的电子表格程序。这当然取决于手头任务的规模和复杂性，以及将来走向研究生涯的可能性。正如本章和下一章所显示出的，专业调查软件包比电子表格的功能要多得多。需要注意的是，两种方法的基础编码和数据准备工作是一致的，而且电子表格和 SPSS 这样的调查分析软件包的基本数据文件相互之间可以互换。还有一个事实是，和第 15 章提到的一样，对计算机软件包的熟悉程度和使用经验值得你写到简历上。

SPSS for Windows 可以用于装载有微软 Windows 系统的个人计算机的软件包版本。大多数大学使用了这个软件，进一步的细节和专业指南信息可以在 SPSS 公司的网站找到（参阅本章资源部分）。

SPSS 程序的完全列表可以在在线 SPSS 用户手册中找到，手册包含在软件包中。在本章里，仅仅介绍了以下五个分析程序。

- 描述性统计（descriptives）：针对特定变量的描述性统计。
- 频率（frequencies）：单个变量的计数和百分比。
- 交叉表（crosstabs）：两个或多个变量的交叉列联表。
- 均值（means）：获取某些合适变量的均值/平均数。
- 制图（graphs）：制作图表。

图 16-2 概括了本章包含的几个领域以及第 18 章包含的统计程序。

本章探讨的是调查问卷的数据分析，不过 SPSS 也能够用于对其他来源的数据进行分析。虽然软件包能够很好地处理数字型数据，但也能够对非数字型数据进行处理。以个案（case）及每个个案包含的一系列一般变量（variable）为基础形成的数据，都能够使用 SPSS 来分析（个案和变量在下面进行定义）。

本章不介绍计算机登录、文件处理或将 SPSS 软件安装到计算机的程序，而是假定计算机中已经安装有 SPSS for Windows 并能为读者所使用。这一章所提供的内容仅仅是一个基本的介绍。

---

① SPSS 公司于 2008 年被 IBM 收购，但仍然作为一个独立公司在运营。起初，在 IBM 中，SPSS 软件更名为预测统计分析软件（PASW）。这一变化发生于 SPSS 17 推出时，成为了 PASW 17。然而，随着 19 版的推出，名称又变回到 SPSS。因此使用软件包 17 和 18 版的读者要明白软件包的名称是 PASW。正如前言所说的，本书用 SPSS 并非是因为软件用户测试，其原因很简单，仅仅是因为笔者熟悉这个软件包，在笔者的教学和研究中使用过它，而使用的原因部分是因为笔者任教的机构在使用它，而且在总体上能够满足需要。

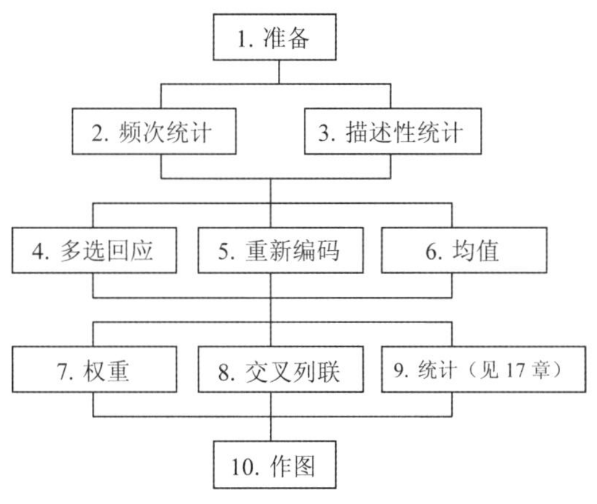


**图 16-2　调查分析：概览**

# 准　　备

## 个案和变量

统计分析软件包处理的是根据个案和变量组织起来的数据。

- 个案是指用于研究现象的个例，且该个例的数据已经得到收集。例如，参与访谈的团体中的单个成员、某种休闲活动的一个参与者、某公司的一个雇员、到某国家去的一名游客、某个休闲或旅游机构或某个国家。对个案，其数据是可用的。因此，一个样本是由若干个案所构成的。
- 变量是信息的一个条目，可用于所有的或部分个案，能够用不同的数值或类别来表现。例如，个人的性别，可以用类别“男”或“女”来表现；雇员的薪酬，用金额表示；一个公司的雇员数量、一个国家的人口。

这里将进一步讨论变量的使用，至于个案，将在本章后面部分输入数据的时候再讨论。

## 确定变量

要使用软件包的程序，必须用一个变量名称来标识问卷中每个数据项。问卷（图 10-9）通过“办公室使用”一栏中的“变量名称”进行注解。问题编号和相对应的变量名称列表如图 16-3 所示，除此之外，还包括有软件所要求的为每个变量加的 9 个条目，这些条目将在下面依次讨论。

### 变量名称（name）

- 除了和问卷中八个问题相关的变量，还有一个记录每个个案或问卷编号的变量 qno。
- 问卷中每个信息项都被赋予一个独立的变量名称（两个变量不能共用一个变量名称）。

| 问题编号 | 变量名称* | 变量类型 | 变量宽度** | 小数位 | 变量标签 | 数值/数值标签 | 缺失值 | 列宽 | 对齐方式 | 度量/数据类型 |
|---|---|---|---|---|---|---|---|---|---|---|
| | qno | 数值型 | 4 | 0 | 问卷编号 | 无 | 无 | 4 | 右 | 定量型 |
| 1. | status | 数值型 | 1 | 0 | 学生情况 | 1 全日制学生(无工作)<br>2 全日制学生(有工作)<br>3 非全日制学生(全职)<br>4 非全日制学生(其他) | 无 | 4 | 右 | 定类型 |
| 2. | cafebar | 数值型 | 1 | 0 | 过去4周是否去过咖啡店/酒吧 | 1 是 2 否 | 无 | 4 | 右 | 定类型 |
| | music | 数值型 | 1 | 0 | 过去4周是否参观校园音乐会 | 同上 | 无 | 4 | 右 | 定类型 |
| | sport | 数值型 | 1 | 0 | 过去4周是否使用过运动设施 | 同上 | 无 | 4 | 右 | 定类型 |
| | travel | 数值型 | 1 | 0 | 过去4周是否使用过旅行服务 | 同上 | 无 | 4 | 右 | 定类型 |
| 3. | cheap | 数值型 | 1 | 0 | 免费/便宜服务的重要程度（排序） | 无 | 无 | 4 | 右 | 定序型 |
| | daytime | 数值型 | 1 | 0 | 日间服务提供的重要程度（排序） | 无 | 无 | 4 | 右 | 定序型 |
| | unusual | 数值型 | 1 | 0 | 服务独特性的重要程度（排序） | 无 | 无 | 4 | 右 | 定序型 |
| | meet | 数值型 | 1 | 0 | 有利于社会交往的重要程度(排序) | 无 | 无 | 4 | 右 | 定序型 |
| | quality | 数值型 | 1 | 0 | 服务质量的重要性（排序） | 无 | 无 | 4 | 右 | 定序型 |
| 4. | spend | 数值型 | 4 | 0 | 每月的休闲娱乐花费 | 无 | 无 | 4 | 右 | 定量型 |
| 5. | relax | 数值型 | 1 | 0 | 放松机会——重要程度 | 3 很重要<br>2 重要<br>1 不重要 | 无 | 4 | 右 | 定量型 |
| | social | 数值型 | 1 | 0 | 社会交往——重要程度 | 同上 | 无 | 4 | 右 | 定量型 |
| | mental | 数值型 | 1 | 0 | 精神激励——重要程度 | 同上 | 无 | 4 | 右 | 定量型 |
| 6. | sug1 | 数值型 | 2 | 0 | 改进建议1 | 1 计划内容§<br>2 时间<br>3 设施<br>4 花费<br>5 组织 | 无 | 4 | 右 | 定类型 |
| | sug2 | 数值型 | 2 | 0 | 改进建议2 | 同上 | 无 | 4 | 右 | 定类型 |
| | sug3 | 数值型 | 2 | 0 | 改进建议3 | 同上 | 无 | 4 | 右 | 定类型 |
| 7. | gender | 数值型 | 1 | 0 | 性别 | 1 男性 2 女性 | 无 | 4 | 右 | 定类型 |
| 8. | age | 数值型 | 2 | 0 | 年龄 | 无 | 无 | 4 | 右 | 定量型 |

**图 16-3　变量名称、标签和数值**

*来源于图 10-9；**数位最大值；§如图 10-8 编码系统的由来。（与图 10-9 变量名称的对应情况：qno——问卷编号，status——情况，cafebar——咖啡厅，music——音乐，sport——运动，travel——旅行，cheap——便宜，daytime——白天，unusual——不寻常，meet——交友，quality——质量，spend——花费，relax——放松，social——社交，mental——精神，sug——建议，gender——性别，age——年龄）

- 变量名称的长度局限于 8 个字母/数字（没有空格），以字母开头。下面这些变量名称不允许使用，因为 SPSS 程序已经将这些名称用于其他用途，如果使用将会造成混淆！

  ALL AND BY EQ GE GT LE LT NE NOT OR TO WITH

有三种可行的变量命名体系。

- 采用实际名称，用描述项目的全部变量名称或缩写。例如，用 status 来表示学生情况（student status），用 sug1 来表示建议 1（suggestion 1）。
- 采用概括性的名称，如用 var 来表示变量（variable），所以一份有 5 个变量的问卷的变量名称可以是：var1，var2，var3，var4，var5。实际上，SPSS 的缺省变量体系已经采用了这种形式，可以用来替代这里使用的定制化名称。

- 采用问题编号。例如，Q1，Q2a，Q2b，等等。

问题 6 需要引起注意，这是一个开放性的问题，调查对象也许希望给出几个回答。在这个案例中，问卷的设计者分派了三个变量来记录三个选项（sug1，sug2 和 sug3），假定任意一个被调查人可以给出最多三个选项。并非所有的被调查人都必须给出三个选项，但这没什么问题，因为 sug2 和（或）sug3 可以是空白。然而，一些人也许会给出三个以上的选项，在这种情况下不可能记录第四个以及之后的选项，那么信息就将丢失。如果一定数量的调查对象给出了三个以上的选项，那么就需要增加第四个变量（sug4）。决定允许多少个选项取决于对问卷的初步核查。作为一个开放性问题，问题 6 的编码系统可以应用于所有三个变量，其设计要根据第 10 章讨论过的自由形式的回答范围来确定。

#### 变量类型（type）

校园生活调查问卷中的所有变量都是数值型的，也就是说，它们只能用数值表示。也可能有其他形式的变量，包括日期型和字符串型，后者是指由字母和数字联合组成的文本，不过这些选项不在这里讨论。

#### 变量宽度（width）

宽度规定着一个变量数值的最大位数。在校园生活调查问卷中，除了三个变量，其余均是一位数。这三个变量如下。

- qno：宽度依赖于样本的规模，这里的宽度是四位数，表示样本最多只能是 9 999 个。
- cost：宽度设定为四位数，意味着个人每周在娱乐上的最大可能花费为 9 999 英镑，它应该适合所有的调查对象。
- sug1，sug2，sug3：两位数，允许 10 或以上的编码。

#### 小数位（decimal places）

在校园生活调查问卷中，没有变量包含小数位，所以小数位的数值设置为 0。然而，很多变量可能包含有小数位或者元/分、磅/便士等。例如，一个人的身高，或者一个游客的日消费。

#### 变量标签（label）

变量标签比变量名称更为完整，描述的内容也更多。对变量标签没有内容或长度的限制。在 SPSS 输出结果中包含变量标签，使得结果更容易为读者所理解。包含很多变量的长问卷有必要经常使用变量标签，特别是当短变量名称不能马上被理解识别的时候。

#### 数据/数值标签（value label）

数值标签用以识别每个变量的编码：例如，对性别来说，1=男性，2=女性。在校园生活问卷的案例中如下。

- 问卷编号仅仅是一个参考编号，因此它没有数值标签。

- 以问题 1、2 和 5 为基础的变量有特定的编号或数值（1、2、3…），问卷中指定了数值标签。
- 以问题 3 为基础的变量在 1～5 进行等级划分，因此，它们在图 16-5 中的含义是明确的，没有数值标签。实际上，这些变量的数值也可以被赋予以下变量标签：1 = 第一重要，2 = 第二重要，3 = 第三重要，4 = 第四重要，5 = 第五重要。
- 变量 cost 是一个没有编码的金钱数值，age 是年龄值，因此，它们没有数值标签。
- 问题 6 是一个开放式问题，其数值/标签获得方式如图 10-8 所示。

**缺失值（missing）**

如果某个调查对象对问卷中的某个问题没有进行回答，那么，数据输入则为空白，或者用“未回答”或“不可用”进行编码。软件会自动将数据空白处理为缺失值，但“未回答”和“不可用”编码需要指定为缺失值。这意味着在计算均值和百分数时，会将缺失值排除在外。在校园生活数据集中，缺失值的现象在变量 sug1、sug2 和 sug3 的个案中表现明显，因为一些调查对象根本没有提供任何建议，大多数人仅提供了一个建议，只有极少数提供了三个建议，所以在数据中常常有空白出现，特别是 sug2 和 sug3。在和问题 2 相联系的四个变量的个案中，有可能因没有使用服务而留下空白，从而产生出缺失值。但是这些没有使用服务的个案可以用 0 进行编码。缺失值的现象在本章中不进行详细探讨，在 SPSS 的输出结果中可以明确看到缺失值。

**列宽（columns）**

每个变量的列宽数值会影响到下面所要讨论的数据视图（data view）窗口的呈现方式。一个变量能够以任何宽度的列宽来呈现，无论其指定的宽度是多少。在校园生活的案例中，对所有变量其列宽都指定为 4，因而在大多数计算机中，所有的数据无须滚屏都能够在数据视图窗口中立即呈现。

**对齐方式（alignment）**

对齐也是一种显示方式。在电子表格或列表中，为了便于阅读，数值型数据向右对齐，而文本通常向左对齐更为适合。

**测量（measure）**

数据能够划分为定类型（nominal）、定序型（ordinal）和定量型（scale）。

- 定类型数据由非数值化的分类组成，如案例问卷中问题 1 中的学生情况分类，以及问题 2 中的“是/否”。在这种情况下，用于计算机分析的数值编码并不具备数值含义。例如，编码 2 并不是说它是编码 4 的一半，1/0 编码可以是 6 和 7、A 和 B、X 和 Y。对它进行计算，如定类编码的均值或平均数，是没有意义的。
- 定序型数据反映的是一种等级次序。如案例问卷的问题 3 中，这个问题里的 1、2、3 表示的是重要程度的等级，但是等级 3 不能被解释为重要性是等级 1 的 3 倍。但是，还是有可能去计算等级次序的均值或平均数，如去谈论一个“平均等级”。
- 定量型数据完全是数值，如案例问卷中的问题 4（花费）和问题 8（年龄）。数值信息，如一个人的年龄、某项活动参与者的旅行花费或频次，是定量型数据。在这种情况下，回答 4 就是回答 2 的两倍，同时，也很适合计算平均数或均值。

变量的数据类型或测量类型，会影响到适用的统计分析范围和恰当的图形格式，这些将在后面，特别是第 17 章进行讨论。

在图 16-3 中，每个变量都可以用定类型、定序型或定量型来进行度假，如下所示。

- qno 虽然没有用于分析，但仍被当作定量型变量；
- 问题 1、2、6 和 7 的变量是定类型；
- 问题 3 的变量是定序型；
- 问题 4 的变量 spend 和问题 8 的变量 age，是定量型变量；
- 问题 5 的变量是“李克特型”，是一种特殊的定量型变量，下面要对它进行讨论。

### 态度/李克特变量（Likert variable）

态度/李克特变量（见第 10 章）广泛运用于心理学和市场研究中，几乎已经被视作定量型变量。虽然它们事实上只不过是定序型变量。因此，在使用这类变量的时候，均值被承认为一种恰当的分析形式。在校园生活问卷中，问题 5 中从 1 到 3 的分值能够被当作数值来进行处理，表明列出的项目的重要性水平。均值可以被解释为重要性的平均“得分”。在一些条件下，还可以增加分值。

### 角色（role）

对所有变量，默认设置都是“输入”（input）。这里我们不需要关注它。在下面讨论重新编码程序的时候，“输出”（output）变量的含义会很明显。

## 开始

在计算机上开启 SPSS Statistics 程序，按图 16-4 的指示激活程序。转换到变量视图窗口，开始下面的进程。

1. 在你的计算机上用合适的窗口图标，或“Start”然后“All Programs”，启动 SPSS Statistics。
2. 在 SPSS Statistics 界面上弹出对话框，显示问题“What do you want to do？”（您希望做什么？）
3. 单击“Type in data”（输入数据），然后单击“OK”按钮。
4. “Data view”（数据视图）窗口将接受数据，“Variable view”（变量视图）窗口将接受关于变量的信息。具体如图 16-5 所示。你可以用底部的选项条在二者之间进行切换。

**图 16-4　开启 SPSS Statistics 程序**

## 键入变量信息——变量视图窗口

上面图 16-3 显示的来自问卷的变量信息，必须输入到变量视图窗口中。校园生活问卷的操作结果显示在图 16-6 中，要注意有数值标签识别的变量，数值标签可以复制和粘贴。

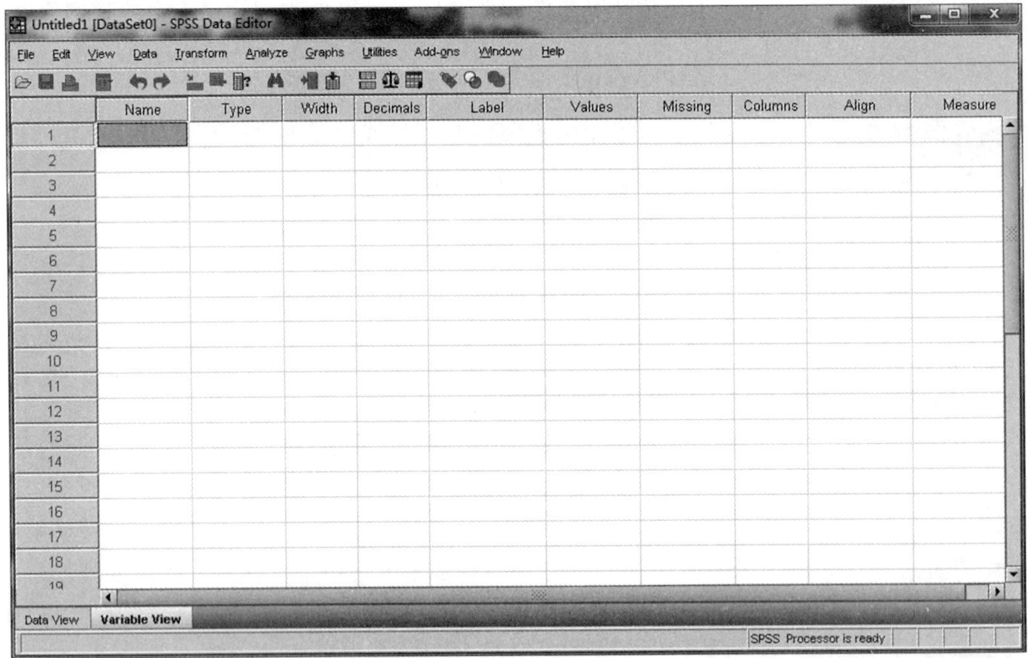


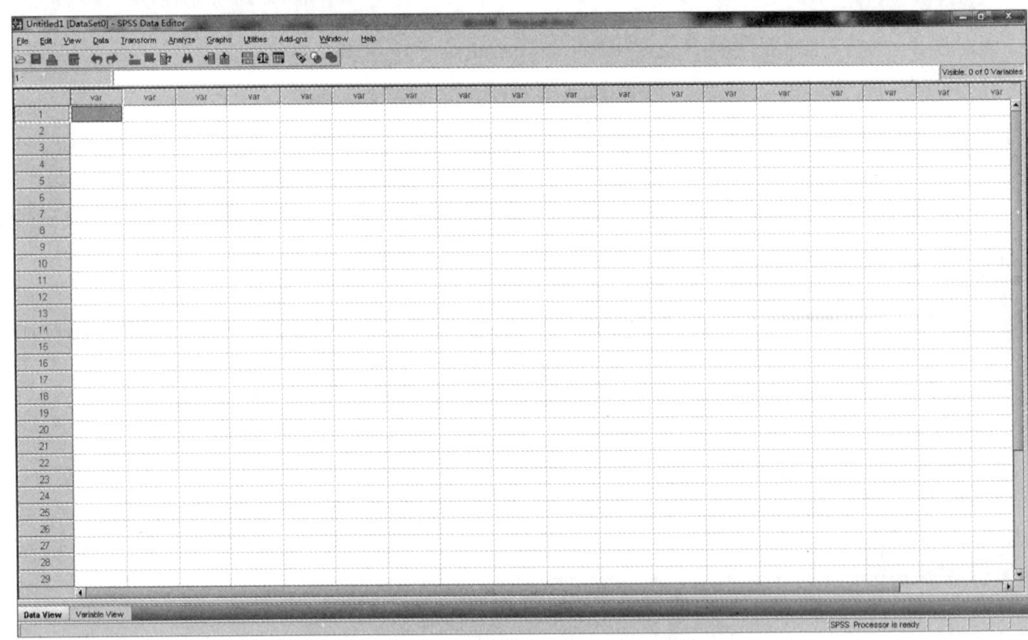


图 16-5 空白的变量视图和数据视图窗口

## 保存工作

在准备过程中，对于任何计算机工作，文件应该及时储存到硬盘或记忆盘上。当工作结束时，也应该制作备份复制。SPSS 数据文件的后缀是.sav，所以案例文件可以命名为 CompusLifeSurvey.sav。一旦文件储存，标题“CompusLifeSurvey”会在屏幕顶部出现。

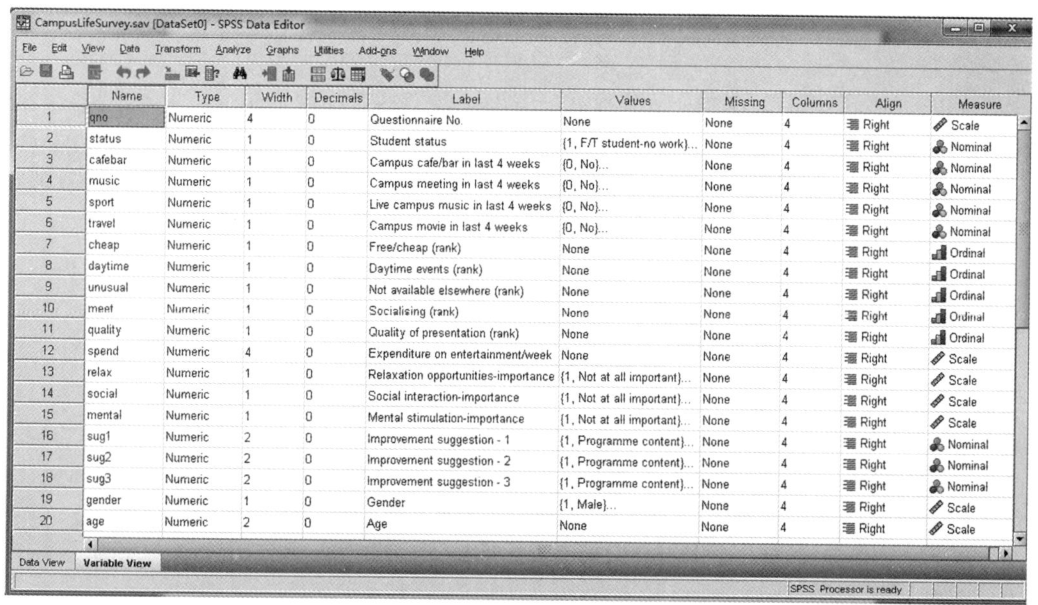

CampusLifeSurvey.sav [DataSet0] - SPSS Data Editor

| | Name | Type | Width | Decimals | Label | Values | Missing | Columns | Align | Measure |
|---|---|---|---|---|---|---|---|---|---|---|
| 1 | qno | Numeric | 4 | 0 | Questionnaire No. | None | None | 4 | Right | Scale |
| 2 | status | Numeric | 1 | 0 | Student status | {1, F/T student-no work}... | None | 4 | Right | Nominal |
| 3 | cafebar | Numeric | 1 | 0 | Campus cafe/bar in last 4 weeks | {0, No}... | None | 4 | Right | Nominal |
| 4 | music | Numeric | 1 | 0 | Campus meeting in last 4 weeks | {0, No}... | None | 4 | Right | Nominal |
| 5 | sport | Numeric | 1 | 0 | Live campus music in last 4 weeks | {0, No}... | None | 4 | Right | Nominal |
| 6 | travel | Numeric | 1 | 0 | Campus movie in last 4 weeks | {0, No}... | None | 4 | Right | Nominal |
| 7 | cheap | Numeric | 1 | 0 | Free/cheap (rank) | None | None | 4 | Right | Ordinal |
| 8 | daytime | Numeric | 1 | 0 | Daytime events (rank) | None | None | 4 | Right | Ordinal |
| 9 | unusual | Numeric | 1 | 0 | Not available elsewhere (rank) | None | None | 4 | Right | Ordinal |
| 10 | meet | Numeric | 1 | 0 | Socialising (rank) | None | None | 4 | Right | Ordinal |
| 11 | quality | Numeric | 1 | 0 | Quality of presentation (rank) | None | None | 4 | Right | Ordinal |
| 12 | spend | Numeric | 4 | 0 | Expenditure on entertainment/week | None | None | 4 | Right | Scale |
| 13 | relax | Numeric | 1 | 0 | Relaxation opportunities-importance | {1, Not at all important}... | None | 4 | Right | Scale |
| 14 | social | Numeric | 1 | 0 | Social interaction-importance | {1, Not at all important}... | None | 4 | Right | Scale |
| 15 | mental | Numeric | 1 | 0 | Mental stimulation-importance | {1, Not at all important}... | None | 4 | Right | Scale |
| 16 | sug1 | Numeric | 2 | 0 | Improvement suggestion - 1 | {1, Programme content}... | None | 4 | Right | Nominal |
| 17 | sug2 | Numeric | 2 | 0 | Improvement suggestion - 2 | {1, Programme content}... | None | 4 | Right | Nominal |
| 18 | sug3 | Numeric | 2 | 0 | Improvement suggestion - 3 | {1, Programme content}... | None | 4 | Right | Nominal |
| 19 | gender | Numeric | 1 | 0 | Gender | {1, Male}... | None | 4 | Right | Scale |
| 20 | age | Numeric | 2 | 0 | Age | None | None | 4 | Right | Scale |

图 16-6　变量视图窗口

## 输入数据——数据视图窗口

转换到数据视图窗口，可以看到通过变量视图窗口输入的变量名称自动处于窗口位置中，系统正等待输入数据。来自问卷的数据现在能够被键入：屏幕上的一行就是一份问卷，或一个案例。图 16-7 显示的数据视图窗口的数据来自表 10-13 中的 15 个案例/问

*CampusLifeSurvey.sav [DataSet0] - SPSS Data Editor

| | qno | status | cafebar | music | sport | travel | cheap | daytime | unusual | meet | quality | spend | relax | social | mental | sug1 | sug2 | sug3 | gender | age |
|---|---|---|---|---|---|---|---|---|---|---|---|---|---|---|---|---|---|---|---|---|
| 1 | 1 | 2 | 1 | 1 | 0 | 0 | 1 | 4 | 2 | 3 | 5 | 100 | 3 | 3 | 1 | 1 | . | . | 1 | 18 |
| 2 | 2 | 2 | 1 | 1 | 1 | 0 | 1 | 4 | 2 | 3 | 5 | 50 | 2 | 3 | 1 | 2 | 1 | . | 1 | 19 |
| 3 | 3 | 3 | 1 | 0 | 0 | 0 | 2 | 5 | 1 | 3 | 4 | 250 | 2 | 2 | 2 | 3 | 4 | . | 2 | 19 |
| 4 | 4 | 4 | 0 | 0 | 0 | 0 | 2 | 3 | 1 | 4 | 5 | 25 | 3 | 2 | 2 | 1 | 2 | 4 | 1 | 22 |
| 5 | 5 | 3 | 1 | 0 | 0 | 1 | 1 | 4 | 3 | 2 | 5 | 55 | 3 | 3 | 1 | . | . | . | 2 | 24 |
| 6 | 6 | 3 | 1 | 1 | 1 | 0 | 2 | 4 | 1 | 3 | 5 | 40 | 2 | 3 | 1 | 2 | . | . | 2 | 20 |
| 7 | 7 | 2 | 1 | 0 | 0 | 0 | 3 | 2 | 1 | 4 | 5 | 150 | 2 | 3 | 2 | 3 | . | . | 2 | 20 |
| 8 | 8 | 2 | 1 | 0 | 1 | 0 | 3 | 4 | 2 | 1 | 5 | 250 | 1 | 2 | 2 | 4 | 5 | . | 1 | 21 |
| 9 | 9 | 4 | 0 | 1 | 0 | 0 | 1 | 5 | 2 | 3 | 4 | 300 | 2 | 3 | 2 | . | . | . | 1 | 21 |
| 10 | 10 | 3 | 1 | 1 | 0 | 0 | 2 | 3 | 1 | 5 | 4 | 100 | 1 | 2 | 1 | 1 | 1 | . | 2 | 21 |
| 11 | 11 | 3 | 1 | 1 | 0 | 1 | 2 | 3 | 1 | 4 | 5 | 75 | 2 | 2 | 1 | 2 | 3 | . | 2 | 19 |
| 12 | 12 | 2 | 1 | 0 | 1 | 0 | 1 | 4 | 3 | 2 | 5 | 50 | 2 | 3 | 1 | . | . | . | 1 | 22 |
| 13 | 13 | 1 | 1 | 0 | 1 | 0 | 1 | 5 | 2 | 3 | 4 | 55 | 2 | 3 | 2 | 1 | 2 | . | 2 | 21 |
| 14 | 14 | 3 | 1 | 1 | 0 | 0 | 2 | 4 | 1 | 3 | 5 | 75 | 3 | 3 | 2 | 4 | . | . | 2 | 20 |
| 15 | 15 | 1 | 1 | 1 | 0 | 0 | 3 | 2 | 1 | 5 | 4 | 150 | 3 | 3 | 1 | 1 | 2 | 5 | 1 | 20 |
| 16 | | | | | | | | | | | | | | | | | | | | |
| 17 | | | | | | | | | | | | | | | | | | | | |
| 18 | | | | | | | | | | | | | | | | | | | | |

图 16-7　包含 15 份问卷的数据视图窗口

卷。一般来说，只包含有 15 个样本对典型的休闲/旅游调查来说规模太小，所以在这里主要用以演示。

可以看到，这和图 16-2 中显示的电子表格数据文件很相似。的确，主要数据已经输入到电子表格并存储为一个文件，该文件可以被 SPSS 直接上传加载。找到 File（文件）>Open（打开）>Data（数据），在“Open Data”（打开数据）对话框，寻找文件并将“Files of type”（文件类型）转换为合适的类型，如 Excel。

一旦数据视图和变量视图窗口完成并对文件进行了保存，就可以准备开始分析了。

# SPSS 统计程序

## 开始分析

如果你刚完成数据输入，那么你需要处理的数据文件已经位于屏幕上（图 16-3）。否则接下来你需要按图 16-8 所指示的那样打开数据。

1. 在你的计算机上用合适的窗口图标，或“Start”（开始），然后“All Programs”（所有程序），启动 SPSS Statistics。
2. 在 SPSS Statistics 界面上出现对话框，显示问题：“What do you want to do？”（您希望做什么）
3. 如果这是你建立 SPSS 文件的计算机，那么它也许在“Open an existing data source”（打开现有的数据源）窗口已经列出，如 CompusLifeSurvey.sav，你可以选择并单击它。如果你的文件没有展示在其中，选择“More files”（更多文件）选项，然后在合适的位置寻找你的文件。
4. 完成的数据视图和变量视图窗口现在应该出现在你面前。

**图 16-8　开启 SPSS 分析程序**

## 描述性统计（descriptives）

对特定变量，描述性统计程序能给出一些统计值。它在分析开始时很有用，可以核查所有变量某些方面的信息。程序操作的细节和案例输出结果如图 16-9 所示。在案例中，每个变量（qno 除外）给出了 5 个统计量。

### *N*——样本总数

除了建议 2 和建议 3，所有的变量样本总数都是 15，因而只有 12 个调查对象提供了第 2 条建议，8 个人提供了第 3 条建议。对其他人来说，建议 2 和建议 3 都是空白。

### 最小值和最大值

对那些编码的变量，这可以核查没有变量被错误编码，导致编码超出范围，如 1～3。对没有编码的数值型变量，最大值和最小值也许是有用的结果。

### 均值

均值或平均数，是变量的所有数值之和除以调查对象人数（*N*）的数值。其测量理念是这个样本中某个变量的“中间数”（middle），或“中心趋势”（central tendency）。其他测量中心趋势的方法将在下面的频次程序中予以介绍。

程序

1. 选择“Analyze”（分析），然后选择“Descriptive Statistics”（描述性统计）选项，再选择“Descriptive”（描述）选项。
2. 选择除 qno 之外的所有变量，并移入“Variables”（变量）框。
3. 选择“Options”（选项）选项，确保下列内容已经打钩：“Mean”（均值），“St. Deviation”（标准差），“Minimum”（最小值）和“Maximum”（最大值），然后单击“Continue”（继续）按钮。
4. 单击“OK”按钮，输出结果。

**PASW 输出结果**

**Descriptive Statistics**

| | *N* | Minimum | Maximum | Mean | Std. Deviation |
|---|---|---|---|---|---|
| Student status | 15 | 1 | 4 | 2.53 | 0.915 |
| Campus cafe/bar in last 4 weeks | 15 | 0 | 1 | 0.87 | 0.352 |
| Campus meeting in last 4 weeks | 15 | 0 | 1 | 0.53 | 0.516 |
| Live campus music in last 4 weeks | 15 | 0 | 1 | 0.33 | 0.488 |
| Campus movie in last 4 weeks | 15 | 0 | 1 | 0.13 | 0.352 |
| Free/cheap (rank) | 15 | 1 | 3 | 1.80 | 0.775 |
| Daytime events (rank) | 15 | 2 | 5 | 3.73 | 0.961 |
| Not available elsewhere (rank) | 15 | 1 | 3 | 1.60 | 0.737 |
| Socialising (rank) | 15 | 1 | 5 | 3.20 | 1.082 |
| Quality of presentation (rank) | 15 | 4 | 5 | 4.67 | 0.488 |
| Expenditure on entertainment/week | 15 | 25 | 300 | 115.00 | 87.076 |
| Relaxation opportunities-importance | 15 | 1 | 3 | 2.20 | 0.676 |
| Social interaction-importance | 15 | 2 | 3 | 2.67 | 0.488 |
| Mental stimulation-importance | 15 | 1 | 2 | 1.47 | 0.516 |
| First suggestion | 12 | 1 | 4 | 2.08 | 1.165 |
| Second suggestion | 8 | 1 | 5 | 2.50 | 1.414 |
| Third suggestion | 2 | 4 | 5 | 4.50 | 0.707 |
| Gender | 15 | 1 | 2 | 1.53 | 0.516 |
| Age | 15 | 18 | 24 | 20.47 | 1.506 |
| Valid *N* (listwise) | 2 | | | | |

图 16-9 描述性分析

对下面的变量来说，均值是一个有用的统计量。

- 数值变量：在这个案例中，花费的均值是 115 英镑；样本成员的年龄均值是 20.47 岁。
- 定序变量：例如，free/cheap 变量的平均等级是 1.8。

一般来说，均值这个统计量对定类/编码变量来说没有用，但也有例外：

- 李克特量表：第 10 章所讨论过的休闲、社交互动和精神激励，它们的得分可以视作重要性的指标，所以均值也就是样本平均重要程度的指标。因此，在这个案例中，社交互动（均值为 2.67）是最重要的，精神激励（均值为 1.47）是最不重要的。

- 1/0 变量（校园咖啡馆/酒吧）：由于没有使用服务的得分是 0，均值实际上就是反映总体中使用者的数值，即使用者的比例。因此，就本例而言，咖啡馆/酒吧服务的使用者比例是 0.87 或 87%。

### 标准差

标准差是衡量数值相对于均值的离散情况的统计量。本例中，在调查对象需要进行排序的变量中，服务质量的标准差是 0.647，社交是 1.082。这意味着，当我们从最大值/最小值的角度来看时，前者所有调查对象不是 4 分就是 5 分，而后者的得分范围为从 1 至 5。标准差将在第 17 章中进一步讨论。

## 频次（frequencies）

频次分析是描述性分析中最简单的形式：它仅仅得出单个变量的计数和百分比。例如，每个学生情况分组中登记的调查对象的数量和百分比。这个程序可以一次用于一个变量或多个变量。建议开始分析数据集时，对一个变量运行以下频次程序，以便计算机能够读取数据并按照工作命令建立数据文件。

### 单个变量的频次分析

获取变量 status 统计表的程序如图 16-10 所示，还包括有相应的输出结果。结果窗口有两个表格。第一个统计表表示的是用以分析的“有效个案”的数量，在此例中为 15。第二份表格的标题是学生情况，显示如下。

- 频次：每个学生情况分组中学生的数量；
- 百分比（percent）：将频次转换为百分比；
- 有效百分比（valid percent）：在“缺失值”中已经解释；
- 累积百分比（cumulative percent）：累加的百分比，对 spend 和 age 这样的变量很有用，但是对变量 status 没有特定的用处。

### 多个变量的频次分析

如果单个变量的频次表分析令人满意的话，在图 16-10 的第二步中，将所有变量（qno 除外）移入变量框可以得到所有变量的频次表。在调查分析中，提供所有变量的频次表是调查分析中常用的初步分析手段。它可以有效地了解结果的概貌，而且能够检查数据的情况。对案例问卷进行多变量频次分析的结果列于附录 16.1 中。

要注意的是，频次对话框中的变量列表可以以变量名称或者更长的变量标签形式进行显示，并且能够按照它们出现在变量视图中的顺序或字母顺序进行排列。要更改这些设置，可以单击“Edit（编辑）>Options（选项）>General（常规）>Variable Lists（变量列表）”。对输出表格的格式进行更改也可以在这里进行。改变要在文件存储、关闭并重新启动后才生效。

程序

1. 从屏幕顶端的菜单条中选择“Analyze”选项，然后选择“Descriptive Statistics”选项，再选择“Frequencies”选项，打开频次对话框。
2. 在频次对话框中：
   a. 选择变量 status，然后单击右边箭头将它移入“Variables”对话框用于分析。
   b. 确定“Display frequency table”（显示频率表格）打了钩。
   c. 单击“OK”按钮，显示如下新的输出结果窗口。

**PASW 输出结果**

**Statistics**

Student status

| | | |
|---|---|---|
| *N* | Valid | 15 |
| | Missing | 0 |

**Student status**

| | | Frequency | Percent | Valid Percent | Cumulative Percent |
|---|---|---|---|---|---|
| Valid | F/T student-no work | 2 | 13.3 | 13.3 | 13.3 |
| | F/T student-working | 5 | 33.3 | 33.3 | 46.7 |
| | P/T student-F/T job | 6 | 40.0 | 40.0 | 86.7 |
| | P/T student-other | 2 | 13.3 | 13.3 | 100.0 |
| | Total | 15 | 100.0 | 100.0 | |

图 16-10　单个变量的频次分析

## 检查错误

得到所有变量的频次统计结果后，需要对结果进行检查来明确有无错误。例如，可能有无效的编码或者没有预料到的缺失值。这些错误必须回溯到数据文件中加以改正，也许还要参考原始问卷。接下来数据必须在数据窗口中予以改正，然后再次运行那个变量的频次统计表。继而，已经纠正的，“干净的”数据应该储存在硬盘、CD 或 USB 这存储设备上。

## 多重响应（multiple response）

案例问卷中，问题 2 和 6 是多重响应题（多个回答）。有些单一问题可能有多个回答，必须用多个变量进行分析。在 SPSS 中，可以运行特定的多重响应程序来处理这些特性。有两种类型的多重响应问题。

- 多重响应——二分法（multiple response-dichotomous）：问题 2 中用到的校园服务就是一个二项变量，因为每个回答都是是/否（两个数值）变量，任何一个调查对象都可以勾选一个、两个、三个或所有四个选框，所以每个都是一个独立变量。
- 多重响应——分类（multiple response-categories）：问题 6，改进措施建议，有三

个变量，sug1、sug2 和 sug3，如前面讨论过的，每个都以 5 个相同的分类数值进行编码。

从附录 16.1 中可以看到，一般的频次分析程序对这些问题的输出结果呈现出的形式很不方便——问题 2 有四个表格，问题 6 有三个。多重响应程序对每个问题均将多重响应呈现在一个简单的表格中。这个程序的操作及相应的结果如图 16-11 所示，问题 2 和问题 6 只有一张表格。需要注意的是，和调查对象数量以及回答人数量相关的百分比也呈现在结果中，对它们要根据研究目的来使用。

## 重新编码（recode）

正如名称所说的，重新编码是能够用来对变量编码数值进行转换的程序。这个程序可以用于定量变量、定序变量和定类变量。这么做是基于以下几个理由。

- 表现目的：当定量变量存在大量分类，特别是一些分类包含的回答数量较少时。
- 理论目的：不同的分析部分需要对回答分类进行不同的分组时。
- 比较目的：和先前的研究进行比较需要不同的分组时。
- 统计目的：在第 17 章讨论。

### 对定量变量和定序变量的重新编码

定量型变量和定序型变量没有预先编码，记录于数据文件中的是调查对象回答的实际数值。特别是对定量型变量来说，这意味着上面简要介绍的频次程序将会输出一个数据集中包含所有数值的表格，就像附录 16.1 中变量 spend 和 age 的情况那样。大样本的情况下，这可能会产生出数百行的没什么实际意义的大型表格，可读性差，难以管理，特别是对交叉列联表（将在下面讨论）而言。这些变量的重新编码分组可见图 16-12 中的第一部分。

定序变量，如问题 3 中的那些，也能重新编码。例如，等级次序中的第一等级和第二等级可以合并为一组，第三和第四等级可以合并，以此类推。类似地，问题 5 中那样的李克特类型变量同样能够被重新编码，例如，“非常重要”和“重要”可以合并为一组。

也许有人会问：既然变量终究要被分组，为什么不直接表现在问卷中，让调查对象直接在空格里打钩就行了？其实这种方式经常被采用。但是没有对变量进行预先编码的优势在于，在适应哪种归类更符合需要方面可能会更加灵活，同时还可以适用于诸如均值和回归这样的分析程序，而这些程序一般来说对预先编码的变量或定类型变量不适用。

### 对定类变量/预先编码变量的重新编码

对定类变量或预先编码变量，也有可能用重新编码来转换分组。例如，可以对全日制学生和非全日制学生进行比较分析，也就是说，是两组而不是四组。这在图 16-12 的第二部分中予以演示。

程序

1. 从屏幕顶端的菜单条中选择“Analyze”选项，然后选择“Multiple response”（多重响应）选项，再选择“Define Variable Sets”（定义变量集）选项。

**多重相应——二分法**

2. 将 café/bar、music、sport 和 travel 移入“Variables in Set”（集合中的变量）框。
3. 在“Variables are coded as”（将变量定义为）框中，选择“Dichotomies”（二分法）选项。
4. 在“Counted value”（计数值）框中键入“1”。
5. 对这个集给予一个名称，如 Services。
6. 增加一个标签，如 Services used。
7. 选择“Add”（添加）选项。
8. 一个新变量，$ Services，自动出现在列表中。
9. 单击“Close”（关闭）按钮。

**多重响应——分类**

2. 将 sug1、sug2、sug3 移入“Variables in Set”框。
3. 在“Variables are coded as”框中，选择“categories”（分类）选项。
4. 在“Range”（范围）框中键入 1 到 5。
5. 添加名称，如 sugs。
6. 增加一个标签，如 Suggestions for Improvement。
7. 选择“Add”选项。
8. 一个新变量，$ sugs，自动出现在列表中。
9. 单击“Close”按钮。

输出统计表：

10. 选择“Analyze”选项。
11. 选择“Multiple response”选项。
12. 选择“Frequency”选项，并使用新变量。

**PASW 输出结果**

Multiple Response

*Group：$services - services used (Value tabulate =1)*

| Dichotomy label | Name | Count | Pct of Responses | Percent of Cases |
|---|---|---|---|---|
| Campus cafe/bar in last 4 wks | cafe/bar | 13 | 46.4 | 92.9 |
| Live campus music in last 4 wks | music | 8 | 28.6 | 57.1 |
| Sport facilities in last 4 wks | sport | 5 | 17.9 | 35.7 |
| Travel service in last 4 wks | travel | 2 | 7.1 | 14.3 |
| Total Responses | | 28 | 100.0 | 200.0 |

1 missing case; 14 valid cases

*Group：$sugs- Suggestions for Improvement*

| Category label | Code | Count | Pct of Responses | Percent of Cases |
|---|---|---|---|---|
| Programme content | 1 | 7 | 31.8% | 58.3% |
| Timing | 2 | 6 | 27.3% | 50.0% |
| Facilties | 3 | 3 | 13.6% | 25.0% |
| costs | 4 | 4 | 18.2% | 33.3% |
| Organisation | 5 | 2 | 9.1% | 16.7% |
| Total Responses | | 22 | 100.0% | 183.3% |

2 missing case; 12 valid cases

**图 16-11　多重响应：程序**

**第 1 部分　定量变量或定序变量**

案例：对变量 spend 进行如下重新编码。

| 建议分组 | 新编号 | 数值标签 |
|---|---|---|
| 0～50 | 1 | 0～50 英镑 |
| 51～100 | 2 | 51～100 英镑 |
| 101～200 | 3 | 101～200 英镑 |
| $201^{+}$ | 4 | 201 英镑及以上 |

**程序**

1. 在屏幕顶端，选择“Transform”（转换）选项，然后选择“Recode in Different Variables”（重新编码为不同变量）选项。
2. 选择要被重新编码的变量，spend，转移到“Numeric variable—>Output variable”（数字变量—>输出变量）框。
3. 在“Output variable”框，添加名称（如 spendr）和标签（如 spend in entertainment- recoded）。
4. 选择“Old and New Values”（旧值和新值）选项。
5. 在“Old Value”（旧值）框中选择“Range”（范围）选项，在第一个框中键入“1”，第二个框中键入“50”。
6. 在“New Value”（新值）框中，键入“1”，然后选择“Add”选项，“Old—>New”（旧—>新）框，现在应该包含“1 thru 50 —> 1”。
7. 重复第 5 步和第 6 步：51 到 100——值为 2；101 到 200——值为 3。
8. 选择“Range through Highest”（范围，从值到最高）选项：键入“201”。在“New Value”框中键入“4”，然后选择“Add”选项。“Old—>New”框现在应该包含“1 thru 50 —> 1，51 thru 100 —> 2，101 thru 200 —> 3，201 thru Highest —> 4”。
9. 单击“Continue”按钮。
10. 选择“Change”（更改）选项，然后单击“OK”按钮。
11. 像上面介绍过的为一些变量添加数值标签那样在变量视图窗口中添加数值标签。
12. 如果想要再次使用带有新变量的数据文件，对其进行保存。
13. 对重新编码的变量 spendr，用常规方法获取频次分析表，输出结果如下。

**Spend 重新编码后的输出结果**

| | Frequency | Percent | Valid Percent | Cumulative Percent |
|---|---|---|---|---|
| £0～50 | 4 | 26.7 | 26.7 | 26.7 |
| £51～100 | 6 | 40.0 | 40.0 | 66.7 |
| £101～200 | 2 | 13.3 | 13.3 | 80.0 |
| £$201^{+}$ | 3 | 20.0 | 20.0 | 100.0 |
| Total | 15 | 100.0 | 100.0 | |

**图 16-12　重新编码的程序和结果**

**第二部分 对字符串（预先编码）的变量**

案例：对变量 status 进行如下重新编码。

| 当前编码 | 新编号 | 数值标签 |
|---|---|---|
| 1. F/T student-no work<br>2. F/T student-working | 1 | Full-time student |
| 3. P/T student-F/T job<br>4. P/T student-other | 2 | Part-time student |

**程序**

1～4. 用变量 status，重复上面的 1～3 步，重新编码的变量名称为 statusr，数值标签为 Status-recoded。

5. 在“Old Value”框中选择“Range”选项，在第一个框中键入“1”，第二个框中键入“2”。
6. 在“New Value”框中，键入“1”，然后选择“Add”选项，“Old—>New”框现在应该包含“1 thru 2 —> 1”。
7. 重复第 5 步和第 6 步：3 到 4——值为 2。“Old-- >New”框现在应该包含“3 thru 4 —> 2”。
8. 单击“Continue”按钮。
9. 选择“Change”选项，然后单击“OK”按钮。新变量此时出现在数据视图和变量视图中。
10. 像上面介绍过的为一些变量添加数值标签那样在变量视图窗口中添加数值标签。
11. 如果想要再次使用带有新变量的数据文件，对其进行保存。
12. 对重新编码的变量 statusr，用常规方法获取频次分析表，输出结果如下。

**Status 重新编码后的输出结果**

| | Frequency | Percent | Valid Percent | Cumulative Percent |
|---|---|---|---|---|
| Full-time student | 7 | 46.7 | 46.7 | 46.7 |
| Part-time student | 8 | 53.3 | 53.3 | 100.0 |
| Total | 15 | 100.0 | 100.0 | |

**图 16-12（续）**

## 均值、中位数（median）和众数（mode）：中心趋势的度量

在上面对描述性统计的讨论中，我们已经明白了中心趋势的测量思想和均值。如上所述，均值就是平均值，仅适用于定量变量和定序变量，对编码表示定性分类的定类变量并不适合，除了上面讨论过的少数例外。

在这里，还要讨论另外两种度量中心趋势的统计量。

- 中位数：是一个数值，样本中比这个数值大的成员数量与比它小的成员数量一样多。
- 众数：也是一个数值，样本中等于该值的成员数目最多。

图 16-13 显示，在 SPSS 中，有两个程序可以用来计算均值。

方法 1 利用了频次统计程序的一个特征统计量。

**方法1：使用频次分析程序**

a. 定量变量

1. 选择“Analyze”选项，然后选择“Descriptive Statistics”选项，再选择“Frequencies”选项。
2. 选择变量spend，移入“Variable(s)”对话框。
3. 选择“Statistics”（统计量）选项，单击“Mean”“Median”（中位数）和“Mode”（众数）。
4. 单击“Continue”按钮。
5. 单击“OK”按钮，按普通方式得出频次。

SPSS结果（没有复制频次统计表）

**Statistics**：Expenditure on entertainment/month

| | | |
|---|---|---|
| *N* | Valid | 15 |
| | Missing | 0 |
| Mean | | 115.00 |
| Median | | 75.00 |
| Mode | | 50[a] |

a. Multiple modes exist. The smallest value is shown

b. 态度陈述/李克特量表

使用a中的程序，计算三个变量的均值：relax、social和mental，输出结果如下：

**SPSS结果（没有复制频次统计表）**

**Statistics**

| | | Relaxation opportunities-importance | Social interaction-importance | Mental stimulation-importance |
|---|---|---|---|---|
| *N* | Valid | 15 | 15 | 15 |
| | Missing | 0 | 0 | 0 |
| Mean | | 2.20 | 2.67 | 1.47 |
| Median | | 2.00 | 3.00 | 1.00 |
| Mode | | 2 | 3 | 1 |

**方法2：使用均值程序**

a. 定量变量

1. 选择“Analyze”选项，然后选择“Compare Means”（比较均值）选项，再选择“Mean”选项。
2. 选择变量status，移入“Independent list*”（自变量列表）框。
3. 选择变量spendr，移入“Dependent list*”（因变量列表）框。
4. 单击“OK”按钮。如下所示，每个分组的均值和标准差得以计算，不同的组别显示出不同的数值。

（*自变量、因变量和标准差将在第17章中讨论。）

**SPSS结果**

**Report**

Expenditure on entertainment/week

| Student status | Mean | *N* | Std. Deviation |
|---|---|---|---|
| F/T student-no work | 102.50 | 2 | 67.175 |
| F/T student-working | 120.00 | 5 | 83.666 |
| P/T student-F/T job | 99.17 | 6 | 76.643 |
| P/T student-other | 162.50 | 2 | 194.454 |
| Total | 115.00 | 15 | 87.076 |

**图16-13　均值程序及结果**

- 案例 1a 显示：
  - 样本中休闲娱乐花费的均值是 115 英镑。
  - 中位数值是 75 英镑，它比均值低是因为较低花费组的人数要比较高花费组的人数多。
  - 众数是 50 英镑、75 英镑、100 英镑、200 英镑和 250 英镑，因为所有这些都包含有两个被调查人。
- 案例 1b 演示了李克特型量表计算均值得分的程序，中位数没有太多的意义，但是众数，也就变量最为普遍的数值，在一些条件下是有意义的，能够有所助益。

方法 2 用均值程序，可以得到各个分组和总体样本的均值。例如，在图 16-13 中，显示了不同学生分组的娱乐花费均值。要注意的是，这可能已经跳出了描述领域而进入了可能的解释领域，因为它表明学生的全日制/非全日制和工作情况可能导致了花费水平的差异。

## 结果呈现：统计摘要

对大多数报告来说，软件计算得出的频次表包含有更多的细节，然而有些是不必要的。因此，在一些报告中，结论最好采用统计摘要的形式，而不是将计算机计算结果进行复制。摘要必须使用文字处理软件来准备，要么重新打印一份，要么对已经保存的 SPSS 输出文件进行编辑。例如，到目前为止所涵盖的频次分析、重新编码、多重响应和均值分析都能够像图 16-14 那样做出摘要。

关于这份摘要，应该注意下面几个问题。

- 多重响应变量的结果用了一张单独的表格来展示。
- 包括了 spend 和 age 的重新编码。
- 通过均值程序计算得出的 spend 和 age 的均值以及态度/李克特量表的均值得分已经在上面讨论过。
- 一般而言，没有必要在报告中同时列出频次和百分数，因为已经表明了样本规模：如果有必要，阅读摘要的读者自己可以去计算。

## 交叉列联表（crosstabulation）

### 简介

在计算频次和均值之后，运用最为普及的程序也许就是交叉列联表。它将两个或更多变量关联起来产生出那种社会分析中常常会遇到的表格类型。在对变量之间的联系进行分析时，交叉列联表标志着从单纯的描述性分析到解释性分析的转变。图 16-17 中的第一部分演示了 SPSS 交叉列联表的程序和输出结果。

### 行和列

在图 16-14 中，status 被确定为行变量，在表格中沿着边向下显示；music 被确定为列变量，贯穿表头。如果将两个变量互换，那么输出的表格中 status 横贯表头而 music 沿着表格边向下显示。

| 样本规模 | 15 | 每月休闲娱乐花费 | % |
|---|---|---|---|
| | | 0～50 英镑 | 26.7 |
| 学生情况 | % | 51～100 英镑 | 40.0 |
| 全日制——无工作 | 13.3 | 101～200 英镑 | 13.3 |
| 全日制——工作 | 33.3 | 201+英镑 | 20.0 |
| 非全日制——全职工作 | 40.0 | 每月平均花费 | 115.00 英镑 |
| 非全日制——其他 | 13.3 | | |
| 合计 | 100.0 | 改进措施建议 | 个案% |
| | | 项目内容建议 | 58.3 |
| 过去 4 周校园服务使用情况 | % | 时间安排建议 | 50.0 |
| 咖啡馆/酒吧 | 86.7 | 设施建议 | 25.0 |
| 实况校园音乐会 | 53.3 | 花费支出建议 | 33.3 |
| 运动设施 | 33.3 | 组织方式建议 | 16.7 |
| 旅行服务 | 13.3 | | |
| | | 性别 | % |
| 校园服务中各因素的重要性（平均等级） | | 男性 | 53.3 |
| 价格门槛 | 1.8 | 女性 | 46.3 |
| 白天活动 | 3.7 | | |
| 本校特有 | 1.6 | 年龄 | % |
| 社交机遇 | 3.2 | 18～19 岁 | 26.7% |
| 质量表现 | 4.7 | 20～21 岁 | 53.4% |
| | | 22 岁及以上 | 20.0 |

校园服务中各因素的重要程度

| | 很重要/% | 重要/% | 不重要/% | 均值得分* |
|---|---|---|---|---|
| 休闲机会 | 33.3 | 53.3 | 13.3 | 2.2 |
| 社交互动 | 66.7 | 33.3 | 0.0 | 2.7 |
| 精神激励 | 0 | 46.7 | 53.3 | 1.5 |

**图 16-14 校园生活调查 2010：统计摘要**

（*3＝ 很重要，2＝ 重要，1＝ 不重要）

## 百分比

大多数情况下，表格需要的是百分比而不是未经加工的数字。图 16-15 中第一部分的程序包含了行和列的汇总百分比（它和频次分析表中单个变量的百分比是一致的）。表格主干部分的单元格仅包含有未经加工的数据的计数，而非百分比。要在表格主干部分输出百分比需要确定“单元格内容”。对每个单元格的内容开说，有四种相关的选择。

- 计数。
- 行百分比：横贯整行，百分比将累加到 100。
- 列百分比：横贯整列，百分比将累加到 100。
- 总百分比：所有单元格的百分比累加为 100。

选择哪种百分比取决于分析的内容和目的。在对表格内容进行分析的过程中，这会变得很明显。"试错法"（trial and error）常常被用来测试特定情况下应该使用哪种形式的百分比。在交叉列联表中输出百分比的程序如图 16-15 中的第二部分。

## 三维交叉列联表（Three-way Crosstabulations）

三维交叉列联表很常用。例如，上面的表格能够进一步将 gender 细分。图 16-15 第三部分表明可以进行进一步的细分，虽然样本规模常常会限制它能细分到哪种程度。

**第一部分　交叉列联表——计数**

**程序**

1. 选择"Analyze"选项，然后选择"Descriptive Statistics"选项，再选择"Crosstabs"（交叉列联表）选项。
2. 将变量 music 移入"Column"（列）框。
3. 将变量 status 移入"Row"（行）框。
4. 单击"OK"按钮，结果如下。

**SPSS 结果**

**Student status * Live campus music in last 4 weeks Crosstabulation**

| | | Live campus music in last 4 weeks | | Total |
|---|---|---|---|---|
| | | No | Yes | |
| Student status | F/T student-no work | 1 | 1 | 2 |
| | F/T student-working | 3 | 2 | 5 |
| | P/T student-F/T job | 2 | 4 | 6 |
| | P/T student-other | 1 | 1 | 2 |
| Total | | 7 | 8 | 15 |

**第二部分　交叉列联表——百分比**

**程序**

1～3. 重复上面的 1～3 步。

4. 在交叉表对话框中选择"Cell"（单元格）选项，显示"Crosstabs: Cell Display"（交叉表：单元格显示）对话框。
5. 在"Count"（计数）框单击"Observed"（观察值）框中的勾，使之消失（注意：如果你想要同时获得计数和百分比，省略这一步）。
6. 在"Percentage"（百分比）中，选择"Row"选项。
7. 单击"Continue"按钮，然后单击"OK"按钮，结果如下。

**SPSS 结果**

**Student status * Live campus music in last 4 weeks Crosstabulation**

| | | Live campus music in last 4 weeks | | Total |
|---|---|---|---|---|
| | | No | Yes | |
| Student status | F/T student-no work | 50.0% | 50.0% | 100.0% |
| | F/T student-working | 60.0% | 40.0% | 100.0% |
| | P/T student-F/T job | 33.3% | 66.7% | 100.0% |
| | P/T student-other | 50.0% | 50.0% | 100.0% |
| Total | | 46.7% | 53.3% | 100.0% |

**图 16-15　交叉列联表：程序**

第三部分　三维交叉列联表

**程序**

1～3. 重复上面第一部分的 1～3 步。

4. 在交叉表对话框中，将 gender 移入“Layer”（层）框。

5. 单击“Continue”按钮，然后单击“OK”按钮，结果如下。

**SPSS 结果**

**Student status * Live campus music in last 4 weeks * Gender Crosstabulation**

| Gender | | | Live campus music in last 4 weeks | | Total |
|---|---|---|---|---|---|
| | | | No | Yes | |
| Male | Student status | F/T student-no work | 1 | 1 | 2 |
| | | F/T student-working | 2 | 3 | 5 |
| | | P/T student-other | 0 | 1 | 1 |
| | Total | | 3 | 5 | 8 |
| Female | Student status | F/T student-no work | 3 | 2 | 5 |
| | | F/T student-working | 0 | 1 | 1 |
| | | P/T student-F/T job | 1 | 0 | 1 |
| | Total | | 4 | 3 | 7 |

图 16-15（续）

## 加权（weighting）

第 13 章讨论了通过对数据加权来校正受到偏见的样本，介绍了计算权重因子的程序。对 SPSS 程序来说，引入权重因子最为简单的方式就是将权重作为一个附加变量。例如，权重变量可以命名为“wt”，并且像其他数据条目那样键入到数据文件中。

要对数据加权，选择“Data”（数据）选项，然后选择“Weight Cases”（加权个案）选项，确定合适的变量（例如，wt）作为权重变量。为了省去对每一个调查对象都键入一个权重，SPSS 提供了一个逻辑程序。例如，如果所有的硕士学位课程学生都被赋予权重 1.3，那它有可能在“Weight Cases”得到标示。这里不对这个程序的细节进行解释，读者可以参考“Weight Cases”对话框中的帮助工具。

## 绘图

数据的图形表达在大多数情况下是一种辅助交流手段。例如，大多数人更容易看出以图形形式表现的数据趋势和模式。计算机软件包一般提供了以下几种数据的图形形式。

- 条状图。
- 堆积条状图。
- 饼状图。

- 线状图。
- 散点图。

计算机能够对任何数据集绘制所有五种形式的图形。然而，对具体的数据类型来说，并不是每种图形都适合，哪种图形合适取决于数据类型或测量标准。三种类型的数据因而需要三种不同的图形处理。表 16-3 概括了这些数据类型及其对应的图形类型。

**表 16-3　数据类型和图形**

| 项　　目 | 数据类型 | | |
|---|---|---|---|
| | 定类数据 | 定序数据 | 定量数据 |
| 数据特征 | 定性分类 | 等级秩序 | 数值 |
| 图 10.20 中的案例问题 | 1，2，6，7 | 3，5 | 4，8 |
| 能够计算均值/平均数 | 否 | 是 | 是 |
| 图形类型 | | | |
| 条状图 | 是 | 是 | 是* |
| 饼状图 | 是 | 是 | 是* |
| 线状图 | 否 | 否 | 是 |
| 散点图 | 否 | 否 | 是 |

*分组

- 条状图或直方图也许是休闲和旅游研究中使用最为普遍的图形，因为它用每一个条块来处理分类，一些定量变量也首先要通过再编码分成若干组。堆积条状图包含了两个变量的信息，是交叉列联表的对应图形。
- 饼状图就像把一张大饼分成若干部分，组成饼状图的每个部分加起来必须是某种有意义的整体，通常是样本的整体。
- 线状图的使用最受局限，一般来说更多地用于定量研究，如经济学和自然科学。严格地讲，它们应该仅用于定量变量。
  - 单个定量变量的线状图表示一个变量的分布情况，尽管对案例调查中的数据类型来说，也许条状图更合适。
  - 线状图能够用来显示两个定量变量之间的关系，每个数轴一个变量。但是，诸如第 17 章所讨论的匹配的回归线，通常比由所有的观察点所构成的曲线更有意义。
- 散点图以两个变量为基础，但是图中只有观察点，而不是将它们连成线。这也许可以用第 17 章中所要讨论的回归分析中的最佳匹配线来予以解决。

在 SPSS 中，通过对频次命令进行特征选择就可以轻松绘制图形，但是灵活性不高。更好的选择是利用图形工具。图 16-16 演示了通过图形工具来输出图形。这里没有打算对制图程序进行详细讨论，相关细节可以在 SPSS 图形帮助工具中找到。

a. **条状图（bar chart）**

1. 选择屏幕顶端的“Graphs”（图形）选项，然后选择“Legacy Dialogs”（旧对话框）选项。
2. 选择“Bar”（条状图）选项，然后选择“Simple”（简单）选项，再然后选择“Define”（定义）选项，得到对话框：“Define Simple Bar: Summaries for Groups of Cases”（定义简单条形图：个案组摘要）。
3. 将 status 移入“Category Axis”（类别轴）框中。
4. 选择“*N* of cases”（个案数）或“% of cases”（个案数的%）选项。在这里的例子中，选择的是“% of cases”。
5. 单击“OK”按钮，得出条形图。

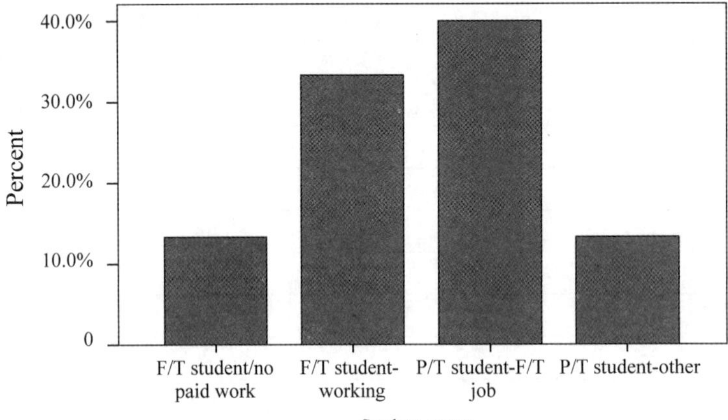


b. **堆积条状图（stacked bar chart）**

1. 选择屏幕顶端的“Graphs”选项，然后选择“Legacy Dialogs”选项。
2. 选择“Bar”选项，然后选择“Stacked”（堆积）选项，再然后选择“Define”选项，得到对话框：“Define Stacked Bar: Summaries for Groups of Cases”（定义堆积条状图：个案组摘要）。
3. 将 status 移入“Category Axis”框，gender 移入“Define Stacked”（定义堆积）。
4. 选择“*N* of cases”或“% of cases”选项。在这里的例子中，选择的是“*N* of cases”。
5. 单击“OK”按钮，得出堆积条形图。

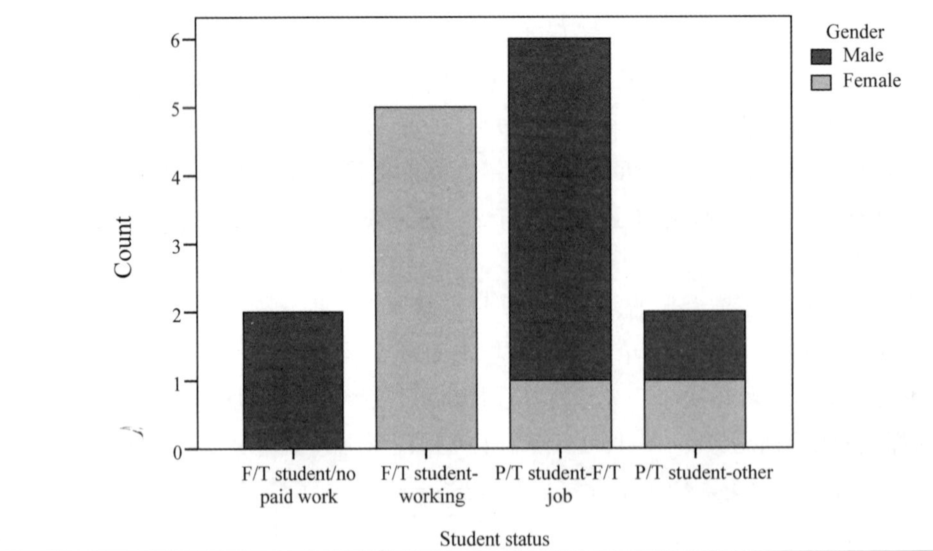


**图 16-16　图形程序和输出**

**c. 饼状图（pie chart）**

1. 选择屏幕顶端的“Graphs”选项，然后选择“Legacy Dialogs”选项。
2. 选择“Pie”（饼状图）选项，然后选择“Summaries for Groups of Cases”（个案组摘要）选项，再选择“Define”选项，得到对话框：“Define Pie: Summaries for Groups of Cases”（定义饼状图：个案组摘要）。
3. 将 status 移入“Define slices”（定义分区）框中。
4. 选择“*N* of cases”或“% of cases”选项。在这里的例子中，选择的是“*N* of cases”。
5. 单击“OK”按钮，得出饼形图。

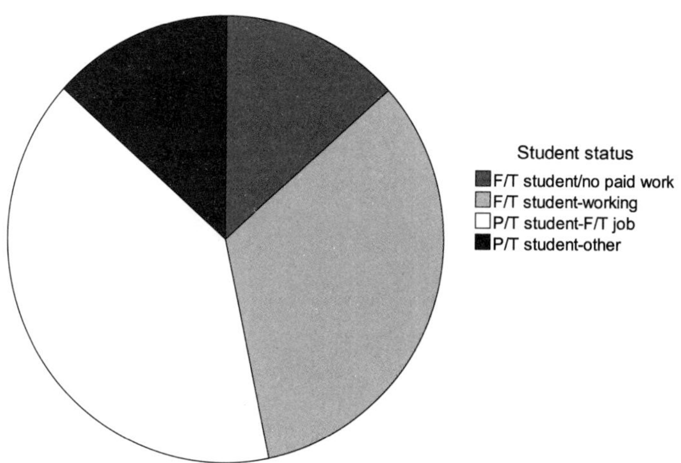


**d. 线状图（line graph）**

1. 选择屏幕顶端的“Graphs”选项，然后选择“Legacy Dialogs”选项。
2. 选择“Line”（线图）选项，然后选择“Simple”选项，再选择“Define”，得到对话框：“Define Simple Line: Summaries for Groups of Cases”（定义简单线图：个案组摘要）。
3. 将 age 移入“Category Axis”框中。
4. 选择“*N* of cases”或“% of cases”选项。在这里的例子中，选择的是“*N* of cases”。
5. 单击“OK”选项，得出线状图。

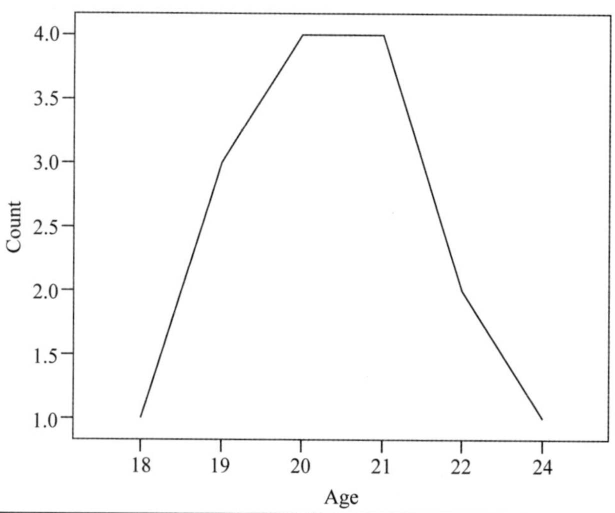


**图 16-16（续）**

**e. 散点图（scattergram）**

1. 选择屏幕顶端的“Graphs”选项，然后选择“Legacy Dialogs”选项。
2. 选择“Scatter/Dot”（散点/点状）选项，然后选择“Simple Scatter”（简单散点）选项，再选择“Define”选项，得到对话框：“Simple Scatterplot”（简单散点图）。
3. 将 spend 移入“Y-axis”（*Y* 轴）框而 age 移入“X-axis”（*X* 轴）中。
4. 单击“OK”按钮，得到图形 e。

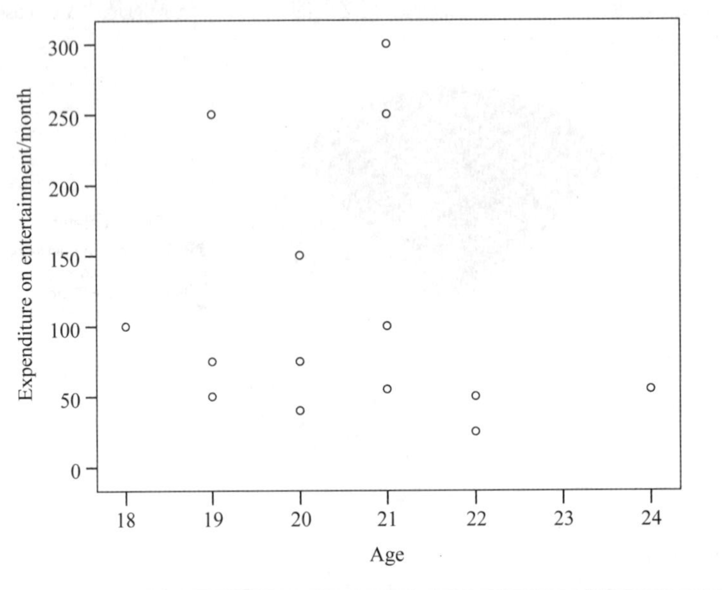


图 16-16（续）

## 分 析 过 程

以上仅仅是对问卷调查数据的分析技术的简单介绍。SPSS 还能够进行更复杂的分析，熟练掌握这里给出的程序可以为更切实有效的研究项目分析打下坚实的基础。

## 本 章 小 结

本章对如何使用 SPSS 软件包对问卷调查数据分析进行了介绍。在第 10 章介绍的编码的基础上，演示了基于变量的调查数据及信息输入 SPSS 软件包的过程，还讨论了测量的标准和三种类型的变量：定类变量、定序变量和定量变量。接下来，讨论了研究类型和数据分析类型之间的关系，在本章，包含了六种 SPSS 分析程序，具体如下。

- 频次分析：提供了单个变量或多元变量的计数和百分比。
- 多重响应：对具有多项回答选项的问题所产生的两个或两个以上变量如何通过一张表格来表现提供了相应的程序。
- 重新编码：用来对定量变量进行分组，以及对预先编码的变量进行重新分组。
- 均值计算：变量的平均值或平均数，并能比较亚组的均值、中位数和众数。

- 交叉表：能够创建交叉列联表，显示两个或多个变量之间的关系。
- 加权：用来对第 13 章中讨论过的某些尺度型变量数据进行加权。
- 图形：程序输出多种形式的数据图，包括条状图、饼状图、线图和散点图。

## 测 试 题

1. 解释定类变量、定序变量和定量变量之间的差异，并举例说明。
2. 对一份问卷的定量变量来说，使用未编码格式而不是对其进行编码分组有什么优点？
3. 概述两种多重响应问题类型的特征。
4. 分析者为什么希望可以对变量进行重新编码？
5. SPSS 中有哪两种计算均值的方法？

## 练 习

1. 本章的主要练习是重复本章用过的分析。键入图 16-8 和图 16-9 中的数据和变量定义数据，或者从本书网站下载它们，然后按本章介绍的各个程序进行练习。
2. 重复练习 1 中的每个程序，每个程序至少使用 1 个不同的变量。
3. 用图 10-20 中的问卷进行学生调查，然后用本章概述的 SPSS 程序分析数据。

## 资 源

### 关于 SPSS

- 使用指南：出现问题时，大多数读者在可以通过教师/导师得到帮助。SPSS 软件包自身也包含有一套面向初学者的辅导教程。另外，正如下面介绍的，在使用 SPSS 方面还有大量的书籍可供参考。在高等教育机构，SPSS 和其他软件包一样，通常要经过许可在计算机实验室里使用。通过大学、商业计算机培训组织和 SPSS 公司本身在世界的几个主要中心可以进一步学习 SPSS 及其他调查软件包的使用。
- SPSS 的网址：www.SPSS.com。
- 有很多 SPSS 的使用指南，有些用先前的名称，SPSS：Carver and Nash（2005），Coakes and Steed（1999），George and Mallery（2005），Pallant（2007）。

### 关于一般性的调查分卷分析

- 在已经出版的研究报告中，想要找到问卷调查及其分析的充分细节是困难的。虽然很多期刊论文立足于调查研究，但它们并不提供问卷的复制，而是仅仅提供分析过程的一个简单摘要，这些摘要通常只是数据分析的一个部分。
- 只有少量商业出版的书籍以问卷调查数据作为基础，即便这些书籍，也并不总是提供充分的细节。Bennett et al.（1999）是个例外，不仅列出了问卷中的问题，还对现有理论（布尔迪厄的理论）和书中实证研究之间的关系进行了详细的讨论。

- 由政府统计部门和其他机构主导的政府调查报告，常常包含有细节。这些细节不可避免地是单纯描述性的，而且和政策直接相关。这些报告在图书馆里不一定有，但有时正如第 10 章资源部分所指出的，在网络上可以找到。
- 一个对 15 个国家休闲、时间利用和旅游调查的国际调查回顾，见 Cushman et al.（2005a）。

# 附录 16.1　SPSS 频次分析输出文件

Statistics（这里只包括定量变量和定序变量）

| | Free/ cheap | Daytime events | Not available elsewhere | Socialising | Quality of presentation | Expenditure on entertainment/month | Relaxation : importance | Social interaction: importance | Mental stimulation: importance |
|---|---|---|---|---|---|---|---|---|---|
| *N* Valid | 15 | 15 | 15 | 15 | 15 | 15 | 15 | 15 | 15 |
| Missing | 0 | 0 | 0 | 0 | 0 | 0 | 0 | 0 | 0 |
| Mean | 1.80 | 3.73 | 1.60 | 3.20 | 4.67 | 115.00 | 2.20 | 2.67 | 1.47 |

Student status

| | | Frequency | Percent | Valid Percent | Cumulative Percent |
|---|---|---|---|---|---|
| Valid | F/T student-no work | 2 | 13.3 | 13.3 | 13.3 |
| | F/T student-working | 5 | 33.3 | 33.3 | 46.7 |
| | P/T student-F/T job | 6 | 40.0 | 40.0 | 86.7 |
| | P/T student-other | 2 | 13.3 | 13.3 | 100.0 |
| | Total | 15 | 100.0 | 100.0 | — |

Campus cafe/bar in last 4 weeks

| | | Frequency | Percent | Valid Percent | Cumulative Percent |
|---|---|---|---|---|---|
| Valid | No | 2 | 13.3 | 13.3 | 13.3 |
| | Yes | 13 | 86.7 | 86.7 | 100.0 |
| | Total | 15 | 100.0 | 100.0 | — |

Campus music in last 4 weeks

| | | Frequency | Percent | Valid Percent | Cumulative Percent |
|---|---|---|---|---|---|
| Valid | No | 7 | 46.7 | 46.7 | 46.7 |
| | Yes | 8 | 53.3 | 53.3 | 100.0 |
| | Total | 15 | 100.0 | 100.0 | — |

Sport facilities in last 4 weeks

| | | Frequency | Percent | Valid Percent | Cumulative Percent |
|---|---|---|---|---|---|
| Valid | No | 10 | 66.7 | 66.7 | 66.7 |
| | Yes | 5 | 33.3 | 33.3 | 100.0 |
| | Total | 15 | 100.0 | 100.0 | — |

Travel service in last 4 weeks

| | | Frequency | Percent | Valid Percent | Cumulative Percent |
|---|---|---|---|---|---|
| Valid | No | 13 | 86.7 | 86.7 | 86.7 |
| | Yes | 2 | 13.3 | 13.3 | 100.0 |
| | Total | 15 | 100.0 | 100.0 | — |

Free/cheap (rank)

| | | Frequency | Percent | Valid Percent | Cumulative Percent |
|---|---|---|---|---|---|
| Valid | 1 | 6 | 40.0 | 40.0 | 40.0 |
| | 2 | 6 | 40.0 | 40.0 | 80.0 |
| | 3 | 3 | 20.0 | 20.0 | 100.0 |
| | Total | 15 | 100.0 | 100.0 | — |

Daytime events (rank)

| | | Frequency | Percent | Valid Percent | Cumulative Percent |
|---|---|---|---|---|---|
| Valid | 2 | 2 | 13.3 | 13.3 | 13.3 |
| | 3 | 3 | 20.0 | 20.0 | 33.3 |
| | 4 | 7 | 46.7 | 46.7 | 80.0 |
| | 5 | 3 | 20.0 | 20.0 | 100.0 |
| | Total | 15 | 100.0 | 100.0 | — |

Not available elsewhere (rank)

| | | Frequency | Percent | Valid Percent | Cumulative Percent |
|---|---|---|---|---|---|
| Valid | 1 | 8 | 53.3 | 53.3 | 53.3 |
| | 2 | 5 | 33.3 | 33.3 | 86.7 |
| | 3 | 2 | 13.3 | 13.3 | 100.0 |
| | Total | 15 | 100.0 | 100.0 | — |

Socialising (rank)

| | | Frequency | Percent | Valid Percent | Cumulative Percent |
|---|---|---|---|---|---|
| Valid | 1 | 1 | 6.7 | 6.7 | 6.7 |
| | 2 | 2 | 13.3 | 13.3 | 20.0 |
| | 3 | 7 | 46.7 | 46.7 | 66.7 |
| | 4 | 3 | 20.0 | 20.0 | 86.7 |
| | 5 | 2 | 13.3 | 13.3 | 100.0 |
| | Total | 15 | 100.0 | 100.0 | — |

Quality of presentation (rank)

| | | Frequency | Percent | Valid Percent | Cumulative Percent |
|---|---|---|---|---|---|
| Valid | 4 | 5 | 33.3 | 33.3 | 33.3 |
| | 5 | 10 | 66.7 | 66.7 | 100.0 |
| | Total | 15 | 100.0 | 100.0 | — |

Expenditure on entertainment/week

| | | Frequency | Percent | Valid Percent | Cumulative Percent |
|---|---|---|---|---|---|
| Valid | 25 | 1 | 6.7 | 6.7 | 6.7 |
| | 40 | 1 | 6.7 | 6.7 | 13.3 |
| | 50 | 2 | 13.3 | 13.3 | 26.7 |
| | 55 | 2 | 13.3 | 13.3 | 40.0 |
| | 75 | 2 | 13.3 | 13.3 | 53.3 |
| | 100 | 2 | 13.3 | 13.3 | 66.7 |
| | 150 | 2 | 13.3 | 13.3 | 80.0 |
| | 250 | 2 | 13.3 | 13.3 | 93.3 |
| | 300 | 1 | 6.7 | 6.7 | 100.0 |
| | Total | 15 | 100.0 | 100.0 | — |

Relaxation opportunities-importance

| | | Frequency | Percent | Valid Percent | Cumulative Percent |
|---|---|---|---|---|---|
| Valid | Very important | 2 | 13.3 | 13.3 | 13.3 |
| | Important | 8 | 53.3 | 53.3 | 66.7 |
| | Not at all important | 5 | 33.3 | 33.3 | 100.0 |
| | Total | 15 | 100.0 | 100.0 | — |

Social interaction-importance

| | | Frequency | Percent | Valid Percent | Cumulative Percent |
|---|---|---|---|---|---|
| Valid | Important | 5 | 33.3 | 33.3 | 33.3 |
| | Not at all important | 10 | 66.7 | 66.7 | 100.0 |
| | Total | 15 | 100.0 | 100.0 | — |

Mental stimulation-importance

| | | Frequency | Percent | Valid Percent | Cumulative Percent |
|---|---|---|---|---|---|
| Valid | Very important | 8 | 53.3 | 53.3 | 53.3 |
| | Important | 7 | 46.7 | 46.7 | 100.0 |
| | Total | 15 | 100.0 | 100.0 | — |

Improvement suggestion -1

| | | Frequency | Percent | Valid Percent | Cumulative Percent |
|---|---|---|---|---|---|
| Valid | Programme content | 5 | 33.3 | 41.7 | 41.7 |
| | Timing | 3 | 20.0 | 25.0 | 66.7 |
| | Facilties | 2 | 13.3 | 16.7 | 83.3 |
| | costs | 2 | 13.3 | 16.7 | 100.0 |
| | Total | 12 | 80.0 | 100.0 | — |
| Missing | System | 3 | 20.0 | — | — |
| Total | | 15 | 100.0 | — | — |

Improvement suggestion -2

| | | Frequency | Percent | Valid Percent | Cumulative Percent |
|---|---|---|---|---|---|
| Valid | Programme content | 2 | 13.3 | 25.0 | 25.0 |
| | Timing | 3 | 20.0 | 37.5 | 62.5 |
| | Facilities | 1 | 6.7 | 12.5 | 75.0 |
| | Costs | 1 | 6.7 | 12.5 | 87.5 |
| | Organisation | 1 | 6.7 | 12.5 | 100.0 |
| | Total | 8 | 53.3 | 100.0 | — |
| Missing | System | 7 | 46.7 | — | — |
| Total | | 15 | 100.0 | — | — |

Improvement suggestion -3

| | | Frequency | Percent | Valid Percent | Cumulative Percent |
|---|---|---|---|---|---|
| Valid | Costs | 1 | 6.7 | 50.0 | 50.0 |
| | Organisation | 1 | 6.7 | 50.0 | 100.0 |
| | Total | 2 | 13.3 | 100.0 | — |
| Missing | System | 13 | 86.7 | — | — |
| Total | | 15 | 100.0 | — | — |

Gender

| | | Frequency | Percent | Valid Percent | Cumulative Percent |
|---|---|---|---|---|---|
| Valid | Male | 8 | 53.3 | 53.3 | 100.0 |
| | Female | 7 | 46.7 | 46.7 | 46.7 |
| | Total | 15 | 100.0 | 100.0 | — |

Age

| | | Frequency | Percent | Valid Percent | Cumulative Percent |
|---|---|---|---|---|---|
| Valid | 18 | 1 | 6.7 | 6.7 | 6.7 |
| | 19 | 3 | 20.0 | 20.0 | 26.7 |
| | 20 | 4 | 26.7 | 26.7 | 53.3 |
| | 21 | 4 | 26.7 | 26.7 | 80.0 |
| | 22 | 2 | 13.3 | 13.3 | 93.3 |
| | 24 | 1 | 6.7 | 6.7 | 100.0 |
| | Total | 15 | 100.0 | 100.0 | — |

# 第 17 章

# 统计分析

以第 13 章和第 16 章概述过的抽样理论和 PASW/SPSS 软件包为基础，这一章对统计进行了介绍。它也仅仅是个简介，并没有打算变成完整的统计课程。很多教科书都涵盖了和本章差不多同样的内容，而且更为详细和深入，本章的资源部分罗列了一些这样的教科书。第 16 章介绍的调查分析探讨了定量过程和统计信息的产生和分析，而本章关注的则不只是定量。例如，第 13 章提到，基于抽样的数据在对总体进行概括描述时总会产生一定幅度的误差，而本章就将讨论如何对抽样数据的准确度进行评价，尤其要对可能用于分析的变量与它们的统计学显著性之间存在有怎样的关系进行讨论。

在讲述一些和统计方法相关的一般性概念之后，本章还会介绍一系列适用于不同类型数据的统计检验方法，包括：卡方检验、$t$ 检验、方差分析、相关分析、线性回归和多元回归，以及多变量分析。在每个案例中，都会对实现这些分析的 PASW/SPSS 过程进行描述。在本章结尾，有些分析过程并没有包含在 PASW/SPSS 中，但在一些休闲与旅游的研究中却会用到，因此也对它们进行了概述，这些分析包括：比值比分析、多维尺度分析和结构方程模型。

## 统计方法

在讨论具体的统计检验方法之前，先要对一些基本的统计学概念和思想进行介绍，即概率描述、正态分布、概率描述的形式、统计显著性、零假设，以及因变量和自变量。

### 对概率的描述

一般来说，推理统计学致力于以来自总体的样本的有用信息为基础对总体做概率描述。这种描述是概率性的，因为在第 13 章讨论过，任何随机抽样的样本都无法被绝对确定为能够真实地代表总体。所以，我们只能够估计从样本中获得的结果能够真实反映总体的概率。以抽样调查的结果为基础，描述可以是描述性的，也可以是比较性的和相关性的。

- 描述性的：例如，10%的成人打网球。
- 比较性的：例如，10%的成人打网球，而 12%的人打高尔夫球。
- 相关性的：例如，15%的高收入人群打网球，而低收入人群打网球的比例只有 7%，所以，打网球和收入之间存在着正相关。

如果它们来自样本数据，那么在没有核实的情况下是不能这样描述的。样本也许能够得出这些结论，但是无法肯定它们能准确地适用于总体，因为任何样本都存在着不确定的因素。推理统计可以将上面的描述更改为如下形式。

- 我们有 95%的可信度认为打网球的成人比例在 9%～11%。
- 打高尔夫球的比例显著高于打网球者的比例（在 95%的概率水平上）。
- 收入和打网球的比例之间存在显著的正相关（在 95%的水平上）。

## 正态分布

描述性陈述和置信区间在第 13 章的样本规模部分已有讨论。概率或置信区间的理论基础是从同一个总体中重复抽取相同规模的样本。任何一次调查中抽取到的样本仅仅是大量可能被抽取到的样本中的一个，这样一次操作可能产生出各种各样的结果，一些可能严重偏离总体，但是使用随机抽样程序得到的大多数结果会趋向于接近真实的总体情况。统计理论，我们在这里不讨论它的细节，能够对这种趋近程度进行量化，所以我们可以说，100 个这样的样本中有 95 个或 99 个，它们的值会落在真实的总体数值两侧的一定范围内。这就是第 13 章所说的“置信区间”的观点。

如果进行重复抽样，把统计到的值（例如，打网球的比例）绘制出来，如图 17-1（a）

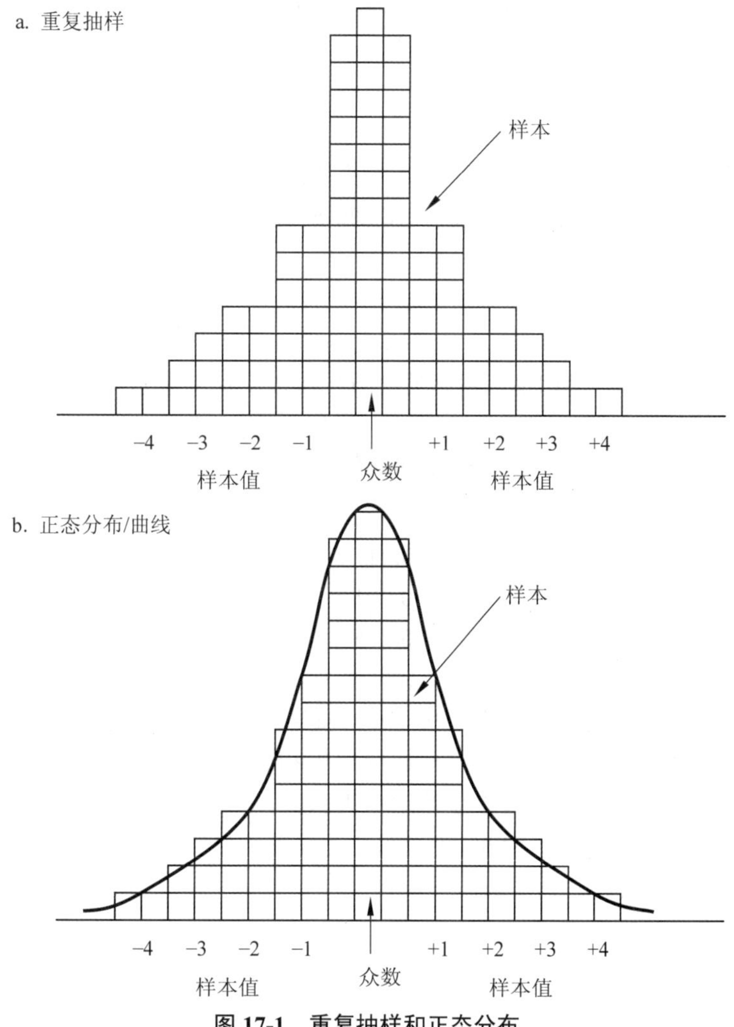


**图 17-1　重复抽样和正态分布**

所示，就会得到和钟形的“正态分布”相关的理论。只要抽样的次数足够多，就会得到图 17-1（b）那样的正态分布曲线。统计的总体值（如一个变量的百分比或平均值）就位于分布中心，从某调查项目中的样本所取得的统计值只是多种样本可能性中的一个。对概率的描述要以这种分布为基础，理论上，不同样本和测量的特征，如百分率和平均值，是已知的。

概率水平这一理念与样本结果的准确性有关，它以大规模抽样的理论概率为基础，在本章所讨论的大部分统计程序中都会涉及。

## 概率的描述形式

在社会研究中，通常采用 95%或 99%的概率水平，偶尔也会使用 90%或 99.9%。概率估计完全可以用我们的日常语言来予以解释，如在我们说“90%肯定”“五比五”或“十次有九次”的时候，我们就在做概率描述。所以，如果调查结果在“99%”的水平上显著（下面对这个概念进行讨论），我们就在说我们相信我们发现的结果有 99%的可能性是对总体的真实描述。反过来说，我们的结果只有 1%的可能性不是真的。如果我们只能说某种事物的显著水平低于 95%，我们就会有些不确定，有 5%的可能性我们的结果不是真的。因此，专有名词“高度显著”有时用来对 99%水平上显著的结果进行描述，而“显著”则用于 95%水平上的结果。

有时候，概率不是计算机生成的统计检验结果，而是用传统的分界点，这样它就非常确切。例如，有可能发现一个结果在 96.5%或 82.5%的水平上显著。接下来就要由研究人员来判断这样的水平是否能够接受。

还需注意的是，结果有时候会用 1%表示，有时候又用 99%表示，或者用 5%表示而不是 95%。更有可能，对概率用比率而不是用百分比来表达。例如，用 0.05 而不是 5%，或者用 0.01 而不是 1%。类似地，精确的计算也可以用比率表示，如用 0.035，而不是用 3.5%或 96.5%。

因此，下面每一行的三种形式都是相同的。

| | | |
|---|---|---|
| 5% | 95% | 0.05 |
| 1% | 99% | 0.01 |
| 0.1% | 99.9% | 0.001 |
| 3.5% | 96.5% | 0.035 |
| 7.5% | 92.5% | 0.075 |

用 PASW 得到的计算机输出结果中，如果概率低于 0.0005，有时候显示的是 0.000，因为它只能输出小数点后三位。在一些研究报告和计算机输出结果中，结果在 5%水平上显著用*表示，结果在 1%水平上显著用**表示。

在本章的案例和讨论中，用 5%或 95%作为显著性检验的标准水平。

## 显著性

统计检验和程序的第二个共同点就是它们都要用到显著性的概念。显著差异或关系是指事件不太可能偶然发生。因此，举例来说，两个样本的百分比之间的差异越大，则这种差异越有可能是真实的，而非仅仅是统计学的偶然事件。

例如，如果从一个样本中发现有 10%的女性打网球，而男性打网球的比例是 11%，我们则倾向于认为，至少从普通视角来看，可以说差异并不显著。如果选择另外一个样本，发现两个数字之间的差异更大，甚至对调，我们不会感到惊讶，因为它们几乎是一样的：它们“太接近了”。但是，这个小差异在统计学上是否显著有赖于样本的规模。如果结果是基于一个小样本，比如 100 个人，50 个男性和 50 个女性，那么差异就不显著，因为从同一个总体的不同的 100 个人中得到一个不同结果的可能性比较大：每组中多一个人或少一个人就会引起 2%的变化。但是如果样本规模大，比如 1 000 个男性和 1 000 个女性，即使是 1%的微小差异也会在统计学上被认为是显著的，因为在这种情况下，它表示的不是一两个人，而是 10 个人。所以，对基于大规模样本的结果，我们会更加相信它是“真实”的，相信它在另一组同样规模的抽样中能够再次产生。

统计理论使我们能够量化和估计显著程度，也就是说，对多大规模的样本而言需要多大的差异才是显著的。

但是，不能把统计上的显著和社会的、理论上的以及管理意义上的显著混为一谈。例如，如果上面关于男性和女性打网球的结果是建立在一个 10 000 人规模的样本的基础之上，那么它就在统计学上显著，可从一些社会角度来看，这并没有什么显著的差异。出于一切实用的目的，我们以这些结果为基础，可以说男性和女性打网球的比率是相同的，或基本一致。看统计学的结果时，很重要的一点就是要牢记大规模的样本能够产生出很多在统计学上显著的结果，但是却没有必要让它们在其他方面也“显著”起来。

## 零假设

统计方法的一个共同特征就是零假设的概念，用符号 $H_0$ 来表示。它的基本思想是建立两个互不相容的假设，因此只能一个为真，另一个为假。零假设通常被设定为两个观察值之间没有差异，或两个变量间没有联系。因此就存在两种可能性。

$H_0$——零假设：没有显著差异或联系。

$H_1$——备择假设：有显著差异或联系。

通常，研究人员对备择假设 $H_1$ 更感兴趣。但统计理论讨论的是零假设的含义。

根据第 2 章提到的研究方法类型，在分析之前建立假设是一种非常重要的演绎推理方法。然而，正如第 2 章所说的，在需要讨论大量联系的探索性研究乃至归纳研究中也可以建立假设，但每一种联系的检验却以演绎推理过程为基础。

零假设理念的运用可以通过案例来进行演示。假如，在一个关于休闲参与模式的研究中，用到了一个含有 1 000 个成人的样本，研究的部分内容是高尔夫和网球的相对普及程度，那么零假设将会假定参与比例水平是一致的。

$H_0$——网球和高尔夫的参与比例水平是一致的。

$H_1$——网球和高尔夫的参与比例水平具有显著的差异。

假定结果显示为 120 人（12%）打网球，121 人（12.1%）打高尔夫。显然，这两个数值间不存在差异，它们和零假设相一致，零假设被接受而备择假设遭拒绝。

但是，假如结果是 121 人（12.1%）打网球而 120 人（12%）打高尔夫，你会拒绝零假设而选择备择假设吗？网球和高尔夫参与水平存在差异吗？从我们知道的样本情况来看，很显然不会：二者之间太接近了。两个数值之间的差异很小，仍然和零假设相一致。那么，多大的差异才会让我们拒绝零假设而接受备择假设？差异为 5，10，还是 15？这就需要统计理论发挥作用了。它会检验什么是显著差异，什么不是。本章的其余部分基本上都在对两个样本结果之间的关系以及对不同状态下的零假设开展检验的方法进行讨论，而每一个讨论的检验都会用到零假设。

### 因变量和自变量

第 1 章对名词“因变量”和“自变量”进行了讨论，它们在统计分析中经常用到。如果因变量和自变量之间存在有显著的关联，其含义是后者的变化会导致前者发生变化，即自变量影响因变量。

例如，假定休假的水平受个人收入水平的影响，那么休假水平就是因变量，收入是自变量。即使某个特定收入水平并未导致人们去休假，也有理由认为收入水平对休假水平起到了促进或限制作用，而不会认为休假水平对收入产生了影响。因此，说休假水平有赖于收入是合理的。如图 17-2 所示，一个因变量可能取决于许多自变量。例如，可以假设休假由收入、职业和年龄来决定。

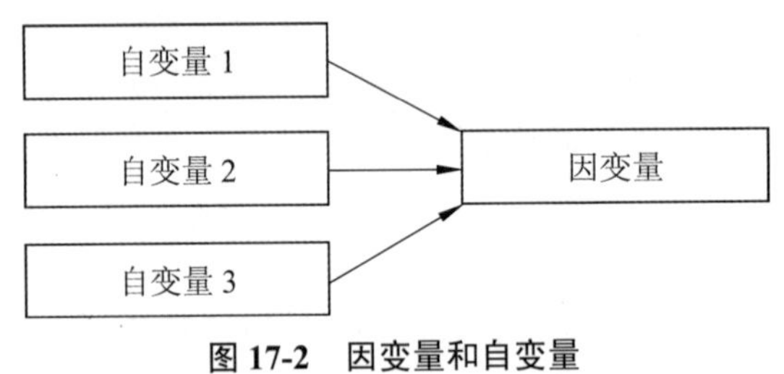


**图 17-2 因变量和自变量**

## 统 计 检 验

### 数据类型及其检验方法

第 16 章介绍了数据的测量标准或类型，讨论了定类、定序和定量数据。测量的标准越高，数据能够实现分析的范围就越大。例如，可以对定序和定量数据进行均值和平均数的运算，对定类数据则不行。这就导致不同的测量标准需要不同的统计检验。本章的其余部分将对表 17-1 中各种情况下的统计检验运用进行介绍。所有的检验都和变量之间的比较以及变量之间的关系有关。合理的检验类型有赖于数据格式、测量标准以及涉及的变量数量。

- 类似于第 16 章用到的问卷调查数据将用以演示各种检验，但是样本规模更大，而且增加了休闲和旅游参与方面的变量。
- 用到的变量和数据列表如附录 17.1 所示。
- 数据集中的变量“statusr”来自图 16-11。
- 和第 16 章一样，示例用 PSAW for Windows 在第 18 版创建。

- 对于想要了解数学过程的读者，各种检验统计的公式如附录 17.2 所示。

表 17-1 数据类型和统计检验

| 任　　务 | 数据格式 | 变量数量 | 变 量 类 型 | 检验方法 |
|---|---|---|---|---|
| 两个变量之间的关系 | 频次交叉列联表 | 2 | 定类型 | 卡方检验 |
| 两个配对均值之间的差异 | 来源与一个整体样本的均值 | 2 | 定序型/定量型 | 配对 t 检验 |
| 两个独立样本均值之间的差异 | 2 个亚组的均值 | 2 | 1. 定序型/定量型（均值）<br>2. 定类型（仅 2 个亚组） | 独立样本 t 检验 |
| 两个变量之间的关系 | 3 个及以上亚组的均值 | 2 | 1. 定序型/定量型（均值）<br>2. 定类型（3 个及以上亚组） | 单因素方差分析 |
| 三个或更多变量之间的关系 | 交叉列联表的均值 | 3 个或以上 | 1. 定序型/定量型（均值）<br>2. 2 个及以上定类型变量 | 变量因子分析 |
| 两个变量之间的关系 | 独立测量 | 2 | 两个定序型/定量型变量 | 相关分析 |
| 两个变量之间的线性关系 | 独立测量 | 2 | 两个定序型/定量型变量 | 线性回归分析 |
| 三个或更多变量之间的线性关系 | 独立测量 | 3 个或以上 | 3 个或以上定序型/定量型变量 | 多元回归分析 |
| 多个变量之间的关系 | 独立测量 | 很多 | 多个定序型/定量型变量 | 因子分析；聚类分析 |

## 卡方检验（chi-square）

### 简介

卡方检验（符号：$\chi^2$）适用于很多情况，在这里，用两个定类变量的交叉列联表（我们已经熟悉这个由 PASW 软件包生成的表格）来进行示范。在对交叉列联表进行讨论的时候，第 13 章讨论过置信区间的一些常识和隐含意义也许可以对表格中涉及的两个变量之间是否有某种类型的关系进行一个大致判断。不过，除非模型非常清楚，否则，要对总体差异是否显著做出判断可能比较困难。卡方检验的设计目的就是解决这个难题。

### 零假设

零假设假定在男生和女生研究对象之间不存在全日制和非全日制状态之间的差异，即

$H_0$——学生总体中，学生情况和性别之间没有关系；

$H_1$——学生总体中，学生情况和性别之间有关系。

需要注意，假定还可以用三种方式进行表述，如表 17-2 所示。

### 程序

图 17-3 给出了用 PASW 程序得到的带有卡方检验的交叉列联表，以及输出的结果。案例选择和性别（gender）相联系的全日制/非全日制状态（statusr）。对输出结果将在下面进行讨论。

表 17-2 假设的其他表述形式

| 方 式 1 | 方 式 2 | 方 式 3 |
|---|---|---|
| 零假设（$H_0$）：学生总体中，全日制/非全日制状态与性别之间没有关系 | 学生总体中，男生和女生的全日制/非全日制状态是一致的 | 观测值与预期值之间没有显著的差异 |
| 备择假设（$H_0$）：学生总体中，全日制/非全日制状态与性别之间有关系 | 学生总体中，男生和女生的全日制/非全日制状态是有差异的 | 观测值与预期值之间有显著的差异 |

## 期望频次

表格的单元格中包含有计数（观察值）和列的百分率，这在第 16 章交叉列联表中已经讨论过。但是这里还包含有期望值（期望计数，expected counts），如果零假设为真，也就是说，如果男生和女生在全日制状态和非全日制状态方面没有差异，那么，计数应该是多少。在这个案例中，样本的男生和女生数量相等，因此，每个状态的期望值显示为各占一半。

## 卡方值

卡方是建立在观察值和期望值之间的差异总额基础上的一种统计量，总额越大，卡方值就越大。可是，如果对表中观察值和期望值之间的差值进行简单的相加，可以发现正数将被负数抵消，结果为零。因此，卡方以差值的平方的总和作为基础。PASW 软件包能够计算卡方值，所以没必要知道公式的细节，只要知道卡方是表中观察值和期望值之间差异的一种统计测度方法就足够了。

在图 17-3 所示的案例中，卡方值是 6.522，我们用的是皮尔森（Pearson）值，由统计学家卡尔·皮尔森提出。对于其他数值，包括连续性校正值（continuity correction）、似然比值（likelihood ratio）、费舍精确检验值（Fisher's exact test）和线性关系值（linear-by-linear association），我们在这里暂且不予理会。

## 解释

怎样对卡方值进行解释？我们已经注意到观察值与期望值之间的差距越大，卡方值就越大。我们的零假设是两个系列的值之间不存在差异。但很显然，我们能够在两个系列的数值存在微小差异的情况下接受零假设。但是，差异要多大我们才会拒绝零假设，才会认为男生和女生的全日制/非全日制状态之间存在着差异？

对于给定格式的表格（在本例中，为 2×2 列联表），当零假设为真时，统计学家能够计算出获得各种卡方值的可能性。如第 16 章所讨论过的正态分布一样，它也是以抽取同样规模大量样本的理论概率为基础，如图 17-4 所示。它表明，对一个特定格式的表格来说，如果零假设为真，那么在给定总体中抽取的大多数样本中，观察值和期望值的一些差异能够被预估到，所以，卡方值的范围也能够进行预估。大多数预期的卡方值非常小，一些较大的值也会出现，但很罕见，它们出现的可能性很低。

所以，那些位于图中 5%点右侧范围内的卡方值被认为是不太可能的，和零假设相抵触，因此要拒绝零假设。如果它位于 5%点左边的范围内，那我们就接受零假设。

程序

1. 选择“Analyze→Descriptive Statistics→Crosstabs”。
2. 将变量“statusr”移入“rows”方框，将变量“gender”移入“columns”方框。
3. 选择“Statistics”选项，接下来，在“Crosstabs: Statistics（交叉表：统计量）”对话框中选择“Chi-square（卡方）”选项，接下来单击“Continue”按钮。
4. 选择“Cell（单元格）”选项，接着，在“Crosstabs:Cells Display（交叉表：单元显示）”中：
   - 在“Counts”中，选择“Observed（观察值）”选项和“Expected（期望值）”选项；
   - 在“Percentage”中，选择“columns”选项，然后单击“Continue”按钮。
5. 单击“OK”按钮，得出下面的结果［此处省略“Case Processing Summary（案例处理总结）”表］。

**PASW 输出结果**

Student Status recoded * Gender Crosstabulation

| | | | Gender | | Total |
|---|---|---|---|---|---|
| | | | Male | Female | |
| Student status recoded | Full-time | Count | 18 | 9 | 27 |
| | | Expected Count | 13.5 | 13.5 | 27.0 |
| | | % within Gender | 72.0% | 36.0% | 54.0% |
| | Part-time | Count | 7 | 16 | 23 |
| | | Expected Count | 11.5 | 11.5 | 23.0 |
| | | % within Gender | 28.0% | 64.0% | 46.0% |
| Total | | Count | 25 | 25 | 50 |
| | | Expected Count | 25.0 | 25.0 | 50.0 |
| | | % within student status recoded | 50.0% | 50.0% | 100.0% |

**Chi-Square Tests（加黑内容为关键条目）**

| | Value | $df$ | Asymp. Sig. (2-sided) | Exact Sig. (2-sided) | Exact Sig. (1-sided) |
|---|---|---|---|---|---|
| **Pearson Chi-Square** | **6.522[a]** | **1** | **0.011** | | |
| Continuity Correction[b] | 5.513 | 1 | 0.023 | | |
| Likelihood Ratio | 6.676 | 1 | 0.010 | | |
| Fisher's Exact Test | | | | 0.022 | 0.011 |
| Linear-by-Linear Association | 6.391 | 1 | 0.011 | | |
| *N* of Valid Cases | 50 | | | | |

a. 0 cells (.0%) have expected count less than 5. The minimum expected count is 11.50.

b. Computed only for a 2×2 table

**图 17-3　卡方检验的程序**

在图 17-3 中，结果告诉我们表中的卡方值是 6.522，它还指出这个值的可能性或概率是 0.011 或 1.1%。所以，这个卡方值是一个不太可能的卡方值（它的可能性低于 5%）。因此我们拒绝零假设，认为男、女生的全日制/非全日制状态之间存在着显著的差异。

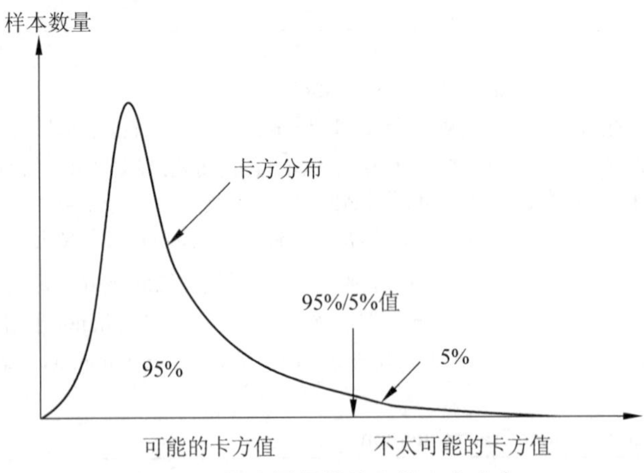


**图 17-4 假定零假设为真的卡方分布**

## 自由度

卡方值有赖于表格形式，而表格形式可以间接地用自由度来衡量。自由度的计算为：行数减一乘以列数减一。所以，就图 17-3 中的表来说，自由度为：(2−1)×(2−1)= 1×1=1。它显示在表中的 d*f* 下面。

## 期望值的规则

运用卡方值的一个规则是表中期望值小于 5 的单元格不能超过 1/5，而且没有一个期望值小于 1。在这个例子中，结果显示不存在这样的单元格。表底的注释指出没有期望值小于 5 的单元格，最小期望值为 11.5，所以适用卡方检验。我们可以通过重新编码来对一些值进行归组，用以减少单元格的数量并以此增加期望频次。实际上，本案例就对变量进行了重新编码，如果用最初的变量 status 来进行分析，则将会违反期望值的规则而使检验无效。

## 报告

如何报告诸如卡方检验这样的统计检验结果？可以考虑以下四种方式。

（1）同表 17-3 一样，将检验结果做成表格放在报告中，然后只需要加以评述：“全日制/非全日制状态和性别之间在 5%水平上有显著关联。”

**表 17-3 卡方检验结果的表现形式**

| 状态 | 男生 | 女生 | 合计 |
|---|---|---|---|
| 全日制学生 | 72.0% | 36.0% | 54.0% |
| 非全日制学生 | 28.0% | 64.0% | 46.0% |
| 合计 | 100.0% | 100.0% | 100.0% |
| 样本容量 | 25 | 25 | 50 |

$\chi^2 = 6.52$，d*f* 1，在 5%水平上显著。

（2）将检验结果放在文本内。例如：“全日制/非全日制状态和性别之间在 5%水平上有显著关联（$\chi^2$=6.5，1d*f*）。”

（3）对统计情况少些描述，在报告或论文中包含一个注释，指出所有的检验均采用

5%水平，检验值纳入表格中，或列入附录，在面对非专业读者时甚至可以将这些都排除在外。

（4）按照上面说过的，对表中结果用*和**指示显著和非常显著。

## 两个均值的比较：*t* 检验

### 简介

到现在为止，无论是单个数据还是在交叉列联表中的数据，我们处理的都是比例或百分比。但很多调查结果都是平均数的形式。例如，一项活动中某参与者群体的平均年龄，不同国家游客的平均度假花费，或者一个群体在李克特量表上的平均得分。平均值在统计学上称为均值（mean）。均值只能用在定序和定量型变量上，不能用于定类型变量。

最简单的分析形式是比较两个均值，看它们之间是否存在显著差异。例如，我们想检验一个样本中打高尔夫者的平均年龄是否与打网球者的平均年龄存在着显著的差异，或者一群人在度假方面的平均花费比他们在艺术和娱乐方面的花费更多还是更少。在这种情况下，零假设表述如下。

$H_0$——零假设：均值间不存在差异。

$H_1$——备择假设：均值间存在差异。

这种情况在统计学中需要计算 $t$ 值而不是卡方值，不过二者的解释有些相似。其计算公式涉及对样本规模和两个均值的比较。如果总体的两个均值之间没有差异（$H_0$），那么，对一个给定规模的样本来说，$t$ 有一个可能数值的已知分布，这在图 17-5 和卡方分布的比较中予以了说明。因为比较高的值很少见，所以，如果来自样本的值比较高，即对这个样本规模来说位于最高的 5%的值的范围内，那么我们就拒绝 $H_0$，接受 $H_1$。也就是说，我们认为它们在 5%概率水平上有显著的差异。需要注意的是，由于 $t$ 值有正负之分，因此它的分布有“双尾”。在下面一些结果的讨论中会用到双尾检验。

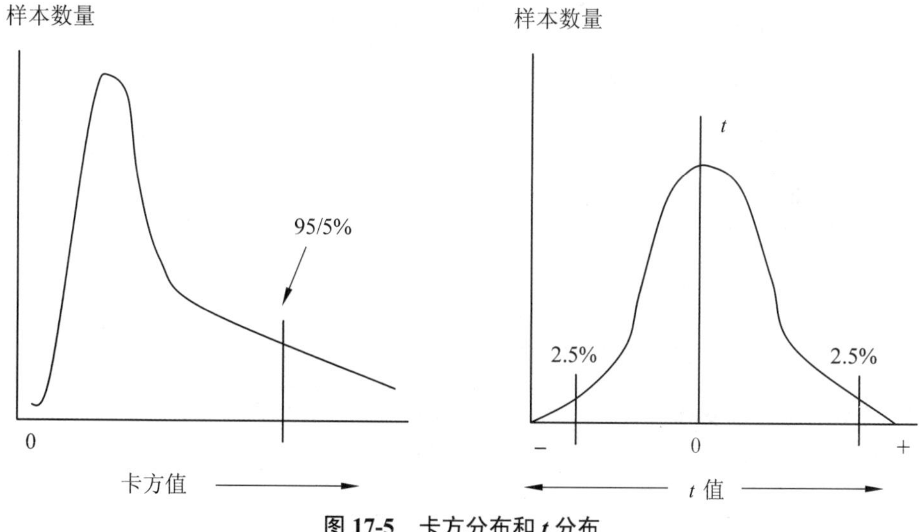


**图 17-5　卡方分布和 *t* 分布**

我们比较均值时会遇到两种情况。

A. 比较样本总体中两个变量的均值。例如，比较（样本中每个人）的度假花费均值和艺术及娱乐花费均值。这时，采用配对样本检验。

B. 比较同一变量两个亚组之间的均值。例如，比较样本中男性的年龄均值和女性的年龄均值，样本被划分为两个亚组：男性和女性。这时，采用分组或独立样本检验。

**A. 配对样本检验**

图 17-6 给出了两个配对样本检验的案例。PASW 输出结果给出了一系列统计量，我们在这里暂时不予理会（其中的相关系数我们会在本章的后面进行讨论）。我们感兴趣的条目在图 17-6 中予以加黑显示。

**程序**

1. 选择“Analyze→Compare Means（比较均值）”。
2. 选择“Paired Samples t-test”（配对样本 $t$ 检验）。
3. 找出参与比较的第一个变量并移入“Paired Variables”（成对变量）框，然后移入第二个变量。
4. 单击“OK”按钮，得出 $t$ 检验结果。

**PASW 输出结果**

**案例 1：参加运动和游览国家公园**

**Paired Samples Statistics**

| | | Mean | *N* | Std. Deviation | Std. Error Mean |
|---|---|---|---|---|---|
| Pair 1 | **played sport/fitness** | **12.20** | 50 | 13.095 | 1.852 |
| | **visit national park** | **9.80** | 50 | 8.804 | 1.245 |

**Paired Samples Correlations**

| | | *N* | Correlation | Sig. |
|---|---|---|---|---|
| Pair 1 | played sport/fitness& visit national park | 50 | 0.274 | 0.054 |

**Paired Samples Test**

| | | Paired Differences | | | | | *t* | d*f* | Sig. (2-tailed) |
|---|---|---|---|---|---|---|---|---|---|
| | | Mean | Std. Deviation | Std. Error Mean | 95% Confidence Interval of the Difference | | | | |
| | | | | | Lower | Upper | | | |
| Pair 1 | **played sport/fitness-visit national park** | **2.400** | 13.631 | 1.928 | −1.474 | 6.274 | **1.245** | 49 | **0.219** |

**案例 2：游览国家公园和外出就餐**

**Paired Samples Statistics**

| | | Mean | *N* | Std. Deviation | Std. Error Mean |
|---|---|---|---|---|---|
| Pair 1 | **visit national park** | **9.80** | 50 | 8.804 | 1.245 |
| | **go out for meal** | **6.54** | 50 | 3.157 | 0.446 |

图 17-6 比较均值：配对样本 $t$ 检验：程序

**Paired Samples Correlations**

| | | $N$ | Correlation | Sig. |
|---|---|---|---|---|
| Pair 1 | visit national park &go out for meal | 50 | −0.044 | 0.759 |

**Paired Samples Test**

| | | Paired Differences | | | | | $t$ | d$f$ | Sig. (2-tailed) |
|---|---|---|---|---|---|---|---|---|---|
| | | Mean | Std. Deviation | Std. Error Mean | 95% Confidence Interval of the Difference | | | | |
| | | | | | Lower | Upper | | | |
| Pair 1 | visit national park -go out for meal | 3.260 | 9.484 | 1.341 | 0.565 | 5.955 | 2.431 | 49 | 0.019 |

**图 17-6（续）**

案例 1 比较了运动参与的频率和国家公园游览的频率。

- 样本中的人在三个月中平均参与运动 12.2 次，游览国家公园 9.8 次，差值为 2.4。问题：差异是否显著？
- $t$ 值为 1.245，（双尾）显著性是 0.219 或 21.9%。
- 结果符合零假设（0.219 比 0.05 高得多）。
- 所以我们接受零假设，即运动参与水平和游览国家公园水平之间的差异不显著。

案例 2 比较了游览国家公园的频率和外出就餐的频率。

- 频率均值差为 3.26。
- $t$ 值为 2.431。
- 显著性水平为 0.019，低于 0.05。
- 所以我们拒绝零假设，认为游览国家公园频率和外出就餐频率之间存在显著差异。

**B. 独立样本检验**

图 17-7 比较了男生和女生的娱乐花费水平。

- 男生花费是 110 英镑，女生花费 138.60 英镑，差值为 28.6 英镑。
- $t$ 值为−1.245，显著性水平为 0.219。
- 由于 0.219 大于 0.05，符合零假设，所以我们接受两个花费数值间不存在显著差异。

## 多个均值比较：单因素方差分析（ANOVA）

### 简介

$t$ 检验用以对每次两个均值之间的差异进行检查，方差分析（ANOVA）则用来对每次两个以上的均值进行检验。其开始类似于交叉列联表过程，不过表中单元格中出现的

**程序**

1.选择“Analyze→Compare Means。”

2.选择“Independent Samples t-test”（独立样本 *t* 检验）选项。

3.选择需要比较均值的变量（spend），移入“Test Variable”（检验变量）框。

4. 选择用来对样本分成两个亚组的变量（gender），移入“Grouping Variable”（分组变量）框。

5. 选择“Define groups”（定义组）选项，键入用以将样本分为两组的数值（例如：1 代表男性，2 代表女性），单击“Continue”按钮，两个数字出现在标有组变量名称的括号中：gender（1，2）。

4. 单击“OK”按钮，得出 *t* 检验结果。

**PASW 输出结果**

**Group Statistics**

| Gender | *N* | Mean | Std. Deviation | Std. Error Mean |
|---|---|---|---|---|
| **Male** | 25 | **110.00** | 77.607 | 15.521 |
| **Female** | 25 | **138.60** | 84.613 | 16.923 |

**Independent Samples Test**

| | Levene's Test for Equality of Variances | | t-test for Equality of Means | | | | | | |
|---|---|---|---|---|---|---|---|---|---|
| | *F* | Sig. | *t* | df | Sig. (2-tailed) | Mean Difference | Std. Error Difference | 95% Confidence Interval of the Difference | |
| | | | | | | | | Lower | Upper |
| **Equal variances assumed** | 0.431 | 0.514 | **−1.245** | 48 | **0.219** | −28.600 | 22.963 | −74.770 | 17.570 |
| Equal variances not assumed | | | −1.245 | 47.646 | 0.219 | −28.600 | 22.963 | −74.779 | 17.579 |

图 17-7　比较均值：独立样本 *t* 检验

是均值而非计数。在图 17-8 所示的案例中，对不同学生情况分组的学生休闲活动参与水平及度假花费的均值进行比较。这里，我们通过 ANOVA 寻求解决的问题是，对每个活动/花费项目来说，不同学生情况分组的均值是否与总体均值之间存在差异，也就是说，活动参与/花费是否和学生情况相关。

### 零假设

零假设为：所有的均值都和总体均值相等。那么，分组均值要和总体均值有多大的差异才能让我们拒绝零假设？

### 方差

均值是否受到总体（只有一个均值）或总体不同分组（有不同的均值）的影响不仅取决于均值之间的差异，还取决于个案的离散程度或方差。图 17-9 介绍了三种均值的四个例子，以及这些例子中个案的离散情况。

- A：均值被适当地隔开，只有很少的个案重叠，表示均值之间有显著的差异。
- B：均值相互之间挨得很近，有大量的个案重叠，表示它们或许来自同一个总体。
- C：均值的分开程度和 A 一样，但是分布在均值周围的个案离散程度比较高，所以有大量的重叠，意味着均值之间是否具有显著差异带有很大的不确定性。

**程序**

要获得显示均值比较的表格：

1. 选择“Analyze→Compare Means”。
2. 选择“Means”（均值）选项。
3. 选择需要比较均值的变量（sportfit，theatre，park，meal，hols），移入“Dependent List”（因变量列表）框。
4. 选择用来分组的变量（status），移入“Independent List”（自变量列表）框。
5. 在“Option”中确保“Mean”和“Number of Cases”（个案数）在“Cell Statistics”（单元格统计量）框中。
6. 单击“OK”按钮，输出结果。

**PASW 输出结果**

| Student status | | played sport/fitness | visit theatre | visit national park | go out for meal | Holiday expenditure |
|---|---|---|---|---|---|---|
| F/T student/no paid work | Mean | 9.69 | 2.62 | 9.77 | 6.46 | 328.46 |
| | *N* | 13 | 13 | 13 | 13 | 13 |
| F/T student/paid work | Mean | 9.64 | 2.93 | 8.64 | 4.00 | 342.50 |
| | *N* | 14 | 14 | 14 | 14 | 14 |
| P/T student- F/T job | Mean | 19.06 | 2.25 | 8.63 | 8.19 | 425.63 |
| | *N* | 16 | 16 | 16 | 16 | 16 |
| P/T student / Other | Mean | 6.29 | 3.29 | 14.86 | 8.00 | 752.86 |
| | *N* | 7 | 7 | 7 | 7 | 7 |
| Total | Mean | 12.20 | 2.68 | 9.80 | 6.54 | 422.90 |
| | *N* | 50 | 50 | 50 | 50 | 50 |

**图 17-8 比较多个均值**

- D：个案重叠非常严重，所以我们几乎可以确定这三个数据集合来自相同的总体。

这种信息的视觉表现形式虽然不同，但均可以用 PASW 的图形（graphics）程序中的散点图（boxplot）来获得。

样本值的离散程度可以用方差来表示，用不同个案与均值之差的总和来进行计算。

## 方差分析

均值是否和总体均值之间存在有显著差异取决于以下两方面。

- 各个分组均值在总体均值周围分布的离散状况，即组间方差，组间方差越大，具有显著差异的可能性就越大。
- 各个分组的个案在分组均值周围分布的离散状况，即组内方差，组内方差越大，具有显著性差异的可能性就越小。

方差分析以这两个测量值的比率为基础，计算出以 $F$ 表示的统计量。和其他统计检验一样，在给定一个自由度（以样本规模和组数为基础）的情况下，$F$ 值有一个零假设成立条件下的已知概率分布。大数值的 $F$ 值出现的可能性不大，否则会拒绝零假设。

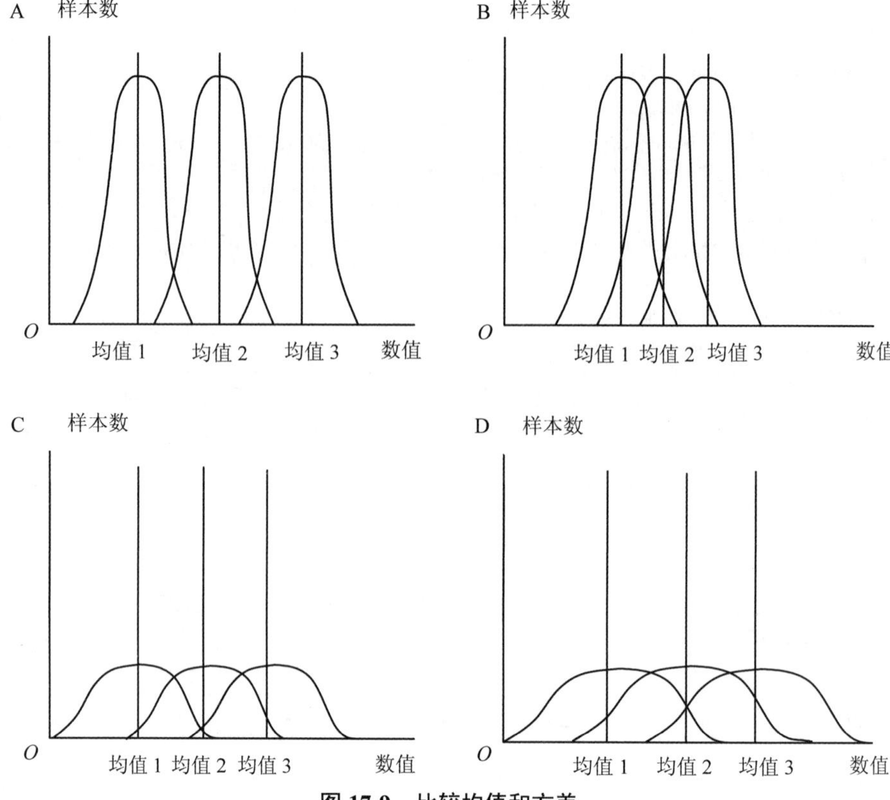


**图 17-9 比较均值和方差**

### 方差分析程序

用于方差分析的程序和案例的输出结果如图 17-10 所示。

在图 17-10 中，可以看到：

- 前三种活动的显著性大于 0.05，所以接受零假设，可以认为这些活动的参与情况与学生情况之间没有关系。
- 后两种活动，外出就餐（go out for meal）和度假花费（holiday expenditure），显著性低于 0.05，零假设被拒绝，所以我们认为活动参与和学生情况之间有关联。

## 均值表：多因素方差分析

### 简介

多因素方差分析和单因素方差分析一样，处理的也是均值。不过单因素方差分析处理的是以一个变量为基础的分组均值，而多因素方差分析处理的是超过一个分类变量情况下的分组均值。在图 17-11 所示的案例中，给出了一个基于学生情况和性别的去剧院次数均值表，这个阶段尚未进行统计检验。可以看到：

- 基于学生情况分类的去剧院次数之间只表现出较小的差异，最小值为 2.6，最大值为 3.3。
- 基于性别分类的去剧院次数之间差异也较小（男性 2.2，女性 3.1）。

程序

1. 选择分析“Analyze→Compare Means”。
2. 选择“One-way ANOVA”（单因素方差分析）选项。
3. 选择需要比较均值的变量（sportfit，theatre，park，meal，hols），移入“Dependent List”框。
4. 选择用来分组的变量状态（status），移入“Independent List”（自变量列表）框。
5. 单击“OK”按钮，输出结果。

**PASW 输出结果**

**ANOVA**

| | | Sum of Squares | d*f* | Mean Square | *F* | Sig. |
|---|---|---|---|---|---|---|
| Played sport/fitness | Between Groups | 1 171.650 | 3 | 390.550 | 2.485 | 0.072 |
| | Within Groups | 7 230.350 | 46 | 157.182 | | |
| | Total | 8 402.000 | 49 | | | |
| Visit | Between Groups | 6.446 | 3 | 2.149 | 0.411 | 0.746 |
| | Within Groups | 240.434 | 46 | 5.227 | | |
| | Total | 246.880 | 49 | | | |
| Visit national park | Between Groups | 219.871 | 3 | 73.290 | 0.942 | 0.428 |
| | Within Groups | 3 578.129 | 46 | 77.785 | | |
| | Total | 3 798.000 | 49 | | | |
| Go out for meal | Between Groups | 148.752 | 3 | 49.584 | 6.715 | 0.001 |
| | Within Groups | 339.668 | 46 | 7.384 | | |
| | Total | 488.420 | 49 | | | |
| Holiday expenditure | Between Groups | 968 661.162 | 3 | 322 887.054 | 6.644 | 0.001 |
| | Within Groups | 2 235 593.338 | 46 | 48 599.855 | | |
| | Total | 3 204 254.500 | 49 | | | |

**图 17-10　单因素方差分析**

- 但是将两个变量放在一起，差异就很大，其中最小值为 1.4，最大值为 5.4。

方差分析对这个“方差交叉列联表”进行分析，检验差异性是否显著。和单因素方差分析一样，程序对组间均值差异和组内离散程度进行检验。

## 零假设

零假设是变量之间没有相互影响，即不同情况学生的去剧院水平不受性别影响。与卡方的例子一样，会输出一个与零假设相一致的期望计数表，但是其中的数值是均值而非样本计数。

## 多因素方差检验的程序

图 17-12 显示了对上面数据的多因素方差分析结果。着重突出的 *F* 概率值表明：

- 去剧院与单一的学生情况之间的关系不显著（Sig.=0.250）；
- 去剧院与性别之间的关系不显著（Sig.=0.242）。

**程序**

1. 选择“Analyze”选项，然后选择“Compare Means”选项，再选择“Means”选项。
2. 选择 theatre，移入“Dependent List”框。
3. 选择 status，移入“Independent List”框。
4. 单击“Next”（下一张），得到“Lay 2 of 2”（层 2 的 2），然后选择“gender”并移入“Independent List”框。
5. 单击“OK”按钮，输出结果。

**PASW** 输出结果

**Visit theatre**

| Student status | Gender | Mean | *N* | Std. Deviation |
|---|---|---|---|---|
| F/T student/no paid work | Male | 3.11 | 9 | 1.833 |
| | Female | 1.50 | 4 | 2.380 |
| | Total | 2.62 | 13 | 2.063 |
| F/T student/paid work | Male | 1.56 | 9 | 1.130 |
| | Female | 5.40 | 5 | 2.191 |
| | Total | 2.93 | 14 | 2.433 |
| F/T student-F/T job | Male | 1.40 | 5 | 2.074 |
| | Female | 2.64 | 11 | 2.730 |
| | Total | 2.25 | 16 | 2.543 |
| P/T student/Other | Male | 3.50 | 2 | 2.121 |
| | Female | 3.20 | 5 | 1.643 |
| | Total | 3.29 | 7 | 1.604 |
| Total | Male | 2.24 | 25 | 1.786 |
| | Female | 3.12 | 25 | 2.587 |
| | Total | 2.68 | 50 | 2.245 |

**如何在报告中表示上述结果**

表 1　基于学生状态和性别分类的看戏频次

| 学生状态 | 三月类看戏次数的均值 | | |
|---|---|---|---|
| | 男 | 女 | 合计 |
| 全职学生/无报酬工作 | 3.1 | 1.5 | 2.6 |
| 全职学生/有报酬工作 | 1.6 | 5.4 | 2.9 |
| 非全职学生—全职工作 | 1.4 | 2.6 | 2.3 |
| 非全职学生/其他 | 3.5 | 3.2 | 3.3 |
| 合计 | 2.2 | 3.1 | 2.7 |

**图 17-11　均值表：程序**

**程序**

1. 选择“Analyze”选项，然后选择“General Linear Model”（一般线性模型）选项。
2. 选择“Univariate”单变量（）。
3. 选择需要计算的因变量（Dependent variable），即 theatre。
4. 选择影响因变量的两个“Fixed Factors”（固定因子），即 status 和 gender。
5. 单击“Post Hoc”（此后的分析）框，在对话框中将 status 和 gender 移入“Post Hoc tests”，然后选择“LSD”，再单击“Continue”按钮。
6. 单击“OK”按钮，输出结果。

**图 17-12　多因素方差分析**

**PASW 输出结果**

**Tests of Between-Subjects Effects**

**Dependent Variable: Visit theatre（关键条目加黑）**

| Source | Type III Sum of Squares | d*f* | Mean Square | *F* | Sig. |
|---|---|---|---|---|---|
| Corrected Model | 66.523（a） | 7 | 9.503 | 2.213 | 0.052 |
| Intercept | 299.090 | 1 | 299.090 | 69.650 | 0.000 |
| **status** | 18.308 | 3 | 6.103 | **1.421** | **0.250** |
| **gender** | 6.041 | 1 | 6.041 | **1.407** | **0.242** |
| **status* gender** | 47.424 | 3 | 15.808 | **3.681** | **0.019** |
| Error | 180.357 | 42 | 4.294 | | |
| Total | 606.000 | 50 | | | |
| Corrected Total | 246.880 | 49 | | | |

a $R^2 = 0.269$（Adjust $R^2 = 0.148$）

**图 17-12（续）**

去剧院与学生情况和性别一起在 5%的水平上显著（Sig.=0.019），所以拒绝零假设，即性别和学生情况之间的交互作用与去剧院在 5%水平上显著。

## 相关分析

### 简介

相关分析可以用于对两个或更多的定序或定量变量之间的关系进行检验。如果两个变量有着系统性的关联，它们就被称之为相关。包括以下三种情况。

- 正相关（一个变量的值升高，另一个随之升高）。
- 负相关（一个变量的值升高，另一个随之下降）。
- 不相关（变量之间没有关系）。

通过视觉图形对相关关系进行考察通常颇有助益。图 17-13 显示了收入和四个变量之间的关系，说明了多种类型的相关性。图形由第 16 章介绍过的 PASW 图形散点图（scatterplot）程序制作。每个点代表一个人（或一个个案，或一个观察）。相关系数 *r* 在下面进行解释。

### 相关系数

相关关系可以用相关系数（一般用字母 r 来表示）的均值来予以测量。相关系数有以下几个特征。

- 如果两个变量间没有关系，相关系数为 0。
- 如果两个变量间完全正相关，相关系数为+1.0。
- 如果两个变量间完全负相关，相关系数为−1.0。
- 如果两个变量间部分正相关，相关系数介于 0 到+1.0 之间。
- 如果两个变量间部分负相关，相关系数介于 0 到−1.0 之间。
- 相关系数越接近 1.0，相关程度越高，例如：

- 0.9 代表高度正相关；
- 0.2 表示低度正相关；
- −0.8 表示高度负相关。

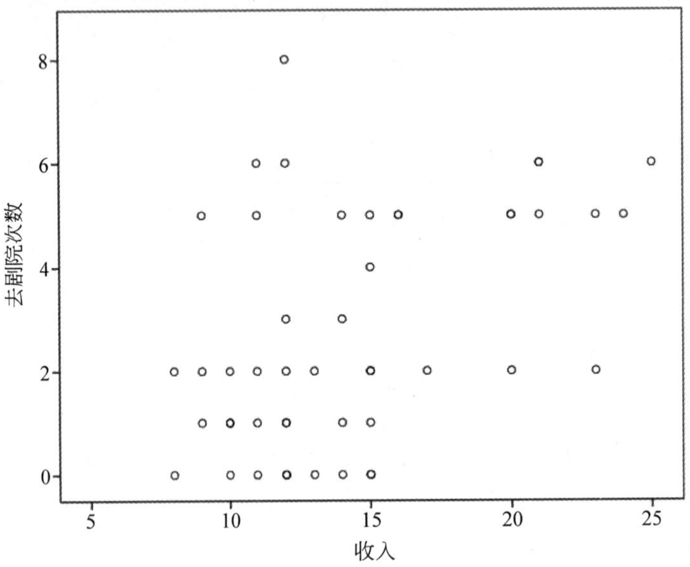


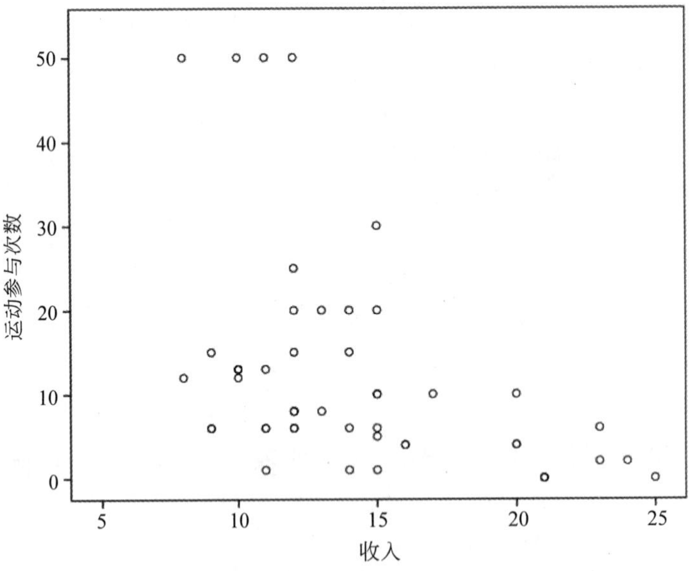


**图 17-13　变量间的相关分析**

**c. 游览国家公园次数与收入之间没有明显的相关关系：几乎零相关($r = 0.024$)**

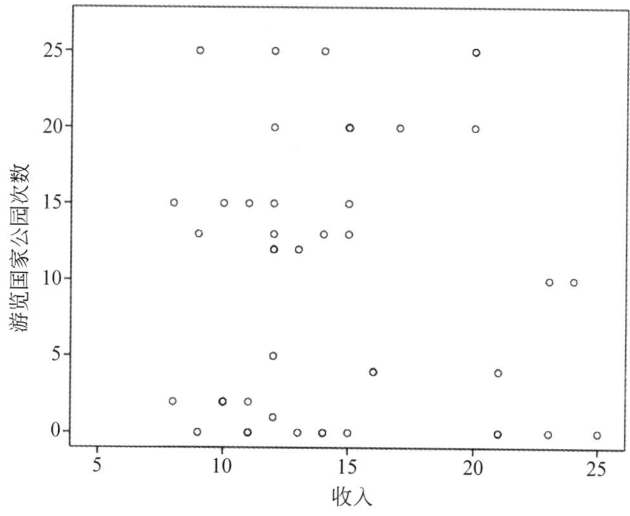


**d. 度假花费随着收入上长有显著增加：强正相关($r = 0.91$)**

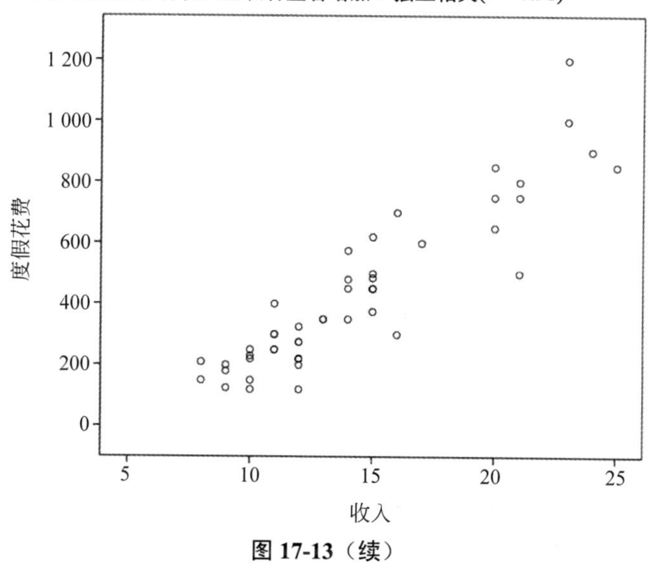


**图 17-13（续）**

相关系数通过测量每个数据点和两个变量中每个变量的均值的差值，继而将这两种差值相乘来进行计算。在图 17-14 中，右上方和左下方两个象限（B 和 C）的数据点的计算结果为正，而左上方和右下方两个象限（A 和 D）内的数据点计算结果为负。图中演示了两个数据点的计算。如果大多数数据点位于 B 和 C，则结果为正相关；相应地，如果大多数数据点位于 A 和 D，那么结果为负相关；如果数据点广泛地散布在四个象限中，那么正负相抵，相关系数的值很小。这里只是宽泛地解释了正相关和负相关，以及强相关和弱相关这些基础性概念。至于对完全相关如何等于 1 的解释，则超出了本书的讨论范围。不过，对那些有数学基础的读者，相关系数能够通过附录 17.2 所给出的公式来进行计算。

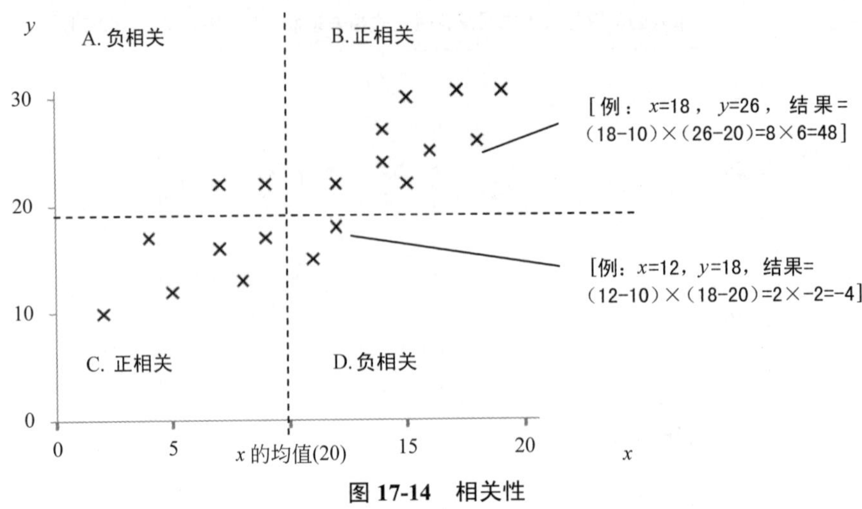

图 17-14　相关性

## *r* 的显著性

如上所述，相关系数的显著性取决于的它的规模，也就是样本的规模大小，并通过 *t* 检验来进行估计。

## 零假设

零假设是相关性为零。*t* 检验因此只是表明相关系数是否显著差异于零。如果样本足够大，很小的系数也能够表现为显著。

### 相关关系程序

在图 17-15 中，PASW 显示了除成对变量之间的相关系数。其结果表现为一种对称矩阵的形式。因此，在这个例子中，运动参与与收入之间的相关系数等同于收入和运动参与之间的相关系数。对每对变量来说，输出的结果包括了相关系数、样本大小（括号内的数字）和 *t* 检验的概率。星状符号在前面讨论过，用来指示在 5%水平上显著还是在 1%水平上显著。和其他检验一样，如果概率低于 0.05 或 0.01，我们将拒绝零假设，认为在 5%或 1%的水平上，相关关系与 0 之间有着显著的差异。

## 线性回归

## 简介

线性回归让我们在涉及预测问题的定量分析方面更进一步。如果两个变量之间有足够的相关性，那么一个变量就能够用来预测或估计另一个变量，特别是能够用易于测量的变量（如年龄或收入）来预测测量比较困难或测量成本较高的变量（如休闲和旅游活动的参与）。

- 关于年龄和休闲参与之间相关关系的知识可以用于对社区的休闲设施进行规划：未来社区的年龄结构相对容易估计，通过该估计，未来对休闲活动的需求也就能够得以预估。
- 不同国家或不同时期人均收入和人均海外航空旅行的相关关系能够用来预测收入增加或减少时航空旅行的增长情况。

**程序**

1. 选择“Analyze”选项。
2. 选择“Correlate”（相关）选项。
3. 选择“Bivariate”（双变量）选项。
4. 选择包含的变量（包括 sportfit，theatre，npark，meal，hols），并移入“Variables”框。
5. 单击“OK”按钮，输出结果。

**PASW 输出结果**

Correlations

| | | income pa | played sport | visit theatre | visit national park | Go out for meal | Holiday expenditure |
|---|---|---|---|---|---|---|---|
| income pa | Pearson Correlation | 1 | −0.439** | 0.460** | 0.024 | 0.076 | 0.915** |
| | Sig. (2-tailed) | | 0.001 | 0.001 | 0.866 | 0.598 | 0.000 |
| | *N* | 50 | 50 | 50 | 50 | 50 | 50 |
| played sport | Pearson Correlation | −0.439** | 1 | −0.679** | 0.274 | 0.454** | −0.368** |
| | Sig. (2-tailed) | 0.001 | | 0.000 | 0.054 | 0.001 | 0.008 |
| | *N* | 50 | 50 | 50 | 50 | 50 | 50 |
| visit theatre | Pearson Correlation | 0.460** | −0.679** | 1 | −0.292* | −0.286* | 0.379** |
| | Sig. (2-tailed) | 0.001 | 0.000 | | 0.039 | 0.044 | 0.007 |
| | *N* | 50 | 50 | 50 | 50 | 50 | 50 |
| visit national park | Pearson Correlation | 0.024 | 0.274 | −0.292* | 1 | −0.044 | 0.058 |
| | Sig. (2-tailed) | 0.866 | 0.054 | 0.039 | | 0.759 | 0.688 |
| | *N* | 50 | 50 | 50 | 50 | 50 | 50 |
| Go out for meal | Pearson Correlation | 0.076 | 0.454** | −0.286* | −0.044 | 1 | 0.119 |
| | Sig. (2-tailed) | 0.598 | 0.001 | 0.044 | 0.759 | | 0.410 |
| | *N* | 50 | 50 | 50 | 50 | 50 | 50 |
| Holiday expenditure | Pearson Correlation | 0.915** | −0.368** | 0.379** | 0.058 | 0.119 | 1 |
| | Sig. (2-tailed) | 0.000 | 0.008 | 0.007 | 0.688 | 0.410 | |
| | *N* | 50 | 50 | 50 | 50 | 50 | 50 |

**. Correlation is significant at the 0.01 level (2-tailed).

*. Correlation is significant at the 0.05 level (2-tailed).

**图 17-15 相关矩阵**

这里描述的程序只是检验变量之间关系的一种形式。如果变量能够量化，那么这些技术也能够对变量间关系的强度和性质进行量化。

## 回归模型

要通过一个变量对另一个变量进行预测，需要如下类型的模型或方程。

例 1：休闲参与=年龄×某个数值。

例 2：海外旅行需求=收入×某个数值。

假设休闲参与根据一年时间内某种活动的参与数量或参与天数来进行衡量，而海外旅行需求通过一年内海外旅行的数量来进行衡量，那么，回归分析就产生出如下形式的方程。

例 1：参与天数=$a$+$b$×年龄。

例 2：海外旅行=$a$+$b$×收入。

$a$ 和 $b$ 为系数或参数，通过已有的数据用回归分析来进行计算。计算参数或系数的过程被称为模型校验。

一般情况下，模型用方程 $y= a + bx$ 来表示。这里，$y$ 代表休闲参与或旅行需求，$x$ 代表年龄或收入。要注意，休闲参与和旅行需求是因变量，年龄和收入是自变量。

如图 17-16 所示，其图形可以用恰好穿过数据点的“回归线”来进行描述，其中，$a$ 为“截距”或“常量”，$b$ 为“斜率”。回归程序寻找“最适合的线”，使这条线和数据点之间的（平方）差之和最小，并以 $a$ 和 $b$ 值对其进行确定。

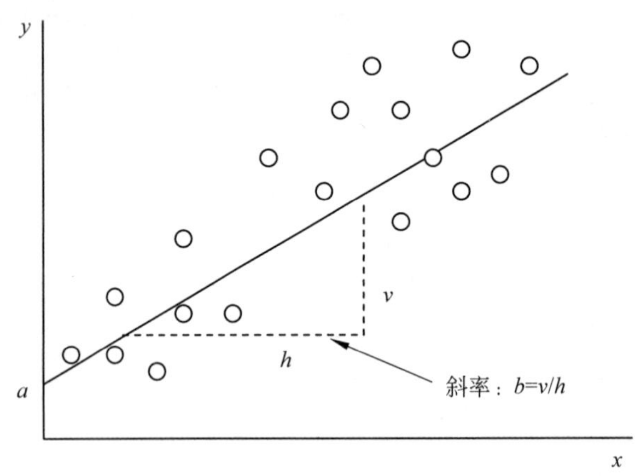


**图 17-16 回归曲线**

## 回归分析程序

图 17-17 显示了利用 PASW 进行回归分析的一个例子。程序输出了很多结果，除加黑的项目需要讨论外，其余的我们在这里用不着关注。然而，输出结果表明了一点，即回归分析是一个复杂的过程，本书仅仅对它作了一个宽泛的概述。下一节讨论多元回归，它包含一个以上的自变量。在这里，我们只有一个自变量，即收入。

我们感兴趣的条目是回归系数值 $R$（类似于相关系数 $r$）、$R^2$（指示数据与回归线的匹配程度）、显著性检验和 B 下面列出的系数。在图 17-17 所列出的例 1 中，讨论了收入和度假花费之间的关系。

- $R$ 的值是 0.915；
- $R^2$ 是 0.836；
- 概率（通过 $F$ 检验测算）是 0.000，表明具有高度的显著性；
- 常数（$a$）是−323.493，收入的斜率系数（$b$）为 52.563。

因此，回归方程为

度假花费= −323.493 + 52.563×收入（英镑）

如图 17-18 所示，回归线可以用 PASW 中的曲线估计（curve estimation）开进行绘制。

根据上述方程，如果我们知道了一个学生的收入，就可以估算他的度假花费水平，方法是在图上进行查找或对其进行计算。例如，一个年收入为 10 000 英镑的学生。

程序

1. 选择“Analyze”选项，然后选择“Regression”（回归）选项。
2. 选择“Linear”（线性）。
3. 选择自变量和因变量。
4. 单击“OK”按钮，输出结果。

**PASW 输出结果（关键条目为黑体）**

例 1：收入为自变量，度假花费为因变量

**Model Summary**

| Model | $R$ | $R^2$ | Adjusted $R^2$ | Std. Error of the Estimate |
|---|---|---|---|---|
| 1 | **0.915**[a] | **0.836** | 0.833 | 104.51 |

a. Predictors: (Constant), income pa

**ANOVA**[b]

| Model | | Sum of Squares | d$f$ | Mean Square | $F$ | Sig. |
|---|---|---|---|---|---|---|
| 1 | Regression | 2 679 971.336 | 1 | 2 679 971.336 | **245.361** | **0.000**[a] |
| | Residual | 524 283.164 | 48 | 10 922.566 | | |
| | Total | 3 204 254.500 | 49 | | | |

a. Predictors: (Constant), income pa  b. Dependent Variable: Holiday expenditure

**Coefficients**[a]

| Model | | Unstandardized Coefficients | | Standardized Coefficients | $t$ | Sig. |
|---|---|---|---|---|---|---|
| | | B | Std. Error | Beta | | |
| 1 | **(Constant)** | **−323.493** | 49.890 | | −6.484 | 0.000 |
| | **income pa** | **52.563** | 3.356 | 0.915 | 15.664 | 0.000 |

a. Dependent Variable: Holiday expenditure

例 2：收入为自变量，看戏次数为因变量

**Model Summary**

| Model | $R$ | $R^2$ | Adjusted $R^2$ | Std. Error of the Estimate |
|---|---|---|---|---|
| 1 | **0.460**[a] | **0.212** | 0.195 | 2.013 |

a. Predictors: (Constant), income pa

**ANOVA**[b]

| Model | | Sum of Squares | d$f$ | Mean Square | $F$ | Sig. |
|---|---|---|---|---|---|---|
| 1 | Regression | 52.284 | 1 | 52.284 | **12.896** | **0.001**[a] |
| | Residual | 194.596 | 48 | 4.054 | | |
| | Total | 246.880 | 49 | | | |

a. Predictors: (Constant), income pa  b. Dependent Variable: Holiday expenditure

**Coefficients**[a]

| Model | | Unstandardized Coefficients | | Standardized Coefficients | $t$ | Sig. |
|---|---|---|---|---|---|---|
| | | B | Std. Error | Beta | | |
| 1 | **(Constant)** | **−0.617** | 0.961 | | −0.642 | 0.524 |
| | **income pa** | **0.232** | 0.065 | 0.460 | 3.591 | 0.001 |

a. Dependent Variable: Holiday expenditure

**图 17-17　回归分析程序**

度假花费 =−323.49 + 52.56×10 = −323.49 + 525.60 = 202.11（英镑）

所以，我们能估计那个学生一年的度假花费是 202 英镑。当然，我们不是说每一个这种收入的学生都要花费这么多。回归线/方程是一种均值，它并不精确。

**程序**

1. 选择“Analyze”选项，然后选择“Regression”选项，再选择“Curve Estimation”（曲线估计）选项。
2. 选择“度假花费”（hols）并移入“Dependents”框，选择“收入”（inc）移入“Independents”框。
3. 单击“OK”按钮，输出结果。

**PASW 输出结果**

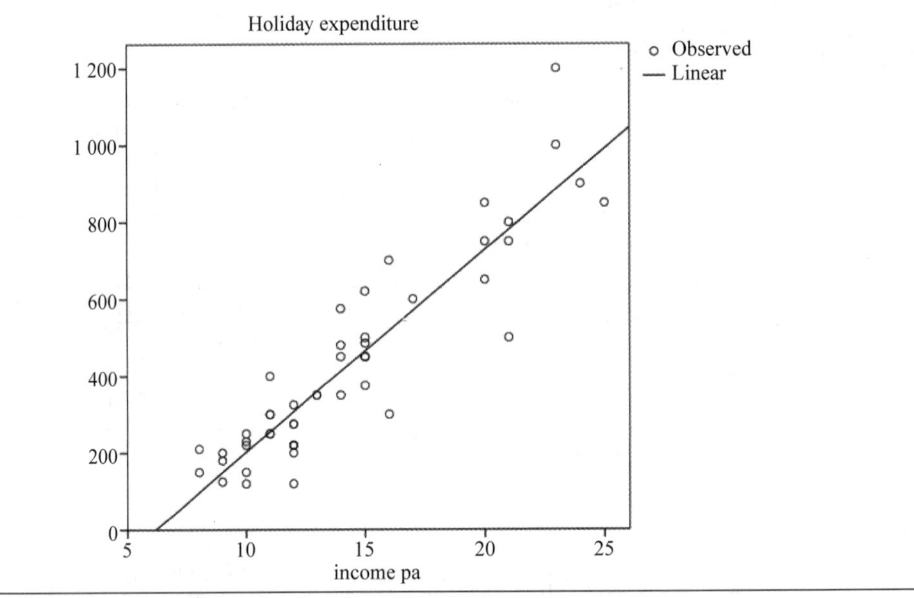


图 17-**18** 回归线：匹配的曲线

同样，图 17-17 中的例 2 输出了去剧院次数和收入之间关系的结果。在这个案例中，得到的回归方程是

去剧院次数（3 个月中的频次）= −0.62 + 0.23×收入

这条回归线可以用 PASW 曲线估计程序绘成图形，如图 17-18 所示。

## 非线性回归

在图 17-19 中，两个变量之间的关系是非线性的，即二者之间的关系是一条曲线而非直线。PASW 的曲线匹配（curve fit）提供了大量的模型，也许能够产生出比一条单纯的直线更适合数据的曲线。通过理论或反复比较也许能够找出更适合的模型。在图 17-19 所显示的立方（cube）模型中，自变量增加到三次方，结果所产生的曲线指示 $R^2$ 小幅提升至 0.843。

这里所做的是强调直观上检验数据的重要性，而不是仅仅依赖于相关系数。

程序

1. 选择“Analyze”选项，然后选择“Regression”选项，再选择“Curve Fit”（曲线匹配）选项。
2. 选择因变量和自变量［度假花费（hols）和收入（inc）］。
3. 在“Model”（模型）中选择“Cube”选项。
4. 单击“OK”按钮，输出结果。

**PASW 输出结果**

Independent：inc

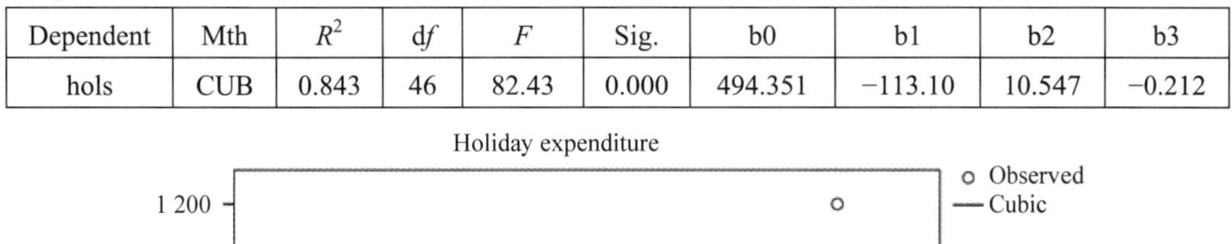

| Dependent | Mth | $R^2$ | d*f* | *F* | Sig. | b0 | b1 | b2 | b3 |
|---|---|---|---|---|---|---|---|---|---|
| hols | CUB | 0.843 | 46 | 82.43 | 0.000 | 494.351 | −113.10 | 10.547 | −0.212 |

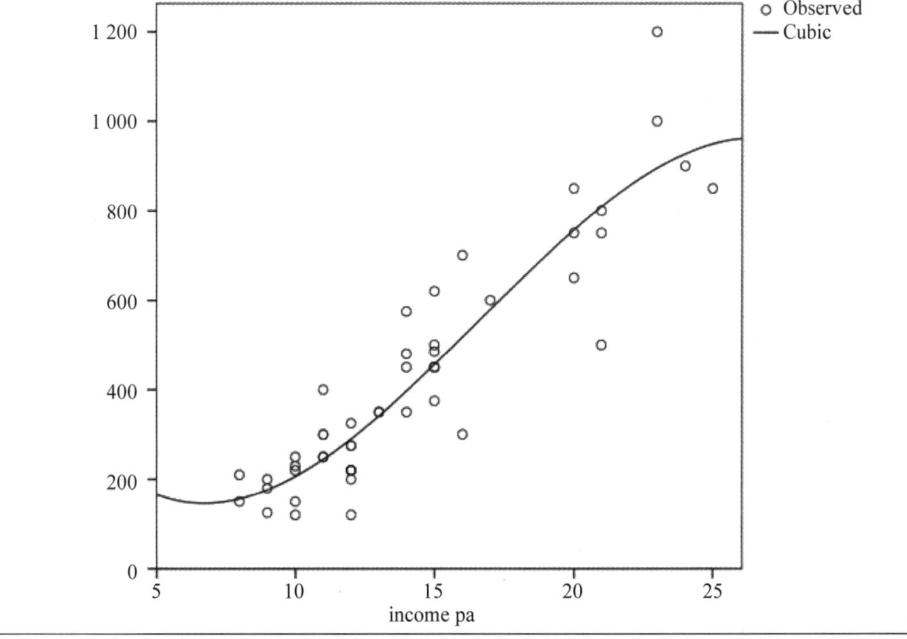


**图 17-19　回归分析：非线性曲线匹配**

## 多元回归

多元回归是包含一个以上自变量的线性回归。例如，我们可以假设运动参与不光取决于收入，还取决于年龄；或者海外旅行不仅取决于收入，还取决于飞行价格。因此，我们的模型，或者说回归方程，将是

例 1：运动参与$=a+b\times$收入$+c\times$年龄

例 2：海外旅行$=a+b\times$收入$+c\times$飞行价格

在上面讨论过的线性回归中，程序要为数据找到一条直线——最适合的直线。在多元回归中，程序的目的是为数据寻找一个平面——最匹配的平面。利用三维盒的坐标轴在三个维度上（一个因变量和两个自变量），观察值悬浮在空中，回归平面是盒中某处的一个扁平平面（PASW 在散点程序中提供了一个 3D 图形选择来表现它）。当另外的变量加入时，维度扩展到四维、五维乃至 *n* 维，则再无法对其进行作图。但是，用来建立回

归方程的数学原则是相同的。

例如，在图 17-20 中，去剧院次数和收入以及年龄相关。注意，这时 $R$ 值从图 17-17 例 2 中的 0.46 上升到 0.58，意味着模型的数据匹配程度有所提高。现在，模型方程为

去剧院次数（每 3 个月） = −0.349 + 0.056×收入 + 0.022 7×年龄

**程序**

1. 选择“Analyze”选项，然后选择“Regression”选项，再选择“Linear”选项。
2. 将 theatre 引入“Dependent”框， age 和 income 移入“Independent”框。
3. 在“Method”（方法）中，单击“Enter”（进入）一次性将所有选择变量输入，或者选择“Stepwise”（逐步）选项，按影响大小选择和输入变量。
4. 单击“OK”按钮，输出结果。

**PASW 输出结果（重要条目为黑体）**

**Variables Entered/Removed[b]**

| Model | Variables Entered | Variables Removed | Method |
|---|---|---|---|
| 1 | **Age, Income pa[a]** | | Enter |

a. All requested variables entered. b. Dependent Variable: visit theatre

**Model Summary**

| Model | $R$ | $R^2$ | Adjusted $R^2$ | Std. Error of the Estimate |
|---|---|---|---|---|
| 1 | **0.580[a]** | **0.336** | 0.308 | 1.867 |

a. Predictors: (Constant), Age, Income pa

**ANOVA[b]**

| Model | | Sum of Squares | d$f$ | Mean Square | $F$ | Sig. |
|---|---|---|---|---|---|---|
| 1 | Regression | 83.023 | 2 | 41.512 | **11.907** | **0.000[a]** |
| | Residual | 163.857 | 47 | 3.486 | | |
| | Total | 246.880 | 49 | | | |

a. Predictors: (Constant), Age, Income pa b. Dependent Variable: visit theatre

**Coefficients[a]**

| Model | | Unstandardized Coefficients | | Standardized Coefficients | $t$ | Sig. |
|---|---|---|---|---|---|---|
| | | B | Std. Error | Beta | | |
| 1 | (Constant) | **−3.493** | 1.316 | | −2.654 | 0.011 |
| | Income pa | **0.056** | 0.084 | 0.111 | 0.662 | 0.511 |
| | Age | **0.227** | 0.076 | 0.497 | 2.969 | 0.005 |

a. Dependent Variable: visit theatre

图 17-20 多元回归程序

理论上，继续增加方程的变量是可行的。然而，这么做的时候要慎重，因为经常会涉及多重共线性（multicollinearity）的情况，即自变量之间存在着内部关联。而自变量本应尽可能地独立。目前很多检验可以对这种现象进行检查。在休闲和旅游学中，常常包含着大量的变量，且很多相互关联，但在调查中每个变量都对休闲和旅游现象有所贡献。多变量分析程序，如下面要讨论的聚类分析和因子分析，一部分设计就是用来克服这个问题的。

在休闲研究中经常用到结构方程模型（structure equation modelling，SEM），或路径分析（path analysis）技术，构建一个方程网络来对特定的社会过程进行模型化。图 17.21 所示的关于健康和体质的例子，它假定一个人的锻炼方式影响到体质，继而影响到这个人的健康。但是，进行锻炼也可能直接影响健康，因为它能产生出一种健康感。各个变量之间存在着直接和间接的影响，而结构方程模型用回归方程对它们进行识别和量化。结构方程模型分析需要运用本章资源中所提到的特定软件包。

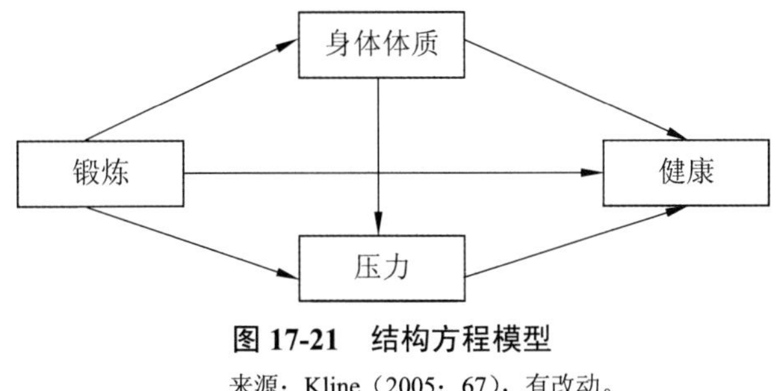


**图 17-21　结构方程模型**

来源：Kline（2005：67），有改动。

## 聚类分析和因子分析

### 简介

当自变量数目众多，并需要按某种方式对它们进行归类时，可以采用聚类分析和因子分析技术。在理论上，对应于那些无法用一两个变量来予以测量的复杂现象，需要的是一组变量，每一个变量在现象构成上只作用于某个方面。

- 一个人的生活方式或心理状况（由休闲和工作模式、收入和花费模式、价值观、年龄以及家庭状态等变量构成）。
- 一个人的旅行特征，即游客类型（由旅游经历、花费模式、产品需求和满意度搜寻等变量构成）。

这些经常要用大量的数据条目来进行研究。例如，生活方式/心理状况的测量要问调查对象的问题有 300 个以上，包括他们对工作、政治、道德、休闲、宗教等的态度。

因子分析和聚类分析可以包括以下两个方面。

- 探索性分析：分析过程被用来发现数据中存在的因子/分类。
- 验证性分析：分析过程被用来对一个或多个假设分类或因子进行检验。

### 因子分析

因子分析的理念基础是变量的聚集效应，其中，在一个变量上得分高的人也倾向于在某些变量上得分也高，这样就可能形成一个组。例如，去剧院的人可能也会去看画展，具有强烈环境意识的人可能喜欢某种类型的假日。对这种现象的分析可以使用一种简单的方法，即人工绘制变量的相关系数矩阵，具体如图 17-22 所示。变量分组可以通过说明哪些变量相互之间具有最高和次高的相关系数来进行。在图 17-22 中，变量被分为三组。

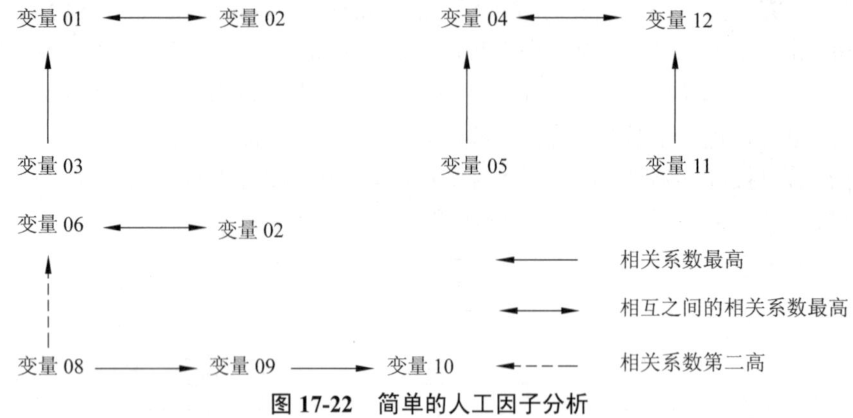

图 17-22 简单的人工因子分析

由图 17-22 可知，这个程序只考虑最高和次高的相关关系。但是，变量相互之间存在着相当多的低等级相关关系，很难用这种人工方式来加以说明。一定数量的低等级相关关系累积起来，也许比单个的最高的相关系数还要重要。因子分析是一种考虑所有相关关系对变量进行分组的数学程序，只是，这种方法的细节本书不予探讨。

## 聚类分析

聚类分析是另一种分组程序，但是它针对的是个案而非变量。假设有两个变量，年龄变量和其他一些行为变量，对数据点按普通方法绘制成图，具体如图 17-23 所示。可以看到调查对象存在有三个大的"集群"，包括两个年轻集群和一个年长集群。每个集群可能都会形成一定的群体，如特定的市场群体。对仅包含两个变量和少数个案的情况进行直观分组相对比较简单，但是，如果变量更多，个案上百，那么直观分组就比较困难。

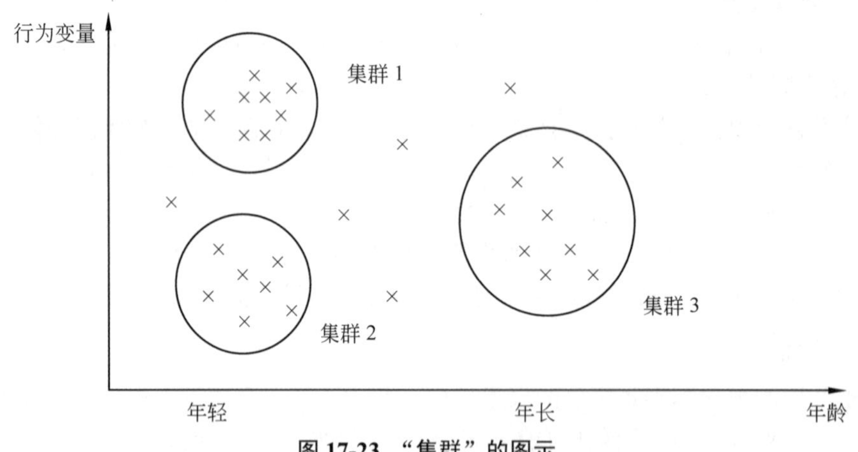

图 17-23 "集群"的图示

聚类分析在建立集群时有一套既定的计算机程序规则。首先，根据指定的变量范围计算出数据点之间的距离。然后，将那些最接近的点放在第一轮的"集群"，并产生出一个新的"点"来取代它们的位置。重复这个过程形成第二轮"集群"，以及第三轮、第四轮等，直到最后只剩下两个"点"。结果通常由图 17-24 所示的类别树状图来予以演示。

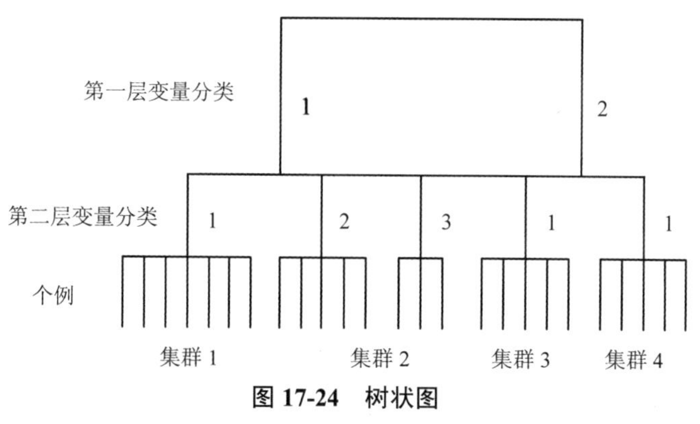


**图 17-24　树状图**

# 结　论

很多休闲和旅游方面的研究，甚至定量研究，并没有用这一章所讲述的方法。这个领域的很多研究是描述性的，正如第 1 章所说，这反映出研究数据的特性和读者或委托人对研究的需求。休闲和旅游研究常常需要的是“粗略”的研究结果：准确是必要的，但高度精确就不必了。这和医学研究不同，后者的精确关乎生死。统计方法的使用水平在很大程度上和学术传统相关。因此，在像《休闲研究学刊》（*Journal of Leisure Study*）这样的美国期刊中统计技术运用得很普遍，因为在美国的休闲研究中心理学家涉入的程度很高。而英国的《休闲研究》（*Leisure Studies*）中统计技术的运用就不那么普遍，这反映出英国的定性社会学传统。在旅游学术期刊的研究中，由于一些旅游研究从经济学的角度展开，因此诸如回归分析和相关分析这样的统计技术的使用也增加得很快。

因此，很多休闲和旅游研究人员会发现他们很少用到本章所提到的技术。但是，他们应该能够阐释那些用到统计技术的研究报告，并且能够在需要的时候就能用上。

本书始终强调，数据的收集和分析应该取决于理论、概念或评价性框架。理想情况下，在分析阶段研究人员应该不再对什么和什么相关，以及在特定的研究中选择哪些变量和分析方法感到困惑。但是，研究过程中不可避免地要用到一定数量的归纳探索，甚至会出现意外的发现，因而理想状态下从一开始就应该有一个基础的分析计划。重要变量和它们之间的关系问题应该预先加以考虑，如前面提到的“概念地图”的研究结果。因此，虽然本章中给出的例子是特别设定或者是以数据为基础的，但在一个真实的研究项目中，对于方法的使用应该以理论、问题或假设为基础。

# 本 章 小 结

第 13 章介绍了抽样理论及其影响，第 16 章介绍了怎样使用 PASW 软件包来处理调查数据。本章以这两章为基础，介绍了和统计分析相关的原则和过程。在本章中，统计学现象不仅仅是指定量，还包括怎样将样本的结果上升到总体的一般化结论的过程。一开始，对统计概念进行了介绍，包括概率描述、正态分布、显著性、零假设以及因变量和自变量的含义。接下来，这一章重点介绍了一系列统计检验的程序和输出结果。

- 卡方检验：对频率表中两个变量之间的关系进行检验。
- *t* 检验：对两个均值之间差异的显著性进行比较。
- 单因素方差分析：对用一系列均值进行表达的两个变量之间的关系进行检验。
- 多因素方差分析：对以均值为基础的一个因变量和两个自变量之间的关系进行检验。
- 相关分析：两个定量变量之间的关系。
- 线性回归：确定两个变量之间的拟合程度最好的“最适合的线”。
- 多元回归：对一个因变量和两个及以上自变量之间的关系进行检验。
- 聚类分析和因子分析：对多个变量之间的关系进行概括和总结。

## 测试题和练习

建议读者重复练习本章中的各种分析方法，首先用附录 17.1 中的数据，然后用自己的数据集。数据可以以第 16 章收集的数据为基础，在问卷中加入一套变量集，就像附录 17.1 所列出的那样。

## 资　　源

### 网站

- SPSS/PASW 软件：www.spss.com。
- 结构方程模型（SEM）：
  - Semnet 讨论组：www2.gsu.edu/～mkteer/semnet.html。
  - Amos 软件：www.spss.com/amos。
  - Lisrel 软件：www.ssicentral.com/lisrel/index.html。

### 出版物

- 有很多很好的教科书涵盖了本章所介绍的方法，而且还更为详细。因为教材内容会根据读者的数学能力水平而有所变化，所以数学知识有限的读者应该选购用概念来表述主要内容而不是用详细的数学条目来进行表达的教材。不过，一定数量的数学技能还是很有必要的。包括统计学在内的一般研究方法方面的书籍有 Ryan 和 Burns（1994），而专业性的教材有 Spatz 和 Johnson（1989）。
- 关于本书介绍的方法的案例，读者可以阅读《休闲研究学刊》和《休闲科学》。
- 关于结构方程模型，可以阅读 Kline（2005）的著作。

# 附录 17.1　本章使用的案例数据文件细节——变量细节和数据

| Name | Type | Width | Decimals | Lab | Value | Missing | Columns | Align | Measure |
|---|---|---|---|---|---|---|---|---|---|
| qno | Numeric | 5 | 0 | Questionnaire | None | None | 8 | Right | Scale |
| status | Numeric | 5 | 0 | Student status | 1 undergrad<br>2 Grad. Dip.<br>3 Masters<br>4 Other | None | 8 | Right | Nominal |
| cafebar | Numeric | 5 | 0 | Campus cafe/bar in last 4 wks | 0 No 1 Yes | None | 8 | Right | Nominal |
| music | Numeric | 5 | 0 | Live campus music in last 4 wks | 0 No 1 Yes | None | 8 | Right | Nominal |
| sport | Numeric | 5 | 0 | Sport facilities in last 4 wks | 0 No 1 Yes | None | 8 | Right | Nominal |
| travel | Numeric | 5 | 0 | Travel service in last 4 wks | 0 No 1 Yes | None | 8 | Right | Nominal |
| cheap | Numeric | 5 | 0 | Free/cheap(rank) | None | None | 8 | Right | Ordinal |
| daytime | Numeric | 5 | 0 | Day-time events(rank) | None | None | 8 | Right | Ordinal |
| unusual | Numeric | 5 | 0 | Not available ealse where (rank) | None | None | 8 | Right | Ordinal |
| meet | Numeric | 5 | 0 | Socialising(rank) | None | None | 8 | Right | Ordinal |
| quality | Numeric | 5 | 0 | Quality of presentation (rank) | None | None | 8 | Right | Ordinal |
| spend | Numeric | 5 | 0 | Expenditure on entertainment/ month | None | None | 8 | Right | Measure |
| relax | Numeric | 5 | 0 | Relaxation opportunities-importance | 1 Not important<br>2 Important<br>3 Very important | None | 8 | Right | Scale |
| social | Numeric | 5 | 0 | Social interaction-importance | As Above | None | 8 | Right | Scale |
| mental | Numeric | 5 | 0 | Mental stimulation-importance | As Above | None | 8 | Right | Scale |
| sug1 | Numeric | 5 | 0 | First suggestion | 1 Programme connect<br>2 Timing<br>3 Facilities<br>4 Costs<br>5 Organisation | None | 8 | Right | Scale |
| sug2 | Numeric | 5 | 0 | Second suggestion | As Above | None | 8 | Right | Nominal |
| sug3 | Numeric | 5 | 0 | Third suggestion | As Above | None | 8 | Right | Nominal |
| age | Numeric | 5 | 0 | Age | None | None | 8 | Right | Nominal |
| gender | Numeric | 5 | 0 | Gender | 1 Male<br>2 Female | None | 8 | Right | Scale |
| inc | Numeric | 5 | 0 | income pa,$'000s | None | None | 8 | Right | Nominal |
| sport | Numeric | 5 | 0 | played sport/fitness-times in last months | None | None | 8 | Right | Scale |
| theatre | Numeric | 5 | 0 | visit theatre-times in last months | None | None | 8 | Right | Scale |
| npark | Numeric | 5 | 0 | visit national park-times in last months | None | None | 8 | Right | Scale |
| hols | Numeric | 5 | 0 | Holiday expenditure | None | None | 8 | Right | Scale |
| statusr | Numeric | 5 | 0 | Student status-recoded | 1 Full-time<br>2 Part-time | None | 8 | Right | Nominal |

## 数据

| Qno | status | cafebar | music | sport | travel | cheap | daytime | unusual | meet | quality | spend | relax | social | mental | sug1 | sug2 | sug3 | age | gender | inc | sportfit | theatre | npark | meal | hols |
|---|---|---|---|---|---|---|---|---|---|---|---|---|---|---|---|---|---|---|---|---|---|---|---|---|---|
| 1 | 2 | 1 | 1 | 0 | 0 | 1 | 4 | 2 | 1 | 5 | 100 | 3 | 3 | 1 | 1 |  |  | 18 | 1 | 12 | 25 | 1 | 5 | 8 | 220 |
| 2 | 2 | 1 | 1 | 1 | 0 | 1 | 4 | 2 | 3 | 5 | 50 | 2 | 3 | 1 | 2 | 1 |  | 23 | 1 | 15 | 30 | 0 | 15 | 10 | 485 |
| 3 | 3 | 1 | 0 | 0 | 0 | 2 | 5 | 1 | 5 | 4 | 250 | 2 | 2 | 2 | 3 | 4 |  | 28 | 2 | 15 | 5 | 4 | 20 | 2 | 450 |
| 4 | 4 | 0 | 0 | 0 | 0 | 2 | 3 | 1 | 4 | 5 | 25 | 3 | 2 | 2 | 1 | 2 | 4 | 35 | 2 | 21 | 0 | 5 | 4 | 12 | 750 |
| 5 | 3 | 1 | 0 | 0 | 1 | 1 | 4 | 3 | 2 | 5 | 55 | 3 | 3 | 1 |  |  |  | 29 | 2 | 20 | 4 | 5 | 25 | 4 | 650 |
| 6 | 3 | 1 | 1 | 1 | 0 | 2 | 4 | 1 | 3 | 5 | 40 | 2 | 3 | 1 | 2 |  |  | 29 | 1 | 14 | 20 | 0 | 0 | 8 | 480 |
| 7 | 2 | 1 | 0 | 0 | 0 | 3 | 2 | 1 | 4 | 5 | 150 | 2 | 3 | 2 | 3 |  |  | 23 | 2 | 11 | 6 | 6 | 0 | 3 | 250 |
| 8 | 2 | 1 | 0 | 1 | 0 | 3 | 4 | 2 | 1 | 5 | 250 | 1 | 2 | 2 | 4 | 5 |  | 22 | 1 | 12 | 8 | 0 | 12 | 1 | 120 |
| 9 | 4 | 0 | 1 | 0 | 0 | 1 | 5 | 2 | 3 | 4 | 300 | 2 | 3 | 2 |  |  |  | 22 | 2 | 15 | 10 | 2 | 20 | 6 | 450 |
| 10 | 3 | 1 | 1 | 0 | 0 | 2 | 3 | 1 | 5 | 4 | 100 | 1 | 2 | 1 | 1 | 1 |  | 19 | 2 | 12 | 50 | 0 | 15 | 10 | 220 |
| 11 | 3 | 1 | 1 | 0 | 1 | 2 | 3 | 1 | 4 | 5 | 75 | 2 | 2 | 1 | 2 | 3 |  | 20 | 1 | 11 | 13 | 1 | 2 | 9 | 300 |
| 12 | 2 | 1 | 0 | 1 | 0 | 1 | 4 | 3 | 2 | 5 | 50 | 2 | 3 | 1 |  |  |  | 19 | 1 | 14 | 6 | 3 | 13 | 5 | 575 |
| 13 | 1 | 1 | 0 | 1 | 0 | 1 | 5 | 2 | 3 | 4 | 55 | 2 | 3 | 2 | 1 | 2 |  | 21 | 2 | 11 | 1 | 5 | 0 | 7 | 300 |
| 14 | 3 | 1 | 1 | 0 | 0 | 2 | 4 | 1 | 3 | 5 | 75 | 3 | 3 | 2 | 4 |  |  | 35 | 2 | 25 | 0 | 6 | 0 | 9 | 850 |
| 15 | 1 | 1 | 1 | 0 | 0 | 3 | 2 | 1 | 5 | 4 | 150 | 3 | 3 | 1 | 1 | 2 | 5 | 22 | 1 | 9 | 15 | 1 | 25 | 6 | 200 |
| 16 | 2 | 1 | 0 | 1 | 0 | 3 | 4 | 1 | 2 | 5 | 200 | 1 | 2 | 2 | 4 | 5 |  | 28 | 2 | 12 | 6 | 8 | 1 | 2 | 220 |
| 17 | 1 | 0 | 0 | 0 | 0 | 1 | 5 | 2 | 3 | 4 | 175 | 2 | 3 | 2 |  |  |  | 20 | 2 | 12 | 20 | 0 | 20 | 11 | 275 |
| 18 | 1 | 1 | 1 | 1 | 0 | 2 | 3 | 1 | 5 | 4 | 100 | 1 | 2 | 1 | 1 | 2 |  | 21 | 1 | 8 | 12 | 2 | 2 | 8 | 150 |
| 19 | 4 | 1 | 1 | 0 | 1 | 2 | 3 | 1 | 4 | 5 | 105 | 2 | 3 | 1 | 1 | 3 | 4 | 32 | 2 | 23 | 2 | 5 | 10 | 10 | 1 200 |
| 20 | 1 | 1 | 0 | 1 | 0 | 1 | 4 | 3 | 2 | 5 | 50 | 2 | 2 | 1 | 2 |  |  | 23 | 1 | 16 | 4 | 5 | 4 | 0 | 300 |
| 21 | 1 | 1 | 0 | 0 | 0 | 3 | 2 | 1 | 4 | 5 | 150 | 2 | 3 | 2 | 3 |  |  | 18 | 1 | 11 | 6 | 2 | 0 | 3 | 250 |
| 22 | 2 | 1 | 0 | 1 | 0 | 3 | 4 | 2 | 1 | 5 | 250 | 1 | 2 | 2 | 4 | 5 |  | 25 | 1 | 12 | 8 | 2 | 12 | 1 | 325 |
| 23 | 4 | 0 | 1 | 0 | 0 | 1 | 5 | 2 | 3 | 5 | 300 | 2 | 3 | 1 |  |  |  | 22 | 2 | 17 | 10 | 2 | 20 | 6 | 600 |
| 24 | 3 | 1 | 1 | 0 | 0 | 2 | 3 | 1 | 5 | 4 | 100 | 1 | 2 | 1 | 1 | 1 |  | 29 | 2 | 11 | 50 | 0 | 15 | 12 | 400 |
| 25 | 3 | 1 | 1 | 0 | 1 | 2 | 3 | 1 | 4 | 5 | 75 | 2 | 2 | 1 | 2 | 3 |  | 23 | 1 | 10 | 13 | 1 | 2 | 9 | 230 |
| 26 | 2 | 1 | 0 | 1 | 0 | 1 | 4 | 3 | 2 | 5 | 50 | 2 | 3 | 1 |  |  |  | 19 | 2 | 9 | 6 | 5 | 13 | 5 | 125 |
| 27 | 1 | 1 | 0 | 1 | 0 | 1 | 5 | 2 | 3 | 4 | 55 | 2 | 3 | 2 | 1 | 2 |  | 21 | 1 | 14 | 1 | 5 | 0 | 7 | 350 |
| 28 | 3 | 1 | 1 | 0 | 0 | 2 | 4 | 1 | 3 | 5 | 75 | 3 | 3 | 2 | 4 |  |  | 35 | 2 | 21 | 0 | 6 | 0 | 9 | 500 |
| 29 | 1 | 1 | 1 | 0 | 0 | 3 | 2 | 1 | 5 | 4 | 150 | 3 | 3 | 1 | 1 | 2 | 5 | 22 | 1 | 12 | 15 | 1 | 25 | 6 | 200 |
| 30 | 3 | 1 | 0 | 0 | 1 | 1 | 4 | 3 | 2 | 5 | 55 | 3 | 3 | 1 |  |  |  | 29 | 1 | 20 | 4 | 5 | 25 | 4 | 850 |
| 31 | 3 | 1 | 1 | 1 | 0 | 2 | 4 | 1 | 3 | 5 | 40 | 2 | 3 | 1 | 2 |  |  | 20 | 1 | 13 | 20 | 0 | 0 | 8 | 350 |
| 32 | 2 | 1 | 0 | 0 | 0 | 3 | 2 | 1 | 4 | 5 | 150 | 2 | 3 | 2 | 3 |  |  | 23 | 1 | 23 | 6 | 2 | 0 | 3 | 1 000 |
| 33 | 2 | 1 | 0 | 1 | 0 | 3 | 4 | 2 | 1 | 5 | 250 | 1 | 2 | 2 | 4 | 5 |  | 25 | 2 | 12 | 8 | 6 | 12 | 4 | 275 |
| 34 | 4 | 0 | 1 | 0 | 0 | 1 | 5 | 2 | 3 | 4 | 300 | 2 | 3 | 2 |  |  |  | 22 | 1 | 20 | 10 | 2 | 20 | 6 | 750 |
| 35 | 3 | 1 | 1 | 0 | 0 | 2 | 3 | 1 | 5 | 4 | 100 | 1 | 2 | 1 | 1 | 1 |  | 19 | 2 | 10 | 50 | 0 | 15 | 10 | 150 |

续表

| Qno | status | cafebar | music | sport | travel | cheap | daytime | unusual | meet | quality | spend | relax | social | mental | sug1 | sug2 | sug3 | age | gender | inc | sportfit | theatre | npark | meal | hols |
|---|---|---|---|---|---|---|---|---|---|---|---|---|---|---|---|---|---|---|---|---|---|---|---|---|---|
| 36 | 3 | 1 | 1 | 0 | 1 | 2 | 3 | 1 | 4 | 5 | 75 | 2 | 2 | 1 | 2 | 3 |  | 20 | 2 | 10 | 13 | 1 | 2 | 9 | 250 |
| 37 | 2 | 1 | 0 | 1 | 0 | 1 | 4 | 3 | 2 | 5 | 50 | 2 | 3 | 1 |  |  |  | 19 | 1 | 15 | 6 | 1 | 13 | 5 | 450 |
| 38 | 1 | 1 | 0 | 1 | 0 | 1 | 5 | 2 | 3 | 4 | 55 | 2 | 3 | 2 | 1 | 2 |  | 21 | 1 | 15 | 1 | 5 | 0 | 7 | 500 |
| 39 | 3 | 1 | 1 | 0 | 0 | 2 | 4 | 1 | 3 | 5 | 75 | 3 | 3 | 2 | 4 |  |  | 35 | 2 | 21 | 0 | 6 | 0 | 9 | 800 |
| 40 | 1 | 1 | 1 | 0 | 0 | 3 | 2 | 1 | 5 | 4 | 150 | 3 | 3 | 1 | 1 | 2 | 5 | 22 | 2 | 14 | 15 | 1 | 25 | 6 | 450 |
| 41 | 1 | 0 | 0 | 0 | 0 | 1 | 5 | 2 | 3 | 4 | 175 | 2 | 3 | 2 |  |  |  | 20 | 2 | 15 | 20 | 0 | 20 | 11 | 375 |
| 42 | 1 | 1 | 1 | 1 | 0 | 2 | 3 | 1 | 5 | 4 | 100 | 1 | 2 | 1 | 1 | 2 |  | 21 | 1 | 10 | 12 | 2 | 2 | 8 | 220 |
| 43 | 4 | 1 | 1 | 0 | 1 | 2 | 3 | 1 | 4 | 5 | 105 | 2 | 3 | 1 | 1 | 3 | 4 | 32 | 1 | 24 | 2 | 5 | 10 | 10 | 900 |
| 44 | 1 | 1 | 0 | 1 | 0 | 1 | 4 | 3 | 2 | 5 | 50 | 2 | 2 | 1 | 2 |  |  | 28 | 1 | 16 | 4 | 5 | 4 | 4 | 700 |
| 45 | 2 | 1 | 0 | 0 | 0 | 3 | 2 | 1 | 4 | 5 | 150 | 2 | 3 | 2 | 3 |  |  | 23 | 2 | 9 | 6 | 2 | 0 | 3 | 180 |
| 46 | 2 | 1 | 0 | 1 | 0 | 3 | 4 | 2 | 1 | 5 | 250 | 1 | 2 | 2 | 4 | 5 |  | 25 | 1 | 13 | 8 | 2 | 12 | 1 | 350 |
| 47 | 4 | 0 | 1 | 0 | 0 | 1 | 5 | 2 | 3 | 4 | 300 | 2 | 3 | 2 |  |  |  | 22 | 2 | 15 | 10 | 2 | 20 | 6 | 620 |
| 48 | 3 | 1 | 1 | 0 | 0 | 2 | 3 | 1 | 5 | 4 | 100 | 1 | 2 | 1 | 1 | 1 |  | 19 | 2 | 8 | 50 | 0 | 15 | 10 | 210 |
| 49 | 3 | 1 | 1 | 0 | 1 | 2 | 3 | 1 | 4 | 5 | 75 | 2 | 2 | 1 | 2 | 3 |  | 20 | 2 | 10 | 13 | 1 | 2 | 9 | 120 |
| 50 | 2 | 1 | 0 | 1 | 0 | 1 | 4 | 3 | 2 | 5 | 50 | 2 | 3 | 1 |  |  |  | 19 | 1 | 12 | 6 | 3 | 13 | 5 | 220 |

# 附录 17.2 统计公式

- 正态分布 $P$%所对应的 95%置信区间

$$\text{C.I.} = 1.96 = \sqrt{\frac{P(100-P)}{n-1}}$$

在这里，$n$ 表示样本尺寸。

- 卡方检验

$$\chi^2 = \sqrt{\sum[(O-E)/E]^2}$$

- 均值差异的 $t$ 检验

$$t = \sqrt{\frac{\bar{x}_1 - \bar{x}_2}{\left(s_1^2/n_1 + s_2^2/n_1\right)}}$$

- 标准差

$$\text{SD} = \sqrt{\frac{\sum\left(x-\bar{x}\right)^2}{n}}$$

- 标准差

$$r=\sqrt{\frac{\sum\left[\left(x-\bar{x}\right)\left(y-\hat{y}\right)^{2}\right]}{s_{1}^{2}/n_{1}+s_{2}^{2}/n_{1}}}$$

- 相关系数值

$$t=r\sqrt{\left(N-2\right)/\left(1-r\right)^{2}}$$

# 第 IV 部分

# PART IV

# 交 流 结 果

# 第 18 章 准备研究报告

本章重点介绍研究成果汇报的几个重要方面，主要集中在研究报告撰写的准备和表现形式上，包括内容、结构和布局，以及不同的报告形式（如学术论文、咨询报告、著作和学位论文）的各种需求和传统。在本章结尾部分将介绍非书面形式的报告，特别是口头报告。

## 研究报告撰写

撰写研究报告是管理与规划领域的重要部分。在第 1 章中提到了一些应用研究，如可行性研究、营销计划、娱乐需求研究、旅游开发计划、市场调查研究、绩效评价等，都倾向于以书面报告形式来予以呈现。学术研究结果都以学术论文、报告、著作或学位论文形式呈现。在本章中，我们将介绍三种报告形式，即管理/计划/项目报告、学术论文以及学位论文。三项中的第一项，也就是管理/计划/项目报告，经常在管理与规划活动中被用到，也会在研究人员向资助方汇报受到资助的项目工作成果时用到。以下讨论中将其称为“项目报告”。为政策或专业读者准备的项目报告称为“管理报告”。在北美，学位论文一词常用“dissertation”而不是“thesis”。表 18-1 概括介绍了这三种类型的报告的主要特点。

媒介即信息，在这里，媒介就是撰写的报告。准备报告以及识别报告优劣的能力应该被视为管理人员的一项重要技能。虽然形式不能取代内容，但是一份形式糟糕的报告可能会削弱甚至否定好的内容。当然，研究人员的注意力还是应该放在取得高质量的实质性内容上，但本章中提到的几个方面也值得研究人员认真对待。

### 开始

在第 3 章中讨论研究方案时，指出研究人员往往只留出很少的时间来撰写研究报告，即使在安排时间时留了足够的时间，但常会一拖再拖，以至于最后还是只有很少的时间。之所以要推迟撰写报告，是因为有困难，人们感觉再多做一些数据分析或再多读些文献，撰写报告的过程就会容易些。可事实是：撰写研究报告总是很困难。

对撰写报告的人来说，让人遗憾的是：在报告的截止日期之前才花费大量宝贵的时间来撰写和准备那些之前就可以写作的材料。其实，任何报告的大部分内容都可以在数据分析完成乃至开始时就撰写，这些部分包括：引言、目的陈述、理论或评价框架概述、文献回顾及方法回顾或描述。另外，即使是一些需要耗费时间的活动，如图表安排、说明和封面设计，也不必等到最后再来做。

表 18-1　研究报告的形式

| 特征 | 管理/计划/项目报告 | 学术论文 | 学位论文 |
|---|---|---|---|
| 作者 | 内部人员，外部咨询专家或受到资助的学者 | 学者 | 大学、硕士或博士学位论文 |
| 内容 | 佣金支付或基金支持的项目报告 | 学术研究报告 | 学术研究报告 |
| 资助情况 | 由资助机构提供，或者略述批准的项目 | 一般是自发性的（虽然有时来源于受资助的项目） | 一般是自发的（虽然有时部分来源于基金资助项目） |
| 质量保障 | 内部咨询专家/学者，咨询专家/研究人员的声望 | 匿名评审过程（见第 1 章） | 外部专家的评阅+审查 |
| 读者群体 | 职业管理人员/规划人员以及可能当选或被任命的董事会/委员会成员 | 主要是学者 | 主要是学者 |
| 发表情况 | 可能发表，也可能不发表 | 公众能够在公开发表的学术期刊（常常是在线）阅读 | 公众可以在图书馆查阅（近年来可以在线查阅）。成果通常以一篇或多篇学术论文的形式发表 |
| 篇幅 | 依具体情况而有所变化 | 在包括休闲与旅游研究在内的社会/管理科学中，一般为 5 000～7 000 字 | 在包括休闲与旅游研究在内的社会/管理科学中：本科，20 000 字；硕士，40 000 字；博士，70 000 字以上 |
| 重点 | 重点在结果而不是文献/理论和方法（尽管后者必须加以介绍） | 方法、理论与文献和结果一样重要 | 方法、理论与文献与结果一样重要 |

## 报告的组成

报告一般都包括一些基本的部分，尽管有些部分只出现在特定的报告类型中，具体如表 18-2 所示，下面将依次讨论这些组成部分。

### 封面

对项目报告，封面应当包括最简单的信息，如标题、作者、出版商或发起方。封面的繁简和设计取决于内容及可以获得的资源。

如果报告要出售，应该在封底有国际标准书号（ISBN）。ISBN 是出版商、书商和图书馆用来标识书籍或其他出版物的 13 位数（2007 年前是 10 位）的产品标识码。ISBN 体系由以伦敦为基地的国际 ISBN 机构监督，它在日内瓦经过了国际标准化组织 (ISO) 注册。ISBN 由国家 ISBN 机构（经国家立法授权，一般是国家图书馆，并接受全国范围内的所有出版物的免费藏本）分配。ISBN 方便了人们通过书店订购书籍，并能确保全世界的出版物都能够编入图书目录。

### 扉页

扉页，或称标题页，是项目报告封面后的第一页。表 18-2 表明，标题页和封面的信息可以相同，也可以更详细。有时候，商业出版的书籍在标题页的反面提供有更详细的信息。

表 18-2　报告的类型及其组成部分

<table>
<tr><th>组成<br>部分</th><th>内　　容</th><th>管理/计划/<br>研究报告</th><th>学术论文</th><th>学位论文</th></tr>
<tr><td>封面</td><td>● 报告标题<br>● 作者<br>● 机构/出版社<br>● 如果出版:封底有 ISBN</td><td>列出所有项目</td><td>没有</td><td>遵循大学规定</td></tr>
<tr><td>扉页</td><td>● 报告标题<br>● 作者<br>● 机构/出版社，包括地址、电话、传真、电子邮箱、网址<br>● 发起机构，如旅游委员会<br>● 出版日期*<br>● 若用于销售，要注明 ISBN*<br>（*有时在扉页反面）</td><td>列出所有项目</td><td>提交的论文包括封面页，内容有：<br>● 论文标题<br>● 作者<br>● 隶属机构<br>● 联系方式<br>（当文章寄出匿名评审时，会撤掉此页）</td><td>遵循大学规定</td></tr>
<tr><td>目录页</td><td>参考图 18-1 示例</td><td>见图 18-1</td><td>没有</td><td>见图 18-1，不需要详细的章节编号</td></tr>
<tr><td>概要</td><td>整篇报告的概要，包括背景、目的、方法、主要成果、结论和建议（如果适当的话）</td><td>总结长度：<br>1/2～1 页（20 页的报告）<br>3～4 页（21～50 页的报告）<br>5～6 页（51～100 页的报告）</td><td>摘要：通常 300 字左右</td><td>提要：通常 3～4 页</td></tr>
<tr><td>前言/<br>序言</td><td colspan="4">根据具体情况选择，可选择的内容包括：背景信息，有时要解释作者为什么要参与这项研究；或者由一位没有直接参与项目的重要人物撰写。在学术论文中没有这一部分，这样的信息可能包含在尾注中</td></tr>
<tr><td>致谢</td><td colspan="4">● 资助机构<br>● 资助单位的联络人<br>● 委员会的主要成员/提供相关信息的机构和个人<br>● 研究雇用的人员（如调查人员、编码员、计算机程序员、秘书、Word 处理人员）<br>● 对报告初稿提供建议和评论的人（包括学术导师）<br>● 参与问卷调查（集体）人员</td></tr>
<tr><td>报告<br>主体</td><td colspan="4">分别讨论</td></tr>
<tr><td>附录</td><td colspan="4">文本/统计材料，由于规模的原因，放在正文中会破坏报告的流畅性</td></tr>
</table>

## 目录

项目报告和学位论文都需要有目录，可以包括章节标题，通常还包括具体章节的全部细节，具体如图 18-1 所示。Word 处理软件有编辑内容目录和列表的表格，如表格和图表。

目录

页码

总结 ........ (i)
前言 ........ (iii)
致谢 ........ (iv)
1. 绪论 ........ 1
1.1. 研究背景 ........ 1
1.2. 问题性质 ........ 3
1.3. 研究目的 ........ 4
1.4. 报告大纲 ........ 4
2. 文献综述 ........ 5
2.1. 年轻人和休闲关系研究现状 ........ 5
2.2. 学生休闲研究现状 ........ 8
2.3. 结论：学生和休闲的知识现状 ........ 10
2.4. 需要解决的问题 ........ 12
3. 研究方法 ........ 13
3.1. 数据需求 ........ 13
3.2. 方法选择 ........ 15
3.3. 二手数据：来源与分析方案 ........ 16
3.4. 深度访谈 ........ 18
3.5. 问卷调查 ........ 19
3.6. 预调查 ........ 21
4. 21 世纪的学生休闲 ........ 22
4.1. 数据来源 ........ 22
4.2. 中小学生 ........ 22
4.3. 大学生 ........ 25
4.4. 结论 ........ 27
5. 学生工作与休闲 ........ 29
5.1. 样本特征 ........ 29
5.2. 对待学术工作的态度 ........ 30
5.3. 对待有酬工作的态度 ........ 32
5.4. 对待休闲的态度 ........ 34
5.5. 工作与休闲：综合考察 ........ 37
6. 小结与结论
6.1. 小结 ........ 40
6.2. 结论 ........ 42
参考书目
附录
1. 调查问卷 ........ 49
2. 深度访谈清单 ........ 51
3. 学生人数的普查资料 ........ 53
4. 统计调查概要 ........ 56
表格目录
1.1. 标题 ........ xx
1.2. 标题 ........ xx
图形目录
1.1. 标题 ........ yy
1.2. 标题 ........ yy
等等。

**图 18-1　报告目录页示例**

### 概要：总结/摘要/提要

除了简短的项目报告外，三种类型的报告都需要有概要。概要视文本中的情况不同而被称为总结、摘要或提要，其长度也根据内容不同而不同。

总结有时候被认为是为“忙碌的上级”准备的，他们没有时间阅读整个报告，只关心关键的信息以便采取报告提及的行动。

如图 18-2 所示，概要应当包括整篇报告、论文或学位论文的小结，而非介绍。当然，概要应当最后撰写。

### 前言/序言

前言或序言有多种用途。它们通常要解释研究的来源，概述研究的要求和局限，而且如果没有单独致谢的话，还要包括致谢。有时可以邀请重要人物，如学院院长、政府官员或著名学者来撰写序言。

### 致谢

对研究过程中得到的帮助表示感谢是一种礼貌。可以致谢的个人和机构列表如表 18-2 所示。

## 报告主体：技术方面

报告主体部分无疑最为重要。实质内容在下一节讨论，这里我们考虑的是报告的技术方面，具体如图 18-2 所示。

章节编号
段落编号
“点式”列表
页码编号
页眉/页脚
标题等级
页面设置/空间
图表
参考文献
作者

**图 18-2　报告主体**

### 章节编号

项目报告中通常不仅要标出主要章节的编号，还要对该章节中的子章节进行编号，如图 18-1 所示。一旦确定了编号系统，就应在整个报告中贯穿一致。Word 文档处理软件通常会提供类型模板可供利用。

在项目报告中，章节编号可以包含若干层次，比如，在 4.2 部分还可以分为：4.2.1，4.2.2 等。继续再分就会显得累赘，一般情况下报告也不会用到，偶尔需要的话，建议采用 a.、b.、c.或者(i)、(ii)、(iii) 等。

期刊文章很少包括章节编号。即使有，一般也只有一级。

在编号的章节中，如果可能的话，章内可分节，但节内再细分的情况很少出现。

### 段落编号

虽然很少见，但有些报告，尤其是政府报告，每一个段落都分别编号。当委员会要开报告讨论会的时候，这么做很管用。整个报告要么每个段落都依次编号，要么按章编号。例如，第 1 章，段落 1.1、1.2、1.3 等；第 2 章，2.1、2.2、2.3 等，以此类推。

### “点式”列表

在管理报告中，“点式”列表很常见，而且在其他报告形式中也比较普及。这一设置可以帮助读者理解材料的结构，对提高材料的可读性也颇有益处。管理报告经常要在委员会上进行讨论或者在各种咨询会上供人在上面书写评论。然而，这个过程编号可能更有帮助：指出“第 5 条”比说“第 5 个点”更容易，也更容易让人寻找。

“点式”列表要尽可能遵守语法规则。例如，在图 18-3 中，列表实际上都是一个句子，因此在每条陈述后面都有一个分号，而在最后一项结束时，用一个句号。每条开始的首字母也没有大写。当点后面的内容过长且不只包含一个句子时，很难再遵守这一规则。这时候，每个点后面的内容都应该视作为一个或多个完整的句子，要有大写字母和句号。

在准备一份研究报告时，作者应该考虑：

- 可能的读者；
- 资助机构的要求，这在研究简述中要予以说明；
- 印刷或其他发布模式；
- 可能的费用；
- 准确的信息传递。

**图 18-3　点式列表示例**

### 页码编号

如果报告很长，尤其不同的部分由不同的作者负责时，一个问题就是如何组织页码，让它们一个章节一个章节地连贯起来。这可以通过每章分别设置页码的方式来解决。例如，第 1 章，1.1 页、1.2 页、1.3 页等；第 2 章，2.1 页、2.2 页、2.3 页等。这种方式可以让读者比较容易地在报告中找到自己需要的部分。Word 文档处理软件通过“页眉”和“页码”生成这种形式的页码。

实践中，标题、目录、致谢和总结部分的页码一般用罗马数字，而报告的主体部分从第 1 页开始用普通数字来标注页码，大多数文字处理软件都有这些功能。

### 页眉/页脚

Word 文字处理软件包可以用来为每一页的顶部和底部添加页眉或页脚，这可以用来说明部分或章节；如果是咨询报告的话，还可以用来标识报告的标题和作者，甚至在每一页加上咨询机构的图形标志。

### 标题等级

在报告的主体部分，应该按等级使用标题类型，主要的章节/部分的标题应该用最突出的类型，而对子章节的标题其突出特征应有所减弱。例如：

# 1.章标题

## 1.1 节标题

### 1.1.1 分节标题

这种做法可以帮助读者了解自己阅读的是文件的哪一部分。如果报告由团队写作，很明显应事先在标题类型上要取得一致。现在的文字处理系统提供了包含很多等级和报告风格的标准化标题格式和章节编码体系，以及对应的目录形式。文字处理软件包提供了多种类型的模板可供使用。

## 页面设置/空间

文章和著作一般都倾向于在开始新的一段时对第一行缩进。报告则是段落之间空一行，第一行也不用缩进。报告也倾向于有更多的标题。对报告形式的文件来说，通常边缘更宽，这就引出一个问题：是否有必要在打印文件时留 1.5 倍或双倍行距，还是单倍行距就够了（这可以节约纸张，有利于环保）。不同的期刊有不同的规定格式，通常在期刊内或在期刊网站上有说明。大学也对学位论文的布局提出了自己的导则。

## 图表

平衡：在呈现定量研究成果时，必须在图、表与文本的使用上保持平衡。大多数情况下，把大型的、复杂的图表放在附录中，把简化的图表放在报告主体中。比较合适的做法是：把所有的表都放在附录中，报告主体只提供“读者友好”的图。究竟采用哪种方法，一方面取决于要表现的数据的复杂性，另一方面取决于读者是什么类型。

图表和文本：在呈现研究成果时，图、表与文本各自有各自的作用。

- 表格提供信息；
- 图形演示信息，所以信息表现为视觉形式以供观看；
- 正文应该讲故事或发展观点，而且要配合图表来支持研究成果的呈现。

报告正文如果只是简单重复图表的内容，那似乎没有什么意义。文本至少要强调数据的主要特点，理想情况下，它应该在数据的基础上发展一个观点或形成结论。在图 18-4 的例子中，评论 A 除了重复表格内容就没什么东西了：它并没有向读者说明男性参与模式和女性参与模式之间的差异，而这可能恰好是研究的目的。而另外，评论 B 的信息量更大，指出了图中数据的某些特点。

统计检验：在更为定量研究的学科中有一个传统，即像学术论文或学位论文这样的学术报告中，即使表中已有统计检验的信息，也需要在文本中陈述检验结果。例如，文本有一个句子：“男性每周参与频次的均值（2.1）显著高于女性（1.7，$t$=5.6，$p<0.001$）。”很明显，文本中大量插入括号里的信息，读者阅读起来会不顺畅，似乎没有必要把它们放到文本中，去看表就可以了。而且那些 $t$ 检验中的信息，对于没有统计知识的读者来说毫无意义。在那些定量较少的领域，也没有必要将括号中的内容包括进来，特别是 $t$ 检验的结果已经包含在一个表格中。在管理报告中，即使进行了统计检验，通常也不会将其结果写入文本中，而且也不会用到“差异显著”或“差异不显著”这样的术语。

表 X　参与最多的五项运动/健身的参与情况，16 岁及以上，英国，1986

| 项目 | 访谈前 4 周的参与百分比（最受欢迎的季度） | |
|---|---|---|
| 活动 | 男性 | 女性 |
| 散步 | 21 | 18 |
| 足球 | 6 | * |
| 斯诺克/台球 | 17 | 3 |
| 游泳：室内 | 9 | 10 |
| 飞镖 | 9 | 3 |
| 健身/瑜伽 | 1 | 5 |

资料来源：一般家庭调查，OPCS。

*低于 0.05%。

**评论 A**

该表格显示男性参与的前五项运动或锻炼活动是：散步（21%参与）、斯诺克/台球（17%）、室内游泳（9%）、飞镖（9%）和足球（6%）。而对女性，最普及的五项活动是：散步（18%）、室内游泳（10%）、健身/瑜伽（5%）、斯诺克/台球（3%）和飞镖（3%）。

**评论 B**

男性和女性在休闲活动模式方面比普遍想象的有更多共同之处。表格表明：有四项活动，散步、游泳、斯诺克/台球和飞镖，都位列男性和女性最普及的前 5 项运动或健身休闲活动中。虽然总的来说男性的参与程度比女性高，但表格显示女性在健身/瑜伽和游泳活动上的参与水平要比男性高。

**图 18-4　表格与评论示例**

展示：图表应该尽可能地完整。也就是说，标题的信息应该尽可能丰富，行、列和坐标轴都要有标题（标签），以便读者不需要参考文本也能理解。图 18-4 中的表格就遵循了这些原则。因此，图表所展示的来源于休闲与旅游调查或其他来源的数据应当包含的信息有：

- 数据涉及的地理区域；
- 数据收集或指示的年份；
- 与数据相关的样本或总体的性别与年龄范围；
- 相关的样本规模；
- 测量单位。

在使用二手数据时，应该说明数据来源。但是对于来源于研究原始数据收集（如调查）的结果的图表展示，不需要对每张图表都说明数据来源。然而，有的咨询人员会出于知识产权的目的这样做，所以如果有人复制了一张这样的图表，那么也就指出了其数据来源。

## 参考文献

学术报告参考相关文献应该遵循第 6 章中提到的文献参考规则。但是，这对管理报告的非学术读者来说不太恰当。虽然，这样的报告也说明了文献的来源，但一般以不引人注意的方式更为恰当。例如，可以使用尾注，而不要使用作者/日期的参考文献形式。

一些管理报告将文献综述放入附录，报告主体中只有结论。

### 作者

学术报告的一个惯例是用“非个人化”的方式来报告研究的实施和结果。例如，说“一项调查的实施”而不是说“我/我们进行了一项调查”；以及“发现……”而不是说“我/我们发现……”。有人认为这看起来更“科学”，但在社会科学中，尤其是研究人员自身也加入调查对象（Dupuis，1999）的定性研究中，这并不恰当。所以在休闲和旅游报告中有时候会使用第一人称来进行说明，但并不普遍。在管理报告中，咨询人员经常使用第一人称复数，尤其是当他们想给人们留下印象表明他们具有一些特别的个人技巧和经验来承担某个项目时，更是这样。

但是，当作者参考的是自己的研究工作时，用“非个人化”的方式就会显得古怪或做作。例如，我说“维尔（Veal，2002）认为休闲是多元的”，看上去就很古怪；说“作者认为休闲是多元的（Veal，2002）”，看上去又有些做作。解决这种问题的办法要么是使用第一人称：“我认为休闲是多元的（Veal，2002）”，要么将作者“去中心化”，“有人认为休闲是多元的（Veal，2002）”。

## 报告主体：结构与内容

### 结构

可以说一份研究报告有三大重要方面，它们是：结构、结构、结构。报告的结构是重中之重，需要加以通盘考虑和讨论，尤其是涉及团队研究时。虽然所有的报告在结构方面都有一些共同特点，但对任何报告而言，重要的是其基本观点，以及该观点是怎样和研究目标及数据的收集分析相联系的。这和第 3 章讨论的研究目的、理论或评价框架以及整体的研究战略有着基础关联。

在开始写作之前，在报告的结构和形式上达成一致是非常有用的。不仅如此，还应该在每个章节的计划篇幅长度上也达成一致。虽然结构的一致性是一个必要的起点，但也需要灵活性。写草稿时，可能会发现原来认为一章的内容现在要分成两到三章，或者原来认为独立的章节现在可以合并成另一个章节或者放到附录里。所以，撰写报告要自始至终地考虑报告的长度问题，考虑报告的字数和页数。

当涉及问卷调查时，有一种趋势是按照问卷上的问题顺序以及其对应的在计算机上生成的图标顺序来展现结构。这并不合适！问卷的结构是为了更容易进行访谈，是为了让访谈对象或调查对象方便回答，它的顺序和结构并不是为报告设计的。报告应该围绕实质的研究问题来设计结构。

图 18-1 的目录向读者介绍了一种普遍的报告结构形式。这个例子适用于管理报告和学位论文，它们篇幅较长，分为若干章节，有目录。期刊论文比较短，没有目录，但结构依然很重要，并有自身的传统，一般包括 7 个部分，如图 18-5 所示。这个结构并非一成不变，尤其是并非所有的研究都是实证研究，所以不是所有的论文都有“研究方法”和“研究结果”部分。

- 背景/简介/研究的缘由/问题的性质
- 文献回顾
- 研究方法
- 研究结果
- 结论
- 参考文献

**图 18-5　传统的学术论文结构**

一份研究报告的目录页说明了报告的总体结构，可以让读者了解结构，但这仅仅是一个宽泛的说明。这还不够，必须对结构进行解释，而且不止一次地解释。你自己明白结构是一回事，向读者传递又是另一回事。因此，特别是在报告/学位论文比较长的时候，应该有一个简介章节来对整个报告的结构进行介绍，而且每个章节也要有前言对本章进行概述。另外，在每一章的最后提供一个小结也很有用，在报告结尾下结论的时候可以对这些小结进行回顾和总结。建议提供大量的参考资料，可以提醒读者他正在阅读报告的哪一部分。在讨论一系列“因素”“问题”或“话题”的时候，最好将它们逐个罗列出来，然后在该部分的末尾对它们进行总结，说明哪些因素或问题已经讨论过了。

当然，学术论文比较短，组织结构不会太难。虽然没有目录，摘要一般也就是一段（通常位于论文的开头，给人以大体印象），但论文中也应该对逻辑和结构给出适当的解释。

## 方法与结果之间的关系

无论哪种形式，所有的实证研究报告都应该包括一个明确的数据收集方法说明。期刊论文对方法的描述因为篇幅限制的原因通常很短。管理报告中的方法描述因为读者群的关系在报告主体中篇幅也很短，但附录中可以提供更多的细节。在学术论文中，对使用的方法进行广泛而清晰的描述则是基本要求。

各种报告都要讨论方法的选择，学位论文中尤其如此。为什么会选择某种方法？还考虑过其他什么方法？为什么否定了那些方法？这样的讨论应该和研究问题/假设的性质相联系。光把选择的方法的特点和优势罗列出来是不够的，还要说明为什么那些特点对这个具体项目是合适的。选择研究方法需要考虑的因素已在第 5 章结尾时讨论过，在证明选择方法的合理性时可以参考。

实证研究成果报告中有一个部分要提供如何成功地选择了研究所需要的合适调查对象样本方面的基本信息。由于这是技术性的，和实质成果并非直接相关，因此，其介绍应该是在“方法”部分，然而，它却常常出现在“结果”的第一部分。报告应该提供以下几个方面的信息。

- 样本规模。
- 回答率，以及说明它们是否可以被接受，可能会产生哪样的偏差。
- 样本特点，尤其是要说明其代表性。因此，一个来自家庭或社区调查的样本，可能要和来自当地人口普查数据中的已知年龄/性别结构相比较，一个现场调查样本的年龄结构也可能和其他类似调查来比较年轻人/成年人的门票销售率或其他信息。

- 任何通过加权来校正样本偏差的措施及其过程的描述。

## 读者和风格

报告的风格、形式和篇幅长度会受到其目标读者类型的极大影响。报告中使用多少技术术语，数据展示得有多详细，都会受到读者问题的影响。有三种类型的读者。

- 大众读者：由那些在报纸或杂志上阅读研究报告的普通大众组成。因而，完整的研究报告并不是为他们写的。
- 决策者：可能是国会的当选议员、政府行政官员、公司董事会的成员或高级执行总裁，他们可能不太了解某个领域的知识，或者有着诸如技术、管理或政治方面的专业知识。
- 专家：熟悉研究事物的专业人员和学者。

## 报告功能：记录和叙述

研究报告被认为有两种形式：一种是叙述性的，另一种是记录性的。如何在一篇报告中平衡二者的需求将是一个主要挑战。

叙述性报告：叙述性的是指报告要给读者讲个“故事”，所以报告的写作者需要考虑观点的连贯性，就像一个作家要考虑情节一样。叙述性报告可能需要展现的只是简化的事实信息或数据的主要特点，可能的话还可以用图形形式来演示或说明观点。图 18-6 说明了叙述性研究报告的一般发展过程。列表中的条目可以出现在各种形式的章节结构中。比如，A 部分与 B 部分可能是一个章节，也可能是三四个章节，这取决于项目的复杂程度。

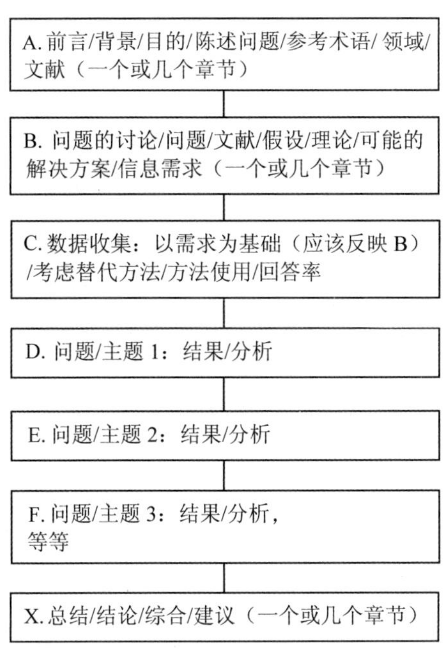


**图 18-6　叙述性结构的报告**

在前言，即 A 部分中，应该反映在项目计划阶段的开始步骤时的一些考虑（图 3-1 中的步骤 1、2 和 6）。“背景”一词在这里指的是研究所处的环境，包括可能涉及的任何基础文献回顾。B 部分应该反映的是研究规划过程的第 3～5 步和第 7～8 步，还可以包括进一步的参考文献。

在 B 部分和 C 部分，重要的是要对数据需求、研究问题和理论或评价框架之间的关系做出解释，这在第 3 章有所讨论，要从讨论中清楚地说明为什么收集这些数据，它们和提出的计划/管理/理论问题之间是什么关系，怎样预测收集的信息能够解决所提出的问题或对解决问题有所启发，还有，怎样预知信息能够帮助决策。

在 C 部分，应该详细地描述方法；应该清楚地说明为什么选择这样的方法，样本或研究对象是如何选择的，用了什么数据收集设施。如果涉及样本调查，应该提供回答率和样本规模方面的完整信息，同时，从保密期限方面考虑，要对结果进行部分说明，就像第 13 章中讨论的那样。任何调查工作的结果的技术方面的内容都可以在报告的研究方法部分或结果部分的开头予以介绍。

结果与分析部分（D、E、F 等），理想情况下应该通过先前围绕着研究问题和步骤而形成的概念或理论讨论（B 部分）来结构化。

有时，在结果/分析这一部分已经取得了结论。因此，需要做的就是在最后的结论部分将它们复述一遍，并加以整合就行。其他时候，最后一部分包括分析的最后阶段以及根据分析下结论。在撰写最后一部分的时候，回顾一下研究目标非常重要，要确保所有的目标都达到了。

并不是所有的研究报告中都包括“建议”。评价性研究很有可能会产生出建议方面的问题，而管理研究则会明确地要求研究人员提出建议。当然，要清楚是谁需要这些建议。

记录性报告：记录性报告的含义是报告也可以作为一个参考资源，未来的读者可能期望从中获取信息。一份好的记录性报告应该包括大量的详细信息，这干扰“讲故事”的过程。记录性报告很可能需要呈现详细信息，甚至是那些虽然收集了却无法证实和总体研究结论相关联的数据。

对记录性报告，建议不要局限于眼前的读者和研究报告当前的使用情况，要考虑到这是对研究的明确记录。因此，它应该包含一个收集到的所有相关数据的概要，其形式要能够为未来的报告使用者所使用。这意味着，虽然为了保证可读性，报告主体中呈现的数据也许经过了高度压缩和概括，但也尽可能地详细记录。为了不干扰叙述的流畅性，记录目的的数据可以放在附录中。如果数据量很大，可以形成一个独立的统计数据卷。

对问卷调查数据，提供一张包含表格的统计附录是一个不错的想法，这些表格来源于问卷中的问题，并按照问题在问卷中的顺序来排列，这在第 16 章讨论过。任何对数据某一方面感兴趣的读者都能够找到并使用它。这样，报告主体结构就可以围绕研究问题来设计，而不必受限于问卷结构。

## 结论

总而言之，写一份好的研究报告是一门艺术，需要在实践中增长技巧。来自他人的评论可以极大地提升报告水平，因为研究人员和报告“密切接触”的时间太长，以至于看不到错误和遗漏。另外，研究人员/作者还应该经常短暂地停一下，然后带着新眼光来审视报告的草稿，这时候就会发现改进报告的机会。

最后，要检查再检查包括打字、拼写和排字错误，这是值得付出努力的。

## 其 他 媒 介

虽然写报告仍然是交流研究成果最为普遍的媒介，但未来可能有所改变。特别是，研究人员常常被要求亲自展示他们最终或中期的研究成果，这时，建议使用一些类型的视听辅助设备，包括传单、宣传画、电脑和视频设备。其中，最为常用的媒介是如微软PowerPoint这样的计算机视觉辅助软件。

### 口头演讲

视听展示和书面报告不一样，这一点很重要，要牢记。展示必须按照媒介/信息自身的特点来设计。呈现的信息必须符合时间安排，要适合媒介的特点。所以，展示者必须有意识地选择素材。一般情况下，演示开始的时候就要对此进行说明，但时不时地就说因为时间所限不能展示什么内容，会表明展示的方式很不专业。例如，一项研究有六项“主要发现”，与其匆忙讲解全部六项发现，不如告诉听众：“研究有六项发现，但这次展示中，我只讲述其中最重要的三项发现。”

毋庸置疑，展示者应该练习展示素材，以保证符合时间安排。这样的联系相当于写作报告的各种草稿。一般来说，做这样的展示需要有所选择，要判断包含哪些内容，又该舍弃掉什么。和写作摘要或总结一样，这也极富挑战性。在这个过程中，练习是有益的，因为像PowerPoint这样的软件包含有一个“排练计时”程序，能帮助人们决定展示的某个部分需要花多少时间，而哪些又因时间要求而被省略掉。

虽然念事先准备好的讲稿很少像直接和观众谈话那样成功，但如果要使用事先备好的讲稿，那么要多加练习，这样展示者才能非常熟悉讲稿，然后和观众之间也可以有更多的眼神交流。

把展示练习的过程拍摄下来，多加回顾，会产生显著的效果。

### PowerPoint 类型软件的使用

本书的读者大部分是学生，他们在学习生涯中经历过成百上千的PowerPoint类型的演示。因此，展示好不好，他们有发言权。下面提炼了一些展示的“要”和“不要”。

- 不要站在屏幕前！
- 幻灯片内容不要太多。类似PowerPoint这样的程序中有标准化的幻灯片模板，提供有默认的字体大小和默认的点状标识。这是有道理的。在1米之内观看个人计算机屏幕上的演示和在演讲厅或会议室观看投射在一块银幕上的同一副图像是两回事。所以，在打印报告或个人计算机屏幕上可以读一份有着30行数据的图表，但对一个距离投射银幕有20米远的人来说就没办法看清了。这种情况下，最重要的是选择只有10行的图表，或者将图表分成两张或更多的幻灯片来展示。例如，本书中的图18-3用了8张幻灯片：一张只展示了主要的章节/部分标题（均为大写字母），每一章节的详细情况、参考书目和附录等各用了一张幻灯片。最糟糕的是听到演示者说："你们后排的可能看不到，不过……"建议联系全屏演示的时候要从后排来看。

- 要使用图形。PowerPoint 类型的演示是一种视觉媒介，因此，理想情况下，应该把图像和文字材料结合起来。研究过程中或和研究课题相关的图像乃至视频材料能够让演示变得生动。然而，过多地使用这些材料会分散注意力，而且还有可能占用重要材料的展示时间，所以必须平衡好。
- 要慎重对待颜色。对比度大有利于观看。在计算机屏幕上橙色背景用黄色字体，近看效果不错，但用投影就很难看清。室内的灯光条件变了，投影的颜色清晰度也会改变，所以要小心为上。类似地，在小屏幕上看起来不错的图像，变成投影后就没那么打动人了。
- 要利用程序的动画特点。PowerPoint 类型的程序包括有"动画"。虽然一个条目从四方八方飞入视野也许让人分心，但是让点状列表中的条目顺序出现至少可以让观众/听众把注意力放在展示者正在谈论的条目上。如果用图形来做，效果会更好。以本书配套的 PowerPoint 幻灯片为例：图 3-1 总结了研究过程的 10 个步骤，这 10 个步骤在幻灯片上依次显现，演示者能够依次讲解每个步骤。

## 本章小结

本章考虑的是就研究项目的最终结果来说要准备什么，也就是撰写报告。考虑了三种不同类型要求的报告：管理/计划/项目报告、学术论文和学位论文。每种都有不同的读者、不同的局限性和不同的传统。本章论述了一份报告的各种辅助组成部分，其中包括封面、扉页、标题页、目录、总结/摘要/提要、前言/序言及致谢。然后，考虑了报告主体的技术方面，主要介绍的是形式、结构和内容。本书一再强调结构是研究报告的关键特点，尤其是在较长的报告中更是如此。

## 终语

研究是一个创造性的过程，用本书开始诺伯特·伊莱亚斯的话来说，"目的就是让人们知道先前不知道的……它增进人类知识，使其更加确定，更适合实际……这个目的就是……发现。"希望本书能够对读者在发现过程中有所助益，也希望读者从那些值得的研究中获得满意的享受和回报。

## 测试题和练习

本章没有具体的练习，到目前为止，读者应该有能力去研究的世界冒险了，从头到尾来一次完整的研究吧！

# 资　源

与本章相关的最佳阅读材料就是阅读研究报告。对非印刷媒介，大多数的本书读者在他们的学术或职业生涯中都有充分的机会经历好的和坏的视听展示，可以从实践中去分辨好的和坏的实践。

# 教学支持说明

▶▶课件申请

尊敬的老师：

您好！感谢您选用清华大学出版社的教材！为更好地服务教学，我们为采用本书作为教材的老师提供教学辅助资源。鉴于部分资源仅提供给授课教师使用，请您直接手机扫描下方二维码实时申请教学资源。

任课教师扫描二维码
可获取教学辅助资源

▶▶样书申请

为方便教师选用教材，我们为您提供免费赠送样书服务。授课教师扫描下方二维码即可获取清华大学出版社教材电子书目。在线填写个人信息，经审核认证后即可获取所选教材。我们会第一时间为您寄送样书。

任课教师扫描二维码
可获取教材电子书目

清华大学出版社

E-mail: tupfuwu@163.com
电话：010-83470158/83470142
地址：北京市海淀区双清路学研大厦B座509室
网址：http://www.tup.com.cn/
传真：8610-83470107
邮编：100084